中國學術思想 研究輯刊

十一編

林慶彰 主編

第 6 冊

董仲舒春秋學義法思想研究（上）
——文獻回顧與方法論

楊濟襄 著

花木蘭文化出版社

國家圖書館出版品預行編目資料

董仲舒春秋學義法思想研究（上）——文獻回顧與方法論／
楊濟襄 著 — 初版 — 新北市：花木蘭文化出版社，2011〔民
100〕
序 6+ 目 6+274 面；19×26 公分
（中國學術思想研究輯刊 十一編；第 6 冊）
ISBN：978-986-254-453-2（精裝）
1.（漢）董仲舒 2.春秋（經書） 3.學術思想 4.研究考訂
030.8   100000689

ISBN-978-986-254-453-2

9 789862 544532

中國學術思想研究輯刊
十一編　第六冊　　　　　　　ISBN：978-986-254-453-2

董仲舒春秋學義法思想研究（上）——文獻回顧與方法論

作　　者　楊濟襄
主　　編　林慶彰
總 編 輯　杜潔祥
出　　版　花木蘭文化出版社
發 行 所　花木蘭文化出版社
發 行 人　高小娟
聯絡地址　新北市永和區中正路五九五號七樓之三
　　　　　電話：02-2923-1455／傳真：02-2923-1452
網　　址　http://www.huamulan.tw 信箱 sut81518@ms59.hinet.net
印　　刷　普羅文化出版廣告事業
封面設計　劉開工作室
初　　版　2011 年 3 月
定　　價　十一編 40 冊（精裝）新台幣 62,000 元

董仲舒春秋學義法思想研究（上）
——文獻回顧與方法論

楊濟襄　著

作者簡介

楊濟襄，1969 年生，臺灣師範大學國文研究所文學博士（2001）。現為國立中山大學中國文學系副教授（2006 ～）。主要研究方向為：春秋今文學、生命禮俗、清代學術。近年來投入臺灣生命禮俗之田野調查實務，獲得教育部補助設置「生命禮儀與文化詮釋」全球學術網：http://yangy.chinese.nsysu.edu.tw/lifetaboo/index.htm 學術著作有《龔自珍春秋學研究》，及〈「方法論」對莊存與《春秋》學研究之啟發〉、〈孔廣森《公羊通義》的解經路線與關鍵主張〉、〈王闓運「援莊入孔」的思想主張及學術史意義〉、〈康有為《春秋董氏學》的承繼與創新〉、〈海洋與土地的神聖對話：台灣的王爺信仰與五營認知〉、〈生生與制煞：民俗禮儀中的青龍白虎形象〉、〈台灣民間禮俗中的「孕母守護」圖像群與儀式〉等數十篇學術論文。

提　要

　　這本論文是筆者 2001 年在國立台灣師範大學國文學系取得博士學位之作（周何教授指導）。

　　對於漢代時人而言，董氏以治《春秋》「學士皆尊師之」。董氏之後，漢代公羊學風大盛，董氏由公羊一系所論而推闡之《春秋》義法，不只成為當代決事取捨的準則，太史公亦以《春秋》之當然內容看待其釋義之成果，著其云：「漢興至于五世之間」，「唯董仲舒明於《春秋》」。對於後世公羊學來說，董仲舒之春秋學，不啻為時代最接近於《公羊》經、傳之文獻。對於今日治理《公羊春秋》的學者而言，董仲舒之學遠早於東漢何休，可說是《公羊傳》之後，後世公羊學之發源。

　　本論文以董氏「春秋學」之「《春秋》義法」與「儒學內容」為研究之對象。試圖由經學史和儒學史的觀點，重新尋求董氏春秋學的合理評價。因此關於董氏天人思想、氣化感應、陰陽災異等，與春秋學或儒學思想本質未有特別關係者，不在本論文討論之列。

　　本論文共分七章，茲依序介紹篇次及內容如下：

　　第一章　緒　論

　　分為四小節：「研究方向的揀擇」、「研究對象的爭議」、「研究論題的價值」、「研究資料的運用」。

　　分別說明董仲舒其人其學的相關問題和爭議，以及國內有關於董氏學術的研究概況，以見本文研究論題的方向和價值。

　　第二章　董仲舒春秋學與《春秋》經、傳之關係

　　分為三小節：「董仲舒春秋學在『春秋學史』之定位」、「董仲舒春秋學與《春秋》三傳之異同」、「董仲舒春秋學對《公羊傳》之補充」。

　　分別就董仲舒春秋學的內容與今本三傳作比對，以確實掌握董氏《春秋》學與三傳的關係，及其對公羊義法的繼承與開創。並進一步具體為董仲舒春秋學之學術地位找到合理的定位。

　　第三章　董仲舒春秋學的方法論

　　分為三小節：「董仲舒春秋學之思維方式」、「董仲舒春秋學之解經方法」、「董仲舒對《春秋》書寫方式之闡釋」。

　　本章是以方法論的立場，探討董仲舒其人之思維特質與學術風格的關係，同時分析其釋解《春秋》義旨之方法，並討論董氏「《春秋》無達辭，從變從義」的運用，以及董氏對《春秋》「微言大義」的闡釋。

　　第四章　董仲舒春秋學對《春秋》義法之詮釋

　　分為五小節：「董仲舒春秋學《春秋》義法總論」、「《春秋》義法彰舉道德行為的實踐」、

「《春秋》義法與政治理念」、「以《春秋》『大一統』論禮制」、「由《春秋》『正名』以論成性之教」。

　　本章分析董仲舒對《春秋》「義法」的闡釋和運用。除了總論以外，分別由彰顯道德行為、落實政治理念、以及由《春秋》「大一統」思想而建構的禮制內容、和《春秋》「正名」觀念所引發的關於先秦儒學孟子性善論的檢討，呈現董仲舒春秋學「務實致用」的義法內容。

　　第五章　董仲舒春秋學「遠外近內」考義──源於何休《春秋公羊經傳解詁》而來之誤解

　　分為三小節：「《春秋繁露》『遠外近內』解義」、「《春秋繁露》『滕薛獨稱侯』解義」、「凌曙、蘇輿注本對何休《解詁》的看法與清代常州公羊學風有關」。

　　本章旨在探討董仲舒與東漢公羊學家何休對《公羊傳》釋義之異同。董、何二人所治雖然同為公羊春秋，然而二人方法不同，以致解經釋義多有牴牾。本章具體比較《公羊傳》、董仲舒、何休，三者論春秋義法「遠外近內」之異同，以見何休《解詁》與董仲舒春秋學義法之扞隔。

　　第六章　董仲舒春秋學「滅國五十有餘，獨先諸夏」考義──源於現存注本對「董仲舒春秋學解經方法」之誤解

　　分為四小節：「前人注解之若干疑點」、「『滅國五十有餘，獨先諸夏』句義之辨」、「以董仲舒『《春秋》無達辭』的角度，重新看待《公羊》經傳裡的『滅國事件』」、「突破『滅國』一詞在釋義上的思考僵局」。

　　本章是由董仲舒的解經方法而延伸之討論。現存注本於董氏春秋學釋義仍多有未通，其關鍵因素即在於，以何休之「文字釋例」運用於董氏春秋學「不任其辭，可與適道」的解經義法中。董、何二人釋經方法不同，今存《繁露》凌曙、蘇輿二種注本，皆以何休所論之義理，加諸於董氏春秋學之上，甚至校釋董氏《繁露》之文句；本章以「滅國……獨先諸夏」為例，說明何休以文字條例解經，和董氏「無達辭」、「從變從義」之法的運用，在《春秋》經義的說釋上，所產生的截然不同的成果。

　　第七章　結　論

　　本論文研究成果之總結。並附有【董仲舒年譜】之考證、以及【董仲舒所發凡之春秋義法】原文一覽表、【今本《春秋繁露》篇目與所論之「春秋義法」統計】一覽表。

目次

上冊

序

凡 例

第一章 緒 論 …………………………………………… 1

　第一節 研究方向的揀擇 ……………………………… 1

　第二節 研究對象的爭議 ……………………………… 6

　第三節 研究論題的價值 ……………………………… 32

　　一、「道統觀念」影響當代學者對漢代儒學

　　　　之成見 ……………………………………… 33

　　二、「陰陽氣化觀」影響當代學者對漢代儒

　　　　學之評價 …………………………………… 36

　　三、以「文化反省」開創經學研究之新視野 …… 40

　第四節 研究資料的運用 ……………………………… 50

　　一、《春秋繁露》成書之檢討 ……………………… 51

　　二、「賢良對策」資料之檢討 ……………………… 62

　　三、現存董仲舒其他著作之檢視 ………………… 63

第二章　董仲舒春秋學與《春秋》經、傳之關係 … 65

　第一節 董仲舒春秋學在「春秋學史」之定位 …… 66

　第二節 董仲舒春秋學內容與《春秋》三傳之異

　　　　同 …………………………………………… 82

一、三傳看法各異，而董氏所論與《公羊傳》
相合 ………………………………………… 82

二、董仲舒對《春秋》經、傳的看法 ………… 95

三、董仲舒春秋學之文獻未見於《公羊傳》
者 ………………………………………… 103

第三節　董仲舒春秋學內容對《公羊傳》之補充 ‥ 128

一、十二世三等與《公羊傳》之「所見異辭、
所聞異辭、所傳聞異辭」 ……………… 128

二、以「貴微重始，見悖亂之徵」詮釋《公
羊傳》所言之「災」、「異」 …………… 130

三、《春秋》以「王者受命，作科以奉天地」，
故謂「王正月」 ………………………… 135

四、《春秋》爵等，商夏質文 ………………… 138

五、「祀周公用白牡」乃「報德之禮」 ……… 138

六、《春秋》之於昏禮，達陽不達陰 ……… 139

七、《春秋》善「宋襄公不厄人」，以變習俗、
成王化 …………………………………… 141

八、臧孫辰請糴，乃「莊公使為」 ………… 142

九、「邾婁人、牟人、葛人」因「天王崩而
相朝聘」，故誅為「夷狄」 …………… 142

十、吳子變而反道，乃爵而不殊 …………… 143

十一、「以德為序」，魯君在是，亦有所「避」‥ 146

十二、「滅同姓」書「絕」，賤其本祖而忘先 ‥ 151

第四節　結　語 ……………………………… 153

第三章　董仲舒春秋學的方法論 …………… 159

第一節　董仲舒春秋學之思維方式 ………… 164

一、「比興」的思維方式 ……………………… 165

二、「二端」的思維方式 ……………………… 179

三、「相對辨證」的思維方式 ………………… 182

四、「倫理秩序」的思維方式 ………………… 185

五、「致用」的思維方式 ……………………… 191

第二節　董仲舒春秋學之解經方法 ………… 193

一、以「比」貫「類」，屬「事」見「義」‥ 194

二、覽其緒以發其端 …………………………… 209

三、「操之與在經無異」者，屠其贅 ……… 214

四、窮其端而視其故，見所以然 ……………… 217

第三節　董仲舒對《春秋》書寫方式之闡釋 ……… 221

一、對《春秋》書寫用詞之認識 ………………… 222

二、《春秋》有常辭，無達辭 …………………… 231

三、對《春秋》「微言」的闡釋 ………………… 243

下冊

第四章　董仲舒春秋學對《春秋》義法之詮釋 …… 273

第一節　董仲舒春秋學義法總論 ………………… 275

一、《春秋》義法之學，首重「道往以明來」… 275

二、《春秋》義法「遂人道之極」，人道浹而
　　王道備 ………………………………………… 277

三、《春秋》義法的「科」與「旨」 …………… 278

四、《春秋》的「文」與「質」：文辭與義法… 284

第二節　《春秋》義法彰舉道德行為的實踐 ……… 287

一、《春秋》為「仁義法」 ……………………… 287

二、正其道不謀其利，明其理不急其功 ……… 296

三、《春秋》賢義得眾為大安 …………………… 301

四、「仁道」較君臣序讓為貴 …………………… 304

五、《春秋》災異記事之義：修身審己、明
　　善心以反道 ………………………………… 308

第三節　《春秋》義法與政治理念 ………………… 309

一、以「貴元」架構政治典範 ………………… 309

二、「尊尊」與「存郊」 ………………………… 315

三、德等則親親：「正己」與「安人」的雙重
　　意涵 ………………………………………… 322

四、《春秋》敬賢重民，任德不任刑 ………… 334

五、以「正己之義」除細故之患，以「安人
　　之仁」絕亂塞害於未然 …………………… 343

六、《春秋》尊禮重信以成王化 ……………… 349

第四節　以《春秋》「大一統」論禮制 ………… 352

一、《公羊傳》「大一統」之義 ………………… 352

二、禮制作科，才能完成漢世之「大一統」… 353

三、漢世改制之必要 …………………………… 357

四、董仲舒「三統」禮制之內容 ……………… 360

第五節　由《春秋》「正名」以論「成性之教」…367

一、董仲舒論「性」，會通先秦儒學孟、荀二
家之說……………………………………367

二、董仲舒以「性情相與」論「王道之教」…370

三、董仲舒論「性」較孟、荀二家更細密…379

第五章　董仲舒春秋學「遠外近內」考義──源
於現存注本採何休《解詁》之說而導致
之誤解……………………………………385

第一節　《春秋繁露》「遠外近內」解義…387

一、《公羊傳》對「遠外近內」的詮釋………388

二、《春秋繁露》「遠外近內」說考辨………392

三、何休以「三世說」釋「遠外近內」為條
例……………………………………………428

四、凌曙《注》、蘇輿《義證》引用何休《公
羊解詁》所導致的釋義之誤………………461

第二節　《春秋繁露》「滕薛獨稱侯」解義………469

一、《春秋》經傳「滕、薛」國君稱號方式
之考辨………………………………………469

二、《春秋繁露》以「滕薛稱侯」為「王道」
之展現………………………………………486

三、凌曙《注》、蘇輿《義證》引用何休《解
詁》導致釋義之誤…………………………490

第三節　凌曙、蘇輿注本對何休《解詁》的看法
與清代常州公羊學風有關…………………494

一、常州公羊學與凌曙之學承………………496

二、蘇輿對何休《解詁》的看法……………498

第六章　董仲舒春秋學「滅國五十有餘，獨先諸
夏」考義──源於現存注本對「董仲舒
春秋學解經方法」之誤解………………511

第一節　前人注解之若干疑點………………512

一、凌曙《春秋繁露注》對「滅國五十有餘，
獨先諸夏」的解釋…………………………513

二、蘇輿《春秋繁露義證》之注解與凌曙不
同……………………………………………514

三、「滅國五十有餘，『獨先諸夏』」，不應只
是指某單一事件的經文記載………………516

第二節　「滅國五十有餘，獨先諸夏」句義之辨‥517
　一、蘇輿注引隱公二年「無駭帥師入極」詮
　　　解「滅國」一語，是否可印證董氏發凡
　　　的「親親」之旨？‥‥‥‥‥‥‥‥‥518
　二、「滅國……獨先諸夏」不是指「在滅國
　　　事件中爲諸夏隱諱」‥‥‥‥‥‥‥‥521
第三節　以董仲舒「《春秋》無達辭」的角度，重
　　　　新看待《公羊》經傳裡的「滅國事件」‥524
　一、《公羊》經傳「滅國事件」不以『滅』
　　　字行文者之剖析‥‥‥‥‥‥‥‥‥‥524
　二、《春秋》經義的表現，不在於固定的用
　　　字上‥‥‥‥‥‥‥‥‥‥‥‥‥‥‥525
　三、對《公羊》經傳「內外之別」記載方式
　　　的補充‥‥‥‥‥‥‥‥‥‥‥‥‥‥527
第四節　突破「滅國」一詞在釋義上的思考僵局
　一、以「被滅之國」的詞義，重新審視「滅
　　　國……獨先諸夏」‥‥‥‥‥‥‥‥‥528
　二、《春秋》今文經傳之「滅國」一詞，皆
　　　指「被滅之國」‥‥‥‥‥‥‥‥‥‥528
　三、重新審視《公羊》經傳對「被滅之國」
　　　的看法‥‥‥‥‥‥‥‥‥‥‥‥‥‥529
　四、由今文經傳「滅國」辭義之辨正，得證
　　　董氏「滅國……獨先諸夏」所發凡的「親
　　　親之旨」‥‥‥‥‥‥‥‥‥‥‥‥‥530
　五、由「滅國五十有餘，獨先諸夏」見證董
　　　仲舒解經方法：「從變從義」之眞諦‥‥533

第七章　結　論‥‥‥‥‥‥‥‥‥‥‥‥‥‥543
附　錄
　附錄一：董仲舒年譜‥‥‥‥‥‥‥‥‥‥555
　附錄二：董仲舒所發凡之【春秋學義法】原文一
　　　　　覽表‥‥‥‥‥‥‥‥‥‥‥‥‥557
　附錄三：今本《春秋繁露》篇目與所論之「春秋
　　　　　義法」統計一覽表‥‥‥‥‥‥‥574

主要參考書目‥‥‥‥‥‥‥‥‥‥‥‥‥‥577

序

這本論文充滿了生命的喜悅、活力和希望。

我的學術生命，在漢代春秋學的沃土裏萌芽而茁壯；我的第一個寶寶璧薰，從懷胎肇始、而呱呱落地，至今牙牙學語，她也和我一起分享了，在春秋學裏一路耕耘的收穫與成長。

儘管大學和碩士皆完成於南國，並且亦已定居於港都；基於對研究工作的熱愛，也為了挑戰自己面對論題、解決問題的勇氣，四年前，我決定暫別向所熟悉而熱愛的西子灣，負笈北上，將學習的觸角延伸至陌生的新環境，開始了每週往返南北的求學歷程。穿梭於雲端，我常在飛機上沉思，拜現代科技之賜，我們所擁有的視野，又豈是古人所能想像？身處資訊時代，彈指之間，古今中外之文獻盡可歷覽，這又豈是先人皓首窮經者所能讚嘆？然而，身為當代的學術研究者，我的研究成果又該如何呈現當代的視野與時代之使命？我在小女璧薰身上，看到生命力的傳延不息；這也使得我對於自己學術生命的經營有更深刻的反省：我的學術研究，究竟對當代社會，乃至下一代的孩子們，有何影響和助益？或許是這樣的反省，與日蘊釀，終而確立了我的研究方向，由義理思想兼跨經學領域。

百年來，帝國主義對中國的掠奪；以及西風東漸，文化自信心的喪失，乃至對自我民族的否定；還有五四運動時代，中國學者對傳統文化的揚棄；「哲人日已遠」，傳統典範被視為亟待打破的圖騰；這些，都是今日年輕孩子們普遍嚮往影視明星，動輒「哈日」、「哈韓」，道德意識薄弱、事理價值混淆未明的導因。時代精神的反映與用世使命的承擔，是儒學一躍而為中國經學的關鍵，也是二千年來經學與中國文化緊密結合的動力來源。然而，經學在

當代沒落，確是不爭的事實。經學沒落的主要原因，即來自於「儒學研究」正面臨：如何處理當代問題、體現當代脈動、承傳文化使命的嚴苛考驗。

徐復觀氏在《中國經學史的基礎‧序》提到：

> 經學奠定中國文化之基型，亦中國文化發展之主線，故對中國文化之省思，宜追溯至對中國經學之反省。

「對中國文化之省思，宜追溯至對中國經學之反省」，以文化承傳的使命自期，我在董仲舒的春秋學裏得到深沉的感動；因爲，在董氏的詮釋下，《春秋》這部經典竟顯得婉約而饒富情味；人情的練達與道德之教化，董仲舒並非訴諸於理論教條，而是透過仁義典範的建立，在陰陽五行說成爲普世信仰的漢代，使《春秋》大義深植人心；儒學在人情禮誼上所昭示的智慧與事理，從此與中國文化之命脈，密不可分。

這幾年我很幸運能夠任教於上庠，如何帶領年輕朋友以文化思維去認識中國社會的人情與事理？如何培養他們正確的道德價值與是非判斷，一直是我思索的問題。別說孩子們沒幾人讀過《春秋》，就連我以研究者的立場接觸春秋學之始，透過清代阮元刊刻的十三經注疏——何休《公羊經傳解詁》去理解《春秋》，亦覺冗長繁贅的條例詁訓，索然無味而幾欲罷手；無可諱言，研究春秋學而日益津然有味，的確是我當初所始料未及。班固《漢書》以「純儒」來尊稱西漢經學大師董仲舒，說他「治公羊春秋，始推陰陽，爲儒者宗」，由於我碩士論文的研究內容和陰陽五行說有關，因此，班固所說的「始推陰陽，爲儒者宗」這句話，格外引起我的注意。「陰陽家」之說，如何能造就一代儒宗？「推論陰陽」又如何與春秋學產生關係？種種的疑點，使我展開了董仲舒春秋學之研究。

剛開始我直接從陰陽家之學下手，卻發現，董仲舒「爲儒者宗」，不盡然是「推論陰陽」的緣故，至於「治公羊春秋，始推陰陽」這句話的文義，也有釐清之必要；陰陽家之說並非始自董仲舒，而是上溯於戰國中晚期以降的一股思潮。董仲舒發凡《春秋》義法，陰陽五行等觀念主要表現在對災異的詮釋，而這其實是當時普遍流行的宇宙觀，並非董氏學術之精華，此部份的資料主要收錄在《漢書‧五行志》；事實上，董仲舒的春秋學並不是以「災異」理論爲核心，如果只因〈五行志〉所載，即以爲董氏春秋學之內容僅止於此，那麼，將對董仲舒的儒學成就，產生誤解和偏見。

二千年前，董仲舒以人世情味解讀《春秋》，透過典範的傳述與歷史的反

省，來啓益人心、感動世人，《史記·儒林列傳》贊嘆：「天下學士皆師尊之」；《春秋》事理之教化，足以在訴訟疑難時，作爲折獄之據，稱服人心。

董仲舒對於執政者的要求，落在「仁」、「義」這二個字，他強調「以仁愛人」，拓展孟子政治思想所暢談的「推恩之仁」；同時，他也強調「以義正己」，延伸荀子禮學所強調的，作爲行爲規範之「禮義」。以「儒學史」的觀點而言，董仲舒融合了先秦儒學孟、荀二家的思想特質；致力於《春秋》這部儒學經典的傳授，以道德教化爲核心，樹立行爲實踐之典範。以「經學史」的觀點來說，董仲舒以道德實踐來落實經世事務，透過事例的詮釋，反應當代精神、指導社會文化，終而達成時代之使命；董仲舒使得先秦儒學一變而爲漢代經學。

「典範的建立」，的確是興發道德意識、啓迪道德行爲的好方法；道德典範能否打動人心，勢必得面臨當代人生活觀與價值觀的考驗。如何引領時代風尚走向人文道德的提昇，始終是每個時代，知識菁英責無旁貸的課題。

回首來時路，我很慶幸自己在巧妙的機緣下，得識董學以義旨爲尚的解經方法，於何休《解詁》之外，重新以義理思想的角度，解讀董氏春秋學之原貌；並且進一步體會到，董氏春秋學乃是透過《春秋》記事爲借鑑，樹立教化人心之典範，以務實用世之精神，詮釋《公羊》經傳；以道德義旨爲主軸，落實當代時空種種現實問題之反省；這種以政治民生爲懷的研經目的，正是後世公羊家治經宗風之肇始。何休《解詁》以文字凡例去理解《春秋》之「微言大義」，幾乎掩蓋了公羊「辨而裁」的特質。

近來學界論「法」，多有直接與「法家」劃上等號者，而忽略儒學有「春秋義法」，墨家有「兼相愛交相利」之「法」(〈兼愛中〉)、道家亦有「道法自然」(《老子》二十五章)、「天地有大美，四時有明法」(《莊子·知北遊》)之「法」，諸家論「法」各有特徵，未必盡如法家之「刻薄寡恩」(〈太史公自序〉)。這本論文以「義法」思想爲主題，除了突顯《公羊春秋》之特色外，亦導因於當代學者以「董仲舒爲漢代『儒學法家化』之首腦人物」的指陳〔註1〕。在如實閱讀原典文獻之後，本文透過董仲舒春秋學義法思想之探討，具體論證釐清這種「似是而非」的說法，不僅使《春秋繁露》文義得以通讀，董氏春秋學義法得以昭明，更因此而印證出一代儒宗之儒學成就。

〔註1〕余英時，〈反智論與中國政治傳統〉，《歷史與思想》，台北：聯經出版社，1989年4月，P39～42。

　　這本論文能夠有些許的研究成果，首先，我必須感謝業師周一田先生。周師與我，情同父女；平日師生睽隔南北，常為經義之推敲論證，透過電話討論至凌晨。今年周師在七十華誕的壽宴上，仍不忘耳提面命叮囑論文細節，關切我論文寫作之情況；身為關門弟子，老師愛深責切，這本論文各章之篇幅，大抵多在百頁以上，周師嚴謹的為學術把關，然而《公羊》文義往往「隨文鉤深」（啖助語），我的行文辭理，若有不甚曉暢之嫌，周師總不留情面的要我整章重寫，甚至達三次全新改寫之記錄。在不斷的鍛鍊琢磨之下，激發出我尋根究底的毅力，也使我無暇思考研究過程中的寂寞；曾經長達數日未有闔眼，我，只是年僅而立的後生小子，尚且猶恐生命之燃燒，不堪照亮學術論題之疑闇；周師年逾七旬，病後舉止不便，體能負荷尤有過之，卻為了我而拄杖挑燈，逐字逐頁翻閱修整……。由於何休《解詁》釋經未洽，周師於春秋學向來獨衷於《穀梁》義理，在論文即將付梓之際，老師告訴我：這本論文改變了他對於《公羊》向來的成見。周師並且在口試時對諸位口試委員表示，自己從這本論文所獲得的春秋學之啟發，遠勝過對學生之指導。

　　老師的鼓勵，使我流下了眼淚。

　　我只是個後生晚輩，怎堪老師如此深厚之期許？從學於周師已八年，學海無垠，周師總激勵我，以昂然的鬥志跨出腳步，挑戰新的里程；並允許我，擁有因「據理力爭」而造次的權利。我從周師所學到的，不只是學術殿堂裏的恢宏，不只是知識領域裏的尊重，更有那探求未知論題的不苟，以及對無知晚輩的包容。

　　桃芝颱風重創台灣中部，是九二一地震之後最慘重的一次災情。這本論文口考當天，正是颱風登陸的時候；所有口考老師竟然皆應允，為我這本論文而冒著風雨前來，不僅使考試得以如期舉行，並且殷切提供我寶貴的意見；在此，我只能以最虔敬的謝意敦促自己，千萬不能辜負師長們的厚愛和期望。

　　何師佑森從為學方法與態度上諄諄期勉，對即將告別學生生涯的我而言，長者的良言美意，正是往後治學最好的南鍼；至於董氏《繁露》版本，以及何休《解詁》附於《公羊》經傳刊刻之相關問題，林師慶彰則由經學史料、文獻版本提供我具體的線索，甚至幫助我掌握東洋文獻，從事更進一步的經學史研究；這本論文可以看出中國政治思想之特質，以及「儒、法之辨」可以延伸至當代「自然法」、「實證法」等法學論題的探討，這一點，我

要特別感謝傅師武光畫龍點睛的提醒。漢代思想，一直是學界尚待耕耘的園地，從碩士論文先秦思想的探討，跨足漢代學術之研究，我必須感謝陳師麗桂慈母般的教導提攜；這本論文從審察、發表，一直到最後口考，倘若不是老師在漢代思想上為我領航，我又怎能游刃於漢代學術，兼合經學與思想之領域？

試後，林師慶彰特別嘉勉我：四年之內，能夠完成這本近七十萬字的著作，實在不容易。然而，我卻必須坦承：這本論文，其實是我由碩士班開始，這八年來治學點滴的結晶。

我第一篇公開發表的論文是〈荀子政治思想與其「禮」論的關聯〉，那已是六年前發表於《中山中文學刊》（創刊號）的舊作。倘若不是曾經醉心於荀子禮論思想之研究，今天的我，將無法深入分析董仲舒春秋學，「大一統」思想與禮制質文的密切關聯。而這一切我必須感謝，帶領我認識儒學要旨、掌握荀學真相的鮑師國順；我跟外子移居高雄，在南部舉目無親，多年來老師及師母的關懷，總是溫暖我們的心房。

這八年來，從第一篇論文公開發表到現在，在治學歷程上，能夠具備克服學術論題的勇氣，這是我進入研究殿堂之後，學業啟蒙導師徐師漢昌為我紮下的根基；從碩士班一年級開始，老師雖然家住台中，卻總是在課堂之外，特別為我們四位導生每週撥出二小時，藉由讀書會的討論與發表，祛除我們初試啼聲的畏縮與生澀。

同時，我也要感謝在「中國政治思想專題討論」的課堂上，要求同學們走出傳統古籍象牙塔，開拓中文系研究生閱讀眼界，博兼中外，「望之儼然，即之也溫」的戴師景賢；以及結合傳統文字、聲韻、訓詁，以「詞彙學」語義分析之方法，帶領同學們深入原典、檢視經典句義原貌的林師慶勳。因為老師們方法的引領與胸襟氣度的栽培，我才能在嚴謹的學術殿堂中，汲取源源不竭的活水甘霖。

朱熹夫子治學之語：「寧繁毋略，寧下毋高，寧淺毋深，寧拙毋巧」，多年來一直長伴我於案頭；由淺而深的持恆、謹繁棄略的執著，以及永遠謙下有容的實在工夫，使我不禁懷念起已故的孔師仲溫；當年我曾經為了博士班入學而踟躕，中山長廊下，老師勉勵我：「閱卷者總是可以在答卷內容中，看出當事人對這場考試的態度」。一席話成為我敬慎答題的精神支柱，終於幸運的在台灣師範大學、成功大學、中山大學、中正大學，皆榜上有名，並取得三

校博士班之榜首。

　　我一直是個幸運兒。幸運的背後，來自於父母與師友滿載的關愛。

　　在論文寫作過程中，周師虎林除了與我們一起分享寶寶誕生的喜悅，更主動提供我們過來人的寶貴經驗，協助我們在最短時間內，調整好因為新生命的加入而略顯忙亂的生活步伐，使得我的論文進度，不受到絲毫的耽擱。還有以「三年一小成，五年一大成」勉勵我們，與外子向來亦師亦友的張高評先生，在一次偶然的機會裏提到：春秋學裏的褒貶筆法，應該可以從《春秋》行文的「敘事觀點」去分析和研究。當時相談甚歡。沒想到，這個觀念正是我日後釐清董仲舒與何休，二人學術成就「異方而殊論」的關鍵。

　　我來自小康家庭，父母親生活簡樸而單純，孩子們能時常返家團聚，是他們唯一的企盼。我從中學開始即負笈在外，二十年寒窗，來去匆匆，總未能滿足二老，實現承歡膝下的願望。今日少有所成，我願，將這本著作呈與我最親愛的爸媽，以感恩他們對我的養育與栽培。

　　最後，我要感謝外子卜五；是知己，也是諍友，更是相惜的伴侶。史載「董子三年不窺園」以示其治學之專精；而我，為人妻、為人母，得以四年「不窺廚、不過目細務」，毋寧是天大的福份；我除了感謝外子提供我優渥的環境，更要慶幸，深研《公羊春秋》的他，總是我尋思古籍不得解時，第一線求援的對象。

　　有人打趣的問我：寫論文與生育娃娃，何者較值得？我總是認真的告訴他：學術與寶寶，都是我生命的一部分，二者同樣需要辛勤的灌漑與作育。研究成果使我有成就；但是，對寶寶的愛，卻使我感覺到幸福。因為，只有無怨悔的「付出」，才是真正的「擁有」；唯有真誠的「回饋」，才能使「成就」產生價值。經學與中國文化之所以命脈相連，知識份子的使命感，不也是如此！

　　卻顧所來徑，我——不只是幸運兒，更早已擁有眾人的祝福；這本論文代表了新生：一則認真的學術生命由此萌芽；一個新世紀的展望，由牙牙學語，正與日茁壯。

二〇〇一年仲夏　楊濟襄謹識於

高雄楠梓　不厭倦齋

凡 例

一、由於三傳所附的《春秋》經文，不盡相同。本論文以《公羊春秋》為主要探討對象，若單純只強調經文，則以《春秋》稱之。若同時涉及傳文，則以「《公羊》經、傳」稱之。文中所謂「傳」皆指《公羊傳》。至於其他二傳，則明言《穀梁傳》、《左傳》。

二、本論文無任何今古文經之偏見與預設。然因所探討為《公羊春秋》一系之義理，有時依文義需要，須徵引穀梁、左氏二傳互為發明時，為方便說明，遂以同為今文《春秋》的《穀梁傳》列於先，《左傳》則次於後。

三、論文內容所謂「《公羊傳》」與「《公羊》傳文」，意義相同。只是為求行文之順暢，視上下文義所需，而以方便之名號稱之爾。

四、為求行文之簡潔，《春秋繁露》或略稱為《繁露》。若指稱其中之單篇，則以《繁露‧＊＊》敘述、或逕以篇名號〈＊＊〉稱之。

五、由於《春秋》經文已是編年體記事。除非有特別標注之必要；否則，對於經文、傳文、注疏，本文皆直接以經文紀年為據，不再以註解標示頁碼。

六、阮元所刊十三經注疏本，公羊傳注疏之何休《春秋公羊經傳解詁》，本論文一以何休《解詁》稱之。

七、本論文古籍景印刊本，頁碼皆以「頁＊」標示，若該刊本已由出版社重新排版付梓者，則以「P＊」標示。此外，除文冗而有檢索困難之外，若行文中已清楚寫出「古籍單篇」之出處、篇名卷次，則不再另以註解標示頁碼，以求精省。

八、本文之所以在《公羊傳》之外，另有「公羊一系論者」這個名詞，是因為《公羊傳》在成書之前曾經歷一段長時間先師傳授的時期。董仲舒之時代與《公羊傳》成書時間極接近，而董氏所論又有未見於傳文者。再加上董氏之學承，史未明載，僅云「其傳公羊氏」。本文認為，董氏或有上接於公羊先師之可能，是以其學未必盡出於傳文。因此，本文在論及董氏學養時，乃以「公羊一系論者」泛稱董氏所承傳之公羊學術（包含傳文以及公羊先師所論之可能由來）。

九、「經學」在當代向被視爲僻奧難懂。爲求經學思想之流傳，以及幫助讀者快速掌握董氏春秋學義法之旨要，本論文在「論證關鍵」處、以及段落「結論」處，視需要而加上「底線」，或「加黑字體」，以突顯本文論證之眉目與層次。

第一章 緒 論

第一節 研究方向的揀擇

　　學界鮮少有不知西漢儒學大師「董仲舒」爲何人者。然而，提及董仲舒不馬上聯想到「罷黜百家，獨尊儒術」這八字的人，恐怕是極少數。若再更追究進一步的印象，也許就會出現二種極端的看法，一爲「獨尊儒術」，興盛儒學，功不可沒。一爲「抑黜思想自由」，爲漢代迷信之元凶，二千年中國學術不發達的罪人。前者爲中學生歷史教科書的說法；後者則爲大學生「哲學史論著」一般的定論。〔註1〕

　　由於碩士論文是以「秦漢以前『四方』觀念的演變和發展」爲題，展開漢代思想史論題之研究，是碩士論文完成後，對自己學術生涯的既定規劃。我在碩士論文中的主要論述，分爲二大路線，一是從「五行系統配應」探討方位進入五行系統之肇始；另一，則是由《易傳》八卦方位的推衍作主軸。這二條路線，合流進入漢代，成爲漢人實際生活「技術」的理論原則。彼岸屢屢令人驚喜的出土文獻，逐漸褪去漢代原始信仰以及楚地巫術文化的神祕面紗，因此，我在博士班就學期間，對於漢代思想、知識與信仰世界之相關論題，始終抱持濃厚的研究興味。延續著碩士論文的根基，我的學術觸角由先秦逐步移至西漢，以王國維「二重證據法」進行傳世文獻與地下文物的印證和比對：在漢代出土文物方面，以〈漢代「式盤」時位觀念之研究〉一文，獲得趙廷箴獎學金之研究獎勵；在傳世文獻方面，則由漢初《淮南子》這一

〔註 1〕 參見本章第三節方東美氏、勞思光氏諸論。

部煌煌鉅著，逐條彙整由先秦至漢初「陰陽」觀念之轉變與運用，完成〈由《淮南子》看先秦至漢初「陰陽」觀念之轉化〉一文，發表於輔仁大學第二屆先秦兩漢研究生學術論文發表會。逐漸深入漢代思想的同時，我也開始好奇，在「天人感應」成為一種「理所當然」想法的時代，漢代知識份子，尤其是漢代儒者，如何將本身的儒學學養與當代的流行信仰相融貫？《漢書》裏提到「董仲舒治公羊春秋，始推陰陽，為儒者宗」，董仲舒的學術內涵，遂成為我急欲探索之對象。

　　《春秋繁露》是現存關於董仲舒學術最重要也是最主要的文獻。一開始，我將全副心力都集中在陰陽災異理論的部份，但是，隨著研究歷程的開展，我卻日益發現，除了《漢書・五行志》所錄者外，《春秋繁露》從第三十八篇「五行對」之後，一直到第六十四篇「五行五事」，以及第七十七篇「循天之道」到第八十二篇「天道施」，這幾篇董仲舒論述陰陽五行說的主要篇章，竟然鮮少論及《春秋》義法。也就是說，由現存文獻看來，在董氏春秋學中，援引「陰陽」觀念以釋《春秋》，主要還是在經文「災異」記事之釋義，這些對《春秋》災異記事之看法，其實是董氏當時，陰陽氣化觀念風行的反映。除了〈五行志〉所載之災異記事外，董氏春秋學真正的成就：對《春秋》義法之詮釋，實少與陰陽觀念相涉〔註2〕。如此一來，班固《漢書・五行志》所云：「董仲舒治《公羊春秋》，始推陰陽，為儒者宗」這一句話，就值得重新審慎推敲與考慮。

　　董氏「為儒者宗」，是因為「治公羊春秋」？還是因為「始推陰陽」？實際上，戰國中晚期以降所逐漸流行的陰陽五行觀念，並非始自董仲舒。班固所言之「始推陰陽」與「為儒者宗」是因果關係嗎？或只是敘述董仲舒學術之多面、不應連讀為因果關係的二句話？如果，暫且不論「陰陽」學說，董仲舒的春秋學，是否就乏善可陳呢？

　　這些疑竇逐漸在我的研究歷程中，伸展為不容迴避的實體；終於，它佔住了我的視野。

　　《公羊傳》的行文，採取問答語錄的形式，「公羊辭辨，隨文解釋，往往鉤深」（啖助語，見《春秋啖趙集傳纂例》），以往學者對於《公羊傳》的認識，多透過何休《解詁》而來，摒除何休《解詁》，後世揣測之說更無足論。何休釋義《公羊》，極重視經文字面「書寫條例」之整理，而有《文諡例》的歸納，

〔註2〕參見本論文書後之附錄二、附錄三。

間接也造成了一般人已經習慣以「條例」的成立與否，率爾去評判《公羊傳》解經是否眞確，而幾乎不曾懷疑，何休所釋是否眞爲《公羊傳》之內容？於西漢蔚爲當世顯學的《公羊春秋》，在清末常州公羊學者奉何休《解詁》爲聖典而大力闡揚下，呈現於世人的面貌，竟趨於瑣碎的文字釋例，幾乎掩沒《公羊》「辨而裁」的特質。

　　董仲舒雖然未以「文字訓詁」直接注解《公羊傳》，但是在今日所見的文獻中，我們卻可以看到董氏對於《春秋》一書記事行文之寓意與要旨，亦即所謂的《春秋》「義法」，提出深切的討論。董仲舒認爲《春秋》「人道浹而王道備」（《繁露・玉杯》），因此提出「王魯」之說；「王魯」的精神，在於孔子藉魯史記事之褒貶，昭示人道之所宜，從而描述理想王朝之藍圖。司馬遷曾聞《春秋》於董生（〈太史公自序〉），在《史記・十二諸侯年表序》中，首先以「義法」一詞，來指稱《春秋》「王道備，人事浹」之內涵：

> 孔子明王道，干七十餘君，莫能用，故西觀周室，論史記舊聞，興於魯而次《春秋》，上記隱，下至哀之獲麟，約其辭文，去其煩重，以制義法，王道備，人事浹。……上大夫董仲舒推《春秋》義，頗著文焉。

和董仲舒一樣，太史公也認爲《春秋》「約其辭文，去其煩重，以制義法」，也就是說，《春秋》行文記事，以寓「義」爲尚；如同司馬遷所云：「《春秋》以道『義』。」（〈滑稽列傳〉），太史公轉述了董生論《春秋》之語：

> 余聞董生曰：「周德衰廢，孔子爲魯司寇，諸侯害之，大夫壅之。孔子知言之不用，道之不行也，是非二百四十二年之中，以爲天下儀表。貶天子，退諸侯，討大夫，以達王事而已矣」（〈太史公自序〉）

由董子所言之「爲天下儀表」、「以達王事」，太史公並進一步闡釋《春秋》以「義」爲尚，實踐「王道」政治的具體內涵：

> 夫《春秋》上明三王之道，下辨人事之紀。別嫌疑，明是非，定猶豫，善善惡惡，賢賢賤不肖，存亡國，繼絕世，補敝起廢，王道之大者也。（〈太史公自序〉）

董仲舒治《春秋》，以「評論體」酣暢行文，所評論者，俱以闡明《春秋》「別嫌疑，明是非」、「善善惡惡，賢賢賤不肖」的義理爲目的。東漢何休之《解詁》，與董氏所治雖同爲《公羊春秋》，然而，在解經方法與釋義成果上，二人的學術成就卻截然不同。何休《解詁》重視《春秋》經文文字條例之整理，

和東漢盛行以章句解經的風氣有關，這種重視《春秋》行文遣辭用句等等「文字凡例」之歸納，被視爲《春秋》「書法」之研究，而成爲後世春秋學者研治《公羊春秋》的主要途徑和方法。所謂的「書法」，民初學者劉節（1901～1977）曾以史學的角度加以說明：

> 著作之事，欲其符號清晰確定，使讀者能尋文知義，不至眩亂莫辨，
> 則**統一所用名詞、術語**，最爲要緊。……用語所含之特定意義……
> 若執筆者能統一，不使前後歧出，自亂其例，則全書中史筆謹嚴，
> 足以收符號一致之效用。**此種用語之規定，與其使用之法，**……**謂
> 之「書法」**。〔註3〕

然而，這一套綜貫《春秋》「統一所用名詞、術語」的歸納，並非董氏春秋學之要旨。也就是說，以往學者由何休而對《春秋》公羊學所建立的「書法」形象，與西漢大儒董仲舒以「義法」發凡《春秋》價值的董氏春秋學，並不相符。徐復觀氏也指出：

> **孔子作《春秋》，意在藉批評二百四十二年的歷史事實，以立是非的
> 標準，而非建立一門史學**，這是無可置疑的。**從《公羊傳》的原典
> 看，孔子的褒貶，是否由孔子的「書法」而見？很值得討論。**但褒
> 貶的内容，是出於孔門，與孔子有密切關係，則不應當有問題。

〔註4〕

《公羊傳》雖然也由經文書寫事件的行文用字去探討「微言大義」，但是，卻未曾試圖建立一套「統一名詞術語」的「經文凡例」；對於經文記載遣辭用字之討論，《公羊傳》的關注點仍是落於文字背後，該次事件《春秋》「大義」的探求。

「義法」本來就是公羊一系論者解經論旨所特重者，董氏視「仁義」爲《春秋》「義法」之總綱，而云：「《春秋》爲仁義法，仁之法在愛人，不在愛我；義之法在正我，不在正人」。我們在反覆援引事例、辨正事理的董氏春秋學中，可以清楚看到董仲舒以「仁義」言「法」，其所謂之「法」，其實是藉《春秋》事例來樹立人事的借鑑和典範。特別是居上位的人君人主，更應該以《春秋》爲法，從《春秋》事例中得到反省與學習；以仁義爲法，體察聖人「以仁安人，以義正己」的用心和本意；愛之所達，推及於人；義之所正，

〔註3〕劉節，《中國史學史稿》，台北：弘文館，1986年，P240。
〔註4〕徐復觀，《兩漢思想史》卷二，台北：學生書局，1989年9月，P327。

不是大臣，不是百姓，而是人君反躬自省、端正自己。顯然，董氏詮釋《春秋》義旨，並非以經典來作「陽儒陰法」之包裝，更非出自於「附和專制政權以干名求祿」之目的。董仲舒對《春秋》大義之詮釋，致力於事理人情之練達與美惡褒貶之價值判斷，他所釋解的《春秋》義旨，不只在當時教化人心，蔚為風尚；即便是二千年後，讀之仍令人擊節稱賞，不忍釋手。

　　然而，當代學者對於董仲舒學術實質內容之認識，與董氏歷史形象之評價，卻存在著相當大的落差。

　　檢索台灣十年來與董仲舒學術相關之研究，多傾向於董氏陰陽災異理論或天人關係諸論之探討，學界亦有直接視董氏學術為「陽儒陰法」之代表者，而置其於諸子之列，甚而貶為儒學之罪人；董氏之「春秋學」，始終未能躋身於經學之列。

　　《漢書·五行志》所收錄的「董仲舒以為」等災異條目，內容自以「五行」資料為主，若視其為董氏學術之全貌，恐失之於偏隅。又《漢書》本傳之「賢良對策」，乃應武帝制問而答，「天人關係」，為武帝制問一再提及，命令董氏「即題作答」之論題。雖然，董氏春秋學以「天」作為「貴元」、「尊尊」的終極根源；但是，這僅屬於其思想之「總綱」，董氏論《春秋》事理，卻仍著眼於人道，以道德仁義之實踐為要務，落實於儒學本旨。

　　除去「陰陽」、「災異」理論之研究，以「董仲舒春秋學」為名的相關論文，又多援何休《解詁》之「文字條例」來闡釋董學，而造成釋義之扞隔。至於真正比較董仲舒春秋學內容與《春秋》經傳之關係，乃至董氏主張「《春秋》無達辭」，不拘於文字凡例以釋經旨的特色，相關之學術研究，幾付闕如。以儒學傳承觀點，試圖定位董仲舒儒學地位的單篇論文，只有一篇〈董仲舒與儒學的衍化〉（楊國榮，《孔孟學報》第六十四期，1992 年 9 月），距今也已是九年前的舊作。

　　因此，本文決定暫時擱下董仲舒學術中「陰陽」、「災異」這部份的研究，以春秋學乃至儒學的觀點，呈現董仲舒學術之原貌。這其中仍帶著一絲最初的執著與促狹，企圖嘗試在不以董仲舒「陰陽」、「災異」、「天人相應」為主題的情況下，呈現董仲舒春秋學的內容與價值。董仲舒春秋學除去「陰陽」、「災異」、「天人相應」等內容，還有可觀嗎？這恐怕是許多人共同的疑問，也是本論文有別於既往學者之研究，所欲解答的問題。

　　司馬遷在《史記》中論及《春秋》為「禮義之大宗」，與董氏謂《春秋》

爲「百禮之貴」(《繁露‧觀德》) 相符合。董氏釋《春秋》經義,既以儒學之「仁義」爲本,又留心《公羊》一系論者所詮釋的《春秋》「禮意」,而深入反省禮制的「質與文」。本文想要探討,先秦儒學在西漢大儒董仲舒的詮釋之下所呈現出的樣貌,以及董氏春秋學對於《春秋》經、傳義法之發凡和承繼。

董仲舒由《春秋》事理與義法,推闡以「仁義」釋「禮」的《春秋》大義,一方面展示出漢代儒者援引「事例」,以闡揚「儒學道德本旨」的作風;另方面也是漢儒以務實用世之精神,去詮釋先秦儒學的表現。由於本論文所運用的資料不限於《春秋繁露》,而《春秋繁露》的內容也未必盡爲春秋學之內涵。所以,儘管董仲舒的春秋學以《春秋繁露》爲最主要、也是最重要的文獻資料,本論文的研究主題,卻是以儒學史、經學史的觀點而展開,並非以《春秋繁露》爲設定之對象。爲了清楚彰顯著作之意圖,同時又標示研究論題之旨要,本文遂以「董仲舒春秋學義法思想研究」爲題,作爲這本論文之專稱。

第二節　研究對象的爭議

董仲舒,西漢廣川人 (今河北景縣廣川鎮),景帝時以《公羊春秋》列爲博士。卒於武帝太初元年,享年約八十七歲 (192～104 B.C.) 〔註5〕,其事跡並見於《史記》、《漢書》。《史記‧儒林列傳》、《漢書‧儒林傳》、《漢書‧董仲舒傳》所共同強調的,有如下五點:(三者詳細原文之比較,參見本節文末之表三)

　　(一) 以治春秋,孝景時爲博士。下帷講誦,弟子傳以久次相受業,
　　或莫見其面,蓋三年董仲舒不觀於舍園,其精如此。進退容止,非
　　禮不行,學士皆師尊之。

從這段話,可以看出董氏「三年不觀於舍園」的治學態度;當然,這是

〔註5〕董氏之生卒年,蘇輿〈董子年表〉所錄爲「文帝元年 179 B.C.～武帝太初元年 104 B.C.」,但是,近人已多有考證修訂,如:施之勉氏〈董子年表訂誤〉(《東方雜誌》四十一卷二十四期,1935 年),章權才氏〈董仲舒生卒年考〉(《社會科學評論》,1986 年第二期),周桂鈿氏〈董子年譜考略〉(《董學探微》,北京:北京師範大學,1989 年 1 月),王永祥氏《董仲舒評傳》(南京:南京大學,1995 年 5 月,P60) 等,由於王永祥氏所言係綜合前人的研究考證而得,本文在此遂採用其說,即:董仲舒約生於西漢惠帝三～四年 (192～191 B.C.),卒於武帝見對四年～太初元年 (107～104 B.C.)。

譬喻性的說法，我們卻可以得知他是一位專注於修學著書的讀書人，史漢都說他「進退容止，非『禮』不行」，行爲依止於禮，這是標準的儒家人士之作風。景帝時爲博士，學生眾多，甚至到「弟子傳以久次相受業，或莫見其面」的程度，由「學士皆師尊之」可以看出，董氏在當時所受到的來自於學術界的尊崇。這一段話使我們了解董仲舒的治學態度與在當世的學術地位。

（二）曾與治《穀梁春秋》之瑕丘江生，集比《春秋》之義而勝之。

仲舒弟子遂者：蘭陵褚大，廣川殷忠（《漢書》作「段仲」），溫呂步

舒。弟子通者，至於命大夫；爲郎、謁者、掌故者以百數。至卒，

終不治產業，以脩學著書爲事。子及孫皆以學至大官。

由本節文末所附之表三，可以看出《史記》、《漢書》都記載了董氏曾與治《穀梁春秋》的瑕丘江公，比論經義而獲勝之事。《漢書・儒林傳》還特別讚美董氏「通五經，能持論，善屬文」。董仲舒勝出的直接結果是，「上因尊公羊家，詔太子受公羊春秋，由是公羊學大興」（《漢書・儒林傳》）。可見，這个是一場普通的學術討論會，而是一場角逐當代學術主流地位的競技。我們由此也應注意到，西漢公羊學的盛興，與董仲舒在研治春秋學上的努力成果有直接關聯；倘若，這一場「比論經義」，是由瑕丘江公獲勝，恐怕，其後「公羊學大興」的歷史就必須改寫。學界一般論及西漢公羊學盛興之因素，多直接從「西漢當朝者之喜好」與「政治手腕之安排」去看待，而鮮少注意到董仲舒在學術上的努力成果。

《史記・儒林列傳》記載，董氏弟子治學通達而在朝爲官者「以百數」，其中，以「爲梁相」的褚大及「持節專斷淮南獄、天子皆以爲是」的呂步舒最有名。《漢書・儒林傳》也記載了董氏春秋學傳延至東漢的學承經過（參見本節文末：附表二）。我們由此不難想見，董仲舒在當代的學術聲望和地位。史載董氏以疾免官，家居「至卒，終不治產業」，描寫出董氏對學術的專注與熱愛，更透露出他不汲求世俗功利的性情。史漢都提到，董氏「子及孫皆以學至大官」，其子孫之所以任居大官，並非董氏官職之福蔭，而是董氏子孫本身之學養所致。這其中隱含著一條微妙的線索：董仲舒在當代舉足輕重的地位，究竟來自其學術？或是來自其官職權位？值得我們再深究。

（三）爲人廉直。是時方外攘四夷，公孫弘治春秋不如董仲舒，而

弘希世用事，位至公卿。董仲舒以弘爲從諛。弘疾之。

史漢的文意，顯然將董仲舒與公孫弘劃分爲二類。這一段話可以看出三

個重點：

第一，指出董氏不屑於公孫弘媚世從諛的作風，引來公孫弘的敵意。

第二，對公孫弘的「從諛」有實質的描寫：「希世用事，位至公卿」，史漢的筆法隱晦，但是卻留給我們對於當時的情況有更多玩味的空間：由「公孫弘治春秋不如董仲舒」，倚靠「希世用事」即能「位至公卿」，不難想見當時的讀書人，即便有真才實學，亦未必得以用世的情形。既然，公孫弘嫉惡董仲舒，而公孫弘又位至公卿，那麼，董氏在仕途的處境又如何呢？其在政治上的影響力，實質上又有多少？是應該審慎評估的。

第三，我們可以看出史漢以「廉直」的字眼，在千古青史上記下董仲舒的人品。所以，針對胡適所言「漢代是一個騙子的時代」，徐復觀氏在《兩漢思想史》卷二特別指出：「董仲舒是一位嚴肅方正的人。他在漢代學術上的崇高地位，和他的崇高人格有密切關係，不可輕易加上『騙子』的徽號」。〔註6〕

（四）先為「江都相」事易王。其後，乃相膠西王。

《漢書》記載了賢良對策的時間是「武帝即位，舉賢良文學之士前後百數，而仲舒以賢良對策焉」，「對既畢，天子以仲舒為江都相，事易王」。對策中即有眾所周知的「推明孔氏，抑黜百家」之語；值得注意的是，在對策之後，董氏並非就此平步青雲，為武帝所倚賴；而是外放就任江都相輔事易王。《漢書》對董氏為江都相，事易王，有詳細的說明：「易王，帝兄，素驕，好勇。仲舒以禮誼匡正，王敬重焉」。也就是說，董氏所任並非中央官職，而是外放地方、任事於驕勇的易王。所以，「仲舒以禮誼匡正，王敬重焉」，此處敬重董氏「禮誼」、為董氏所匡正的「王」，並非「武帝」，而是「江都易王」。

另一次輔相膠西王，《漢書》對於膠西王的描述是：「膠西王，亦上兄也，尤縱恣，數害吏二千石」。史漢都提到：「仲舒以弘為從諛，弘嫉之。弘乃言於上曰：『獨董仲舒可使相膠西王。』」。可見這一次相膠西王，是公孫弘欲陷董氏於罪而推薦上任，並不是因為董氏受到漢帝賞識而任。二次為地方諸侯之相，對董氏而言，並非官運亨通，相反的，與他當世的學術聲望相比，受黜於向所指謂的從諛之臣公孫弘，實亦見其仕途之蹇困。《後漢書·馮衍傳》曾以董氏為例：「董仲舒言道德，見妒於公孫弘……此忠臣之常所為流涕也」

〔註6〕徐復觀，〈先秦儒家思想的轉折及天的哲學的完成〉(《兩漢思想史》卷二，台北·學生書局，1989年9月四刷，P300)。

〔註7〕。董仲舒兩事驕王，對驕王在政治上的睥慢和苛取，必然有深刻的體認。《史記》描寫董氏與膠西王的相處，謂：「膠西王素聞董仲舒有行，亦善待之。董仲舒恐久獲罪，疾免居家」。儘管諸侯王善待之，卻因為看到驕縱諸侯的權力背後，潛藏著來自於中央王室的殺機。因此，董氏託疾為名，去位歸家；這裡，我們再次可以看到董氏不戀棧於政事的性格。《漢書》看法與《史記》一致，並且作出以下結論：

> 凡相兩國，輒事驕王，**正身以率下**，數上疏諫爭，**教令國中，所居而治**。及去位歸居，**終不問家產業，以修學著書為事**。

由「教令國中，所居而治」我們可以得知，董氏成功地以「教化之道」輔佐地方諸侯國政事，「正身以率下」的作風，使得二位驕縱的諸侯王對董氏亦加以尊善。觀察董氏一生的行止，誠如史漢所云，是一位「廉直方正」的讀書人。這樣一位儒者，在學術上引起爭議的原因是，他在陰陽災異術的擅長：

> （五）（董氏）以春秋災異之變推陰陽所以錯行，故求雨閉諸陽，縱諸陰，其止雨反是。行之一國，未嘗不得所欲。

　　關於董仲舒「求雨」、「止雨」的技術，史漢皆載其「行之一國，未嘗不得所欲」。乃至漢代文獻如王充《論衡》中多處提到「求雨術」，都述及董仲舒的陰陽氣化理論〔註8〕。在今本《春秋繁露》中甚至有〈求雨〉、〈止雨〉二篇，詳載儀式的過程；其中所涉及的漢代巫術，我們今日未必可以理解〔註9〕；

〔註7〕　見新校本《後漢書・列傳卷二十八・馮衍傳》注：「（馮衍上疏自陳）臣伏念高祖之略而陳平之謀，毀之則疏，譽之則親。以文帝之明而魏尚之忠，繩之以法則為罪，施之以德則為功。逮至晚世，董仲舒言道德，見妒於公孫弘；李廣奮節於匈奴，見排於衛青；此忠臣之常所為流涕也。」（新校本《後漢書》第二冊，台北：世界書局，1973年3月，P983）

〔註8〕　《論衡・感類》：「春秋大雩，董仲舒設土龍，皆為一時間也，一時不雨，恐懼雩祭，求陰請福，憂念百姓也。」（P221）《論衡・死偽》：「如以至誠，則其請命之說，精誠致鬼，不顧辭之是非也，董仲舒請雨之法，設土龍以感氣，夫土龍非實，不能致雨，仲舒用之致精誠，不顧物之偽真也，然則周公之請命，猶仲舒之請雨也；三王之非鬼，猶聚土之非龍也。」（P252）（王充，《論衡》，上海：上海古籍出版社，1992年7月）

〔註9〕　《春秋繁露・求雨》：「春旱求雨。今懸邑以水日禱社稷山川，家人祀戶。無伐名木，無斬山林。八日。於邑東門之外為四通之壇，方八尺，植蒼繒八。其神共工，祭之以生魚八，玄酒，具清酒、膊脯。擇巫之潔清辯利者以為祝。祝齊三日，服蒼衣，先再拜，乃跪陳，陳已，復再拜，乃起。祝曰：「昊天生五谷以養人，今五谷病旱，恐不成實，敬進清酒、膊脯，再拜請雨，寸幸大澍。」以甲乙日為大蒼龍一，長八丈，居中央。為小龍七，各長四丈。

不過，董氏以「陰陽氣化、同類相動」賦予這些儀式理論的基礎和詮釋卻顯然可見：

> 天有陰陽，人亦有陰陽。天地之陰氣起，而人之陰氣應之而起，人之陰氣起，天地之陰氣亦宜應之而起，其道一也。明於此者，欲致雨則動陰以起陰，欲止雨則動陽以起陽，故致雨，非神也。而疑於神者，其理微妙也。非獨陰陽之氣可以類進退也，雖不祥禍福所從生，亦由是也。（《春秋繁露‧同類相動》）

我們倘若重新注意，史漢的記載方式，都寫作：董氏以「《春秋》災異之變」推「陰陽所以錯行」，而不是：以「陰陽所以錯行」推「《春秋》災異之變」。這前後本末、輕重之際，是否也有待謹慎的釐清和辨別呢？

董仲舒的儒者身分無庸置疑，只是，我們不禁深切的反省，是否因為太過於關注董氏以儒者身分操持陰陽災異的爭議，竟然在不自覺中，把研究的焦點集中在董氏的陰陽理論及其對災異的闡釋，而以為陰陽災異就是董氏學術的全貌？同時，我們也必須重新思考一個根本性的問題：董仲舒究竟是以陰陽巫術去理解儒家的人文？或者是在一個以楚文化為主流〔註10〕，巫術信仰蔚為風潮，陰陽五行觀念普遍於人心的時代，試圖用儒者的素養，對於若干災異，賦予人文的詮釋？

我們沒有預設的答案，卻急切的想知道，身為一代春秋學的宗師，一生孜孜矻矻於修學著書，「進退容止，非禮不行，學士皆師尊之」的大儒，其學術除了「眾所矚目」、「眾矢之的」的陰陽災異理論之外，其春秋學的成就還有哪些呢？

以上透過《史記》、《漢書》史傳文獻，對董仲舒的人品仔細推敲的目的，只是想要證實，《漢書‧儒林傳贊》所謂：

> 立五經博士，開弟子員，設科射策，勸以官祿……一經說至百餘萬言，大師眾至千餘人，蓋利祿之路然也。

於東方。皆東鄉，其間相去八尺。小童八人，皆齊三日，服青衣而舞之。田嗇夫亦齊三日，服青衣而立之。鑿社通之於閭外之溝，取五暇蟆，錯置社之中。……」

〔註10〕《史記》〈項羽本紀〉：「項籍者，下相人，字羽」。〈高祖本紀〉：「高祖，沛豐邑中陽里人」。據日‧瀧川資言《史記會注考證》，下相與皆沛縣均在江蘇徐州，當時皆為楚地。因此，不僅項羽為楚人，劉邦亦為楚人。《史記》〈劉敬叔孫通列傳〉亦記載高祖對於楚地風物，有主觀之偏好：「叔孫通儒服，漢王憎之，乃變其服，服短衣，楚制，漢王喜。」

這種「通一經以致利祿」，學者趨之若鶩，以學術作為利祿工具的時代〔註11〕，除了時間在董氏之後，不適合用來詮釋董氏對學術專意的「目的」〔註12〕之外；恐怕與董氏一生受黜於公孫弘的仕途際遇也不能符合。

　　今存《董子文集》中有一篇董氏所作的〈士不遇賦〉，或許可以改變我們印象中，漢武盛世、位高權重，「罷黜百家、獨尊儒術」〔註13〕的「董仲舒形象」：

　　　嗚呼嗟呼，遐哉邈矣。時來過遲，去之速矣。**屈意從人，非吾徒矣**。正身俟時，將就木矣。悠悠偕時，豈能覺矣。心之憂歟，**不期祿矣**。皇皇匪寧，**只增辱矣**。努力觸藩，**徒摧角矣**。不出戶庭，庶無過矣。生不丁三代之隆盛兮，而丁三季之末俗。以辯詐而期通兮，貞士耿介而自束。雖日三省予吾身兮，猶懷進退之惟谷。**彼實繁之有徒兮，指其白以為黑**……**鬼神不能正人事之變戾兮，聖賢亦不能開愚夫之違惑**。……殷湯有**卞隨與務光**兮，周武有**伯夷與叔齊**……使彼聖人其猶周遑兮，矧舉世而同迷。若**伍員與屈原**兮，固亦無所復顧。亦不能同數子兮，將遠遊而終慕。……嗟天下之偕違兮，悵無與之偕

〔註11〕　如《漢書・夏侯勝傳》所云：「勝每講授，常謂諸生曰：『士病不明經術，經術若明，其取青紫如俯拾地芥耳。』」

〔註12〕　以董氏之學代表漢代官方之學，認為董氏學術是為漢代官方學術作服務，這是當世學者對於董仲舒普遍存在的「成見」。例如：金春峰氏《漢代思想史》所云：「漢代儒家哲學的奠基型態，是董仲舒以天人感應為核心的『目的論』體系。他的基本著作《春秋繁露》，雖然並不是正規的解經形式，但無疑又為漢代經學哲學的發展，規定了基本的格局。『罷黜百家，獨尊儒術』，確定了今文經學惟我獨尊的官方學術和政治指導思想的地位，從此經學直接與政治結合，為政治服務。這不僅對經學的發展產生了決定性的影響，對漢代全部社會、政治、經濟結構及政權組織，也發生了重大的影響」便是此類看法之一例（金春峰，《漢代思想史》，北京：中國社會科學，1997年12月，P11～12）。

〔註13〕　事實上，《漢書》「賢良對策」裡，董氏對武帝的建言是「推明孔氏，抑黜百家」，而非「獨尊儒術、罷黜百家」。「獨尊儒術」一語，未見於二十五史；而「罷黜百家」，實際上是《漢書・武帝紀・贊》對武帝的歌頌：
　　　贊曰：漢承百王之弊，高祖撥亂反正，文景務在養民，至于稽古禮文之事，猶多闕焉。孝武初立，卓然罷黜百家，表章六經。遂疇咨海內，舉其俊茂，與之立功。興太學，修郊祀，改正朔，定曆數，協音律，作詩樂，建封禪，禮百神，紹周後，號令文章，煥焉可述。後嗣得遵洪業，而有三代之風。如武帝之雄材大略，不改文景之恭儉以濟斯民，雖詩書所稱何有加焉！（《前漢書》，帝紀第六〈武帝紀〉，台北：永康出版社，P33）

返。孰若反身於素業兮，莫隨世而輪轉。**雖矯情而獲百利兮，復不如正心而歸一善**……苟肝膽之可同兮，奚鬚髮之足辨也。（〈士不遇賦〉）〔註14〕

文中表白了「屈意從人，非吾徒矣」、「彼實繁之有徒兮，指其白以為黑」的感慨，也寫出「不期祿」、「只增辱」、「徒摧角」的鬱悶。董仲舒以大儒的身份，卻嫻熟陰陽氣化理論而為後世所訾議，但是，我們卻在他的〈士不遇賦〉中看到，董氏面對氣化觀念、陰陽思維的原始信仰〔註15〕，與來自聖賢經典的儒學信念，在使命抱負與境遇困蹇下所作的思辨和自剖。「鬼神不能正人事之變戾兮，聖賢亦不能開愚夫之疑惑」；我們所看到的，是一位誠懇、認真地在「知識、思想與信仰世界」〔註16〕尋找解答的哲人，而不是權謀地套用陰陽理論以干求利祿，為迎合上位而悖棄所學的諛儒。擅長陰陽致雨之術，卻直言「致雨，非神也；而疑於神者，其理微妙也」（《繁露·同類相動》）的董

〔註14〕 〈士不遇賦〉，見於《董子文集》（叢書集成初編），北京：中華書局，1985年，P10。

〔註15〕 本文在此之所以用「原始信仰」來指稱漢代人的「陰陽氣化觀念」，除了前注已經說明的漢代主流文化：「楚文化」，同時也考慮到出土文物如：馬王堆漢墓中的《五星占》、《天文氣象雜占》、《導引圖》、《卻穀食氣》、《刑德》等，這些後人看來是民間信仰和使用技術類的東西（參看何介鈞、張維明編，《馬王堆漢墓》，北京：文物出版社，1982年，P71～75）。葛兆光在《七世紀前中國的知識、思想、與信仰世界》中亦提到有關「秦漢之際思想世界的實際狀況」：「在那個時代，人們關心的不僅僅是關於天道的哲理，關於世道的治理，關於人道的倫理，而且還關心種種實用的知識與技術。例如，他們對於顯示生活中困厄的解除和生命的延續，有極大的關懷和熱情，他們不僅用種種技術（如醫藥）來尋求、用種種占卜來預測，還運用象徵儀式來祈禳，使生活幸福與生命綿延。……信仰維繫需要一套知識與技術，在那個時代，風角與堪輿、占星與擇日，都在流行的技術之中。」（葛兆光，《七世紀前中國的知識、思想、與信仰世界》，1999年1月二刷，P324～325）我們從時代與董仲舒相仿的西漢前期的另一部鉅著《淮南子》，也可以看到「陰陽」一詞貫串各篇章。除了融合陰陽二氣於形而上「道」的抽象思維外，陰陽在《淮南子》中，更緣氣化感應之說，進一步應用在生活實務問題的解決，發展出各種相反相生、虛虛實實的「術」，為醫卜星算、甚至兵家行軍作戰所信守（詳參楊濟襄，〈由《淮南子》看先秦至漢初「陰陽」觀念之轉化〉，《第二屆先秦兩漢學術全國研究生論文發表會論文集》，輔仁大學中國文學系所主編，2000年6月，P283～312）。

〔註16〕 本文在此借用前註葛兆光氏《七世紀前中國的知識、思想與信仰世界》一書之名，暫且權用「知識、思想與信仰世界」一詞來表達西漢前期儒者所面臨的問題。

仲舒，終究回到儒者的人文素養，找到安身立命的依歸：「雖矯情而獲百利兮，復不如正心而歸一善」。

在此同時，本文亦更加好奇，在董氏眼中的儒學，究竟有何等面貌，在當時足以既成就其學養，又能說服普羅大眾接受《春秋》的經義事理，在生死訴訟關頭，伏首稱服所謂的「《春秋》決獄」？

《漢書・食貨志》曾記載董氏勸武帝使關中民種麥：

> 是後，外事四夷，內興功利，役費並興，而民**去本**。董仲舒說上曰：
> 「《春秋》他穀不書，至於麥禾不成則書之……今關中俗不好種麥，
> 是歲失《春秋》之所重，而損生民之具也。願陛下幸詔大司農，使
> 關中民益種宿麥，令勿後時。」（《漢書・食貨志》）

史傳說董仲舒治學「三年不觀於園舍」，但是這裡卻可以看出，他並不是只顧聖賢功業而不辨菽麥的迂儒；同時，我們亦可以了解，他對經文的釋解、闡義，和解決現實問題的意圖脫離不了關係。

漢初不平等的賦役與爵位制度，歷經長時間休養生息，至景帝時豪商大賈、政治勢力、土地兼併，種種嚴重的政治社會問題，我們在《漢書・食貨志》的記載，由董仲舒對漢武帝所建言的土地政策可以看出來：

> （董仲舒）又言：「古者稅民不過什一，其求易共；使民不過三日，
> 其力易足。民財內足以養老盡孝，外足以事上共稅，下足以畜妻子
> 極愛，故民說從上。至秦則不然，用商鞅之法，改帝王之制，除井
> 田，民得賣買，富者田連阡陌，貧者亡立錐之地。又顓川澤之利，
> 管山林之饒，荒淫越制，踰侈以相高；邑有人君之尊，里有公侯之
> 富，小民安得不困？又加月為更卒，已復為正，一歲屯戍，一歲力
> 役，三十倍於古；田租口賦，鹽鐵之利，二十倍於古。或耕豪民之
> 田，見稅什五。故貧民常衣牛馬之衣，而食犬彘之食。重以貪暴之
> 吏，刑戮妄加，民愁亡聊，亡逃山林，轉為盜賊，赭衣半道，斷獄
> 歲以千萬數。漢興，循而未改。**古井田法雖難卒行，宜少近古，限**
> **民名田，以澹不足，塞并兼之路。鹽鐵皆歸於民。去奴婢，除專殺**
> **之威。薄賦斂，省繇役，以寬民力。然後可善治也。」仲舒死後，**
> **功費愈甚，天下虛耗，人復相食。**（《漢書・食貨志》）

董氏云：「古井田法雖難卒行，宜『少』近古，限民名田，以澹不足」，可見董氏並不是「食古不化」，而是基於對現實社會政治的體認，懇求上位在政策

上有所更張。董氏「除專殺之威」、「薄賦斂」、「省繇役」等主張，都是本自
於儒學的政治理念。實質上，土地制度以及與土地制度有連帶關係的奴隸問
題，才是當時政治社會所有癥結的源頭，董仲舒以「至秦不然」、「改帝王之
制，除井田，……富者連田阡陌，貧者無立錐之地……」，隱晦地以「漢興，
循而未改」一句話暗示武帝，眼下所面臨的實際現況正是這般窘境；可見，
董氏並非歌功頌德的從臣，而是針對實際問題去具體思考如何解決的方法。
可惜，由《漢志》：「仲舒死後，功費愈甚，天下虛耗，人復相食」，我們可以
得知，武帝並未採納董仲舒的建言。

　　對於「匈奴為患」的問題，《漢書·匈奴傳·贊》載有董氏的禦服之法：

> 仲舒親見四世之事，猶復欲守舊文，頗增其約。以為「義動君子，
> 利動貪人，如匈奴者，非可以仁義說也。獨可說以厚利，結之於天
> 耳。故與之厚利以沒其意，與盟於天以堅其約，質其愛子以累其心，
> 匈奴雖欲展轉，奈失重利何，奈欺上天何，奈殺愛子何。夫賦斂行
> 賂不足以當三軍之費，城郭之固無以異於貞士之約，而使邊城守境
> 之民父兄緩帶，稚子咽哺，胡馬不窺於長城，而羽檄不行於中國，
> 不亦便於天下乎！」察仲舒之論，考諸行事，乃知其未合於當時，
> 而有關於後世也。

徐復觀氏分析這段記載，認為：

> 董氏主張『與之厚利』，『與盟於天』，『質其愛子』，以息征伐之勞，
> 立論近於迂闊；但他的用心是欲『使邊城守境之民，父兄緩帶；稚
> 子咽哺；胡馬不窺於長城，而羽檄不行於中國』。總之，他的**起心動
> 念，都是為人民著想：這是了解他的一大關鍵**。〔註17〕

「以民為本」是儒者典型的政治理念，我們在這些史傳文獻中，看到了以經
術用世的董仲舒，絲毫沒有陰陽氣化論的色彩；這更加使我們相信，董仲舒
的春秋學，除了陰陽、災異理論之外，必定還有屬於儒學本旨的運用與實踐。

　　此外，先秦儒學經戰國、秦代，而後進入一統的漢代盛世，繼承儒學傳
統而來的《春秋》義法，是否可以看出，漢代儒者為儒學思想作了哪些承傳
與開創的努力？

　　漢代開國之君劉邦不欣賞儒學，史傳文獻多有記載，如：《漢書·酈食其
傳》云：「沛公不喜儒，諸客冠儒冠來者，沛公輒解其冠，溺其中。與人言，

〔註17〕徐復觀，《兩漢思想史》卷二，台北·學生書局，1989 年 9 月，P303。

常大罵。未可以儒生說也」。《史記‧留侯世家》云其罵酈食其爲「豎儒」；《史記‧黥布列傳》云其當眾侮辱隨何爲「腐儒」，謂「爲天下安用腐儒哉」！《漢書‧叔孫通本傳》云：「叔孫通服儒服，漢王憎之，乃變其服，服短衣，楚製。漢王喜。」由此數例，即可看出漢高祖對於儒學的輕蔑態度。漢代儒學的振興，必須歸功於甘冒不韙，援引《詩》、《書》「時時前說」的陸賈：

> 陸生時時前說，稱《詩》、《書》，高帝罵之曰：「迺公居馬上而得之，安事《詩》、《書》？」陸生曰：「馬上得之，寧可以馬上治乎？且湯、武逆取而以順守之，文武並用，長久之術也。昔者吳王夫差、智伯極武而亡，秦任刑法不變，卒滅趙氏，鄉使秦已併天下，行仁義，法先聖，陛下安得而有之？」高帝不懌，有慚色。謂賈曰：「試爲我著秦所以失天下，吾所以得之者何，及古成敗之故。」賈凡著十二篇，每奏一篇，高帝未嘗不稱善，左右呼萬歲，稱其書曰「新語」。
>
> （《漢書》陸賈本傳）

《新語》內容，是應高祖「如何治天下」的疑惑而發；針對高祖所提的「秦所以失天下」、「吾所以得之者何」、「古成敗之故」，《新語》以「行仁義、順守天下」，大量援引先漢的人物和事例來說明這三大主題，全書瀰漫著「務實、切用」的風格〔註18〕。陸賈如何使劉邦稱善，改變他對《詩》、《書》等儒家典籍的看法，是一個關鍵。對於先秦儒學的闡釋，陸賈爲儒學尋找到一個更適合於當代的理解方式，開擘出符合於當代所需的思想活力。

陸賈的儒學素養，其培成時間應是在秦代，由此我們也可以想見，秦代的統治，實際上並未能使先秦儒學完全斷絕。自漢代開國以來，高祖至武帝之間，漢代儒學更是處於蘊釀待興的狀態。賈誼、晁錯以及賈山等人的大聲疾呼，在在顯示積極有爲的新思想逐漸抬頭；政治、社會諸問題的壓力，促使朝廷本身覺悟到改變態度之必要，建元元年（140 B.C.），漢武帝即皇帝位，實施復古更化，開啓了漢代儒家經學政治的新局面。夏長樸氏曾經就武帝尊崇儒術的進展過程加以陳述，本文在此以夏氏所整理之「武帝尊崇儒術的進

〔註18〕在《新語》中可看出，陸賈應高祖要求，一本史學長才，大肆的引古例，說古事，稱舉堯、舜、禹、湯，推舉五經、聖賢以說明「仁義德治」之要；他所稱引的雖然是古例、古事，卻都是針對當時的局勢而發；強調「有用於今」，切合於當時漢代政治社會之情況（詳參楊濟襄，〈由援引人物探究陸賈《新語》之政論思想及時代意義〉，《第二屆漢代文學與思想學術研討會論文集》，政治大學中國文學系主編，1999 年 7 月，P135～170）。

展過程」，與董仲舒相關事蹟作對比，並考察史傳原文以示昭信，希望能夠明確呈現，董氏在武帝崇儒過程中眞正的歷史位置：

表一：武帝尊崇儒術的進展過程與董仲舒相關事蹟對照表

		武帝崇儒過程〔註19〕 （夏長樸，《兩漢儒學研究》）	本論文就左欄而補充之 史傳原文及董仲舒事跡
140 B.C.	建元 元年	冬十月，詔舉賢良方正直言極諫之士，從丞相衛綰奏，罷治申、商、韓非、蘇秦、張儀之言者。（漢書卷六、武帝紀）	《漢書・武帝紀・建元元年》：「冬十月詔『……舉賢良方正直言極諫之士。』丞相綰奏：『所舉賢良或治申、商、韓非、蘇秦、張儀之言，亂國政，請皆罷。』奏可。」
		夏案：首先黜治法術、縱橫者，尊儒術的跡象已現，不過尚未與道家學者衝突。	筆者案：王先謙《漢書補注》懷疑董仲舒對策亦在此次詔舉。然而根據〈武帝紀〉所載，仲舒對策在元光元年（134 B.C.）。
		秋七月，議立明堂，遣使者安車蒲輪，束帛加璧，徵魯申公。（同前，又卷二十五郊祀志上、卷八十八儒林傳）。 夏案：申公治魯詩，武帝從趙綰，王臧言安車迎之，目的在治明堂，明堂是儒家的制度，修治明堂即是接受儒家的一種徵象。	
139 B.C.	建元 二年	冬十月，御史大夫趙綰坐請毋奏事太皇太后，及郎中令王臧皆下獄，自殺。（應劭曰：「禮：婦人不豫政事，時帝已自躬省萬機。王臧儒者，欲立明堂辟雍。太后素好黃老術，非薄五經。因欲絕奏事太后，太后怒，故殺之。」）（漢書卷六，武帝紀） 夏案：這是儒、道衝突的開始，儒家受挫於好黃老言的竇太皇太后，儒化的工作暫時停頓下來。	〈武帝紀〉除記載趙綰、王臧下獄自殺外，亦記：「丞相嬰、太尉蚡免」。（竇嬰、田蚡）
136 B.C.	建元 五年	夏，置五經博士。（同上） 夏案：博士本是秦官，掌通古今，本來不以專經爲限，凡治諸子百家的都可以爲博士。從武帝起，博士只限治經者可以充任，稱爲五經博士，其性質與以前迥異。這又是武帝提高儒者地位的一種表現。	

〔註19〕本表左欄資料，採自夏長樸，《兩漢儒學研究》，台灣大學文史叢刊，1978年，P12～15。

135 B.C.	建元六年	竇太皇太后崩，武安侯田蚡爲丞相，黜黃老，刑名百家之言，延文學儒者以百數。（漢書卷八十八儒林傳） 夏案：竇太皇太后之崩，是儒家得勢的轉捩點，田蚡的黜黃老刑名百家之言，可能是武帝所授意。儒家終於在與黃老刑名的爭鬥中佔了上風。	〈武帝紀〉：「春二月，乙未，遼東高廟災。夏四月，壬子高園便殿火。上素服五日。五月丁亥，太皇太后崩。」
134 B.C.	元光元年	冬十一月，初令郡國舉孝廉各一人。（同上） 夏案：孝道是儒家最提倡的倫理觀念，以孝廉爲取士擢才的特別限制，其意義是不平常的。這種重視孝道的做法，隨著漢朝儒家思想的擴展，逐漸演變成對於孝經一書的重視，以致於達到東漢初年天子「父事三老，兄事五史」的高潮（《後漢書·明帝紀》永平二年十月），在在顯示漢代對儒家學術的重視。	〈武帝紀〉：「五月詔賢良，（武帝）曰：『……今朕獲奉宗廟，夙興以求，夜寐以思……賢良明於古今王事之體，受策察問，咸以書對，著之於篇，朕親覽焉。』於是董仲舒、公孫弘等出焉。』」 《漢書·董仲舒傳》：「對既畢，天子以仲舒爲江都相。事易王。」
128 B.C.	元朔元年	冬十一月，詔議不舉賢者罪，有司奏曰：「不舉孝、不奉詔，當以不敬論；不察廉，不勝任也，當免。」奏可。（漢紀卷十二） 夏案：這是以法令來貫徹國家推行儒家思想的決心。	〈武帝紀〉：「十二月江都王非薨。」
124 B.C.	元朔五年	丞相公孫弘請爲博士置弟子員，制曰可。（漢書卷八十八儒林傳；又卷六武帝紀） 夏案：這可以說是武帝崇儒更化的最高潮。「爲博士官置弟子五十人，復其身。由太常擇補·郡國有好文學，亦得舉論太常，受業如弟子。一歲輒課。能通一藝以上。補文學掌故缺。高弟可以爲郎中。」（《漢書·儒林傳》）這是國家優待博士弟子，並爲國家儲備官吏人才的重要措施，自此以後，漢朝的官吏上自丞相，下至士吏，莫不爲接受儒家教育的學者，漢武帝的儒化政策也大致完成。	※〈武帝紀〉：「夏六月，詔『蓋聞導民以禮，風之以樂。今禮壞樂崩，朕甚閔焉。故詳延天下方聞之士，咸薦諸朝，其令禮官勸學講議，洽聞舉遺。興禮以爲天下先。』太常其議予博士弟子，崇鄉黨之化，以屬賢材焉。丞相弘請爲博士置弟子員。學者益廣。」 ※是年公孫弘任丞相。 ※董仲舒作〈詣丞相公孫弘記室書〉：「江都相董仲舒……誤被非任，無以稱職。仲舒竊見宰職任天下之重，群心所推，須賢佐以成聖化，願君侯大開蕭相國求賢之路，廣選舉之門……。」 筆者案：董仲舒詣公孫弘書，結果是：「董仲舒以弘爲從諛，弘嫉之，乃言上曰：『獨董仲舒可使相膠西王。』」（《史記·儒林傳》）於是，董仲舒始相膠西王。

　　除了政治社會的種種背景因素之外，武帝一朝（140～87 B.C.），儒學能夠由「私學」變爲「官學」，成爲中國的學術主流，漢武帝的有心作爲，才是崇儒過程中最重要的「舵手」。從表列元光元年〈武帝紀〉中的詔書內容：「朕獲奉宗廟，夙興以求，夜寐以思……賢良明於古今王事之體，受策察問，咸以書對，著之於篇，朕親覽焉」，以及元朔五年夏六月欲置博士弟子的詔書「今禮壞樂崩，朕甚閔焉，故詳延天下方聞之士，咸薦諸朝」，再再都可以看出，這是一位作風強勢、有絕對主導意見的執政者。漢初以來，儒者對於振興儒學的努力，在武帝時藉趙綰、王臧、田蚡等人的倡議而水到渠成。

　　此處值得注意的第一點是，後世用以代表「董仲舒形象」的「罷黜百家，獨尊儒術」，我們在表列史傳文獻中，完全看不到它的蹤影。

　　事實上，「崇儒」是一個歷時十餘年的進程，並非在單一事件中「一蹴而成」，更不是只靠某一位儒者就使大局丕變，儒術獨尊於天下。先不論漢初陸賈以降若干儒者的耕耘，單就武帝一朝來說，建元元年（140 B.C.）丞相衛綰認爲，所舉用的「賢良方正直言極諫」之士，學術素養過於駁雜，而奏請對其中「治申、商、韓非、蘇秦、張儀之言，亂國政者，請皆罷」，獲得武帝奏可。而後，建元五年（136 B.C.）置五經博士。建元六年（135 B.C.）竇太皇太后崩，丞相田蚡「黜黃老刑名百家之言，延文學儒者以百數」。由《漢書·武帝紀》元光元年（134 B.C.）武帝詔書得知，董仲舒、公孫弘皆在元光元年這一年被拔擢，儘管有部分學者認爲董仲舒對策「不應該」在建元五年立五經博士之後，而將對策時間由史載之元光元年，移至建元元年〔註20〕，然而，

<hr>

〔註20〕　據〈武帝紀〉「立五經博士」是在建元五年（136 B.C.），而董氏對策卻是在之後二年的元光元年（134 B.C.）。在《漢書·董仲舒列傳》有云：「武帝即位，舉賢良文學之士，前後百數，而仲舒以賢良對策焉」，其中，〈賢良對策三〉末段，是引起歷史話題的「臣愚以爲諸不在六藝之科，孔子之術者，皆絕其道，勿使並進」。如此一來便引起揣測：(1)武帝即位當年（建元元年）的確亦有「舉賢良方正」之事，也就是丞相衛綰奏請「或治申、商、韓非、蘇秦、張儀之言，亂國政，請皆罷」那一次。(2)若董氏對策果眞在元光元年，即五經博士之後二年，則對策中所說的「皆絕其道，勿使並進」，也就是「勿使習諸子百家之言的學者，得與儒者並進而爲博士」之言，則成無的放矢。因爲，既已立五經博士，即是已經不使習諸子百家之言者得以並進。

因爲這二點，王先謙《漢書補注》在〈武帝紀〉「於是董仲舒、公孫弘等出焉」下謂：「仲舒對策，實在建元元年，無可疑者。」學者亦多採同王氏之說，畢竟，改變有長久歷史的雜學博士爲五經博士，是一件大事；董氏對策後之四年（建元五年）始見實行，亦合乎情理。但是本文卻以爲，這樣的推論方式，

我們卻可以由《漢書‧禮樂志》證實，將對策時間由元光元年擅移至建元元年，絕非《漢書》所認同。《漢書‧禮樂志》云：

> 至武帝即位，進用英儁，議立明堂，制禮服，以興太平。會竇太后
>
> 好黃老言，不說儒術，其事又廢。**後董仲舒對策言**：……

「武帝即位，進用英儁，議立明堂，制禮服，以興太平。會竇太后好黃老言，不說儒術，其事又廢」，可見此處「議立明堂，制禮服」，指的是建元元年秋七月「議立明堂」之事，而所進用的「英儁」，是指王臧、趙綰等人，並非董仲舒。竇太后「不說儒術，其事又廢」，這件事發生在建元二年，王臧、趙綰自殺，丞相竇嬰、太尉田蚡免職。〈禮樂志〉指出「其後」董仲舒對策，則顯然「董仲舒對策」在建元二年事件之後。部分學者將其董仲舒對策之時間移至建元元年，如此，將與《漢書》全書之記事時間完全不合。董仲舒對策既在元光元年，而「崇儒」於當時又已是之前二位丞相（衛綰、田蚡）任政的

是以事情之「想當然爾」，改變已發生的歷史事實來符合文字之推演；並非客觀地就已發生的歷史事實，來推敲個中道理何在。

如果，為了避免對策中「皆絕其道，勿使並進」成為一句空話，因此，就將對策時間前移至建元元年，以符合爾後的建元五年立五經博士。試問，建元六年竇太皇太后崩，武安侯田蚡為丞相，「黜黃老刑名百家之言，延文學儒者以百數」，難道也要想辦法將這一條史事安插到建元五年立五經博士之前，以一圓「立五經博士」之後「儒術獨尊」的表相？

由立五經博士之後，田蚡仍然在隔年「黜黃老刑名百家之言，延文學儒者以百數」來看，建元五年立五經博士，不代表諸子百家之言在當時已經「不並進」。在田蚡黜黃老刑名百家之言的隔年，也就是元光元年，竇太皇太后崩之後，第一次的詔舉賢良，董仲舒再次向君上呼籲，「諸不在六藝之科，孔子之術者，皆絕其道，勿使並進」，唯有如此才能「邪辟之說滅息，然後統紀可一，法度可明，民知所從矣」，應該是可以被理解的。宋代洪邁《容齋隨筆》由策問內容有「朕親耕籍，勸孝弟，崇有德，使者冠蓋相望」之語，而對策曰「陰陽錯繆，氛氣充塞，群生寡遂，黎民未濟」。洪氏由對策所言之「群生寡遂，黎民未濟」等內容，而認為對策的著成時代：「必非即位之始年」。

當然，以上的推論，仍然是從事理去推敲史實。

本文之所以採信，董仲舒、公孫弘之用世，為〈武帝紀〉所寫的元光元年，主要是因為，這個事實見於〈武帝紀〉元光元年「詔書」所書記。皇帝詔書，是國家正式的文告，《漢書》著錄，出錯的機率不大。再者，漢代舉賢，有「賢良方正」、「賢良文學」不同科目，董仲舒本傳所云，乃「賢良文學」；而建元元年所舉，乃「賢良方正直言極諫之士」，並非「賢良文學」科。《漢書》董仲舒本傳所云「武帝即位，舉賢良文學之士，前後百數，而仲舒以賢良對策焉」，主旨在描述本傳主人翁是以「賢良對策」舉用，「武帝即位，舉賢良文學之士，前後百數」應該是一個統整的說法，未必就是單指「即位那一年」的詔舉。

趨勢，在董仲舒對策中所云的「諸不在六藝之科，孔子之術者，皆絕其道，勿使並進。邪辟之說滅息，然後統紀可一，而法度可明，民之所從矣」，其實只是一位應科試子對當今君上的既定政策，再一次的附應和宣誓罷了。對策之後，董仲舒外任江都相，而公孫弘則扶搖直上，元朔五年（124 B.C.）「公孫弘任丞相」，「請爲博士置弟子員，學者益廣」，而董仲舒則再次外放，相膠西王，終而「恐久獲罪，病免」，「去位歸居，終不問家產業，以脩學著書爲事」。「置博士弟子員」是政治上的一件大事，關係到此後的文官任職乃至政治勢力的分配；這件事，實際上是「希世用事，位居三公」的丞相公孫弘所請置，此時董仲舒爲公孫弘所嫉，外任地方諸侯相，董氏名聞天下，卻只是朝廷的「智庫」，實質上，根本未能參與權力決策之核心。〔註21〕

　　胡適在《中國中古思想史長編》指出：董子第三對策裡的「定儒一尊」的建議，以及對策的文勢和精神都相似於法家李斯的〈焚書議〉〔註22〕。我們若以歷史事實來印證，恐怕這一切的成見，都有重新客觀認識的必要。根

〔註21〕　有關元朔五年，公孫弘請置博士弟子員，《漢書·儒林傳》記載如下：「及竇太后崩，武安君田蚡爲丞相，黜黃老、刑名百家之言，延文學儒者以百數，而公孫弘以治春秋爲丞相封侯，天下學士靡然鄉風矣。弘爲學官，悼道之鬱滯，乃請曰：『……古者政教未洽，不備其禮，請因舊官而興焉。爲博士官置弟子五十人，復其身。太常擇民年十八以上儀狀端正者，補博士弟子。……請著功令。它如律令。』制曰：『可。』自此以來，公卿大夫士吏彬彬多文學之士矣。昭帝時舉賢良文學，增博士弟子員滿百人，宣帝末增倍之。元帝好儒，能通一經者皆復。數年，以用度不足，更爲設員千人，郡國置五經百石卒史。」董仲舒在元光元年（134 B.C.）對策畢，即爲江都相。在元朔五年（124 B.C.）爲膠西王相之前，據《漢書》本傳所載，這段期間董氏曾一度「中廢爲中大夫」，而後，又發生董氏居家推說當年（建元六年，135 B.C.）「遼東高廟長陵高園殿災」之意而爲主父偃所陷之事。

〈武帝紀〉載，江都王劉非薨於元朔元年十二月（128 B.C.）。董氏任「江都相」或止於此。從元朔元年到五年之間，廢爲中大夫，仍治《春秋》授徒不輟，《漢書·吾丘壽王列傳》載「吾丘壽王，趙人，……從中大夫董仲舒受《春秋》，高材通明」就是這段時間之事。一直到「推意遼東高廟災」事故，而後，公孫弘又陷害董仲舒，使相驕戾的膠西王。董仲舒實未參與置「博士弟子」的中央決策。董氏曾作〈詣丞相公孫弘記室書〉勸陳公孫弘「宰職任天下之重，群心所重推，須賢佐以成聖化，願君侯大開蕭相國求賢之路，廣選舉之門……」，公孫弘請置「博士弟子員」，除了揣摩武帝有此意圖之外，或許也和董仲舒這封詣書有關。不過，公孫弘向嫉董氏，董氏不僅未被延入決策核心，相反的，公孫弘更陷董氏於虎口，言於上曰：「獨董仲舒可相膠西王。」（《漢書·董仲舒本傳》）

〔註22〕　詳見胡適《中國中古思想史長編》，台北：遠流出版社，1986年，P.462。

據《漢書》三次對策，董子對答的內容，興仁義，崇孔子，尤其大力鼓吹教化於民，和法家精神（特別是焚書的政治目的）南轅北轍。至於「罷黜百家」一語，在史傳文獻中只出現過一次，就是在《漢書・武帝紀》〔註23〕，而「獨尊儒術，罷黜百家」二句連袂出現，更遲至宋代《資治通鑑》「武帝建元元年」條下方始見。班固的「贊語」儼然是對武帝一朝崇儒功業的歌頌，而非針對某人某事。只因某一次應科試子的策問答題，述及這項已經在推動的既定政策，我們就把這項政策的歷史功過，全數歸於這位應策的「賢良」身上，這樣的作法顯然不公允。

第二點值得我們推敲的是，董仲舒「推崇儒術」的影響力有多大？

董仲舒並非一般的賢良，他是景帝時的博士。《漢書・儒林傳》：「言春秋，於齊則胡毋生，於趙則董仲舒」。《史記・儒林列傳》特別指出「漢興至于五世之閒，唯董仲舒名為明於《春秋》，其傳公羊氏也。」由《史記》所載〔註24〕，我們可以得知，在武帝「對策畢」任董氏為江都相之前，景帝時，董氏已經弟子遍布，甚至到「下帷講誦，弟子傳以久次相受業，或莫見其面」的地步，朝野學士皆尊師董氏，這是董氏在當代的學術地位。

然而，學術地位與政治決策權並不等同，以漢武帝與董仲舒「君臣相與」的關係來說，暫且不論對策之後，遭公孫弘排擠而始終任職地方的仕途窘境；就是對策之前，以景帝博士的身份，董仲舒的意見也不見得獲武帝賞識。據《漢書・禮樂志》所載：

> **後董仲舒對策言：**「王者欲有所為，宜求其端於天。……今廢先王之德教，獨用執法之吏治民，而欲德化被四海，故難成也。是故古之王者莫不以教化為大務，立大學以教於國，設庠序以化於邑。教化已明，習俗已成，天下嘗無一人之獄矣。……」是時，上方征討四夷，銳志武功，不暇留意禮文之事。

董仲舒對策，懇請武帝德教興化，然而「上方征討四夷，銳志武功，不暇留

〔註23〕《漢書・武帝紀・贊》曰：……孝武初立，卓然罷黜百家，表章六經。遂疇咨海內，舉其俊茂，與之立功。興太學，修郊祀，改正朔，定曆數，協音律，作詩樂，建封禪，禮百神，紹周後，號令文章，煥焉可述。後嗣得遵洪業，而有三代之風。如武帝之雄材大略，不改文景之恭儉以濟斯民，雖詩書所稱何有加焉！（《前漢書》卷六，〈武帝紀〉，台北：永康出版社，P33）

〔註24〕《史記・儒林列傳》：「董仲舒，廣川人也。以治春秋，孝景時為博士。下帷講誦，弟子傳以久次相受業，或莫見其面，蓋三年董仲舒不觀於舍園，其精如此。進退容止，非禮不行，學士皆師尊之。今上即位，為江都相。」

意禮文之事」，董氏之不見用，於此可察。史籍斑斑，更使我們懷疑，董氏在當代的影響力，似乎與其仕途、政治權位無關。如此一來，又再次顛覆我們原有的董仲舒在漢代政壇「位高權重、罷黜百家」的形象。

　　《史記・儒林傳》談到「胡毋生……齊之言《春秋》者宗事之，公孫弘亦頗受焉」，胡毋生與董仲舒皆為景帝時博士，公孫弘所承，是胡毋生一系之學脈。《史記》記載，「董仲舒為人廉直……公孫弘治《春秋》不如董仲舒，而弘希世用事，位至公卿。董仲舒以弘為從諛，弘疾之」，在〈太史公自序〉則云：「自曹參荐蓋公言黃老，而賈生、晁錯明申、商，公孫弘以儒顯，百年之間，天下遺文古事靡不畢於太史公。」太史公曾聞《春秋》於董生，「董仲舒以公孫弘為從諛」這件事也是《史記》太史公所記，而太史公卻以公孫弘作為「儒者」顯貴的代表。太史公言「公孫弘以儒顯」，以公孫弘之「儒」與黃老、申商並列，其中應有特別的含義；《漢書・敘傳》以「純儒」尊稱董仲舒，而董仲舒卻始終為公孫弘這位顯貴而與黃老、申商並列的「儒者」所嫉惡，由此，我們不難想見董仲舒在漢代政壇的實際處境。

　　我們由《史記・十二諸侯年表序》「上大夫董仲舒」云云，可知董仲舒原為「上大夫」之職稱；任「江都相」之後與任「膠西王相」之前，在這段時間當中，史漢寫出董仲舒曾一度「中廢為中大夫」，並且在中大夫這段期間，因「推論遼東高廟災之意」而引來殺身之禍。《史記・儒林列傳》載：

> 是時遼東高廟災，主父偃疾之，取其書奏之天子。天子召諸生示其書，有刺譏。**董仲舒弟子呂步舒不知其師書，以為下愚。於是下董仲舒吏，當死，詔赦之。於是董仲舒**竟不敢復言災異。

《漢書》有更詳盡的描寫：

> 中廢為中大夫。先是遼東高廟、長陵高園殿災，仲舒居家推說其意，草稿未上，主父偃候仲舒，私見，嫉之，竊其書而奏焉。上召視諸儒，仲舒弟子呂步舒不知其師書，以為大愚。於是下仲舒吏，當死，詔赦之。仲舒遂不敢復言災異。

綜合史漢的記載，對這件事，我們可以有如下歸納：

1. **時間**：董仲舒去職「江都相」之後，任職膠西王相之前。「中廢為中大夫」的這段期間。（約元朔元年至元朔五年之間，128～124 B.C.）
2. **遠因**：先前「遼東高廟、長陵高園殿災」，當時董氏居家推說，有「刺譏」之意。

3. 近因：主父偃候仲舒，私見，疾之，竊其書而奏上。

4. 發展：仲舒弟子呂步舒不知其師書，以為大愚。於是下仲舒吏，當死。

5. 結果：詔赦之。仲舒遂不敢復言災異。

6. 影響：《漢書・五行志》載：「元朔六年（123 B.C.）上思仲舒前言，使仲舒弟子呂步舒，持斧鉞治淮南獄，以《春秋》誼專斷於外，不請；既還奏事，上皆是」。此次治淮南獄「坐死者數萬人」。

這件事有幾個疑點：

（1）除了所謂「刺譏」之義外，其內容竟然令主父偃「疾之」，決定下手「竊其書而奏上」？

（2）既然是「刺譏」之義，以災異論事在當時又是風氣，何以嚴重到「大愚當死」的地步？

（3）既然當死，武帝用什麼理由詔赦董氏？而後武帝治淮南案，又特別攀附「思及仲舒前言」？

（4）武帝要呂步舒持斧鉞專斷淮南獄；可見當初董氏推意的內容，必定有若干與武帝盤算相合之處。或許正是因此而獲詔赦。然而，《春秋》誼如何能專斷？學者之本意與掌政者的鬥爭手腕，是完全密合，或是有所扭曲？

《漢書・五行志》保留著董氏「推論其意」的內容：

「武帝建元六月丁酉，遼東高廟災；四月壬子，高園便殿火，董仲舒對曰：……故定公二年五月兩觀災……至桓公二年五月，桓宮、釐宮災；……故四年六月，亳社災……天皆燔其不當立者，以示魯，欲其去亂臣而用聖人也。……**今高廟不當居遼東，高園殿不當居陵旁，於禮亦不當立**……**至於陛下時，天乃災之者，殆亦其時可也。**……**漢受亡秦之敝，又亡以化之；**……又多兄弟親戚骨肉之連，驕揚奢侈，恣睢者眾，所謂重難之時也。故天災若語陛下，當今之世，雖赦而重難，**非以太平至公，不能治也。**視親戚貴屬在諸侯遠正最甚者，**忍而誅之。**視近臣在國中處旁仄及貴而不正者，**忍而誅之，**如吾燔高園殿乃可云耳……」

原來，所謂的「刺譏」，是指董仲舒藉災異託付天意，譴示武帝必須對「諸侯遠正最甚者」、「近臣旁仄、貴而不正者」這二類人，「忍而誅之」。主父偃當時正是處旁側之「近臣」，當然先下手為強，以牽涉皇帝祖廟為由去告密。其

中董氏有語及「天乃災之，殆亦其時可也」，似乎認為皇帝祖廟燒得正是時候，如此一來，在言語上不免有觸犯君威之嫌。所以，呂步舒以「大愚當死」斥其誣。

這件事，發生在董仲舒相膠西王之前；在這一次的事變中，因為詔赦，主父偃未能置董氏於死地。但是事件過後緊接而來的是，公孫弘進言武帝：「獨董仲舒可使相膠西王」。膠西王為武帝之兄長，個性縱恣，數度害吏，正是董氏「災異論」中，要陛下「忍而誅之」的頭號對象。公孫弘在武帝面前，表面上是推薦，實質上卻是置董氏於死地而後快。公孫弘對董氏的排擠可見一斑。《漢書‧循吏傳》云：

> 孝武之世，外攘四夷，內改法度，民用彫敝，姦軌不禁。時少能以化治稱者，惟**江都相董仲舒**、內史公孫弘、兒寬，居官可紀。**三人皆儒者，通於世務，明習文法，以經術潤飾吏事，天子器之。仲舒數謝病去，弘、寬至三公。**（《漢書‧循吏傳》）

同樣是「以經術潤飾吏事」，董仲舒「數謝病去」，而公孫弘、兒寬，卻位至三公。至此，我們必須承認，以往加諸於董氏「罷黜百家，獨尊儒術」的功過，以及伴隨而來的「位高權重」、「主宰一世」種種形象的聯想，盡皆「言過其實」。〈太史公自序〉云「公孫弘以儒顯」，公孫弘在《史記》中有〈平津侯列傳〉，而董仲舒卻僅是列入〈儒林列傳〉，與申生、轅固生、韓生、伏生、高堂生、胡毋生、江生、田生等經師並列。

徐復觀氏在《兩漢思想史》中，便以「學術史上的冤獄」來看待這件事；並反對「近百年來一般人認定我國學術的不發達，應由董氏將學術定於一尊，負起全責」的這個觀點〔註25〕，他認為：阻礙學術發展的，是專制政治，決定學術發展方向的，是專制政治下的社會動態與要求。「把兩千年學術不發達的罪過，一起加在他身上，這把一個書生所能發生的影響力，估計得太高，有點近於神話了」〔註26〕。事實上，以學術發展而言，將某些學科衰疲的原因，盡皆歸罪於主流學術的興盛，是相當不公允的作法。

決定學術發展方向的是，專制政治下的社會動態與要求；秦漢之際，「陰陽氣化的宇宙觀」，要求學者必須面對世人的信仰，為天、地、人的關係找到

〔註25〕徐復觀，〈漢代專政治下的封建問題〉，《兩漢思想史》卷一，台北：學生書局，1990 年 2 月，P191。

〔註26〕同前註，P192。

解答；「大一統盛世的來臨」，則要求學者端出務實致用的治國策略，確保盛世的延續。儒學如何能夠躋身而出？使思想內容在新時代中，一方面保有存續於世的本質命脈，同時又能擘畫新視野、新格局，這是時代對儒者的挑戰。對於漢代的思想家，特別是位居歷史領航位置的思想先驅者而言，無可避免，必須解決前述二項要求，方能在當世開擘出承先啓後的思潮。

仕途蹇困的董仲舒，《漢書》對他的描述是：

《漢書‧董仲舒傳》：

仲舒遭漢承秦滅學之後，六經離析，下帷發憤，潛心大業，<u>令後學者有所統壹，爲群儒首</u>。

《漢書‧五行志》：

漢興，承秦滅學之後，<u>景、武之世</u>，董仲舒治公羊春秋，始推陰陽，<u>爲儒者宗</u>。

《漢書‧敘傳》：

下帷覃思，論道屬書，<u>讜言訪對，爲世純儒</u>。

《漢書》對董仲舒的描述，儼然是景武二世得意的首腦人物。所謂「潛心大業，令後學者有所依統，爲群儒首」；董氏的得意，來自學術，而非出自政壇；他以「承天受命」之說，聯結當世陰陽氣化、四時五行的原始信仰與儒學中的「倫常」觀念；援《春秋》二百四十二年褒貶善惡之事，作爲盛世治國的「案例」，使儒學躋身而出。他的影響力，並非出自「政治權位」，而是來自「群儒教化」。

儘管仕途蹇滯，受黜於「諛臣」；然而，董氏在當時卻是聲聞遠播的「名師」：

下帷講誦，弟子傳以久次相受業，或莫見其面，……<u>學士皆師尊之</u>。（《史記‧儒林列傳》）

武帝時，江公與董仲舒並。仲舒通五經，能持論，善屬文。江公吶於口，上使與仲舒議，不如仲舒。而丞相公孫弘本爲公羊學，比輯其議，卒用董生。於是上因尊公羊家，<u>詔太子受公羊春秋</u>，由是公羊大興。（《漢書‧儒林傳》）

「下帷講誦」，弟子人數多到「或莫見其面」，「學士皆師尊之」，連太子亦從其受《公羊春秋》，對振興公羊學而言，董氏之功不容抹煞。《漢書》本傳贊譽他：

> 及仲舒對冊，推明孔氏，抑黜百家。立學校之官，州郡舉茂材孝廉，
> 皆自仲舒發之。年老，以壽終於家。家徙茂陵，子及孫皆以學至大
> 官。(《漢書·董仲舒傳》)

「推明孔氏，抑黜百家」是班固對董氏的看法，並非董氏在對策中的言論。

由董氏抑厄的仕途來看，這二句話應是就董氏在儒學上的影響力而言，我們不應該以政治手段的眼光去解釋。政治上的「罷黜百家」這是《漢書·武帝紀》對武帝功業的描述，其功過不應該由一位仕途抑厄的學者來承擔。對於董氏來說，其一生修學著書，努力的「推明孔氏」，在當時「為學士所尊師」，《漢書》本傳所說的「立學校之官，州郡舉茂材孝廉，皆自仲舒發之」，應該也是從人才的養成，學術的影響力去詮釋。「自仲舒發之」，不應該理解作「學官、州郡舉茂材孝廉」的設立與政策的執行，全是董仲舒一手包辦。由史傳所載，我們可知「五經博士」的設立，是武帝建元元年以降的既定政策，衛綰、趙綰、王臧、田蚡等公卿，一路推動；而後「博士弟子員」，則是在政治上與董氏相嫉仇的公孫弘所請置，其事俱載於《史記·儒林列傳》，這些政策的擘劃，提供了讀書人仕途的門徑。而董仲舒的學生多有發達於其中者，《史記》、《漢書》都記錄了董門弟子用世的情形：

> 仲舒**弟子遂者**：蘭陵褚大，廣川殷忠，溫呂步舒。褚大至梁相。**步**
> **舒**至長史，持節使決淮南獄，於諸侯擅專斷，不報，以春秋之義正
> 之，天子皆以為是。**弟子通者**，至於命大夫；為郎、謁者、掌故者
> **以百數**。而董仲舒子及孫皆以「學」至大官。(《史記·儒林列傳》)
> 董生為江都相，自有傳。**弟子遂之者**，蘭陵褚大，東平嬴公，廣川
> 段仲，溫呂步舒。大至梁相，**步舒**丞相長史，唯**嬴公**守學不失師法，
> 為昭帝諫大夫，授東海孟卿、魯眭孟。孟為符節令，坐說災異誅，
> 自有傳。(《漢書·儒林傳》)

仕途順遂的弟子，為長史，為諸侯相；通達者為命大夫、郎、謁、掌故者，「以百數」，乃至董氏之子孫亦皆「以『學』至大官」。朝廷的人才，可謂多有「自仲舒發之」者。

我們對於《漢書·董仲舒傳》的記載，必須參核董氏政治與學術二方面判若天壤的際遇，並與〈儒林傳〉以及太史公《史記·儒林列傳》相對照；於董仲舒其人，方不至產生錯誤的認識和成見。《漢書·敘傳》所云：

> 抑抑仲舒，再相諸侯，身修國治，致仕縣車，下帷覃思，論道屬書，

　　讜言訪對，爲世純儒。(《漢書‧敘傳》)

我們若對照董氏一生的仕途「數謝病去」(《漢書‧循吏傳》)，就可以對此處的「抑抑仲舒，再相諸侯」有深一層的認識。董氏正身以率下，「身修國治」，不僅未得罪於二位驕恣的地方諸侯，還獲得二位諸侯王的敬重；「致仕縣車，下帷覃思」可以看出，董氏一生專注用心於學術，以儒學解答當時對於自然宇宙、古今天人的種種困惑。「論道屬書，讜言訪對，爲世純儒」才是他在當時影響力的來源。這種有別於政權而來的影響力，使我們不禁聯想起《漢書‧循吏傳》另一位人物——蜀地「文翁」：

　　至於文、景，遂移風易俗。是時循吏如河南守吳公、蜀守文翁之屬，皆謹身帥先，居以廉平，不至於嚴，而民從化。

　　文翁，盧江舒人也。少好學，通《春秋》，以郡縣吏察舉。景帝末，爲蜀郡守，仁愛好教化。見蜀地辟陋有蠻夷風，文翁欲誘進之，乃選郡縣小吏、開敏有材者張叔等十餘人親自飭厲，遣詣京師，受業博士，或學律令。減省少府用度，買刀布蜀物，齎計吏以遺博士。數歲，蜀生皆成就還歸，文翁以爲右職，用次察舉，官有至郡守刺史者。又修起學官於成都市中，招下縣子弟以爲「學官弟子」，爲除更繇，高者以補郡縣吏，次爲孝弟力田。常選「學官僮子」，使在便坐受事。每出行縣，益從學官諸生明經飭行者與俱，使傳教令，出入閨閣。縣邑吏民見而榮之，數年，爭欲爲學官弟子，富人至出錢以求之。繇是大化，蜀地學於京師者比齊魯焉。至武帝時，乃令天下郡國皆立學校官，自文翁爲之始云。文翁終於蜀，吏民爲立祠堂，歲時祭祀不絕。至今巴蜀好文雅，文翁之化也。(《漢書‧循吏傳》)

文翁，景帝末爲蜀郡守，時代與董仲舒相仿，「謹身帥先，居以廉平，不至於嚴，而民從化」很傳神地描摹這一位人物的行事風格。我們可以發現，「謹身帥先」、「廉」、「民從化」這些特質，與董氏很相似。更特別的是，文翁亦「通《春秋》」，「仁愛好教化」，在蜀地辟陋之地，「選郡縣小吏開敏有材者」，「親自飭厲，遣詣京師，受業博士，或學律令」，同時，從蜀地「減省少府用度」以遺博士，使教蜀地學子。文翁在蜀地如此栽培人才，待子弟成就還歸，「蜀地學於京師者比齊魯焉」，《漢書》的結論是「至武帝時，乃令天下郡國皆立學校官，自文翁爲之始」。文翁，也是儒學人物，由此，我們不禁懷疑在那個時代，還有另一股致力於文教，從學於師的風潮和影響力，流傳在民間；儒

學的倡盛，不盡然來自於政治權位，而是當時儒者對學術承傳的用心，以及為思想得以用世所作的努力。司馬遷在《史記‧孔子世家贊》說到：

> 天下君王，至於賢人眾矣。當時則榮，沒則已焉。孔子布衣傳十餘
> 世，學者宗之。自天子王侯，中國言六藝者，折中於夫子，可謂至
> 聖矣。

太史公以孔子為至聖，感慨於仕途權位之外，儒者自有傳頌千古的教化事業；董仲舒之學術「推明孔氏」，董氏在學問上「獨尊儒術」，這是一位思想家對其學術的尊崇、專一和負責，他在儒學中找到真理的美善，而致力於教化。千百年後的學者，又何忍將二千年來中國學術不發達的罪過，要這一位「進退容止，非禮不行」，「不問家產業，以修學著書為事」的儒者悉數承擔？

　　無可諱言，「思想理論」與「實際用世」之間有許多干擾的因素，可能造成「體、用」之旨相互違逆。特別是遭到有心人士援引，利用為政治工具以遂其目的時，理論的本旨可能完全遭到扭曲；董仲舒的弟子呂步舒，在「推意遼東高廟災」事件，不知為其師董仲舒所論而判「大愚當死」。問題是，武帝是否明知為董仲舒的案子，卻故意隱瞞要呂步舒去審判？其後，武帝既然特別詔赦董仲舒，何以卻又在元朔六年以「思及仲舒前言」為理由，要董氏弟子呂步舒持斧鉞專斷「治淮南獄，坐殺數萬人」？將專斷治獄的罪過推給當時名聞天下的大儒董仲舒，在背後操控一切的，不正是武帝的政治手腕嗎？《漢書‧董仲舒傳》記載：

> 仲舒在家，朝廷如有大議，使使者及廷尉張湯就其家而問之，其對
> 皆有明法。（《漢書‧董仲舒傳》）

朝廷有大議，張湯與使者往往「就其家而問之」，董氏所對皆有明法。我們在此不禁懷疑，董氏所諄告之明法，朝廷政策是否果真如董氏之意去施政教化？張湯在實際操作吏事時，又是否如實遵循了董仲舒所示告之「明法」？這一切的實情，也許必須經過繁複的考證才能得知。不過，我們卻可由史傳的記載，看出其中些許微妙。張湯在《史傳》中列名〈酷吏傳〉：

> 湯為人多詐，舞智以御之。……是時上方鄉文學，湯決大獄，欲傅
> 古義，乃請博士弟子治尚書、春秋補廷尉史，亭疑法。奏讞疑事，
> 必豫先為上分別其原，上所是，受而著讞決法廷尉，絜令揚主之明。
> 奏事即譴，湯應謝，鄉上意所便，必引正、監、掾史賢者，曰：「固
> 為臣議，如上責臣，臣弗用，愚抵於此。」罪常釋。間即奏事，上

善之，曰：「臣非知爲此奏，乃正、監、掾史某爲之。」其欲薦吏，揚人之善蔽人之過如此。**所治即上意所欲罪，予監史深禍者；即上意所欲釋，與監史輕平者**。……湯至於大吏，內行脩也。通賓客飲食。於故人子弟爲吏及貧昆弟，調護之尤厚。其造請諸公，不避寒暑。是以湯雖文深意忌不專平，然得此聲譽。而刻深吏多爲爪牙用者，**依於文學之士。丞相弘數稱其美。及治淮南、衡山、江都反獄，皆窮根本**。（《史記‧酷吏列傳‧張湯傳》）

董仲舒以及蜀地文翁皆爲史傳文獻視爲「循吏」，董氏與文翁皆通《春秋》，張湯治獄問學於董氏，《史記》的看法是上位者「方鄉文學」，張湯「欲傅古義，乃請博士弟子治《尙書》、《春秋》」。同樣秉持《春秋》來論事，卻因爲援用者的動機與企圖，對於事務的判定與處置，竟產生截然不同的結果。同樣治《春秋》爲吏事，卻有「循吏」與「酷吏」的差異，這樣的結果，問題在於人而不在《春秋》。

董仲舒在當時的學術聲望，使得武帝亦借其名望而使力，讓呂步舒打著《春秋》大義的旗幟，進行誅殺諸侯的事實；酷吏張湯爲投上之所好，請博士弟子治《尙書》、《春秋》以折獄；張湯問教於董仲舒，或許只是「沽名於世」的作法，董氏諄告的結果，是否使張湯在處事行徑上有所改變，我們無法得知；較之於公孫弘，仕途顯得陟蹇的董仲舒，卻因爲當政者這些刻意的「動作」，而烙下了與事實相去甚遠的「歷史形象」。〔註27〕

〔註27〕關於學術界對於董仲舒「歷史形象」之誤解，戴君仁氏在三十年前〈漢武帝抑黜百家非發自董仲舒考〉一文，即已透過史實考察論證，提出嚴正的呼籲：
　(1) 漢武帝時，抑黜百家，獨尊孔氏，雖然仲舒有此建議，但實際上「黜黃老刑名百家之言」，已實施在仲舒對策之前，推動的並不只一個人。獨尊孔氏，如在歷史上有「功」，並不能歸仲舒一人；有「過」，也不能讓仲舒一個人負擔。
　(2) 董仲舒對策在元光元年，「諸不在六藝之科，孔子之術者，皆絕其道，勿使並進」之言，只是暗合於實施的政策。而班固說，「自仲舒發之」，遂使董生於二千年之後，受近代人的譴責，這實在是冤枉的。
　(3) 不但「推明孔氏，抑黜百家」不是發自仲舒，即立學校之官，州郡舉茂材孝廉，發自仲舒，也都有問題。關於立學校之官，仲舒對策雖有「古之王者……立太學以教於國，設庠序以化於邑」及臣願陛下「興太學、置明師」之言，但實際上，建議立學校之官的是公孫弘。……班固沒有細究，述之於傳。（詳參：戴君仁，〈漢武帝抑黜百家非發自董仲舒考〉，《孔孟學報》第十六期，1968 年 3 月）
戴氏三十年前所言，可謂的論。可惜，至今學界動輒以「罷黜百家，獨尊儒

表二：胡毋生、董仲舒、公羊學傳授簡表

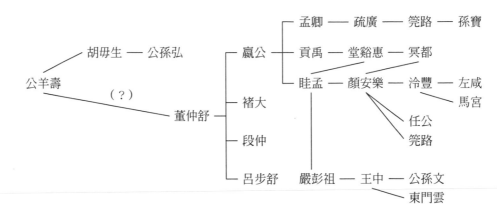

表三：《史記‧儒林列傳》、《漢書‧董仲舒傳》、《漢書‧儒林傳》之「董仲舒事跡」比較表

1.史、漢俱有記載之事

《史記‧儒林列傳》	《漢書‧董仲舒傳》（《漢書‧儒林傳》）
及<u>今上即位</u>，趙綰、王臧之屬明儒學，而上亦鄉之，於是<u>招方正賢良文學之士</u>。	<u>武帝即位，舉賢良文學之士前後百數</u>。
自是之後，言詩於魯則申培公，於齊則轅固生，於燕則韓太傅。言尚書自濟南伏生。言禮自魯高堂生。言易自菑川田生。<u>言春秋於齊魯自胡毋生，於趙自董仲舒</u>。	漢興，言易自淄川田生；言書自濟南伏生；言詩，於魯則申培公，於齊則轅固生，燕則韓太傅；言禮，則魯高堂生；<u>言春秋，於齊則胡毋生，於趙則董仲舒</u>。（《漢書‧儒林傳》）

術」非議董氏學術者，仍大有人在。

不過，戴氏認爲，一切的成見，由來自班固「沒有細究，述之於傳」之誤。本文卻有不同的看法。關於董氏生平——抑鬱爲地方相、仕途受嫉於當朝丞相公孫弘、禮制質文的提倡不見用於武帝……等記載，我們若核對班固在《漢書》「儒林列傳」、「董仲舒本傳」、「武帝紀」、「禮樂志」諸論，可以得知，班固諸篇所載皆一致。也就是說，後人的誤解其實來自於對史傳文獻的「斷章取義」，過不在文獻。

本文認爲，當代學者對於董氏的誤解主要來自三方面：(1)論者不察董氏抑鬱任職地方之仕途。誤以爲董氏位高權重、主宰當朝。(2)論者不察董氏在當時的影響力，實來自於學生遍佈朝中、「天下學士皆師尊之」的學術地位，而非政治權位。董氏學生任職於中央者以百數，《漢書》所謂「立學校之官，州郡舉茂材孝廉，自仲抒發之」是指董氏修學著書，致力於培育人才，並非指董氏位高權重，執行當朝政策。(3)論者不察董氏「六藝之科、孔子之術」的「大一統」主張，其實是呼籲人主落實禮制的更張（也就是「三統質文」），並非學術思想上的統御。

董仲舒，廣川人也。<u>以治春秋，孝景時爲博士</u>。 下帷講誦，弟子傳以久次相受業，或莫見其面，蓋三年董仲舒不觀於舍園，其精如此。 <u>進退容止，非禮不行，學士皆師尊之</u>。	董仲舒，廣川人也。<u>少治《春秋》，孝景時爲博士</u>。 下帷講誦，弟子傳以久次相授業，或莫見其面。<u>蓋三年不窺園，其精如此</u>。 <u>進退容止，非禮不行，學士皆師尊之</u>。
今上即位，<u>爲江都相。以春秋災異之變推陰陽所以錯行</u>，故求雨閉諸陽，縱諸陰，其止雨反是。行之一國，未嘗不得所欲。中廢爲中大夫。	仲舒治國，<u>以《春秋》災異之變推陰陽所以錯行</u>，故求雨，閉諸陽，縱諸陰，其止雨反是；行之一國，未嘗不得所欲。中廢爲中大夫。
是時<u>遼東高廟災，主父偃疾之</u>，取其書奏之天子。天子召諸生示其書，有刺譏。董仲舒弟子呂步舒不知其師書，以爲下愚。於是下董仲舒吏，當死，詔赦之。於是董仲舒竟不敢復言災異。	先是遼東高廟、長陵高園殿災，仲舒居家推說其意，草稿未上，<u>主父偃候仲舒，私見，嫉之，竊其書而奏焉</u>。上召視諸儒，仲舒弟子呂步舒不知其師書，以爲大愚。於是下仲舒吏，當死，詔赦之。仲舒遂不敢復言災異。
<u>董仲舒爲人廉直</u>。是時方外攘四夷，<u>公孫弘治春秋不如董仲舒</u>，而弘希世用事，位至公卿。董仲舒以弘爲從諛。弘疾之，乃言上曰：「獨董仲舒可使相膠西王。」膠西王素聞董仲舒有行，亦善待之。董仲舒恐久獲罪，疾免居家。	<u>仲舒爲人廉直</u>。是時方外攘四夷，<u>公孫弘治《春秋》不如仲舒</u>，而弘希世用事，位至公卿。<u>仲舒以弘爲從諛，弘嫉之</u>。膠西王亦上兄也，尤縱恣，數害吏二千石。弘乃言於上曰：「獨董仲舒可使相膠西王。」膠西王聞仲舒大儒，善待之，仲舒恐久獲罪，病免。
至卒，<u>終不治產業，以脩學著書爲事</u>。	及去位歸居，<u>終不問家產業，以修學著書爲事</u>。
<u>瑕丘江生爲穀梁春秋</u>。自公孫弘得用，<u>嘗集比其義，卒用董仲舒</u>。	武帝時，江公與董仲舒並。仲舒通五經，能持論，善屬文。江公吶於口，上使與仲舒議，不如仲舒。而丞相公孫弘本爲公羊學，<u>比輯其議，卒用董生</u>。（《漢書·儒林傳》）
仲舒弟子遂者：蘭陵褚大，廣川殷忠，溫呂步舒。褚大至梁相。步舒至長史，持節使決淮南獄，於諸侯擅專斷，不報，以春秋之義正之，天子皆以爲是。弟子通者，至於命大夫；爲郎、謁者、掌故者以百數。	董生爲江都相，自有傳。弟子遂之者，蘭陵褚大，東平嬴公，廣川段仲，溫呂步舒。大至梁相，步舒丞相長史，唯嬴公守學不失師法，爲昭帝諫大夫，授東海孟卿、魯眭孟。孟爲符節令，坐說災異誅，自有傳。（《漢書·儒林傳》）
而董仲舒子及孫皆以學至大官。	子及孫皆以學至大官。

2.《史記·儒林列傳》獨有之記事

	《史記·儒林列傳》
1	居舍，著【災異之記】。
2	故漢興至于五世之閒，唯董仲舒名爲明於春秋，其傳公羊氏也。

3.《漢書·董仲舒傳》獨有之記事

	《漢書·董仲舒傳》
1	仲舒以賢良對策焉。

2	三篇賢良對策之內容。
3	對既畢，天子以仲舒爲江都相，事易王。易王，帝兄，素驕，好勇。仲舒以禮誼匡正，王敬重焉。久之，王問仲舒曰：「粵王句踐與大夫泄庸、種、蠡謀伐吳，遂滅之。孔子稱殷有三仁，寡人亦以爲粵有三仁。桓公決疑於管仲，寡人決疑於君。」仲舒對曰：「臣愚不足以奉大對。聞昔者魯君問柳下惠：『吾欲伐齊，何如？』柳下惠曰：『不可。』歸而有憂色，曰：『吾聞伐國不問仁人，此言何爲至於我哉！』徒見問耳，且猶羞之，況設詐以伐吳虜？繇此言之，粵本無一仁。夫仁人者，正其誼不謀其利，明其道不計其功，是以仲尼之門，五尺之童羞稱五伯，爲其先詐力而後仁誼也。苟爲詐而已，故不足稱於大君子之門也。五伯比於他諸侯爲賢，其比三王，猶武夫之與美玉也。」王曰：「善。」
4	凡相兩國，輒事驕王，正身以率下，數上疏諫爭，教令國中，所居而治。
5	仲舒在家，朝廷如有大議，使使者及廷尉張湯就其家而問之，其對皆有明法。
6	自武帝初立，魏其、武安侯爲相而隆儒矣。及仲舒對冊，推明孔氏，抑黜百家。立學校之官，州郡舉茂材孝廉，皆自仲舒發之。年老，以壽終於家。家徙茂陵。
7	仲舒所著，皆明經術之意。及上疏條教，凡百二十三篇。而說《春秋》事得失，聞舉、玉杯、蕃露、清明、竹林之屬，復數十篇，十餘萬言，皆傳於後世。掇其切當世施朝廷者著于篇。
8	贊曰：劉向稱「董仲舒有王佐之材，雖伊呂亡以加，筦晏之屬，伯者之佐，殆不及也。」至向子歆以爲「伊呂乃聖人之耦，王者不得則不興。故顏淵死，孔子曰『噫！天喪余。』唯此一人爲能當之，自宰我、子贛、子游、子夏不與焉。仲舒遭漢承秦滅學之後，六經離析，下帷發憤，潛心大業，令後學者有所統壹，爲群儒首。然考其師友淵源所漸，猶未及乎游夏，而曰筦晏弗及，伊呂不加，過矣。」至向曾孫龔，篤論君子也，以歆之言爲然。

4.《漢書‧儒林傳》獨有之記事

	《漢書‧儒林傳》
1	武帝時，嬰嘗與董仲舒論於上前，其人精悍，處事分明，仲舒不能難也。
2	胡母生字子都，齊人也。治公羊春秋，爲景帝博士。與董仲舒同業，仲舒著書稱其德。年老，歸教於齊，齊之言春秋者宗事之，公孫弘亦頗受焉。
3	上因尊公羊家，詔太子受公羊春秋，由是公羊大興。太子既通，復私問穀梁而善之。

第三節　研究論題的價值

　　民國以來關於董仲舒學術之研究，始終無法擺脫其人「罷黜百家，獨尊儒術」的形象。在「箝制學術思想」的罪名之下，百年來對於「中國儒學」的反省與批評，自然就落在董仲舒身上，致使研究董仲舒學術者，亦多半將焦點集中在其學術中「陰陽」、「災異」論述的部份，或是探究其思想與先秦儒學有別，與黃老思想、法家思想、甚至諸子思想相近似的部份；即便是探

討董仲舒的春秋學，結果也不外乎在其「天人思想」、「歷史史觀」上作文章（參見本節文末之表四、表五）。關於董仲舒春秋學的研究，在儒學本質方面的議題，例如：董氏對《春秋》微言大義之詮釋、董氏對《春秋》義法之運用，乃至董仲舒學術中，儒學本質的展現，以及其人在儒學史之地位等相關方面的研究，幾付闕如。重新審視兩漢儒學的成就，甚至在漢代儒學的探討中，從「思想」本質找到儒學躋身爲經學的關鍵（而非一味地歸諸於「政治手腕」），顯然是當代學術尚待耕耘之論題。

一、「道統觀念」影響當代學者對漢代儒學之成見

　　漢代儒學之所以在當代未獲學者青睞〔註 28〕，主要原因之一是，研究者看待儒學史的觀點，沿襲宋代道學的「道統說」，或者是受到「道統說」的影響，而認爲三代聖人所建立的道統傳承下來，直至孔子、孟子，到孟子以後就斷絕了；一直到宋代道學，道統才再次被發掘而開始續延。於是，處於其間的兩漢、魏晉，自然被視爲是儒學的黑暗時期；而秦漢時期的學術，則成了儒學變質、沒落的開始。當代著名的思想家勞思光氏在《中國哲學史》漢代哲學的結語，即認爲：

> **漢承秦後，爲中國古文化之衰落期**；此時期中，儒、道兩大派皆已
> 失去本來面目。〔註29〕

勞氏認爲，漢代哲學以「宇宙論中心」代「心性論中心」導致儒學的沒落，以「形軀我之功效」代「情意我之境界」導致道家的沒落。董仲舒被《漢書》稱作「儒者宗」，因此，所受到的批評也就首當其衝：

> 談陰陽五行，雖以說易說書經者爲多，但眞正代表漢儒之理論者，
> 非說易說書經諸人，而爲治春秋公羊學之董仲舒。……
> 漢儒思想受陰陽五行說之支配，實爲一普遍趨勢；並非始自董仲舒。
> **陰陽五行之說，本非儒學所有**，而漢儒取此種立場以解經，亦非一

〔註28〕這種情形，我們可以從中央研究院中國文哲研究所出版的《中國文哲研究通訊》第二卷第一期（1992 年 3 月）的〈秦漢思想史要籍評介〉得窺一二，其編者亦於案語云：「秦漢思想史，在中國哲學思想發展史上，不僅有著上結先秦諸子、下啓魏晉玄學的關聯地位，更奠立了往後中國近二千年政治、歷史與文化發展之基礎。然而，國內學術界有關秦漢之斷代哲學思想史專著並不多見。」

〔註29〕勞思光，《新編中國哲學史》第二冊，台北：三民書局，1984 年增訂再版，P138。

人一派之事。然董仲舒論「天人相應」特詳,且以此作爲儒學之精義;又倡罷黜百家之議,由此,使中國思想界在一段極長時間中,受僞託儒學之災異妄言所支配;實爲影響至大之經生。故應特述其思想。……

漢儒思想本身爲一種違背心性論傳統之混亂思想;以此而冒稱孔子之學,實是一僞儒學。然此種儒學之「僞」,不爲漢代人所了解。漢人一般觀念,皆以爲說陰陽,談災異即是「儒學」或「經術」,因遂以僞作眞。今董仲舒又假借政治力量以提倡此種「天人相應」之說;於是作爲陰陽五行家與儒家之混血兒之漢儒思想,竟一度僭據中國哲學「正統」之「寶座」。自漢以後,除言佛老者以外,知識分子莫不受此種荒謬思想之籠罩。直至宋代二程立說,心性論方日漸重振。此則董仲舒等人不能辭其咎也。〔註30〕

勞思光氏認爲,漢儒談陰陽五行理論者以董仲舒爲代表。然而,董仲舒治春秋公羊學,並非因爲「陰陽五行理論」而成爲儒者宗師;雖然勞氏亦坦言「漢儒思想受陰陽五行說之支配」並非始自董仲舒,但是,以「陰陽五行說」作爲董氏春秋學之全貌,顯然是落入《漢書・五行志》「董仲舒治公羊春秋,始推陰陽,爲儒者宗」這句話的迷思中。「始推陰陽」與「爲儒者宗」,這二件事不應被視爲絕對必然之關係;因爲,董氏學術並不限於陰陽五行說,董氏春秋學之所以爲儒者宗,亦不盡然皆以陰陽理論之故。

同時,勞思光氏以爲董仲舒「倡罷黜百家之議」、「假借政治力量以提倡天人相應」云云,本文之前已論述證實,這是從班固《漢書》「斷章取義」所產生的錯覺。董仲舒對策中提倡以禮制行漢世「大一統」之實,而謂:「上亡以持一統;法制數變,下不知所守」、「諸不在六藝之科、孔子之術者,皆絕其道,勿使並進」、「然後統紀可一而法度可明,民知所從」。所謂的「六藝之科、孔子之術」,「科」、「術」、「法制」、「法度」、「統紀」,在董氏而言,指的是實際的「禮制質文」,與士大夫之思想學術是二回事。班固在董氏本傳,對於董仲舒一生昌揚儒學之成就,給予「推明孔氏,抑黜百家」的讚賞;不料,到了後世卻轉變成——假借政治力量「罷黜百家,獨尊儒術」的罪名。實質上,《漢書》「罷黜百家」這四字出現在〈武帝紀〉,爲班固對武帝功勳的讚美;與勞思光氏的理解全然兩樣。

〔註30〕 同前註,P22～25。

　　勞思光氏之所以無法接受漢代儒學，關鍵理由是「漢儒思想本身爲一種違背心性論傳統之混亂思想」，也就是說，勞氏以先秦儒學爲尺度（特別是孟子心性之學，而不包含荀學），視漢儒爲「違背心性論傳統」，這種「心性論傳統」，勞氏認爲，到宋代二程之學方又「日漸重振」。漢代儒學在勞氏眼中，甚至是「中國哲學正統」的僭據者。

　　漢儒昧於心靈之自覺義，只在一粗陋宇宙論架構中，處理哲學問題；故心性論問題在漢儒手中遂裂爲兩問題，而各有一極爲可笑之處理。心性論所涉及之價值問題，在漢儒學説中，化爲「天人相應」之問題。持此説者，固以董仲舒爲主要代表……。〔註31〕

董氏在此之所以被視爲兩漢思想「粗陋宇宙論」的代言人，與《漢書‧五行志》記錄了董氏解《春秋》災異七十二事有關。董仲舒以陰陽氣化論去詮釋《春秋》災異的若干資料，見存於《漢書‧五行志》，既然是「五行志」，其文獻自然皆圍繞「五行」爲主題。因此，對於董氏學術便很容易產生「所論盡爲災異」的錯覺。尤其勞氏在「心性論」方面，是根據《春秋繁露》之〈深察名號〉、〈實性〉這二篇的資料去處理，並且先決條件便以先秦儒學孟子的心性論爲正統，然後再加以比較董學的「惡劣」（勞氏書，P24）。這其中隱藏了一個問題，就是先秦儒學孟、荀二家論「性」的爭議。董仲舒在〈實性〉中曾明白指出：

　　吾質之命性者，異孟子。孟子下質於禽獸之所爲，故曰「性已善」；吾上質於聖人之所爲，故謂「性未善」。……《春秋》大元，故謹於正名，名非所始，如之何謂「未善」已善也？（《繁露‧實性》）

董氏論「性」與「情」，實承續荀學而下。如果以孟學「性善論」作爲先秦儒學的代表，很自然就會以漢儒爲儒學之歧出。如梁啓超所言：

　　孟傳大同，荀傳小康，漢代經師不論今文家或古文家，壹皆盤桓荀子肘下，孟學絕而孔學衰。〔註32〕

梁氏在此指出漢代經學與荀子學術有深切的淵源，這一點是梁氏學術史上的識見；但是，我們也不禁懷疑，兩漢學術是否眞的因爲荀學的關係，以致造成「孟學絕而孔學衰」呢？兩漢儒學從陸賈以降乃至董仲舒，皆大力推明孔

〔註31〕同前註，P9～10。
〔註32〕梁啓超，《清代學術概論》（《飲冰室專集》），台北：中華書局，1981年12月台三版，P1。

子，以孔子地位居各家之上，司馬遷《史記》以孔子居「世家」，「尊孔」自不在話下；如果，視孟學爲孔學正嫡，再以孟學與荀學互別異同，漢代學術爲孔學絕衰的黑暗期，就是必然的推論結果。但是，這樣的研究觀點，在今日客觀的學術環境之下，無可諱言，必須面臨必要的修正。

先前學術界對於孟學的認識，僅止於《孟子》一書。對於《荀子》所批評的思孟五行，只能從董仲舒〈五行相生〉所論之「仁、義、禮、智、信」五行去猜測，但是，在出土文獻如：1973 年 12 月在湖南長沙馬王堆三號漢墓所見之「帛書五行篇」，以及晚近轟動學術界的 1993 年 10 月湖北省荊門市郭店村出土竹簡〈五行〉、〈六德〉諸篇，子思、孟子以降的儒家道德體系，清楚的呈現在世人面前，〈五行篇〉所談「人倫道德」，與〈六德〉所談的「社會道德」、「天地道德」，這三重道德〔註33〕既與《禮記・中庸》所謂的「造端乎夫婦；及其至也，察乎天地」的「君子之道」相呼應，同時，也在以董仲舒爲代表的漢代儒學裏，閃爍著耀人的光采。

至此，我們必須在今日豐富的學術資源上，修正以往學界對漢代儒學所謂「孟學絕而孔學衰」的看法；同時，董仲舒的學術成就與先秦孟、荀儒學的關係，也有重新討論之必要。

二、「陰陽氣化觀」影響當代學者對漢代儒學之評價

自從二十世紀初期以來，中國學術界對漢代學術思想，始終懷著一大成見，認爲漢代學術只有宗教與迷信。此一成見的主要原因，是因爲陰陽五行之說，籠罩著整個漢代學術思想所使然。古史辨運動的代表人物顧頡剛氏，在《秦漢的方士與儒生》裡刻劃出漢代學術在宗教迷信的基礎上所建立的種種面貌；鄒衍一派的陰陽家思想與戰國燕、齊地方之方士，加上秦漢儒生的推波助瀾，引進天人相應的種種學說和五德終始的辨證，顧氏遂斷定，兩漢經學的骨幹是「統治集團的宗教——統治者裝飾自己的宗教——的創造」〔註34〕。此外，馮友蘭氏在《新原道》的〈漢儒〉這篇文章裡，擺脫顧氏「泛政治化」的思維，另外從思想史的層面，去概括漢代思想的性質和董仲舒學說的意義，很值得我們注意。他認爲：政治上的統一，促使漢人在思想上想得到宇宙的統一。所以，陰陽家「閎大不經、由小驗大，至於無垠」的思想

〔註33〕詳參龐樸，《竹帛五行篇校注及研究》，台北：萬卷樓出版社，2000 年 6 月，引言 III。

〔註34〕顧頡剛，《秦漢的方士與儒生》，台北：里仁書局，1985 年 8 月，P6～7。

方式，最適合那個時代的需求。馮氏指出，董仲舒在「宇宙的新秩序」和「社會的新秩序」兩方面，對漢代儒學的貢獻雖然大，然而他所採取的思路，卻是接近宗教，並不是哲學。因此，馮氏為漢代學術所下的結論是，「在漢代，儒家的學說真可以稱為儒教，孔子就是儒教的教主」〔註35〕。馮氏能擺脫古史辨學者以「政治手段」一語概括漢代思想的作法，重新以「學術思想」與「時代互動」的角度，去理解一個時代的思想風潮，這對學術研究者而言，的確是非常重要的啟迪。不過，由他所說的漢代「儒教」，我們不免產生如下的假想：是「儒教」帶領漢代學術走向宗教迷信？亦或是面對戰國以降「陰陽氣化觀念」排山倒海而來的思想潮流，漢代儒生成功地將「先秦儒學」轉型為當代所能普遍接受的「新儒學」，因而將孔子推上教主的寶座？

　　或許這個問題的思考，可以幫助我們重新釐清漢代儒生的歷史功過。

　　以往學術界對於漢代儒學，特別是居於「儒宗」地位的董仲舒，有許多不諒解之處，例如方東美氏就把董仲舒視為「儒家的罪人」：

> 漢武帝時，漢代已遭呂后之亂，武帝亦知自己立即得天下卻不能立即治天下，乃訪求學者，提出許多大問題，但是他遇到董仲舒這個俗儒，無法回答許多問題，只知迎合御旨，把先秦留下的些許顯學，以政治力量的壓迫，使之定於一尊。由此可知董仲舒為儒家之罪人。〔註36〕

> 就儒家思想的本原來說，董仲舒就很有問題了……董仲舒對尚書是外行，周易是外行，就是對整個中國古代哲學思想演進大勢也全然是外行；充其量，他對古代神秘主義的宗教轉變到理性支持的哲學，在轉變過程的樞紐方面，他只看出前面的一部份——宗教方面所烘托的精神領域的永恒性。……既無「才」，又無「識」，也無「學」的歷史學家，由董仲舒這樣的歷史學家來講歷史，也祇有打著「公羊家歷史哲學」的招牌，大談所謂「災異」了。〔註37〕

除此之外，在學術界享有崇高地位的錢穆先生，也不免以鄒衍思想之「餘毒」，去批駁董仲舒的學術：

> 思想走上調和折衷的路，已經是思想的衰象，顯示沒有別開生面的

〔註35〕 馮友蘭，《新原道》，第六章〈漢儒〉，收錄於《貞元六書》，上海：華東師範大學，1996年12月，P796。

〔註36〕 方東美，《原始儒家道家哲學》，台北：黎明出版社，1987年11月，P53。

〔註37〕 方東美，《新儒家哲學十八講》，台北：黎明出版社，1989年4月，P8～9。

氣魄了。但<u>中國古代思想眞實的衰象，應該從漢武帝時代的董仲舒</u><u>開始</u>。仲舒在當時，見稱爲醇儒，由其專據儒家古經典立說。當時的學風，顯然重在左右采獲，調和折衷，仲舒亦未能自外。<u>他一面</u><u>是左右采獲，一面又專據古經典，不能有更高更新的創闢與發揮，</u><u>於是遂成爲附會</u>。其實<u>仲舒思想的主要淵源，只是戰國晚年的陰陽</u><u>家鄒衍</u>，更使仲舒思想，<u>由附會而轉入怪異，遂使此後的思想界中</u><u>毒更深</u>。〔註38〕

董仲舒的「儒學」，於當代被剔出經學之列，在學術界中「乏人問津」；其春秋學，亦連帶被壓縮成《漢書・五行志》裏陰陽災異的面貌。從先秦諸子思想，去探討漢代儒學宗師董仲舒在儒學上的「歧」出，尤其是與陰陽家、墨家、法家思想的類比，成了當代「董仲舒學術研究」所熱衷的主題。〔註39〕

至於海峽彼岸「董仲舒學術研究」的相關情形，李宗桂氏在〈評海峽兩岸的董仲舒思想研究〉〔註40〕一文，有完整的描述：

> 四十年來，在中國哲學、思想、文化史的研究中，兩漢研究是比較沉寂的。……然而，在比較沉寂的兩漢思想研究中，近年的董仲舒研究卻較爲活躍，議論迭出，反映出董仲舒思想的研究價值和受重視程度。……大致說來，四十年來的董仲舒思想研究，可以分爲以下幾個階段，第一個階段是五十年代；第二個階段是六十年代前期（1960～1965 年）；第三個階段是六十年代後期至七十年代中期（1966～1976 年）；第四個階段是七十年代後期（1976 年以後）至現在。在整個 40 年的董仲舒思想研究歷程中，「方法論」問題貫穿始終，極爲深刻而廣泛地影響並困擾著論者的思考方式和價值取向。

李氏將彼岸四十年來董仲舒思想研究分爲四階段，並逐一作篇章內容之摘要；然而，我們若以「研究內容之特質」來作分期，李氏分期之前三期，實可併爲一類；則彼岸董仲舒思想研究之狀況，可大別爲「文革之前」，以及「文

〔註38〕錢穆，《中國思想史》，台北：學生書局，1988 年 10 月，P110～111。
〔註39〕參見本節文末之
　　　　表四：「二十年來台灣地區董仲舒學術研究之學位論文著作目錄一覽表」。
　　　　表五：「十年來台灣地區董仲舒學術研究之期刊論文著作目錄一覽表」。
〔註40〕李宗桂，〈評海峽兩岸的董仲舒思想研究〉，《哲學研究》，1990 年第二期，P113～121。

革之後至今」這二大類。李氏所謂的「四十年的董仲舒思想研究歷程中，『方法論』問題貫穿始終」，此「深刻而廣泛地影響並困擾著論者的思考方式和價值取向」的「方法」，是指彼岸當代研究者研究董仲舒學術所運用的「方法」，而非董仲舒本人治學《春秋》之「方法」。李氏指出：文革以前，彼岸研究董仲舒學術者，多從「階級立場決定思想方法」的觀點和角度，去評析董仲舒之思想；他們認為，董仲舒的天道觀是「神學目的論」，其思想是形而上學；而董仲舒的天論，特別是為了對付「農民起義」。〔註41〕

　　至於「文革之後至今」，由李氏所摘要的篇章，我們可以看出，關於董仲舒學述之研究，論題皆集中在「董仲舒哲學思想之作用」、「人性論之實質」等方面之探討，此類研究者慣以「宗教唯心主義」去理解董仲舒之學〔註42〕。不過，這種「宗教唯心主義」也引起了彼岸學界的論辨，例如李錦全在〈董仲舒的政治思想和哲學體系都是進步的嗎？〉一文〔註43〕，指出：「董仲舒政治思想有些進步作用，是因為他對現實社會的矛盾和階級鬥爭有所認識，是因為他頭腦中的唯物論的反映論和樸素辨證法因素起了作用，而不是他的神學唯心主義目的論和形而上學世界觀起的作用」。向陽在〈董仲舒的唯心主義哲學是進步的嗎？〉一文〔註44〕，則謂：「董仲舒的『天人感應說』，比赤裸裸的宗教，更具欺騙作用，他的政治主張在當時，也沒有起過進步作用」，向氏以對董氏學術的根本否定，來推翻「宗教唯心主義」論者的相關研究。至於于首奎在〈董仲舒的『天人感應』論強調人的主觀能動性嗎？〉一文〔註45〕，則又在「神學唯心主義」的論調上推陳出新，指出：董仲舒重視和強調的只

〔註41〕　同前註，P113。李氏並以侯外廬於 1957 年人民出版社出版的，《中國思想通史》第二卷第三章之內容，為此類觀點之代表。

〔註42〕　例如張學波在〈論董仲舒哲學的歷史作用〉一文所言：「董仲舒的政治思想是進步的，其基於『宗教唯心主義』所作的論證，亦一併起進步作用」(《哲學研究》，1979 年第九期)。而金春峰在〈論董仲舒思想的特點及其歷史作用〉一文，則對文革前董學研究「神學目的論」之說提出修正，強調：「不能把董仲舒的『天論』歸為『神學目的論』」，其主要原因亦被認為是：「唯心主義在一定條件下起進步作用」(《中國社會科學》，1980 年第五期)。

〔註43〕　李錦全，〈董仲舒的政治思想和哲學體系都是進步的嗎？〉，《中國哲學史研究集刊》(中國社科學院哲學研究所「中國哲學研究組」編) 第二輯，上海：人民出版社，1980 年。

〔註44〕　向陽，〈董仲舒的唯心主義哲學是進步的嗎？〉，《求索》，1982 年第二期。

〔註45〕　于首奎，〈董仲舒的『天人感應』論強調人的主觀能動性嗎？〉，《東岳論叢》，1982 年第二期。

是「神」，是爲了「使人不成其爲人」，無進步可言。

本文在此所以詳細的列出，彼岸學者文革前後，關於董仲舒學術的論辨情況，是因爲中國大陸學界幾次舉辦有關董仲舒思想的學術討論會，如 1986 年 9 月在河北石家庄市召開全國首屆「董仲舒哲學思想學術討論會」〔註46〕；1993 年 10 月又在同一地方召開「河北省董仲舒思想學術研討會」〔註47〕；1994 年 9 月在董子故里，亦即今日河北省景縣召開「董仲舒學術思想國際研討會」〔註48〕，彼岸關於董仲舒學術思想之研究，始終無法擺開這一類「意識形態」的論辨模式。〔註49〕

海峽兩岸對於董仲舒學術思想之研究，各有所執；令人訝異和不解的是，二岸學者同樣都只是從「思想論辨」上去探討董學，竟同時避開了董氏最主要的儒學成就——春秋學的探討；這當然和當代經學的落寞，有極大關係。如此一來，關於董學的研究，便呈現出：即便未讀過《春秋》，甚至無須論及《公羊傳》，同樣也可全面對董氏學術大發議論、甚至蓋棺論定的怪異現象。

三、以「文化反省」開創經學研究之新視野

歷經晚周諸子思想崢嶸並茂的盛況，以及秦法暴刑之統治，漢初首先能夠統合諸流思想的並不是儒家，而是黃老道家。黃老思想以道家爲主，統合

〔註46〕 參見祥麟，〈董仲舒哲學思想學術討論會綜述〉，《中國哲學研究》，1987 年第二期。這篇文章記載了研討會中，發表的六篇論文的摘要。

〔註47〕 參見惠吉興、潘志峰，〈董學研究的新收穫〉，《哲學研究》，1994 年第一期。

〔註48〕 潘志峰，〈董仲舒學術思想國際研討會述要〉，《哲學研究》，1994 年第十期。

〔註49〕 彼岸陸續出版的關於董仲舒學術研究之專書，這種情形仍然普遍存在，如：黃樸民氏：「董仲舒新儒學理論的很大不足，就是患了恩格斯所說的『碰不到任何矛盾』的毛病。」（《董仲舒與新儒學》，1988 年山東大學博士論文，台北：文津出版社，1992 年 7 月，P133）；周桂鈿氏：「（董仲舒之「義利論」）封建時代，財富多數歸封建地主階級所有，主動權在地主階級手裏。貧苦農民手裏沒有財權，……董仲舒是向地主階級呼吁調均的，這是首先要明確的。」（《董學探微》，北京：北京師範大學，1989 年 1 月，P144）；王永祥氏雖然於董氏學術有許多相應而貼切的理解，但仍免不了以「農民階級與地主階級的矛盾」、「殘餘的奴隸與奴隸主的矛盾」、「封建剝削階級的內部矛盾」去指稱董氏所面臨的時代（《董仲舒評傳》，南京：南京大學，1995 年 9 月，P2～21）；曾振宇、范學輝二氏：「宇宙生成理論存在著兩大缺陷：一是直觀、經驗，二是與『物活論』、『泛心論』相通。這正如馬克思所形容的：『物質帶著詩意的感性光輝，對人的全身心發出微笑。』」（《《春秋繁露》與中國文化》，開封：河南大學出版社，1998 年 8 月，P61）。

法、名、儒、墨，以及陰陽五行之宇宙論等種種說法，在漢初反秦政、渴望休養生息的時代需求下，成為上下奉行的風潮〔註 50〕，誠如金春峰氏在《漢代思想史》中所指出的「漢代思想的確可說是先秦諸子思想的混合，尤其是眾所周知的陰陽家思想，便成為漢代儒家和黃老思想的重要基礎」〔註 51〕，在時代的巨輪下，思想文化的推移，是必然的事實；以漢代儒者而言，陸賈、賈誼、叔孫通、董仲舒、揚雄、乃至鄭玄等，其思想內容都已經不同於先秦的儒學思想。站在學術史研究者的立場而言，不只不應該責備漢代儒學與先秦儒學有異，相反的，更應該著力於儒學由先秦至漢代所展現的蛻變，找出思想與時代的呼應。儒學由先秦至兩漢，除了力敵為「中央集權體制」提供理論基礎的秦「法家」，又必須在西漢初期的「黃老思想」勢力中脫穎而出，漢代儒學不應該只是被視為諸家思想的混合而已。更值得注意的是，由高祖至武帝的崇儒過程中，漢代儒學關鍵性的思想內容，以及漢代儒者對於經典「述遠合今」〔註 52〕重新闡釋所作的努力。其中，包含了《詩》、《書》、《禮》、《易》、《春秋》的經典化（canonization），以及由陸賈為始，以典範、事例來使儒學「德治教化」之主張，得以形象化具體呈現的闡釋方式。〔註 53〕

〔註 50〕 司黃遷在《史記‧樂毅傳‧贊》曾敘述「黃老學派的傳授關係」云：
　　　　樂臣公學黃帝、老子，其本師號曰河上丈人，不知其所出。河上丈人教安期生，安期生教毛翕公，毛翕公教樂瑕公，樂瑕公教樂臣公，樂臣公教蓋公，蓋公教於齊高密膠西，為曹相國師。
　　　　黃老之學，本來以老子哲學為基礎，又以道法之折衷為其特性，綜合各家思想，再寓托於黃帝的權威。所謂黃老之學，其內容實未與「黃帝」相涉；或因為老子只不過是一個隱者，「老子」一人之稱號，對作為漢代一統盛世之經國學術而言，身份可能太輕微，因此而須要借用「黃帝」之稱，作為其學脈之本由。司馬遷便因此把這些老子後學中的「道法家」叫做「黃老」，今據《史記》的記載，先秦諸子當中的慎到、田駢、接子、環淵（〈孟子荀卿列傳〉）、申不害、韓非子（〈老子韓非列傳〉）等人物，不是學黃老，就是本於黃老。
〔註 51〕 參見金春峰，《漢代思想史》，北京：中國社會科學，1987 年 4 月，P9。
〔註 52〕 語出陸賈《新語‧術事》：「善言古者，合之於今；能述遠者，考之於近。」
〔註 53〕 以「典範」、「事例」來詮釋儒學經典，並進而開闢漢代儒學務實用世精神者，始自於漢初對高祖劉邦「時時前說、援引詩書」的陸賈（見《漢書》陸賈本傳）。而陸賈所闡論之「詩書」者，實為儒學典籍之泛稱，並非單指《詩》、《書》二經。例如陸賈《新語‧術事》云：「道近不必出於久遠，取其至要而有成。《春秋》上不及五帝，下不至三王，述齊桓、晉文之小善、魯之十二公至今之為政，足以知成敗之效，何必於三王？」，蓋陸賈所論，亦有及於《春秋》者。詳參楊濟襄，〈由援引人物探究陸賈《新語》之政論思想及時代意義〉，《第

　　由於傳世文獻中，我們所得以「見識」到的漢代「陰陽氣化」、「天人災異」等面貌，多是透過史傳文獻、經典註解、思想家的專著而得知；漢代的學術典籍，又因為五經博士的設立，而以儒學文獻為大宗；在這樣的情況下，無形中造成了一種錯覺，彷彿漢代思想界「陰陽氣化觀」的盛行，是儒者（尤其是居「儒者宗」的董仲舒）所一手造成的結果。在此，我們試圖提出兩個假設性的問題，藉著問題的思辨，來釐清若干既定的成見：

　　問題一：倘若漢代思想史上，不曾出現過董仲舒這號人物，漢代思想
　　　　　　是否就可以擺脫滿目皆拾的「陰陽氣化」、「天人感應」？

　　問題二：漢代思想史上，的確出現了董仲舒這號人物。那麼，他的出
　　　　　　現，對於陰陽氣化的理論系統，帶來了何種影響？

　　首先，我們針對問題一來作討論。倘若我們暫時將所有與董仲舒有關的文獻加以擱置，然後探討董仲舒同時代以及董氏之前的文獻資料中，所有與「陰陽氣化」有關之記載，我們可以發現，陰陽氣化觀念由來已久，在《管子》（如〈四時〉）〔註 54〕、《呂氏春秋》（如〈應同〉）〔註 55〕等戰國文獻，早已看到陰陽氣化感應出現的痕跡。除了鄒衍之後與五行配屬系統合一，更擴大其體系之外；從《逸周書》（〈周月〉）、《呂氏春秋》（〈十二月紀〉）乃至《禮記》〈夏小正〉、〈月令〉諸篇，我們可以看到源由於四時物候、天文星象而來的宇宙觀，與解決實際民生問題的「生活技術」。在成書時間與董氏時代相近的《淮南子》裏，可以完整清楚的看到由先秦到漢初「陰陽」觀念的演變和

二屆漢代文學與思想學術研討會論文集》，政治大學中國文學系主編，1999
年 7 月。

〔註 54〕　《管子‧四時》中亦可以看出「氣化感應」的痕跡：「東方曰星，其時曰春，
其氣曰風……其事號令，號除神位……然則柔風甘雨乃至，百姓乃壽，百蟲
乃蕃……南方曰日，其時曰夏，其氣曰陽……其事號令，賞賜賦爵……時雨
乃降，五穀百果乃登……中央曰土，土德實輔四時出入，以風雨節土益力，
其德和平用均，中正無私……西方曰辰，其時曰秋，其氣曰陰……其事號令，
毋使民淫暴，順旅聚收……北方曰月，其時曰冬，其氣曰寒……其事號令，
修禁徙民，令靜止……五穀乃熟，國家乃昌。」

〔註 55〕　《呂氏春秋‧應同》有云：「凡帝王之將興也，天必見祥乎下民；黃帝之時，
先見大螾大螻，黃帝曰：土氣勝，土氣勝，故其色尚黃，其事則土。及禹之
時，天先見草木秋冬不殺，禹曰：木氣勝，木氣勝，故其色尚青，其事則木。
及湯之時，天先見金，刃生于水，湯曰：金氣勝，金氣勝，故其色尚白，其
事則金。及文王之時，天先見火，赤烏銜丹書見于周社，文王曰：火氣勝，
火氣勝，故其色尚赤，其事則火。代火者必將水，天且先見水氣勝，故其色
尚黑，其事則水。」

發展〔註 56〕。也就是說，在漢代儒學昌盛之前，儒者已經必須先面臨，戰國中晚期以後，逐漸壯大的「陰陽五行配應系統」這一波思潮的挑戰。這一組龐大的配應系統，原由於陰陽日影之變化，終而結合五行分類之架構，以氣化萬物之形態，對漢代時人有關社會秩序之思維產生影響；它不僅網羅了天文的「四時」、「方位」，以及地理的「物候」、「器象」，更涉及人類社會所關心的「機祥度制」、「官形養生」〔註57〕（參見本節文末之表六）。從傳世文獻看來，這個配應系統牽涉到生活各個實務層面，可見其應用對象與實用範圍，絕不只限於「士」階層而已。

　　果然，我們可以在二十世紀的出土文獻，如：1942 年長沙子彈庫發現的三篇楚帛書：〈四時〉、〈天象〉、〈月忌〉；1975 年湖北睡虎地秦簡：〈日書〉；以及前述的 1973 年馬王堆帛書：〈周易〉、〈五十二病方〉，看到與傳世文獻（包含《黃帝內經》等醫書）相應的——陰陽五行的系統化配應。這些楚地所出土的文獻，可以清楚看到其中交雜著楚地原始的巫術信仰；懷抱著故土人情的特殊情感〔註 58〕，楚文化正是漢朝當政者所偏愛的主流文化。如此一來，我們由傳世文獻所得來的，「漢代陰陽氣化觀之盛行，乃儒者推波助瀾而成？」這個舊有觀念，實有重新檢討之必要。事實上，這一套由陰陽氣化與五行配應交織而成的宇宙圖式，是秦漢之際普遍的「生活觀」。漢代儒者所面臨的任務，是如何在「原始信仰」與「儒學思想」之間取得協調，以證明先秦以來之儒學內容可以應用於當世，解決當時代人類社會生活所必須面對的種種問題。倘若，漢代儒者不能成功挑戰此時代任務、肩負儒學承傳之使命，那麼，接踵而來的，恐怕就是——儒學被世人淘汰的命運。

　　我們再來思考問題二：董仲舒的學術，對秦漢之際已盛行的陰陽五行配應系統，帶來了何種影響？我們從《漢書·五行志》可以看到，董氏雖然以陰陽氣化觀念解釋《春秋》「災異」，終究，卻又把主題導引回儒學本然所關

〔註56〕　參見楊濟襄，〈由《淮南子》看先秦至漢初「陰陽」觀念之轉化〉，《第二屆先秦兩漢學術全國研究生論文發表會論文集》，台北：輔仁大學中文系主編，2000 年 6 月。

〔註57〕　參見楊濟襄，《秦漢以前「四方」觀念的演變及發展研究》，高雄：中山大學中國文學系碩士論文，1997 年 5 月。

〔註58〕　〈高祖本紀〉：「高祖，沛豐邑中陽里人」。據日·瀧川資言《史記會注考證》，沛縣在今日江蘇徐州，當時為楚地。則劉邦實為楚人。《史記·劉敬叔孫通列傳》記載：「叔孫通儒服，漢王憎之；乃變其服，服短衣，楚制，漢王喜。」由此可以看出，高祖對於楚地風物，有主觀之偏好。

注的——人世的道德實踐；從《漢書》董氏本傳的三篇對策可以看到，無論武帝如何一再以「天人感應」、「陰陽徵驗」的觀點發問，董氏總是將「結論」導向儒學的「德政教化」。從《春秋繁露》〈五行相生〉、〈天辨在人〉、〈陰陽位〉、〈基義〉諸篇，我們可以看到董仲舒在原有的陰陽五行配應系統裏，加入了儒學所重視的「德行」、「倫常」，乃至於禮儀「官制」。董氏的努力是否成功？雖然董氏一生仕途不順，然而，其承學之弟子卻遍布眾多；董氏治《春秋》，在地方諸侯國「數上疏諫爭」，「教令國中」；他並且以《春秋》折獄，「所居而治」（俱見《漢書》本傳）；董氏為振興儒學所付出的努力，在史傳文獻中可以找到肯定的答案。

　　徐復觀氏在《中國經學史的基礎》中說：

　　經學奠定中國文化之基型，亦中國文化發展之主線，故**對中國文化之省思**，宜追溯至對**中國經學之反省**。〔註59〕

漢代儒學不只是先秦道德人文的講究，更是漢代經世致用的實務。《春秋》甚至可援以判案折獄，並且引申論證人事、經濟、乃至於匈奴外患等問題；我們相信，這樣的經世實務，絕對不只是引經據典、附庸風雅，在必要時吟哦一番「高頭講章」如此而已；漢代儒者在原始儒學中攝取養分，釐析儒學之所以承續不贅的思想命脈，然後，在實際面對生活、解決當局問題的思維裏，融合當代陰陽氣化之觀念，將二者結合，為安身立命作反省，坦蕩面對古今天人，並且磅礴而為當代世人盡皆奉循之價值觀。

　　我們今天佇立於二十一世紀的歷史扉頁，所面臨的時代使命並不是漢人的陰陽氣化觀；因為，那並不屬於我們的時代。可惜的是，在我們歡度千禧年，慶幸由「二千年」進入另一個新世紀的同時，在關鍵時刻竟赫然發現，遺落了二千年來的民族養分、儒學的道德本旨。遺落了伴隨著這個民族走了二千年的步伐、早已融入民族集體生命，遠超過士大夫科舉講章之外的，屬於文化本質的價值與思維。從五四、古史辨運動以來，學者們揚棄民族的落伍、嘲笑漢代人陰陽氣化觀點的無知；但是，在這個關鍵時刻，我們竟赫然發現，新一代的生命，所遺落的不只是落伍、無知，連文化的根本，也一起遺落了。

　　馮友蘭曾經把整個中國哲學史分為兩個時代，一個是從孔子到《淮南子》的子學時代，另一個是從董仲舒到康有為的經學時代〔註60〕。身為當代的學

〔註59〕徐復觀，《中國經學史的基礎》序言，台北：學生書局，1990年7月。
〔註60〕馮友蘭，《中國哲學史》，台北·藍燈出版社，1989年，P483。

術研究者，我們卻不免思考，在告別「子學時代」與「經學時代」之後，面
對嶄新的時代，我們該何去何從？羅宗濤先生曾經以文化人類學家的「歷史
研究法」，探討文學的創作云：

> 李亦園先生「文化與行為」一文引用人類學家克羅孔（Clyde
> Kluckhohn）和心理學家莫銳（Henry Murray）的話說：「每一個人
> （的性格）都有若干方面像所有的人，若干方面像一部分人，若干
> 方面則什麼人都不像。」李先生闡釋說：「像所有的人就是基本的人
> 性，凡屬人皆有之；像一部份人就是在同一文化孕育下的典範人格；
> 不像任何人就是個人獨特的性格。」一篇文學作品，應該也涉及這
> 三個層面。只是，一個卓然成家的作者，往往苦心孤詣想要將其獨
> 特的那一部份呈現在作品裏。〔註61〕

經學的研究，是否也有類等的思考呢？漢代儒者如董仲舒，在二千年前面對
新時代的來臨，是不是也為了時代、生命與思想交織的困惑而努力過？往夙
哲人開創了屬於他們的新時代，而我們是否可以學習人類學者「像所有人」（基
本人性）、「像部份人」（典範人格）、「不像任何人」（獨特性格）的分析方法，
從漢代大儒董仲舒的學術研究中，找到漢儒在時代劇變中所堅守的儒學本
質，透過文化的反省，在時代動態中，為學術用世找到新的方向？

　　韋政通氏曾經在研究董仲舒學術之後，指出「董仲舒即使沒有另創思想
系統，僅憑他的春秋學，也能在中國學術思想史上，佔一席相當獨特之地位」
〔註62〕，這使我們更加確信，這位史傳以「純儒」相稱，甚至尊為當代「儒
者宗」的學者，其學術必有可觀。誠如陳寅恪氏在1930年為陳垣氏《敦煌劫
餘錄》寫序時談到的：

> 一時代之學術，必有其新材料與新問題，取用此材料以研求問題，
> 則為此時代學術之新潮流。治學之士得預於此潮流者，謂之預流；
> 其未得預者，謂之未入流。此古今學術史之通義，非彼閉門造車之
> 徒所能同喻者也。〔註63〕

陰陽氣化的宇宙觀與專制時代下的一統盛世，是董仲舒在西漢前期所面臨的
新材料與新問題；迎接二十一世紀的我們，更有豐富的研究資源和嶄新時代

〔註61〕 羅宗濤，〈歷史研究法與中國文學研究〉，《中國文哲研究通訊》第十卷第一期，
　　　　2000年3月，P12～13。
〔註62〕 韋政通，《董仲舒》，台北：東大出版社，1986年7月，P33。
〔註63〕 陳垣，《敦煌劫餘錄》，台北：新文豐出版社，1985年。

的研究方法〔註64〕；當然，亦有民主時代無可迴避的，文化價值觀的認同問題。或許，在社會動態與時代問題當中，透過儒學本旨的探求，我們可以在經學學術史上找到明鑑和啓發。

表四：二十年來台灣地區董仲舒學術研究之學位論文著作目錄一覽表
（依台灣地區刊載時間之順序，由近而遠排列）

1999	鄧桂秋，《董仲舒「法制」思想之研究》，輔仁大學中國文學系碩士論文。
	黃國禎，《論董仲舒春秋繁露與緯書春秋緯之關係》，東海大學中國文學系碩士論文。
1998	李妍承，《董仲舒春秋學之研究》，台灣大學哲學研究所博士論文。
	吳清輝，《董仲舒的春秋大一統思想研究》，台灣師範大學國文研究所碩士論文。
	簡松興，《西漢天人思想研究——以《淮南子》、《春秋繁露》、《史記》爲中心》，輔仁大學中國文學系博士論文。
1995	王淑蕙，《董仲舒春秋解經方法探究》，中央大學中國文學研究所碩士論文。
	黃啓書，《董仲舒春秋學中的災異理論》，台灣大學中國文學研究所碩士論文。
1992	陳禮彰，《董仲舒天人思想研究》，台灣師範大學國文研究所碩士論文。
	梁惠卿，《董仲舒陰陽哲學研究》，輔仁大學哲學研究所碩士論文。
1984	孫長祥，《董仲舒思想述評》，文化大學哲學研究所博士論文。
1982	任金子，《董仲舒的陰陽思想研究》，輔仁大學哲學研究所博士論文。

〔註64〕 張壽安氏在「二十一世紀中國經學研究之展望」座談會引言時，特別回顧了以往學界以現代學科「跨領域研究」傳統經籍的一些成果，云：「早期瞿同祖、陶希聖結合『禮學』與『社會學』研究中國宗法社會、楊鴻烈研究中國法律思想史、柳詒徵寫第一本中國文化史；近期的有石磊用喪服來分析親屬結構，指出儒家尊尊親親中的『禮』，原型是以親親爲主，至於『移孝作忠』、『大義滅親』都是後起的價值。大陸學者李衡眉研究『昭穆制度』，……採用民俗學、人類學中的『兩合氏族理論』，又引用《國語》、《左傳》、《山海經》、《逸周書》等，證明父輩曰『昭』、子輩曰『穆』，昭穆之分的目的是爲相鄰隔的男子劃分界線，以免亂了血統。最近也有年輕的同學，用語言學的結構理論來分析《儀禮》的『釋例』，也有用文化人類學的祭祀理論來分析禮的儀式，從儀式看尊卑禮意。更有研究儒家生死觀的，從儒家對死者屍體的處理過程，從哭踊的限制、陪喪器物、殯以待葬、啓殯下藏，一直到招魂、從銘、刻主，觀察儒家的生死觀和宗教觀。」（張壽安，〈二十一世紀中國經學研究之展望引言〉，《中國文哲研究通訊》第十卷第一期，2000年3月，P78～79）
隨著地下文獻的出土以及資訊科技對文獻的整合，筆者認爲，「跨領域研究」，勢必由二十世紀延伸至二十一世紀，成爲「中國經學研究」在新時代中融貫傳統與當代的必然趨勢

1980	賴慶鴻，《董仲舒政治思想之研究》，政治大學政治研究所博士論文。
	日・武藤邦夫，《董仲舒法律思想之研究》，台灣大學法律研究所碩士論文。
	李秀美，《董仲舒思想闡微——春秋學與天人合一說初探》，輔仁大學，中國文學研究所碩士論文。

表五：十年來台灣地區董仲舒學術研究之期刊論文著作目錄一覽表

（依台灣地區刊載時間之順序，由近而遠排列）

2000	施炎平，〈仁智和理智：儒家智慧的兩重進路——以孔子、董仲舒和程朱為例〉，《鵝湖》二十六卷四期（三○四期），2000 年 10 月，P40～45。
	李金松，〈對江都王還是對膠西王？——「春秋繁露」「對膠西王越大夫不得為仁」篇篇目辨正〉，《大陸雜誌》一○一卷二期，2000 年 8 月，P22～25。
	張德文，〈董仲舒的「天人關係」模式及其思維方式〉，《中國文化月刊》第二三九期，2000 年 2 月，P20～31。
1999	周德良，〈論漢儒災異論——以董仲舒、「白虎通」為中心之察考（上）〉，《鵝湖》，二十五卷五期（二九三期），1999 年 11 月，P16～23。
	周德良，〈論漢儒災異論——以董仲舒、「白虎通」為中心之察考（下）〉，《鵝湖》，二十五卷六期（二九四期），1999 年 12 月，P45～54。
	張德文，〈試論董仲舒的「天人關係」模式——兼論這一模式的思維方式〉，《孔孟月刊》三十八卷四期（四四八期），1999 年 12 月，P24～32。
	黃忠慎，〈董仲舒「『詩』無達詁」說析論〉，《鵝湖》二十五卷五期（二九三期），1999 年 11 月，P1～15。
	詹哲裕，〈董仲舒倫理思想析論〉，《復興崗學報》第六十七期，1999 年 9 月，P23～53。
	陳麗桂，〈《淮南子》與《春秋繁露》中的感應思想〉（第一屆先秦兩漢學術研討會論文），《先秦兩漢論叢》第一輯，台北：洪葉文化，1999 年 7 月，P155～182。
	黃東珍，〈從「經權」論董仲舒對儒學的更化〉，《雲漢學刊》第六期，1999 年 6 月，P355～379。
	陳建動，〈自由軟體之春秋繁露〉，《資訊與教育》第七十一期，1999 年 6 月，P23～32。
	吳盈靜，〈從「士不遇賦」一文論董仲舒的人格特質〉，《嘉義技術學院學報》第六十四期，1999 年 6 月，P167～181。
1998	蕭義玲，〈「獨尊儒術・罷黜百家」與漢武帝之文化政策（上）——論董仲舒在儒學復興運動中的地位〉，《孔孟月刊》三十七卷二期（四三四期），1998 年 10 月，P1～8。
	蕭義玲，〈「獨尊儒術，罷黜百家」與漢武帝之文化政策（下）——論董仲舒在儒學復興運動中的地位〉，《孔孟月刊》三十七卷三期（四三五期），1998 年 11 月，P1～6。
	孤帆，〈董仲舒的哲學思想〉，《中正學刊》第二十二期，1998 年 11 月，P55～79。
	陳麗桂，〈「春秋繁露・循天之道」所顯現的養生之理〉，《中國學術年刊》第十九期，1998 年 3 月，P161～175。

1997	陳旻志，〈「春秋繁露」中的歷史哲學與書法問題〉，《鵝湖》二十三卷四期（二六八期），1997 年 10 月，P32～40。
	王保頂，〈立言與弘道：董仲舒和司馬遷關係論〉，《孔孟月刊》三十五卷十二期（四二〇期），1997 年 8 月，P21～28。
	張端穗，〈董仲舒「春秋繁露」中經權觀念之內涵及其意義〉，《東海學報》三十八卷一期（文學院），1997 年 7 月，P1～26。
	曾怡菁，〈解讀董仲舒之天人感應思想〉，《史學會刊（師大）》第四一〇期，1997 年 6 月，P54～59。
	陳文，〈董仲舒「天人合一」思想中的「天」「人」意涵〉，《輔大中研所學刊》第七期，1997 年 6 月，P168～183。
	陳金木，〈淺論西漢經學與董仲舒〉，《社教資料雜誌》第二二六期，1997 年 5 月，P1～3。
	陳麗桂，〈從天道觀看董仲舒融合陰陽與儒學的天人合一思想〉，《中國學術年刊》第十八期，1997 年 3 月，P17～30。
1996	周德良，〈董仲舒法術思想探賾〉，《問學集》第六期，1996 年 12 月，P101～117。
	陳俊華，〈論董仲舒的循環史觀〉，《歷史學報（師大）》第二十四期，1996 年 6 月，P1～40。
1995	宋榮培，〈董仲舒的歷史哲學：董氏春秋學的歷史哲學意義及其局限〉，《哲學與文化》二十二卷十期（二五七期），1995 年 10 月，P890～903。
	蔡輝振，〈論董仲舒之人性三品〉，《古今藝文》二十一卷四期，1995 年 8 月，P51～54。
	林聰舜，〈帝國意識形態的建立──董仲舒的儒學〉，《大陸雜誌》九十一卷二期，1995 年 8 月，P13～29。
	胡順萍，〈董仲舒之宇宙論──天與氣、陰陽五行彼此之關係〉，《輔大中研所學刊》第四期，1995 年 3 月，P1～17。
1994	李宗桂，〈論董仲舒的思想方法〉，《孔孟學報》第六十八期，1994 年 9 月，P215～234。
	丁亞傑，〈復古更化：董仲舒春秋公羊學探義〉，《元培學報》第一期，1994 年 9 月，P119～132。
	彭妮絲，〈論董仲舒之政治思想〉，《孔孟月刊》三十二卷十一期（三八三期），1994 年 7 月，P2～10。
	張銀樹，〈董仲舒人性論之述評〉，《輔仁國文學報》第十期，1994 年 4 月，P141～164。
1993	劉文星，〈董仲舒的養生主張〉，《道教學探索》第七期，1993 年 12 月，P41～61。
	劉文星，〈春秋繁露思想之初探──淺析董仲舒的「天人合一」哲學〉，《道教學探索》第七期，1993 年 12 月，P62～109。
1992	趙雅博，〈董仲舒對春秋微言大義的詮釋〉，《大陸雜誌》八十五卷三期，1992 年 9 月，P1～6。

	趙雅博，〈董仲舒對天與道和天道天教及神鬼的思想〉，《哲學與文化》十九卷三期（二一四期），1992 年 3 月，P202～212。
	楊國榮，〈董仲舒與儒學的衍化〉，《孔孟學報》第六十四期，1992 年 9 月，P157～186。
	黃源盛，〈董仲舒春秋折獄案例研究〉，《國立臺灣大學法學論叢》二十一卷二期，1992 年 8 月，P29～63。
	李偉泰，〈「漢書」對「史記」的補正——以賈誼、錯、公孫弘、董仲舒的事蹟爲例〉，《臺大中文學報》第五期，1992 年 6 月，P161～187。
	李宗桂，〈董仲舒的道德價值論〉，《孔孟月刊》三十卷六期（三五四期），1992 年 2 月，P29～36。
1991	魏元珪，〈董仲舒天人思想評析〉，《東海哲學研究集刊》第一期，1991 年 10 月，P223～241。
	李宗桂，〈論董仲舒的政治哲學〉，《中國文化月刊》第一四〇期，1991 年 6 月，P4～19。

表六：五行配屬表〔註65〕

	官制	司農	司馬	司營	司徒	司寇
人 事 社 會	五常	仁	禮	信	義	智
	五政	寬	明	恭	力	靜
	五祀	戶	灶	中霤	門	井
	五事	視	言	思	聽	貌
	五液	淚	汗	涎	涕	唾
	五神	魂	神	意	魄	志
	五聲	呼	笑	歌	哭	呻
	五官	目	舌	口	鼻	耳
	變動	握	嘔	噦	欬	慄
	情志	怒	喜	思	悲	恐
	形體	筋	脈	肉	皮毛	骨
	腑	膽	小腸	胃	大腸	膀胱
	臟	肝	心	脾	肺	腎

〔註65〕 「五行配屬表」以「五行」爲中心，分別就「自然界」及「人事社會」羅記「五行」的種種配應，而這種種配應並運籌於醫家辨症論治、導引抱一吐納、武學進退顧盼、堪輿巒頭理氣、祿命子平用神。表格資料詳見王復昆，〈風水理論的傳統哲學框架〉，《風水理論研究》（一），台北：地景出版社，1995 年 5 月初版，頁 11。

五　　行	木	火	土	金	水
陰陽	少陽	太陽		少陰	太陰
五時	平旦	日中	日西	日入	夜半
五方	東	南	中	西	北
五音	角	徵	宮	商	羽
五季	春	夏	季夏	秋	冬
五化	生	養	化	成（殺）	藏
五氣	風	暑	濕	燥	寒
五色	青	赤	黃	白	黑
五味	酸	苦	甘	辛	鹹
五象	直	銳	方	圓	曲
五器	規	衡	繩	矩	權
五辰	星	日	地	宿	月
五宮	青龍	朱雀	黃龍	白虎	玄武
五牲	羊	雞	牛	犬	豬
五蟲	鱗	羽	裸	毛	介
五穀	麥	菽	稷	麻	黍
五臭	羶	焦	香	腥	朽

（左欄自上而下：自、然、界）

第四節　研究資料的運用

　　西漢‧董仲舒，是春秋學史上第一位聲名顯赫的公羊學家，雖然《史記‧儒林傳》提到，景帝時同列為《春秋》博士者，尚有胡毋生。但是胡毋生卻沒有任何的著作留傳下來〔註66〕；至於董仲舒的著作，《漢志》〈諸子略‧儒家類〉錄有《董仲舒百二十三篇》，〈六藝略‧春秋類〉錄有《公羊董仲舒治獄十六篇》，這些作品雖有部份流傳至今日，然多數已亡佚；此外，《漢書‧董仲舒傳》完整保留著董氏應制於漢武帝的三篇對策，即所謂的「賢良對策」（或稱「天人三策」）。至於與董氏《春秋》折獄相關之案例，現有文獻僅存七則，分別見於《通典》、《白氏六帖》、《太平御覽》，在馬國翰的《玉函山房

〔註66〕何休在《春秋公羊經傳解詁‧序》曾提到：「往者略依胡毋生條例，多得其正。」但是，所謂的「胡毋生條例」，不僅後世未見，《漢志》亦不載。

輯佚書》中，可以一併見及〔註67〕。而今本《春秋繁露》十七卷，最早見於《隋書‧經籍志》所著錄，明代《永樂大典》加以採入而保存至今；「春秋繁露」並非董氏著作之原名，其真偽與篇籍名稱，向來引起諸多的討論。

　　為釐清文獻運用之疑義，本節將針對董氏著作之現存文獻資料，作一番檢視與分析，使本論文之論證與研究，更加明確而具體。

一、《春秋繁露》成書之檢討

　　今存《春秋繁露》為十七卷，八十二篇，約五萬八千字，其中第十卷的第三十九、四十這二篇，及第十二卷的第五十四篇，早已連篇名都佚失。今日之實存內容僅存七十九篇。《漢書‧董仲舒傳》云：

> 仲舒所著，皆明經術之意，及上疏條教，凡百二十三篇。而說《春秋》得失，聞舉、玉杯、蕃露、清明、竹林之屬，復數十篇，十餘萬言，皆傳於後世。掇其切當世施朝廷者著於篇。

以《漢書》本傳所言，「明經術、上疏條教」之作，有百二十三篇。而「說《春秋》得失」，則是在百二十三篇之外，「復數十篇」；至於「蕃露」，只是這「數十篇」裏的其中一篇。我們以《漢書‧董仲舒傳》與《漢書‧藝文志》相對照，馬上可以發現，同樣在《漢書》裏，〈董仲舒傳〉與〈藝文志〉，關於董氏著作之著錄，已經不相一致了。據本傳所載，百二十三篇之外，董仲舒另有「聞舉、玉杯、蕃露、清明、竹林」等數十篇「說《春秋》之事」的文章，然而，《漢志》在「諸子略儒家類」的「董仲舒百二十三篇」之外，就只有「六藝略春秋類」的「公羊董仲舒治獄十六篇」。今本《春秋繁露》中，尚存「玉杯」、「竹林」等篇，其內容的確是評論《春秋》之事，而無關乎「治獄」，可見，本傳所載「說《春秋》之事數十篇」者，與《漢志》「公羊董仲舒治獄十六篇」並不相同。而且我們從類書、輯佚中找到的，今日僅存的七則「董仲舒折獄」來看，也可證實「治獄十六篇」之內容，的確與「說《春秋》之事」的「玉杯」、「竹林」諸篇，在內容上完全不相同。

　　由於《漢書》本身對於董氏著作之記載，已經不甚清楚；再加上《漢書》所記載之「蕃露」，只是篇名，今本卻以「繁露」作書名；《漢書》裏提到的「聞舉」、「清明」諸篇，又皆不見於今本《繁露》。別說《漢書》本傳與〈藝

〔註67〕 董仲舒「春秋決事」七則，收錄於馬國翰，《玉函山房輯佚書‧經編春秋類》（《續修四庫全書》一二○二冊，子部雜家類），上海：古籍出版社，1995年，P256～257。

—51—

文志〉所載已未相合，就是今本《繁露》與《漢書》（本傳及漢志）相對照，乍看之下，二者也是沒有交集，不但「書名」不同，連「篇目」也有差異；因此《春秋繁露》從宋代以降，始終存在著版本篇目等眞僞之爭議。

（一）關於《春秋繁露》之「眞僞」問題

《春秋繁露》在北宋時版本已見紛亂，歐陽修在景祐四年四月四日書言：「董生之書，流散而不全矣」。四年後慶曆元年王堯臣等仿《開元四部錄》之體而編撰成書的《崇文總目》亦有云：

> 原釋其書盡八十二篇，義引宏博，非出近世：然其間篇第亡舛，無
> 以是正，又即用〈玉杯〉、〈竹林〉題篇，疑後人取而附著云。〔註68〕

《崇文總目》所見之版本，已是八十二篇，且認爲「義引宏博，非出近世」，肯定了《繁露》之價值，但也認爲《繁露》篇第有所亡舛，〈玉杯〉、〈竹林〉等篇名疑爲後人所附加。

到了南宋之後，疑經風氣更盛，對《春秋繁露》持懷疑態度且影響最大者，當屬程大昌的〈書秘書省繁露書後〉所發之問難：

> 繁露十七卷，紹興閒董某所進。臣觀其書，辭意淺薄，閒掇取董仲
> 舒策語雜置其中，輒不相倫比，臣固疑非董氏本書。又班固記其說
> 《春秋》凡數十篇，玉杯、繁露、清明、竹林各爲之名，似非一書。
> 今董某進本，通以「繁露」冠書，而玉杯、清明、竹林特各居其篇
> 卷之一，愈益可疑。他日讀《太平寰宇記》及杜佑《通典》頗見所
> 引《繁露》語言，顧今書皆無之……且其體致全不相似，臣然後敢
> 言今書之非本眞也。〔註69〕

幾年後程大昌在讀《太平御覽》時，發現《御覽》引用古《繁露》之文特別多，認爲：「《御覽》太平興國閒編輯，此時《繁露》之書尚存，今遂逸不傳，可嘆也已」〔註70〕。按程大昌認爲，紹興閒董某所進《繁露》十七卷，有三大疑問：

1. 「辭意淺薄」，「臣固疑非董氏本書」。
2. 「通以《繁露》冠書」爲名。而〈玉杯〉等是其中之一篇，「愈見可疑」。

〔註68〕宋・歐陽修等撰，《崇文總目輯釋》（上），台北：廣文書局，1968 年 3 月，P82。

〔註69〕見蘇輿《春秋繁露義證》附錄二所載，諸家對《春秋繁露》之考證原文，P501。

〔註70〕同前註，P502。

3. 在《太平寰宇記》、《通典》、《御覽》三書所引《春秋繁露》皆董某本所無。

然而，當代徐復觀氏卻有和程大昌不同的意見：

> 說此書（今本十七卷）的辭意有些奇特，是可以的；**說此書的辭意淺薄，這只證明程氏的粗疏無識**。程氏以編輯太平御覽時此書的真本尚存。此真本之名為**《春秋繁露》**，早見於《隋書·經籍志》，程氏又何以不因書名而認為可疑？而《太平御覽》成於太平興國八年（西983），至紹興間（1131～1162）的董某進書，相隔約一百六十年左右；依程氏之意，此書乃偽造於北宋；**誰能找出在北宋理學及史學鼎盛時代，在周敦頤的《太極圖說》及邵雍的《皇極經世》的創立時代，會出現像《春秋繁露》這種內容的著作**？且作偽者為什麼偏用上為當時一般人所不能接受的篇名？

針對程大昌所認為的「辭意淺薄」，以及關於《繁露》書名的部分，徐復觀提出質疑：(1)《隋書·經籍志》已記載董子書為《春秋繁露》之名，但是程大昌未對此事有任何說明。(2)依程氏所言，《太平御覽》成書時，《春秋繁露》真本尚存，那麼《繁露》所偽則是在《太平御覽》成書之後。徐復觀氏認為，由學術史時間來看，《繁露》在這段時間作偽是不可能的。因此，徐復觀氏判定，程氏所論乃虛妄之言。

對於程氏所謂《太平寰宇記》、《通典》、《御覽》三書引文，不見於現行《春秋繁露》的這項指控，徐復觀氏引樓鑰《攻媿集》卷七十七〈跋春秋繁露〉所云作反駁：

> 「後見尚書程公跋語，亦以篇名為疑；又以《通典》、《太平御覽》、《太平寰宇記》所引《繁露》之書，今書皆無之，遂以為非董氏本書……開禧三年，今編修胡君仲方矩宰萍鄉，得羅氏蘭堂本，刻之縣庠，考證頗備，凡程公所引三書之言，皆在書中，則知程公所見者未廣，遂謂為小說者非也。然止於三十七篇。」綜上所述，程氏的論證，可謂全無立足之地。〔註71〕

樓鑰很不客氣的指出「凡程公所引三書之言，皆在書中〈今本《繁露》〉，則知程公所見者未廣」。徐復觀也批評程大昌：「程氏的論證，可謂全無立足之

〔註71〕徐復觀，《兩漢思想史》卷二，台北：學生書局，1989年9月，P313。

地」。可見程大昌的懷疑，是不實的指控，不足以爲據。

自歐陽修言董書流散不全，王堯臣說《春秋繁露》篇第亡舛，至程大昌不實的指控之後，朱熹在《朱子語錄》中也附和的說：「尤延之以書爲僞，某看來，不似董子書」〔註72〕，因此陳振孫在《直齋書錄解題》中言：

> 潘景憲本卷篇皆與前《志》合，然亦非當時本書也。先儒疑辨詳矣。其最可疑者，本《傳》載所著書百餘篇，清明、竹林、蕃露、玉杯之屬。今總名曰：「蕃露」，而玉杯、竹林則皆其篇名，此決非其本真。況《通典》、《御覽》所引，皆今書所無者，尤可疑也。〔註73〕

上述諸家皆以當時所見之《春秋繁露》版本非董仲舒原本，而懷疑《春秋繁露》的眞實性。黃震的《黃氏日鈔》亦言：

> 愚按今書（《春秋繁露》）惟對膠西王越大夫之問，辭約義精，而具在《本傳》。**餘多煩猥，甚至於理不馴者有之**。如云：「宋襄公由其道而敗，春秋貴之」，襄公豈由其道者耶⋯⋯如以王正月之王爲文王，恐《春秋》無此意。〔註74〕

徐復觀對黃震所提論點大加撻伐：

> 按以自己思想之尺度，衡斷古人思想之得失，固爲缺乏歷史意識；更由此以衡斷古典之眞僞，尤爲荒謬不倫。董氏所傳者爲《公羊》。《春秋》魯僖公二十二年「冬十有一月己巳朔，宋公及楚人戰於泓，宋師敗績」，公羊傳：「偏戰者日爾，此其言朔何？《春秋》辭繁而不殺者正也。何正爾？⋯⋯故君子大其不鼓不成列，臨大事而不忘大禮，有君而無臣，以爲雖文王之戰，亦不過此也」。又《春秋》隱公「元年春王正月」，《公羊傳》：「元年者何，君之始年也。春者何？歲之始也。王者孰謂？謂文王也」。由此可見**黃氏所疑爲僞者，適足以證其爲眞**。其他論點，皆屬此一類型，不必一一辯駁。〔註75〕

徐復觀深究《春秋繁露》所倡之「禮義」，認爲董氏所傳爲《春秋》義法，董氏對宋公「與楚人戰於泓，雖敗猶榮」的看法，正是《公羊傳》所褒獎的「禮義」精神。所以《繁露》闡明《春秋》之要義，而言「故君子大其不鼓不成列，臨大事而不忘大禮，有君而無臣，以爲雖文王之戰，亦不過此也」。徐復

〔註72〕 朱熹，《朱子語錄》，台北：華世出版社，1987年1月，P2174。
〔註73〕 陳振孫，《直齋書錄解題》，台北：廣文書局，1979年5月，P136～137。
〔註74〕 黃震，《黃氏日鈔》，台北：大化書局，1984年12月，P660。
〔註75〕 徐復觀，《兩漢思想史》卷二，台北：學生書局，1989年9月，P313。

觀以《春秋》義法來論證《繁露》之真偽，比起一般書評家只在書籍的名稱或篇目上打轉要來得有說服力。

　　自程大昌之後，即使相信《春秋繁露》是董仲舒所作之書，也不敢作全面的肯定，《四庫全書總目提要》「春秋繁露十七卷」下云：「今觀其文，雖未必全出仲舒，然中多根極理要之言，非後人所能依托也」〔註76〕，既是「非後人所能依托」，為何又說「未必全出仲舒」，其模稜之言，可見一斑。

　　《史記》與《漢書》皆未出現《春秋繁露》之書名，在《史記》中僅在〈儒林列傳〉著錄董仲舒因著「災異之記」而下獄，這是《史記》對於董仲舒著作唯一的記載。《史記‧儒林列傳》又言：「董仲舒……疾免居家。至卒，終不治產業，以修學著書為事。故漢興至于五世之間，唯董仲舒名為明於《春秋》，其傳公羊氏也」，既已明言董氏以「修學著書為事」，又言「漢興至于五世之間，唯董仲舒名為明於《春秋》，其傳公羊氏也」，可見董氏在春秋學方面確有著作，只是《春秋繁露》之名在當時還未出現。

　　據張心澂《偽書通考》記載：「《隋書經籍志‧春秋類》始有董仲舒《春秋繁露》十七卷」，「《舊唐書經籍志‧春秋類》有《春秋繁露》十七卷，董仲舒撰」，「宋代（《崇文總目》及《宋史‧藝文志》）有《春秋繁露》十七卷」。可見自《隋書經籍志》之後便有《春秋繁露》之名〔註77〕。徐復觀《兩漢思想史》中，則對《春秋繁露》的成書有所考證：

> 我推測《春秋繁露》十七卷，是東漢明德馬后以後，《西京雜記》成書以前，有人括繁輯要，重新編定而成。《西京雜記》：「董仲舒夢蛟龍入懷，乃作《春秋繁露》詞」，是葛洪成此書時，《春秋繁露》之名早已出現（卷二，P309）。

〔註76〕紀昀等撰，《四庫全書總目提要》「經部‧春秋類‧附錄」著錄「春秋繁露十七卷」之提要及案語，台北：商務印書館，1986年03月，P598。

〔註77〕張心澂在《偽書通考》中也有新說：
　　《西京雜記》經盧文弨的考究，不是葛洪也不是吳均著的，他說得不錯。我又經考究，是劉歆未成的漢史稿。那末「董仲舒作《春秋繁露》」的語，就是劉歆說的。但他既說這話，為什麼班固的〈藝文志〉根據他的〈七略〉的，又不用這個名稱呢？可見還是指《繁露》那一篇。單獨說到這篇時，有《春秋》二字，在董仲舒本傳內說他『說《春秋》事得失』列舉幾篇的名稱，其中《蕃露》，就不須逐篇加「春秋」二字了。這是董氏著作的一篇，所以《七略》內也不用這名稱為全書的名稱。以後不知是什麼時候什麼人用了這個名稱做全書的名稱，可能是隋代牛宏購書時，所以唐初撰《隋志》，就列這名稱了（香港：友聯出版社，P479〜480）。

徐復觀認為，在《後漢書》中明言東漢明德馬皇后，「尤善董仲舒書」，可見馬皇后之時，董仲舒的著作，是以「董仲舒書」的名稱行世，並沒有《春秋繁露》之名，到了《西京雜記》時才出現《春秋繁露》之名。蘇輿《春秋繁露義證》卷一言：「疑是後人雜採董書，綴緝成卷，以篇名總全書耳」（P1）。而顧實於《重考古今偽書考》中亦云：

> 〈繁露〉雖一篇名，而實仲舒著名得意之作，宜乎隋唐志以下，不以仲舒名書，而以《春秋繁露》名書，或後人捃集董事，綴緝叢殘，即以篇名總題全書，亦未可知。〔註78〕

樓鑰、蘇輿、顧實及徐復觀都肯定《春秋繁露》乃董仲舒遺書，雖然篇名、書名及編集的內容，非董仲舒所親輯，但《春秋繁露》是董仲舒的作品，當無庸置疑。

（二）關於《春秋繁露》之「篇章」問題

歐陽修認為其所見之《春秋繁露》篇章已有三種異本：

> 《漢書・董仲舒傳》載仲舒所著書百餘篇……今其書纔四十篇，又總名《春秋繁露》者，失其眞也。予在館中校勘群書，見有八十餘篇，然多錯亂重復。又有民間應募獻書者，獻三十餘篇，其間數篇，在八十篇外。乃知董生之書，流散而不全矣。〔註79〕（景祐四年四月四日書）

歐陽修在校勘群書時，見有四十篇本，八十篇本及民間獻書三十餘篇，皆有不同，因此認為「董生之書，流散而不全矣」。其後王堯臣所見之《春秋繁露》也是「篇第亡舛，無以是正」。到了南宋程大昌時所見十七卷本是紹興年間董某所進本，到了宋寧宗嘉定三年，樓大防所見的版本則是「然止於三十七篇，終不合《崇文總目》及歐陽文忠公所藏八十二篇之數。……聞婺女潘叔度景憲多收異書，屬其子弟訪之，始得此本，果有八十二篇，是萍鄉本猶未及半也」。可見一般流傳的版本，只是殘本而已，而十七卷八十二篇的版本，則是少見。

「十七卷、八十二篇」到了岳珂刊刻樓鑰校本時才成定本，《黃氏日鈔》第五十六中言：

〔註78〕顧實，《重考古今偽書考》，上海：大東書局，1926年，P20。
〔註79〕歐陽修，〈書《春秋繁露》後〉，收入《文淵閣四庫全書・歐陽文忠公集》卷七十二，臺北：商務印書館，1980年3月，P373。

近世胡尚書矩爲萍鄉宰日，刊之縣齋，僅三十七篇而已。其後得攻媿樓參政校定本，十七卷八十二篇之舊復全。其兄胡槻既之江東漕司，其後岳尚書珂復刊之嘉禾郡齋，世遂以爲定本。〔註80〕

胡仲方在嘉定辛未四月初，爲樓鑰本寫跋時言：

從攻媿先生大參樓公得善本，凡八十二篇，爲十七卷。視隋、唐《志》、《崇文總目》諸家所紀，篇卷皆同，惟三篇亡耳。先生又手自讎校，是正訛舛，今遂爲全書。〔註81〕（嘉定辛未四月初吉）

陳振孫《直齋書錄解題》也認爲：

《館閣書目》止十卷。萍鄉所刻，亦才三十七篇，今乃樓攻媿得潘景憲本，卷篇皆與前志合，然亦非當時本書也，先儒疑辨詳矣。……又有寫本作十八卷，而但有七十九篇……但前本〈楚莊王〉在第一卷首，而此本仍在卷末，別爲一卷。前本雖八十二篇，而闕文者三，實七十九篇也。〔註82〕

《春秋繁露》自「樓鑰本」出刊後，其版本及十七卷、八十二篇缺三篇，實存七十九篇之數，也大抵確定。在《四庫全書總目提要》「春秋繁露十七卷」下也指出：「是書……至樓鑰所校，乃爲定本」。

《春秋繁露》之所以名之爲《春秋繁露》，究其內容，應當以與《春秋》有關之論述爲主；然而，許多學者認爲《春秋繁露》中論及《春秋》事者，所占篇章竟不及半數。例如：

蘇輿於《春秋繁露義證·例言》云：

《繁露》非完書也。而其說《春秋》者，又不過十之五六。（P1）

胡應麟亦曾云曰：

今讀其書，爲《春秋》者僅十之四五，其餘〈王道通三〉、〈天道無二〉、〈天容〉、〈天辨在人〉等章率泛論性術，治體，至其它陰陽五行之譚尤眾，皆與《春秋》不相蒙。〔註83〕

周中孚亦云：

〔註80〕黃震，《黃氏日鈔》，台北：大化書局，1984 年 12 月，P660。

〔註81〕胡仲方〈跋〉，見蘇輿《春秋繁露義證》附錄二所載，諸家對《春秋繁露》之考證原文，P503。

〔註82〕陳振孫，《直齋書錄解題》，台北：廣文書局，1979 年 5 月，P137。

〔註83〕胡應麟之說見姚際恆《古今僞書考》，台北：中研院文哲所，1994 年 6 月，P319。

《春秋繁露》前十七篇，皆論《春秋》之義，當即《漢志》春秋家《公羊治獄》十六篇之文；自〈離合根〉第十八以下，皆與《春秋》無涉。〔註84〕

《四庫全書總目提要》「春秋繁露十七卷」下案：〔註85〕

《春秋繁露》雖頗本《春秋》以立論，而無關經義者多，實《尚書大傳》、《詩外傳》之類，向來列之經解中，非其實也，今亦置之於附錄。

如按蘇輿、胡應麟、周中孚等人所說，則《春秋繁露》論《春秋》只不過十之五、六而已；《春秋繁露》極可能是後人由董仲舒所流傳的諸多作品，整理輯結而來。梁啓超氏於《諸子略考釋》中，亦指出：

今《春秋繁露》中有〈玉杯〉、〈蕃露〉、〈竹林〉三篇，據本傳文似即所謂「說《春秋》事」之數十篇，在百二十三篇之外。然《漢志》不應不著錄其書，而其所著錄者百二十三篇亦不應一字不傳於後。疑今本《繁露》之八十二篇，即在此百二十三篇中也。〔註86〕

梁氏認為，今本《春秋繁露》中的〈玉杯〉、〈蕃露〉、〈竹林〉三篇才是「說《春秋》事」的篇章，其餘則是在《漢志》所載百二十三篇中。

當代學者曾將《春秋繁露》之篇幅內容作簡單區分者，有徐復觀與賴炎元二人。徐復觀《兩漢思想史》卷二（P310～311）將《春秋繁露》八十二篇分為三大類。分別是：

(1) 推春秋、明經術的董氏春秋學。

(2) 以天道陰陽、四時五行為基礎解釋一切問題。這是董氏所建立的「天的哲學」。

(3) 由「尊天」推及「郊天」，與漢代當時朝廷禮制有關的「祭祀之禮」。

徐氏特別指出，《春秋繁露》書中與《春秋》有關者，共有：前十七篇（〈楚莊王〉第一至〈俞序〉第十七），再加上〈三代改制質文〉第二十三、〈爵國〉第二十八、〈仁義法〉第二十九、〈必仁且智〉第三十、〈觀德〉第三十三、〈奉本〉第三十四等，共二十三篇。值得注意的是，這二十三篇並非連貫的篇序，

〔註84〕周中孚之說見黃雲眉《古今偽書考補證》，山東：齊魯書社，1980年，P300。

〔註85〕同註71。

〔註86〕梁啓超，《梁啓超學術論叢》通論類（二），台北：南嶽出版社，1978年3月，P1278。

而是今本《春秋繁露》前十七篇再加上其餘六篇而成。徐氏認為：

> 大體上說，這二十三篇，皆以發明春秋大義為準，其論斷的標準，
> 一歸之於《春秋》。僅偶爾提及陰陽；僅在〈十指〉第十二「木生火，
> 火為夏」，間接提到五行；這構成《春秋繁露》的第一部份，是董氏
> 的春秋學。……以天道的陰陽四時五行，作一切問題的解釋、判斷
> 的依據，而僅偶及《春秋》，這是董氏所建立的「天的哲學」，而成
> 為《春秋繁露》中的第二部份。……由尊天而推及郊天及一般祭祀
> 之禮，與當時朝廷的禮制有關。……這便構成了《春秋繁露》全書
> 的第三部份。分析全書，實由三部份構成，而以第一第二兩部份為
> 主。

我們由徐氏的文意可以得知，雖然徐氏以第一部分（二十三篇）為董氏春秋
學之內容，但是徐復觀氏也同意，在第二部分亦有「偶及《春秋》」者；也就
是說，董氏的春秋學，實質上並不僅止於這二十三篇，此外，第三部分（即
關於郊禮等禮制的探討），是否亦與董氏之春秋學有關？徐復觀氏並未有進一
步之說明。

　　賴炎元在〈《春秋繁露》今註今譯序〉（P4）中，沿襲了徐復觀按篇章分
類的方式，將《春秋繁露》的內容分為四大類，分別是：

(1) 發揮《春秋》微言大義。（篇目：1～17）

(2) 論君王治理國家的原則和方法，包含正名、人性、禮樂、制度
　　等方面。（篇目：18～37）

(3) 論天地陰陽五行的運轉，災異的發生和消除，闡發天人相應的
　　道理。（篇目：38～64、77～82）

(4) 論述祭祀天地、宗廟、以及求雨、止雨的儀式和意義，發揮尊
　　天敬祖的道理。（篇目：65～76）

賴氏的分類方式是按照今本《春秋繁露》八十二篇（中闕三篇，實為七十九
篇）的篇次，作「單元式」的劃分。以賴氏的分類來看，在八十二篇中，與
春秋學有關者，似乎僅有「〈楚莊王〉第一到〈俞序〉第十七」這十七篇。在
八十二篇中佔十七篇，董氏春秋學竟然只佔今本《春秋繁露》內容的五分
之一？所以，賴炎元氏只好引用班固《漢書‧五行志》所言「始推陰陽，為
儒者宗」一語作解釋，而說：「總而言之，《春秋繁露》這部書主要是以天
道及陰陽五行之說來闡發春秋公羊傳的大義」。關於賴氏的分類，有三點值得

注意：

1. 由徐復觀氏所言，云及春秋大義之「二十三篇」者，除前十七篇外，尚有〈三代改制質文〉等六篇。賴炎元氏只以前十七篇爲《春秋》微言大義的發揮；徐、賴二人的說法顯然有出入。

2. 今本《春秋繁露》乃後人對董氏著作的輯錄，其內容架構並非系統之成書；董氏各篇內容是否皆只論述單一主題？後人輯結時，是否按「主題」排列篇次？這些問題皆有再商榷之必要。而賴氏逕以今本篇目按「章次」作單元主題的切割，其可信度自然令人懷疑。

3. 賴氏既然總結《春秋繁露》的內容，云：「這部書主要是以天道及陰陽五行之說來闡發春秋公羊傳的大義」。也就是說，賴氏所謂第一類：「前十七篇」——「發揮春秋微言大義」的部分，實亦有「天道及陰陽五行之說」；而第三類：「論天地陰陽五行的運轉」的這部分，實亦有「春秋大義」。以賴氏的文意來看，那麼，第二類與第四類是否亦有「春秋大義」呢？如果，除第一類之外，其餘各類亦皆含「春秋大義」，那麼，又何必區分「前十七篇」爲「發揮春秋微言大義」的第一類呢？賴氏模糊的區隔，使「分類」喪失了意義。

論者對於《春秋繁露》中「春秋學」內容份量的多寡，有不同的看法；我們將前文已述之各家所論，列表如下：

表七：諸家論「《春秋繁露》中之『春秋學』份量」觀點異同表

胡應麟	今讀其書，爲《春秋》者僅十之四五，其餘……皆與《春秋》不相蒙。
蘇 輿	《繁露》非完書也。其說《春秋》者，又不過十之五六。
周中孚	前十七篇，皆論《春秋》之義。自〈離合根〉第十八以下，皆與《春秋》無涉。
徐復觀	八十二篇中，有二十三篇以發明春秋大義爲準；其餘，亦有偶及《春秋》者。
賴炎元	前十七篇爲春秋大義之發揮。這部書是以天道及陰陽五行之說來闡發春秋大義。

分析今本《春秋繁露》之內容應非難事；我們無法理解，爲何連如此簡易的分析，竟然也有這麼多不同的說法？唯一可以解釋的理由，大概只能歸結於董仲舒「評論體」的解經方式；後人或許因爲難以解讀其春秋學的內容和義涵，所以連今本《春秋繁露》之內容分析，也僅止於籠統含糊的階段。

在決定以「董仲舒春秋學的義法思想」爲研究論題後，本文將《春秋繁

露》各篇內容論及「《春秋》義法」的部分，加以歸納統整，作成「董仲舒所發凡之【春秋學義法】原文一覽表」（見本書書後之附錄二），以及「今本《春秋繁露》篇目與所論之『春秋義法』統計一覽表」（見本書書後之附錄三）。此處我們單獨挑選論及「春秋義法」的篇章，而列表如下：

表八：今本《春秋繁露》論及「春秋義法」之篇目數量統計一覽表

楚莊王　　第一	5	盟會要　　第十	2	爵國　　第二十八	1	四時之副 　　　　第五十五	1
玉杯　　第二	8	正貫　　第十一	1	仁義法　第二十九	6	郊語　　第六十五	1
竹林　　第三	6	十指　　第十二	1	必仁且智　第三十	1	郊義　　第六十六	1
玉英　　第四	9	重政　　第十三	2	對膠西王越大夫不 得爲仁　第三十二	1	郊祭　　第六十七	1
精華　　第五	7	服制像　第十四	1	觀德　　第三十三	8	郊祀　　第六十九	1
王道　　第六	11	二端　　第十五	3	奉本　　第三十四	3	順命　　第七十	3
滅國上　第七	1	符瑞　　第十六	1	深察名號 　　　第三十五	3	郊事對　第七十一	1
滅國下　第八	1	俞序　　第十七	6	實性　　第三十六	1	威德所生 　　　第七十九	1
隨本消息　第九	2	三代改制質文 　　　第二十三	3	陽尊陰卑 　　　第四十三	1		

由本論文書末附錄二可以清楚看出來，此處的「數量統計」是針對《春秋繁露》內文中，具體明文標示「《春秋》之義」者方列入計算；爲求客觀計量，其他與春秋學義法思想相涉，卻未有明文標示「春秋」二字者，一概不列入計算。經過表列客觀的求證，我們可以有以下結論：

1. 今本《繁露》論及「春秋義法」的篇章，綜貫全書，共有三十五篇；實不限於前十七篇。
2. 徐復觀氏所云：論及「春秋義法」爲數較多者共有二十三篇，其餘皆偶有論及。此說大抵可信。然而，徐氏提出的這「二十三篇」篇目，除了前十七篇之外，其餘六篇篇目，需作部分修正。在前十七篇之外，論及「春秋義法」二則以上的篇章，共有：「三代改制質文」、「仁義法」、「觀德」、「奉本」、「深察名號」、「順命」這六篇。
3. 論及「《春秋》義法」的《繁露》三十五篇之中，各篇論及之「《春秋》

義法」多寡不一：多者達十一則，少者僅一則。單以「三十五」之篇數，較諸《繁露》八十二篇，而論《繁露》一書說釋「春秋義法」之比例（「十之四五」？「十之五六」？），並沒有任何意義。

4. 今存《繁露》七十九篇，篇幅長短不一，欲知《繁露》一書有關「春秋學」之份量，應由各篇目春秋義法之「實質內容」去討論，不應以論及春秋義法的「篇章數目」作計算。

二、「賢良對策」資料之檢討

《漢書・董仲舒傳》所記載的賢良對策，是學界公認探討董仲舒最可靠的資料。有些學者在判別《春秋繁露》內容文句是否為董仲舒之思想時，常將「賢良對策」的內容當做評比的準據。

司馬遷《史記》中沒有提到「賢良對策」，更未載及「罷黜百家，獨尊儒術」。由《漢書・董仲舒傳》云：「武帝即位，舉賢良文學之士，前後百數，而仲舒以賢良對策焉」可知，三篇「賢良對策」是董仲舒因應漢代拔舉人材的制度而書陳。

漢代拔舉賢良的活動，乃是根據當時皇帝執政之需要所舉行。以漢代史書所記載的情形來看，「制問」和「對策」有幾項特徵。即是選賢良方正時，所謂「試」的對策，其應答的內容一定以「經義」為論據，並需以「條奏」的體例為形式上的準則。漢代的制式策書，行文一開始，首當標舉發令的年、月、日，並需稱「皇帝曰」，然後才揭示策書的全文。對策則是上奏的方式，其應答者先得將策書的問題，分類成幾個條項，然後逐一的按條復述策文的內容，再表明自己的見解，可以說是制式化的固定體例〔註 87〕。因此對策都只是對皇帝提出的問題提供「建議案」，很少有自我發揮思想的空間。

這三篇見於《漢書》董仲舒本傳的「對策」，是董仲舒針對漢武帝所發出的「試題」而作答。也就是說，皇帝未有「制問」者，則難以出現在「對」的答案中。三篇對策的內容，由於皆涉及「天人」問題，所以，又習稱為「天人三策」。一般都以為，三篇對策之所以大談「天人」，是因為董仲舒的學術思想以「天人」為主，自然流露出「天人」的特色和內容，這種「似是而非」的說法，其實有釐清的必要。

〔註87〕 關於漢代對策的書寫體裁和模式，參見：日・福井重雅，〈漢代における對策の書式〉，收錄於《漢代官吏登用制度の研究》，東京：創文社，1988 年 12 月，P236。

　　「對策」原本就是一種內容受到限制的文體；儘管董仲舒的學術內容原本就重視「尊天應人」，但是，我們若直接找出史傳原文就可以發現，所謂的「天人對策」，其實是因應武帝的制問而抒發，換言之，任何人來做這篇對策，勢必都要大談「天人」，因為，武帝的制問就是以「天人問題」為題目。所以，僅以三篇對策去認識董仲舒，甚至以這三篇對策來篩選其他文獻，以判定是否為董氏之作，都是失之於偏頗的作法。

三、現存董仲舒其他著作之檢視

　　董仲舒的著作，是研究董氏學術的第一手資料。在探討董氏春秋學之前，先對董氏現存的相關著作，作原始資料的檢別與分析，可以幫助我們認清董氏學術的真正內涵，排除以往學界對董學的成見與爭議，使本論文之研究成果更明確而具體。

　　除了《春秋繁露》、〈賢良對策〉之外，就史籍及其它古籍文獻所記載，董仲舒的著作還有：

　　　《災異之記》，其「名」見於《史記・儒林傳》。

　　　《公羊董仲舒治獄》十六篇，其「名」見於《漢書藝文志》。

　　　《董仲舒》百二十三篇，其「名」見於《漢書藝文志》。

　　　《春秋決事》十卷，其「名」見於《隋書經籍志》。

　　　〈粵有三仁對〉，內容見《漢書・董仲舒傳》。

　　　〈說武帝使關中民種麥〉，內容見《漢書・食貨志》。

　　　〈限民名田〉，內容見《漢書・食貨志》。

　　　〈高廟園災對〉，內容見《漢書・五行志》。

　　　〈論禦匈奴〉，內容見《漢書匈奴傳贊》。

　　　〈士不遇賦〉見《文選》。

　　　〈請雨書〉見《太平御覽》。

　　　〈詣丞相公孫弘記室書〉、〈秋以桐九枚〉見《古文苑》。

　　　〈郊事對〉見《古文苑》。（〈郊事對〉文亦見《春秋繁露》第七十一
　　　　篇）

　　　〈雨雹對〉見《古文苑》。

　　　〈山川頌〉見《古文苑》。

名稱見於史傳所載之《災異之記》、《公羊董仲舒治獄》十六篇、《董仲舒》百

二十三篇、《春秋決事》十卷等，今多已亡佚，僅能由類書或輯佚文獻中探尋。

董仲舒現存之著作，除上述《史記》、《漢書》、《隋書》、《文選》、《太平御覽》、《古文苑》等書零星之存錄外，董氏著作，經後人再整理輯結而出版者有：

《公羊治獄》（嚴一萍選輯，《黃氏逸書考》，百部叢書集成三編·十六）。

《春秋決事》（嚴一萍選輯，《漢魏遺書鈔》，百部叢書集成續編·十三）。

《董仲舒集》一卷（明刻本，南港中央研究院，傅斯年圖書館珍藏）。

《董子文集》畿輔叢書第二三九冊。

含「賦：士不遇賦。策：賢良三策。章：乞種麥限田章。書：詣丞相公孫弘記室書。對：高廟園災對、雨雹對、郊祀對。頌：山川頌。春秋陰陽七十條」

《董仲舒文集》二卷（嚴可均校輯《全上古三代秦漢三國六朝文》第二十三冊）。

以上董氏所遺存的資料，有助於我們認識這一位西漢經學大師。董仲舒的著作，大多反映歷史背景、社會環境、政治動向、經濟狀況以及學術風尚。本文在探討董仲舒的著作文本時，堅持「以董解董」的檢視方法。力求在其思想中，尋找其「連貫性和整體性」；就現存之董仲舒著作文本的亡舛和佚失來看，解釋董氏著作之文義，不論該段文句是「敘述性的」（descriptive）還是「規範性的」（normative），或者某一個概念，在不同的脈絡上扮演的角色是「工具性的」（operative），還是「主題性的」（thematic），唯有「以董解董」的方式及態度，才能使我們在詮釋其文旨時，不至於背負太多後世的誤解與包袱。

第二章　董仲舒春秋學與《春秋》
　　　　經、傳之關係

　　董仲舒其人在《史記》、《漢書》分別有傳，所不同的是，《漢書》除了在〈儒林傳〉所述之外，對於董氏還單獨列傳，而《史記》則未單獨列傳，僅僅合載於〈儒林列傳〉〔註1〕；《漢書》對於董氏有專傳，所以相關文獻較《史

〔註1〕這一區別，明代張溥頗表示不滿：「凡人輕今貴古，賢者不免，太史公與董生並遊武帝朝，或心易之。孟堅後生，本先儒之說，推崇前輩，即有叩頭戶下耳。」（《漢魏六朝百三家集題辭・董膠西集序》）近人殷孟倫為此表示了不同的看法：「按〈太史公自序〉嘗稱吾聞之董生云云，是其刪次舊聞，且引仲舒為重，如張氏說，未必乃爾。或者史公好道家言，與孟堅被服儒者，各殊塗轍，故秉筆時因有出入。」黃樸民氏同意殷氏所論，並且指出：「《漢書》予董仲舒單獨列傳，而《史記》則無，這恰好反映了新儒學完全戰勝新道家之後的思想界面貌。」（以上所引，並見於黃樸民，《董仲舒與新儒學》，台北：文津出版社，1992年7月，P57）
明代張溥對於《史記》僅附董氏於〈儒林列傳〉，而《漢書》則單獨列傳，認為是，「凡人輕今貴古，賢者不免」，意即，與董氏同時的司馬遷，以及東漢的班固，二者對董氏的書寫方式不同，是「輕今貴古」的緣故。而殷仲倫、黃樸民二人則皆由漢代學術道家、儒家學術勢力之消長，論史漢對董氏書寫篇章之異。
本文認為，由《史記・儒林列傳》「董仲舒為人廉直」、「公孫弘治《春秋》不如董仲舒」，以及〈太史公自序〉「余聞董生曰……」來看，太史公未將董仲舒單獨列傳，並非輕視不敬董氏之意。〈太史公自序〉：「公孫弘以儒顯」，公孫弘既然位至三公，史書記其人之事，本該有單獨之傳（〈平津侯列傳〉）。董氏一生仕途受黜於公孫弘，而僅為地方諸侯相，其在當時之影響力，純然來自於學術聲望，是故太史公於〈儒林列傳〉介紹董氏，並無不當。班固在《漢書》董仲舒本傳中提到「仲舒遭漢承秦滅學之後，……令後學者有所統壹，為群儒首」，「子及孫皆以學至大官」，「立學校之官，州郡舉茂材孝廉，皆自仲舒發之」，是由其後學子孫之成就而追述董氏倡學之功。《史記》、《漢書》

記》豐富，例如：三篇賢良對策，見於《漢書》而未見於《史記》；董氏與諸
侯王關於「粵有三仁」的對話，見於《漢書》而未見於《史記》；董氏著作「凡
百二十三篇，及說《春秋》事得失復數十篇，皆傳於後世」者，亦見於《漢
書》而未見於《史記》；其中，更值得我們注意的是，《漢書》始終稱之為「公
羊春秋」者，《史記》皆以《春秋》稱之。《漢書‧五行志》云「景武之世，
董仲舒治《公羊春秋》，始推陰陽，為儒者宗」，可是，《史記‧儒林列傳》卻
只有說到「漢興至于五世之間，唯董仲舒名為明於《春秋》，其傳公羊氏也」。
可見太史公當時，認為董氏所治為《春秋》，公羊氏只是論解經義的人士之一；
但是到了東漢《漢書》，五經博士之弟子各有所習，師法家法〔註 2〕嚴明，所
以《漢書》對於《春秋》學者的稱述，顯然是東漢人的想法。既然時人都以
《春秋》稱呼董氏之學術，那麼「傳於公羊氏」的董氏春秋學，內容與《公
羊傳》有何異同呢？後世學者論《公羊傳》，多有參詳東漢何休的《公羊經傳
解詁》，對於後世公羊學者來說，董仲舒春秋學該如何在春秋學史上取得適當
地位？這是本文想要解答的問題。

第一節　董仲舒春秋學在「春秋學史」之定位

　　孔子筆削二百四十二年的魯史而為《春秋》，《春秋》一書文簡義深，所
議論之人事，因當時有所不便直書，故以「隱微之言」出之而口傳其義。《春

著作體例、取意觀點不盡相同，我們自不必以二者篇什安排之異，解讀為史、
漢對董氏評價有所不同。

〔註 2〕自武帝立五經博士，為博士置博士弟子。經學成為經生入仕的途徑，經學的
傳授、講學、試經，都必須遵循其師之說，西漢稱為「師法」。東漢立十四家
經學博士，要求講經、試經都必須遵守一家之說，此稱為「家法」（黃開國主
編，《經學辭典》，四川：四川人民出版社，1993 年 5 月，P544）。東漢末葉，
桓帝、靈帝之間，今文家何休好公羊學，作《公羊經傳解詁》，又作《公羊墨
守》、《左氏膏肓》、《穀梁廢疾》三書，用以攻擊穀梁及左氏。鄭玄針對何氏
這三部書，亦作《箴膏肓》、《起廢疾》、《發墨守》三書以反駁之。何休見鄭
玄書，因而歎曰：「康成入吾室，操吾戈，以伐我乎！」據鄭玄本傳：「鄭玄
本師事京兆第五元，先通京氏易、公羊春秋」。「京氏易、公羊春秋」都屬於
今文經，按家法來說，鄭玄應守今文家家法。但鄭玄後來又從東郡張恭祖受
周官，周官屬古文。禮記，屬今文；左氏春秋屬古文；韓詩，屬今文；古文
尚書屬古文。因此，鄭玄並修今古文又不守今文家法，而以《箴膏肓》、《起
廢疾》、《發墨守》反駁今文家（王靜芝，《經學通論》，台北：國立編譯館，
1982 年 2 月，P82）。

秋》大義訴諸微言，其義多口授，弟子退而異言，致使《春秋》一經而說者多家〔註3〕，後世解經之作，所傳僅左氏、公羊、穀梁三者，是所謂「三傳」。三傳之於《春秋》，猶如殿堂之阼階，捨「三傳」而云《春秋》，將無以見「宮室之美，百官之富」。後世學者緣三傳而進《春秋》門庭，亦有各抒所見者，其中或於《春秋》經義有新視野、新發明；但是，究其進階，則捨三傳而弗由。因此，綜括後世學者緣三傳、治《春秋》，甚至轉相發明所形成的學術內容，本論文統稱之爲「春秋學」。歷代學者在春秋學上的成果，依歷史序位進展，則鋪陳爲「春秋學史」。春秋學史上，有因爲漢代今古文經學官之爭，以及漢代師法、家法觀念之奉行，再加上三傳於《春秋》經義的看法不盡相同，致使學者治《春秋》，於三傳各有所執，因此，在「春秋學」中，實又可分爲「公羊學」、「穀梁學」、「左傳學」……等學門。〔註4〕

　　《史記》、《漢書》只有提到董仲舒「明於《春秋》，其傳公羊氏」（《史記·儒林列傳》）、「漢興，……《春秋》，於齊則胡毋生，於趙則董仲舒」（《漢書·儒林傳》），並未述及董氏之學承。《史記》指出董氏春秋學乃傳自公羊氏，《漢書》則直陳董氏所治爲《公羊春秋》，但是，我們對於董仲舒的師承卻無所得悉。所謂「傳自公羊氏」、「所治爲《公羊春秋》」，是否就意謂著董氏於《春秋》經文的闡發，皆出自《公羊傳》？但是《史記》、《漢書》在董氏本傳的

〔註3〕　《史記·孔子世家》載云：「孔子在位聽訟，文辭有可與人共者，弗獨有也。
　　　　至於爲《春秋》，筆則筆，削則削，子夏之徒不能贊一辭。弟子受《春秋》，
　　　　孔子曰：『後世知丘者以《春秋》，而罪丘者亦以《春秋》。』」
　　　　《孟子·離婁下》亦云：「王者之跡熄而詩亡，詩亡然後《春秋》作。晉之《乘》，
　　　　楚之《檮杌》，魯之《春秋》，一也。其事則齊桓、晉文；其文則史。孔子曰：
　　　　『其義則丘竊取之矣。』」
　　　　《漢書·藝文志》云：「有所褒諱貶損，不可書見，口授弟子。弟子退而異言……
　　　　《春秋》所貶損大人，當世君臣有威權勢力，其事實皆形於傳。是以隱其書
　　　　而不宣，所以免時難也。」
〔註4〕　有關漢代公羊學、穀梁學之發展，日本學者中江丑吉曾經就二者加以比較，
　　　　認爲，「穀梁學」在傳承過程中，於《穀梁傳》之思想本質、形體內容，並無
　　　　重大改變。而「公羊學」由董仲舒以至何休，則因不同的時代環境，較之於
　　　　《公羊傳》，產生品質與數量之變化（詳見日·中江丑吉，〈公羊傳及び公羊
　　　　學に就いて〉，《中國古代政治思想》，日本：岩波書店，1975 年 10 月，P343
　　　　～344）。今人李新霖氏在《春秋公羊傳要義》（台北：文津出版社，1989 年 5
　　　　月，P42）以及《清代經今文學術》（台灣師範大學國文研究所碩士論文，1975
　　　　年，P22～24）證之以清代中葉經今文學復興，公羊思想大盛，學者以董、何
　　　　之舊瓶，裝清人之新酒，更可見公羊學有隨時代而不斷創新發展之特性。

敘述行文都未提及「公羊傳」之名，甚至，檢尋《史記》全書，所言皆以「《春秋》」稱呼董氏之學，而未有「公羊」一詞；這使得我們迫切地想要得知《公羊傳》成書的相關情形；尤其後世所謂「公羊學」者，皆以《公羊傳》之論點為起始；那麼，《公羊傳》與「傳自公羊氏」的董氏春秋學，彼此關係又如何呢？所謂「《公羊春秋》」，在董氏的《春秋》學術裏，是否與《公羊傳》是劃上等號的呢？這一連串的問題，關係著董仲舒之春秋學在「公羊學」裏，乃至於在整部「春秋學史」上的定位與價值。

《史記・十二諸侯年表序》云：「荀卿、孟子、公孫固、韓非之徒，各往往捃摭《春秋》之文以著書，不可勝紀」。太史公所云，除公孫固之書今已不傳無考之外，孟子、荀卿、韓非子書中與《春秋》文義相關者，李新霖氏已於《春秋公羊傳要義》中，將之與《公羊傳》相比較〔註5〕，本文在此特就李氏所論，加以評議如下：

（一）《孟子》與《春秋》經傳文句近似者

(1)「夏后氏五十而貢，殷人七十而助，周人百畝而徹，其實皆什一也。」（〈滕文公上〉）

「欲輕之於堯舜之道者，大貉小貉也。欲重之於堯舜之道者，大桀小桀也。」（〈告子下〉）

◎《春秋》宣公十五年經：「初稅畝。」

（傳）：「古者曷為什一而藉？什一者，天下之中正也。多乎什一，大桀小桀；寡乎什一，大貉小貉。什一者，天下之中正也。什一行而頌聲作矣。」

（穀梁傳）：初者，始也。古者什一，藉而不稅。初稅畝，非正也。古者三百步為里，名曰井田。井田者，九百畝，公田居一。私田稼不善，則非吏；公田稼不善，則非民。初稅畝者，非公之去公田，而履畝十取一也，以公之與民為已悉矣！古者公田為居，井灶蔥韭盡取焉。

（左傳）：初稅畝，非禮也。穀出不過藉，以豐財也。

(2)「五霸桓公為盛，葵丘之會諸侯，束牲載書而不歃血。初命曰：誅不孝，無易樹子，無以妾為妻。……五命曰：無曲防，無遏

〔註5〕詳見李新霖，《春秋公羊傳要義》，台北：文津出版社，1989 年 5 月，P20-50。

糶，……」（〈告子下〉）

◎《春秋》僖公三年經：「秋，齊侯、宋公、江人、黃人會于陽
　穀。」

（傳）：「此大會也，曷為末言爾？桓公曰：『無障谷，無貯粟，
　　　無易樹子，無以妾為妻。』」

（穀梁傳）：陽穀之會，桓公委端搢笏而朝諸侯，諸侯皆諭乎
　　　　　桓公之志。

（左傳）：秋，會于陽穀，謀伐楚也。齊侯為陽穀之會來尋盟。
　　　　冬，公子友如齊涖盟。

(3) 「其事則齊桓晉文，其文則史，孔子曰：『其義則丘竊取之矣。』」
　（〈離婁下〉）

◎《春秋》昭公十二年經：「春，齊高偃帥師納北燕伯于陽。」

（傳）：「春秋之信史也。其序則齊桓晉文，其會則主會者為
　　　之也，其詞則丘有罪焉爾。」

（穀梁傳）：納者，內不受也。燕伯之不名，何也？不以高偃
　　　　　挈燕伯也。

（左傳）：十二年，春，齊高偃納北燕伯款于唐，因其眾也。

以上三例李氏認為，見於《孟子》之若干文句，與今本《公羊傳》之句式用
語極為相似。我們將它與《穀梁傳》、《左傳》相對照，可以更加肯定，《孟子》
之取義，的確與三傳中的《公羊》較接近。但是，我們更應該注意到的是，《孟
子》書中所云，並沒有直接指出「公羊傳」之名，而且，與今本《公羊傳》
亦只是文句近似，並非全然相同。這樣的現象，其原因極可能是《孟子》成
書之時，《公羊傳》尚未成書為定本。

（二）《荀子》與《春秋》經傳文句近似、義旨相通者

(1) 「貨財曰賻，輿馬曰賵，衣服曰襚，玩好曰贈，玉貝曰唅。」（〈大
　略〉）

◎《春秋》隱公元年經：「秋，七月，天王使宰咺來歸惠公仲子
　賵。」

（傳）：……賵者何？喪事有賵。賵者蓋以馬，以乘馬束帛。
　　　車馬曰賵，貨財曰賻，衣被曰襚。

（穀梁傳）：……賵者，何也？乘馬曰賵，衣衾曰襚，貝玉曰

含，錢財曰賻。

（左傳）：……天子七月而葬，同軌畢至；諸侯五月，同盟至；
大夫三月，同位至；士踰月，外姻至。贈死不及尸，弔
生不及哀，豫凶事，非禮也。

(2)「《春秋》賢穆公，以為能變也。」（〈大略〉）

◎《春秋》文公十二年經：「秦伯使遂來聘。」

（傳）：「遂者何？秦大夫也。秦無大夫，此何以書？<u>賢繆公
也。何賢乎繆公？以為能變也</u>。……」

※穀梁傳、左傳，經文均作「秦伯使術來聘。」（穀梁傳無發論）

（左傳）：秦伯使西乞術來聘，且言將伐晉。襄仲辭玉，曰：
「君不忘先君之好，照臨魯國，鎮撫其社稷，重之以大
器，寡君敢辭玉。」對曰：「不腆敝器，不足辭也。」主
人三辭。賓答曰：「寡君願徼福于周公、魯公以事君，不
腆先君之敝器，使下臣致諸執事，以為瑞節，要結好命，
所以藉寡君之命，結二國之好，是以敢致之。」襄仲曰：
「不有君子，其能國乎？國無陋矣。」厚賄之。

(3)「故《春秋》善胥命，而詩非屢盟，其心一也。」（〈大略〉）

◎《春秋》桓公三年經：「夏，齊侯、衛侯胥命于蒲。」

（傳）：「胥命者何？相命也。何言乎相命？近正也。此其為
近正奈何？古者不盟，結言而退。」

（穀梁傳）：胥之為言猶相也。相命而信諭，謹言而退，以是
為近古也。是必一人先，其以相言之，何也？不以齊侯
命衛侯也。

（左傳）：夏，齊侯、衛侯胥命于蒲，不盟也。

以上三例中，(1)是文句相似，《公羊》、《穀梁》並有類似文句。(3)則是義旨
相通，《公羊》、《穀梁》義旨相近，難以斷定《荀子》所指「《春秋》善胥命」
之意，是從《公羊》或是從《穀梁》而來？(2)是關鍵之例，《荀子》提到「《春
秋》賢穆公，以為能變也」，其中的《春秋》並非指經文，而是指傳文之義，
這種現象，學界以往的說法視之為「經傳合一」。但是，既然有傳文之義，卻
無傳文之書名，而且傳文的作者並非一人，成書過程也不盡然為一時；那麼，
我們何不再謹慎的考慮：「此時《傳》是否已經成書？」的這個問題；倘若此

時《傳》尚未成書，那麼，以下之假設，在春秋學史上的可能性將大為提高：即「春秋學史」上，有一段歷程，諸家紛紛致力於解釋《春秋》經，提出或同或異的看法。論者皆以解釋《春秋》經文為目標，對於彼此或同或異的論點亦有參酌與流通，《史記》對於董仲舒所載文字中未提及其師承，而逕言「其傳公羊氏」者，公羊氏應該也是論者之一；這些持論者而後將其論點寫成書，即是東漢班固〈漢志〉所提到的各家傳文。

　　如果這個假設是成立的，那麼，到董仲舒的時代，《公羊傳》成書了嗎？《傳》由論者而寫成文字，該是在何時呢？由(2)，我們看到《穀梁傳》無發論，《左傳》則完全在描述魯國大夫襄仲的應對，只有《公羊傳》以秦繆公為論述對象，並嘉許其「能變」，《荀子》所言，無論文句或旨義，皆與《公羊》一系之解經觀點相合。不論〈大略〉是出自荀子之手或如楊倞注所云：「此篇蓋弟子雜錄荀卿之語，皆略舉其要，不可以一事名篇，故總謂之『大略』。」我們可以肯定的是，在《荀子》成書的時代，雖然名為「《春秋》」，而事實上是透過對經文的解釋，將經師之說等視為《春秋》之義加以援引，而這位經師的看法，在後來寫定為文字時亦被引入，證實在今本的《公羊傳》之內。《公羊傳》在寫定為文字時，所引用的經師，顯然並不只一位。見諸於今本傳文者，有「子公羊子」（桓公六年、宣公五年）、「魯子」（莊公三年、二十三年，僖公五年、二十年、二十四年、二十八年）、「子沈子」（隱公十一年、莊公十年、定公元年）、「子司馬子」（莊公三十年）、「子北宮子」（哀公四年）、「子女子」（閔公元年）、「高子」（文公四年），七位經師在傳中並列，其稱號或冠「子」，或不冠「子」，《公羊》隱公十一年傳何休注曰：「沈子稱子，冠氏上者，著其為師也。不但言子曰者，辟孔子也。其不冠子者，他師也」。何休指出，這一系論者的稱謂方式，之所以不言「子曰」，目的在與孔子相別；而冠「氏」的原因是，彰顯其人為經師；至於「氏」之上，冠「子」與否，則視其人與著《傳》者的關係是本師或他師而定。

　　然而，除了明確寫出經師的傳文外，其餘未述明經師的傳文，又該如何解釋呢？眾多經師未必皆為「公羊氏」，何以今本傳文以「公羊」為名呢？

　　徐復觀氏在《中國經學史的基礎》提出，先秦儒學除了孟子這一類「思想家型」的人物，尚有一類「傳經型」的人物：

　　　　孟子以下的人物，都是屬於**思想家型**的。他們受了經學典籍的基本
　　　　教育，但經學典籍只在他們的思想中發生各種程度不同的作用，他

們並非以**傳經為業的經學家型的人物。由《禮》之「大小戴記」，《易》之「十翼」，《春秋》之三傳，可以推知另有一批經學家，以某一經為中心，作了許多解釋和創發的工作**……先漢經學家型的人物，在經學家的形成中，居於主要的地位，尤其是自孔子的晚年，一直到戰國中期，是他們最活躍的時代，但除《春秋》三傳外，他們幾乎都是無名英雄，難作以姓名為標題的敘述。……應打破《漢書·儒林傳》所敘述的「一線單傳」下來的迷信。〔註6〕

〈儒林傳〉於五經所述的「嫡系單傳」的學承模式，在出土文獻日益豐富的今日，的確有重新檢討的必要。例如，在馬王堆帛書《周易》卷後，提到的傳《易》之人繆和、呂昌、吳孟、張射、李平、昭力等人的問答之辭，而這些名稱，卻無一見於《漢志》〔註7〕。〈儒林傳〉雖然未曾溯及胡毋生之前《公羊春秋》的傳承，但是見於傳文的七位經師之名，除了「子公羊子」與「公羊」名號有關外，其餘六位經師，同樣促使我們思考，所謂的「公羊傳」，並非「公羊氏」一門所承。這些論者，也就是所謂「公羊」一系的《春秋》經師，除了傳文所寫出的七位經師之外，他們名不見經傳，但是論點卻保留在今本《公羊傳》裏。李新霖氏認為，此書之所以冠上「公羊」之名，唯一可能之解釋為：「此書出於公羊子後學之手，遂以己師稱之，殆即偶然之稱呼耳」（《春秋公羊傳要義》，P15），如此說來，在成書之後，以「己師」稱之而為《公羊傳》，但是事實上，其內容不只包含自己師門的論點，還彙整了成書之前，意見相輔的經師們對《春秋》經文的詮釋。

《公羊傳》雖然是經師論點的總輯，然而，其收錄是否完整無遺呢？

皮錫瑞在《經學歷史》中，提到「荀卿傳經之功甚鉅」：

《釋文·序錄》「毛詩」，一云：「孫卿子傳魯人大毛公」，則《毛詩》為荀子所傳。《漢書·楚元王交傳》：「少時嘗與魯穆生、白生、申公同受詩於浮丘伯。伯者，孫卿之門人。」……《序錄》：「左丘明作傳以授曾申。申傳衛人吳起。起傳其子期，期傳楚人鐸椒。椒傳趙人虞卿。卿傳同郡荀卿。」則《左氏春秋》，荀子所傳。《儒林傳》云：「瑕丘江公受《穀梁春秋》及詩於魯申公。」申公為荀卿再傳弟

〔註6〕詳見徐復觀，《中國經學史的基礎》，台北：學生書局，1990年7月，P50～51。

〔註7〕詳見曉菡，〈長沙馬王堆帛書概述〉，《文物》，1974年9月。

子，則《穀梁春秋》亦荀子所傳。……是荀子能傳《易》、《詩》、《禮》、《樂》、《春秋》，漢初其學者極盛。〔註8〕

由皮錫瑞氏所云，我們可以看到由《經典釋文‧序錄》、《漢書‧儒林傳》所載，荀子與《左氏春秋》、《穀梁春秋》之傳授有關，卻唯獨缺少《公羊春秋》，透過本文之前所論《荀子‧大略》「《春秋》賢穆公，善胥命」可知，荀子於《公羊春秋》之學亦有所傳。倘若由出土文獻證實，經學史「嫡系單傳」之文獻，有再補充之必要；那麼，由荀子之傳經同時兼具後世所謂「三傳」來看，更加印證我們之前的假設，的確有成立的可能，也就是說，在《春秋》經文的傳授過程中，《傳》尚未寫定為文本之前，曾有過如下的歷程：《春秋》經師以經文為共同研究對象，以合理釋經為主要目的，彼此互有參酌發明；其解經的活潑視野，遠遠突破後世執守於三傳藩籬、固守一傳為聖說者所能想像。兼傳三傳的荀子就是一個示範。而且，由於都是以解經為目的，所以，雖然是經師詮釋過後的義旨，他們都當成是《春秋》經旨本即如此，而直接以《春秋》來稱呼他們的解經成果，從來不曾以為這些成果僅是「傳」的地位而已。本文認為，一直到西漢中葉以前，儘管儒生們已經看到「公羊傳」的傳本，但還是習慣直接以《春秋》來稱呼傳文，應該就是這種解經態度的反映。在《傳》寫定為文本之後，我們看到今本三傳對於《春秋》經文的闡釋，互有異同，並非全然為異。這種情況同樣也值得我們由傳文成書之前，論者釋經紛紜的情況去理解。《韓非子》中所引用的「《春秋》之記」，應該就是這一類的情況：

（三）《韓非子》與《春秋》經傳文句、旨義之對照

「魯哀公問於仲尼曰：『春秋之記曰：「冬十二月霣霜不殺菽。」何為記此？』仲尼曰：『此言可以殺而不殺也。夫宜殺而不殺，桃李冬實，天失道，草木猶犯干之，而況於人君乎？』」（〈內儲說〉）

◎《春秋》僖公三十三年：「霣霜不殺草，李梅實。」

（傳）：「何以書？記異也。何異爾？不時也。」

（穀梁傳）：未可殺而殺，舉重也。可殺而不殺，舉輕也。實之為言，猶實也。

（左傳無發論）

〔註 8〕皮錫瑞，《經學歷史》，台北：藝文印書館，1974 年 5 月，P44～45。

《韓非子》所謂「《春秋》之記」者，應是指《春秋》僖公三十三年經文，《左傳》對於這一則經文並無發論說明，而《公羊傳》則著重於指出，這是一次有違時令的「異常現象」；只有《穀梁傳》論及「可殺而不殺」，較接近《韓非子》此處藉天道來論君道之文旨，不過，《韓非子》這一則「《春秋》之記」，在文字上與《穀梁傳》並不完全相同。

由以上《孟子》、《荀子》、《韓非子》與《春秋》經傳文句的對照，我們可以看到，儘管他們對《春秋》的闡述，已經透過經師所論的「傳」去釋義，但是他們皆認為那就是《春秋》。也就是說，眾論者皆以解釋《春秋》為目的而提出各種說法，當時人並不認為這些說法僅是「傳」的地位，在他們的眼裏，他們的詮釋就是《春秋》經文之義旨。這些論者所言，在寫成文本之後，方才被後世定位為「傳」，代表了各系論者對於《春秋》經或同或異的觀點。在《傳》本成書之前，若干先秦文獻（如前論之《孟子》、《荀子》、《韓非子》等）引用《春秋》時，雖然其文旨已是採用了各系論者所詮釋的意見，但是，這些解經成果卻都直接被稱呼為「《春秋》」；各系論者所言，在後世寫定為文本，以「傳」稱之；但是，對於「三傳成書為定本之前」的文獻而言，這些論者的觀點，在後世是哪一家、哪一派、哪一傳？對於他們而言是沒有意義的。李新霖在《春秋公羊傳要義》裏也說：「此或可代表韓非當時，春秋之義，學者尚可隨意發揮，公羊傳義亦尚未明確化。由先秦諸子有限之材料中，除文字雷同、傳義偶合外，實無「公羊傳」制作之任何徵兆。」（P5）《史記》只說董仲舒「明於《春秋》」，「其傳公羊氏」；而不說董仲舒治《公羊春秋》或《公羊傳》，顯然在太史公眼裏，所謂「公羊傳」，也只是《春秋》經義論者之一系，在太史公當時，仍然是以「《春秋》學者」的身份，去看待治《春秋》經文的各系論者：

> 太史公讀春秋曆譜諜，至周厲王，未嘗不廢書而歎也。曰：嗚呼，師摯見之矣！紂為象箸而箕子唏。周道缺，詩人本之衽席，關雎作。仁義陵遲，鹿鳴刺焉。……是以孔子明王道，干七十餘君，莫能用，故西觀周室，論史記舊聞，興於魯而次《春秋》，上記隱，下至哀之獲麟，約其辭文，去其煩重，以制義法，王道備，人事浹。七十子之徒口受其傳指，為有所刺譏褒諱挹損之文辭不可以書見也。魯君子左丘明懼弟子人人異端，各安其意，失其真，故因孔子史記具論其語，成《左氏春秋》。鐸椒為楚威王傳，為王不能盡觀《春秋》，

> 采取成敗，卒四十章，爲《鐸氏微》。趙孝成王時，其相虞卿上采《春秋》，下觀近勢，亦著八篇，爲《虞氏春秋》。呂不韋者，秦莊襄王相，亦上觀尚古，刪拾《春秋》，集六國時事，以爲八覽、六論、十二紀，爲《呂氏春秋》。及如荀卿、孟子、公孫固、韓非之徒，各往往捃摭《春秋》之文以著書，不可勝紀。漢相張蒼曆譜五德，上大夫董仲舒推《春秋》義，頗著文焉。（《史記·十二諸侯年表序》）

「太史公讀春秋曆譜諜」之「春秋」，是指古史記，而非孔子《春秋》。但是接下來太史公謂「孔子明王道……興於魯而次《春秋》，上記隱、下至哀之獲麟，……以制義法，王道備，人事浹」，對於孔子成書《春秋》的看法，太史公顯然順從公羊一系之解經觀點。尤其值得注意的是，在孔子之後，因《春秋》而發展出的學術，有「因孔子史記具論其語」而成的「左氏春秋」、鐸椒爲楚威王「不能盡觀《春秋》」，而從《春秋》中「采取成敗，卒四十章」所成的「鐸氏微」，趙孝成王相虞卿「上采《春秋》，下觀近勢」所著之「虞氏春秋」、呂不韋召門客「上觀尚古，刪拾《春秋》，集六國時事」而成之「呂氏春秋」；這些「刪拾」《春秋》，「集六國時事」、「下觀近勢」而以「某某春秋」爲名的著作，雖然並非解譯孔子《春秋》經文之作，但卻是本始於孔子《春秋》而出。可見孔子之後，治《春秋》、論《春秋》，乃至延伸觸角及於戰國近勢，而續成之「某某春秋」，以孔子《春秋》爲圓心，擴展出陣陣漣漪。

　　然而，在太史公的文意中，這些「春秋類」著作，並非闡釋孔子《春秋》「明王道、制義法」的「解經論著」。在太史公這段文字裏並沒有出現後世的《公羊春秋》、《穀梁春秋》，乃至「傳」的字眼。由「及如荀卿、孟子、公孫固、韓非之徒，各往往捃摭《春秋》之文以著書，不可勝紀」，對照我們前文所論引之資料，更可以證實所謂「捃摭《春秋》之文」，其實是並用見於後世《公羊傳》、《穀梁傳》中之若干論點。也就是說，在傳文成書之前，先秦文獻如：《孟子》、《荀子》、《韓非子》等，對《春秋》的理解，是並用公羊、穀梁各系論者的意見，「以義取勝」。這些論者後來所彙集的文本，被視爲《春秋》解義之作而附於《春秋》之下，因此，太史公直接以《春秋》指稱之。所以太史公曰：「上大夫董仲舒推《春秋》義，頗著文焉」，同樣未標幟「公羊傳」或「公羊春秋」。《史記》中唯一明辨「公羊」、「穀梁」者，出現在〈儒林列傳〉，述及董仲舒與瑕丘江生「比論《春秋》之義」時的行文：

> 胡毋生，齊人也。孝景時爲博士，以老歸教授。齊之言春秋者多受

胡毋生，公孫弘亦頗受焉。<u>瑕丘江生爲穀梁春秋</u>。自公孫弘得用，
嘗集比其義，卒用董仲舒。

顯然此處是爲區別董氏和瑕丘江生論《春秋》義「派系」不同，所以才刻意
標示瑕丘江生爲「穀梁春秋」，對於胡毋生、董仲舒等人之論義，則仍然逕以
「《春秋》」稱之。由此可知，公羊一系所論《春秋》義，在當時被普遍接受
的程度。同時，我們也可得知，太史公對於公羊、穀梁二系，在《史記》行
文時，有謹愼的區別。顯然，與先秦文獻混用二系之論義，而統稱爲《春秋》
的情況大不相同〔註9〕。但是，我們卻無法由《史記》內文證實，太史公《史
記》裏所援引的《春秋》，究竟是已成文本的《公羊傳》？還是僅止於公羊一
系論者口傳之資料？今本《春秋繁露》雖非董氏春秋學著作之全貌，但是，
在此處卻提供了重要的線索。

太史公在〈自序〉中，提到「聞之於董生」，〈十二諸侯年表序〉裏亦云
「董仲舒推《春秋》義，頗著文焉」，《漢書・東方朔傳》有載：

是時朝廷多賢材，上復問朔：「**方今公孫丞相、兒大夫、董仲舒、夏**

〔註9〕《史記》中所指稱爲「《春秋》」者，皆指《公羊春秋》。
　　如：（1）〈外戚世家〉：「《春秋》譏不親迎。」
　　　　　見於今本《公羊傳》隱公二年：「何譏爾？譏始不親迎也。」
　　　（2）〈淮南衡山列傳〉：「《春秋》曰：臣無將，將而誅。」
　　　　　見於今本《公羊傳》莊公三十二年：「君親無將，將無誅焉。」
　　　（3）〈匈奴列傳〉：「昔齊襄公復九世之讎，《春秋》大之。」
　　　　　見於今本《公羊傳》莊公四年：「何賢乎襄公？復讎也。何讎爾？遠
　　　　　祖也。」
　　　　而在引用《春秋》經義以決事論據時，亦以《公羊春秋》之義爲準：
　　　（4）〈高祖本紀〉：「群臣皆曰：『高祖起微細，撥亂世反之正，平定天下，
　　　　　爲漢太祖。功是高，上尊號爲高皇帝。』」
　　　　　見於今本《公羊傳》哀公十四年：「撥亂世，反諸正，莫近諸春秋。」
　　　（5）〈劉敬叔孫通列傳〉：「陳勝起山東，使者以聞，二世召博士諸儒生問
　　　　　曰：『楚戍卒攻蘄入陳，於公如何？』博士諸生三十餘人前曰：『人臣
　　　　　無將，將即反，罪死無赦。』」
　　　　　見於今本《公羊傳》莊公三十二年：「君親無將，將而誅焉。」
　　　（6）〈外戚世家〉：「（景帝）大行奏事畢，曰：『子以母貴，母以子貴，……』」
　　　　　見於今本《公羊傳》隱公元年：「母貴則子何以貴？子以母貴，母以
　　　　　子貴。」
　　　（7）三王世家：「（武帝）制曰：『康叔親屬有十，而獨尊者襃有德也。周
　　　　　公祭天命郊，故魯有白牡騂剛之牲，群公不毛，賢不肖差也。』」
　　　　　見於今本《公羊傳》文公十三年：「魯祭周公，何以爲牲？周公用白
　　　　　牡，魯公用騂犅，群公不毛。」

侯始昌、司馬相如、吾丘壽王、主父偃、朱買臣、嚴助、汲黯、膠
倉、終軍、嚴安、徐樂、**司馬遷**之倫，**皆辯知閎達，溢于文辭，先
生自視，何與比哉**？」(《漢書‧東方朔傳》)

武帝並列當時朝臣，問東方朔自擬於何人之倫，董仲舒與司馬遷赫然皆名列
武帝所云的「方今朝臣」之中；可見二人曾同朝爲官，而董仲舒在景帝時已
爲博士，年歲當長於司馬遷〔註 10〕。董氏在《春秋繁露》中，雖未有「公羊
傳」之名〔註 11〕，但是已經明文區分「經」與「傳」，顯然當時「傳」已寫定
爲文本(詳見本章下一節)。《公羊傳》成於何人之手，已無法可考〔註 12〕，

〔註 10〕 董仲舒(192～104 B.C.)其時代較司馬遷(145～86 B.C.，據周虎林先生《司
馬遷與其史學》考證，P58～66)略早，由於〈太史公自序〉對於《春秋》義
理有「余聞董生曰」的描述，宋代眞德秀即認爲：「仲舒此論見於〈太史公自
序〉，其學粹矣。太史公曰：『余聞之董生』，則遷與仲舒蓋嘗遊，從而講論也。」
(眞德秀，《文章正宗》卷十六)言下之意，司馬遷對《春秋》的認識，乃聞
自董仲舒。不過，《史記‧太史公自序》、〈儒林列傳〉、《漢書‧司馬遷傳》、〈儒
林傳〉均不載司馬遷受學於董仲舒之事。〈太史公自序〉出於司馬遷之手，是
研究司馬遷生平的第一手資料。太史公矢志以《史記》上繼《春秋》，而《春
秋》之微言大義主要見於「傳」，公羊春秋爲武帝時期之顯學。董仲舒治公羊
春秋爲當時天下第一，如果司馬遷確從董仲舒遊，那麼他自己生平中這一至
關重要的大事，決不會疏漏不予記載。所以，近人陳桐生在《中國史官文化
與史記》(台北：文津出版社，1993 年 11 月，P333)即提出：「董仲舒的春秋
公羊學在漢武帝時期即被尊爲官方哲學，對西漢中後期的政治、文化、學術
產生了極其深刻的影響，司馬遷以《史記》上繼《春秋》，他無法繞過董仲舒
的春秋公羊學。」儘管如此，陳氏在深入比較二人思想異同之後，亦強調「司
馬遷與董仲舒非師承關係……亦非對立關係」，「他們學說相同的原因是，同
處於一個共同的文化學術背景，有一個共同的學術目標」，「總體上說，他們
學說『同大於異』」(P363)。

〔註 11〕「公羊傳」之名，最早出現在《漢書‧藝文志》：「《公羊傳》十一卷。」

〔註 12〕 有關《公羊傳》的傳授與成書，歷來有二種說法：
(1) 徐彥《解詁疏》引「東漢戴宏序」云：「子夏傳與公羊高，高傳與其子地，
地傳與其子敢，敢傳與其子壽。至漢景帝時，壽乃共弟子齊人胡母子都著
於竹帛。與董仲舒皆見於圖讖是也。」
(2) 公羊隱公二年傳何休《解詁》曰：「《春秋》有改周受命之制，孔子畏時遠
害，又知秦將燔詩書，其說口授相傳。至漢公羊氏及弟子胡母生等，乃始
記於竹帛。」
戴宏序說明：(1)《公羊傳》五世口授傳承之世系及人名。(2)《公羊傳》爲
漢景帝時公羊壽與胡母子都合著。(3)《公羊傳》之作者傳承有圖讖爲證。
此爲有關《公羊傳》文本成書最完備之資料。然而，戴宏其人之時代，據《後
漢書‧吳祐傳》載：「祐以光祿四行膠東侯相。時濟北戴宏父爲縣丞，宏年十
六，從在丞舍。祐每行園，常聞諷誦之音，奇而厚之，亦與爲友。」祐年九

董仲舒是否經歷《傳》本的整理工作？亦未可知。《公羊傳》的成書，據李新霖氏所考證：「上限當在樂正子春之時或以後，下限當在漢初」（《春秋公羊傳要義》，P17），然而，較諸於前列《荀子》、《韓非子》等文獻中，傳文尚未成定本的情況，我們由漢惠帝四年（191 B.C.）「除挾書律」算起，至漢景帝朝終結（141 B.C.）爲止，其間雖經歷惠帝、高后、文帝、景帝，卻不過五十年而已。如果《傳》成書於漢初，應當在惠帝除挾書令之後，董仲舒爲景帝時

十八卒，曾與馬融（79～166 A.C.）共事。則戴宏約生於安帝、順帝之間（107～126 A.C.），去漢景帝時（景帝在位十六年，156～141 B.C.），約二百餘年。以如此晚生之戴宏，竟能見前人司馬遷、班固之所未見，而有《公羊傳》詳備之傳承，實難令人信服。

〈戴宏序〉謂孔子對春秋之深旨，經子夏歷五世而始著竹帛。然而子夏少孔子四十四歲，生於周敬王十三年（507 B.C.），下迄漢景帝元年（156 B.C.），約三百五十餘年。故崔適《春秋復始》卷一〈序證〉曾經懷疑：「如子夏至公羊壽，甫及五傳，則公羊氏世世必父享耄年，子皆夙慧，方可及之」。孔子至孔安國（156 B.C.？～104 A.C.？），共十一代，較之公羊氏五世相傳，間傳四代，相距倍餘。可見戴宏說與事實出入太大，故戴序所言與常理不符。

何休（129～182 A.C.）所云大體同於戴宏，所不同者：對於作者，但云「公羊氏」與胡毋生，而不記其名，較戴宏審慎。何休已值東漢末葉，尚不確知公羊傳作者，亦可證戴宏說之可疑。至於傳承方面，何休雖未言及公羊氏，卻認爲：「所謂孔子爲漢制法，因有改周之意，故孔子畏時之害，並已預見秦焚書之禍」。其設想之奇詭，較諸戴宏，猶有過之。

李新霖氏基於文獻對《公羊傳》成書之紀錄，其描述之詳略竟與時代之早晚成反比；且除公羊學者本身門戶之說外，文獻不足，無法考知詳情的情況。重新彙整諸說，有如下考證：

(1) 就《公羊傳》之內容言：①《公羊傳》多含齊語，何休作注，多一一說明。②《公羊》昭公十九年傳有『樂正子春之視疾也』之語，何休注曰：『樂正子春，曾子弟子，以孝名聞。』《公羊傳》能引樂正子春行誼，其成書自不當早於樂正子春。③《公羊傳》思想謹嚴質實，無陰陽五行思想、不憑災異言人事、無三科九旨說，亦即凡兩漢學術特徵與漢代公羊學家之根本思想，《公羊傳》均未沾染。由此推論漢初《公羊傳》已成書，當可採信」。

(2) 就《公羊傳》之傳文結構而言：「合七位經師所言，其與基本傳義之關係，可證《公羊傳》除早期寫本構成基本傳義外，復採錄經師諸說、故事，共同累積而成。惟不知撰述基本傳義及最後寫定者，爲何許人耳。」（《春秋公羊傳要義》，P11～18）

李氏認爲《公羊傳》先有「早期寫本」，經公羊先師累積論述，而「最後寫定」，此說或可存參。本文懷疑，若誠有「早期寫本」，爲何先秦文獻引用《春秋》之義，實則兼錄今本《公羊傳》、《穀梁傳》之內容而渾然不覺？然而，李氏指出：「《公羊傳》其傳義實經歷眾經師所論，非一人之說而寫定。但不知出於何人之手」。應該與實際情況非常接近。

博士，生於惠帝除挾書令之前一年（192 B.C.），由董氏《繁露》內容稱引，已經明文區分《春秋》「經」、「傳」看來，公羊一系論經之《傳》，寫成文本的時間，與董氏時代相當接近。董氏縱使因年少而未參與《傳》之寫定，對於後世公羊學來說，董氏之學術，仍然不啻爲時代最接近於《公羊》經、傳之文獻﹝註13﹞。對於漢代時人而言，董氏以治《春秋》「學士皆尊師之」。董氏之後，漢代公羊學風大盛，董氏由公羊一系所論而推闡之《春秋》義法，不只成爲當代決事取捨的準則，太史公亦以《春秋》之當然內容看待其釋義之成果，著其云：「漢興至于五世之間」，「唯董仲舒明於《春秋》」。對於今日治理《公羊春秋》的學者而言，董仲舒之學遠早於東漢何休，可說是《公羊傳》之後，後世公羊學之發源。

　　董氏《春秋》學術的論著，若干內容仍然呈現藉「問答」來突顯評論內容的書寫模式，其「問答」的解經手法與《公羊傳》一致。本文認爲，這反映出公羊一系論者治《春秋》所採用的方法，是「問題研究法」。「問題」的來源可能是師生傳授時的「對答」；也可能來自於這一系論者治經「論難」的思維方式；無論其由來爲何，可以確定的是，這一系論者並不以「註解《春秋》、敘述史事」爲職志，而是反覆辨證經文的書寫「立義」、行文「動機」、以及遣辭用句的「考量斟酌」……等議題，以「詮釋」的立場，去抒發論者對《春秋》的看法。我們在極接近《傳》本寫定年代的董氏春秋學裏，同樣可以看到這種公羊論者一貫的治經風格。相較於章句之學興盛之後，經生們對於經傳片言隻字「窮追不捨」的治經方法，董仲舒的春秋學，顯然可以提供經學研究者另一種不同的研究方式：

> 古之學者耕且養，三年而通一藝，存其大體，玩經文而已，是故用日少而畜德多，三十而五經立也。後世經傳既已乖離，博學者又不思多聞闕疑之義，而務碎義逃難，便辭巧說，破壞形體：說五字之文，至於二三萬言。後進彌以馳逐，故幼童而守一藝，白首而後能言：安其所習，毀所不見，終以自蔽。此學者之大患也。（《漢書·

﹝註13﹞ 此處以「《公羊》經、傳」行文，並非公羊一系論者於《春秋》之外另有「經」，而是在傳授《春秋》、論釋《春秋》的過程中，各系論者所援引的《春秋》經文，或因地方方音的書寫，或因傳衍訛誤，在《春秋》經文文獻部份（例如地名、國名），竟有「音近」、「形近」而取「字」不同的情況。因此，本文述及公羊一系論者所言之《春秋》經傳時，爲以示區隔，遂用「《公羊》經、傳」一稱來敘述。

藝文志》）

以《春秋》行文義旨爲探求目標，董仲舒之春秋學，毋寧是東漢何休《公羊經傳解詁》之前，與《公羊傳》乃至傳文之前「公羊一系論者」最爲接近之春秋學著述。

或許是承沿自淵源已久的「論經」風格，《公羊傳》是針對《春秋》經文每一次事件的記述加以分析論難，而董氏除了就單一事件論難問答之外，更著重於就《春秋》經文所有相類的事件，加以比較和評論；因此，針對逐次事件一一討論的《公羊傳》，便於和經文逐條對照；而董氏之春秋學，則顯然不拘於《公羊傳》的格局，放眼於《春秋》二百四十二年中的記事，經過彙整統序之後，再以董氏所發凡的《春秋》義法爲綱領，將相關事例羅列統籌於立義之下。因此，董氏於春秋學之論述，呈現出「評論體」的行文樣式，無法逐條依附於《春秋》經文記事之下。董氏對於事件的分析，雖然以公羊一系論者所言內容爲認知基礎，由於研究對象是《春秋》經，而非《公羊傳》，所以，董氏春秋學的視野並不隸屬於《傳文》之下。後世以《公羊傳》爲研究對象而開展出「公羊學脈」；對於公羊學來說，不受到後來今古文對立爭議之干擾〔註 14〕、在漢代「師法」、「家法」之前的董氏春秋學，是時代最接近於《公羊傳》的公羊學著作。

事實上，董仲舒因爲與《傳》的成書時代極接近，所以，關於《春秋》記事之若干持論，除了秉持《公羊傳》之說外，更有上接於《傳》之前的公羊一系論者而來之可能。例如《繁露・俞序》引孔門弟子論《春秋》之言，皆爲《公羊傳》所無：

（1）故子貢、閔子、公肩子，言其（《春秋》）切而爲國家資也。

（2）故衛子夏言，「有國家者不可不學《春秋》，不學《春秋》則無以見前後旁側之危，則不知國之大柄，君之重任也。……」

〔註 14〕根據王靜芝《經學通論》云：今古文發生爭論，始於西漢末年劉歆提出要求，爲古文經傳立學官。在此之前，據《漢書・儒林傳》、〈藝文志〉記載，古文經已經在民間傳授；甚至如左氏春秋，漢初張蒼就已修習，並由賈誼傳訓詁，師傳數代至於劉歆。武帝末，魯恭王壞孔子宅，發現壁中之書，今古文問題正式產生。但仍未至爭論階段。直到劉歆提出「讓太常博士書」，主張古文經傳如：古文尚書、逸禮、左氏春秋應立於學官，才引起今文家的強烈反對。於是今古文對立，爭論正式開始。由西漢末年一直延續到東漢末年，二百餘年之間，爭論不已（參見王靜芝，《經學通論》，台北：國立編譯館，1982 年2 月，P79）。

（3）故世子曰：「功及子孫，光輝百世，聖人之德莫美於恕。」

（4）故予先曰：「《春秋》詳己而略人，因其國而容天下。」

（5）故曾子、子石盛美齊侯安諸侯，尊天子，霸王之道皆本於仁。

（6）故子夏言：「《春秋》重人，諸譏皆本此。……」

（7）子池言：「魯莊築臺，丹楹刻桷；晉厲之刑刻意者，皆不得以壽
　　　終。」

董仲舒以公羊一系之觀點解讀《春秋》，在他的時代，《傳》成書未久，或亦有接聞於公羊論者未寫入於《傳》的見解，如上列〈俞序〉所引用的資料便是一例。

　　董氏的春秋學論點並非僅以「公羊傳」為盰衡的視野，儘管其所論內容不限於《傳》本，但是，他卻從未批評或否定過《公羊傳》，我們懷疑這與他直接師承於公羊氏有關。本論文以「董仲舒春秋學」為題名，而非「董仲舒公羊學」，是因為董氏之學是以《春秋》經為對象而展開，猶如漢代時人逕以《春秋》視其學術一般；同時，也為了與後世以《公羊傳》為標的而展開研究的學者作區別。本文將董仲舒學術，定位於「春秋學」的層次，而不將之繫於「公羊傳」學脈之下。

　　今日我們研究公羊一系論者對《春秋》義法的闡發，都是透過《公羊傳》為直接門徑；於《公羊傳》意有未解時，則參酌東漢何休的《解詁》，卻往往忽略了與《公羊傳》時代相近，在漢代今古文爭議、師法家法拘執之前的，董仲舒春秋學之成就。董氏雖然是西漢春秋學的大家，史傳亦載其人以「著書修學」為務，可惜他的著作並未完整流傳至今，今日所僅存的文獻，都是綜述《春秋》事理大義之「評論」形態的作品，並不像《公羊傳》逐條釋經的方式；「評論」的文式，使得董仲舒對於《春秋》的詮釋，無法如何休《解詁》之「註經體」般，既與經傳合刊發行，又便於與經傳同時逐條翻檢。由於是以論「義」為目的，董仲舒對《春秋》經文之記事，只是摘取釋義取譬所需之「事例」來行文，並非對《春秋》經文作全面之說釋。所以，欲瞭解公羊一系論者對於整本《春秋》某時某事的解釋，仍然必須透過《公羊傳》的幫助，今存董仲舒之春秋學著作，並不能取代《公羊傳》在春秋學中的地位。但是，《公羊傳》問答簡要，其申論或有未詳，敘理或有未明；此時，秉承公羊一系論者而來，董仲舒窮經研義、舉例論理、辨難詳明的文論，就是《公羊傳》絕佳的輔助文獻。

第二節　董仲舒春秋學內容與《春秋》三傳之異同

　　董仲舒當時對於《公羊傳》已有所見，但是《史記》並未視董氏爲「治《公羊傳》」之人，而是認爲「董氏明於《春秋》」，「其傳公羊氏也」；那麼，我們在董氏春秋學裡，如何尋找出其治學《春秋》確實傳承自公羊一系之論呢？若董仲舒所述，果承出於公羊氏，那麼，董氏之學與《公羊傳》所論，有何同異呢？董氏對《公羊傳》的看法又如何呢？

一、三傳看法各異，而董氏所論與《公羊傳》相合

　　對於《春秋》經文的解釋，三傳互有異同，我們如何判斷董氏春秋學裏的論點，是承自於公羊氏？唯一方法就是，以董氏所論與三傳看法各異的事件作比較，以呈現董氏論點與《公羊傳》之關係。

（一）賢紀季之存廟

> 難紀季曰：「《春秋》之法，大夫不得用地。又曰：公子無去國之義。
> 又曰：君子不避外難。紀季犯此三者，何以爲賢？賢臣故盜地以下敵，棄君以避難乎？」
>
> 曰：「賢者不爲是。是故托賢於紀季，以見季之弗爲也。紀季弗爲而紀侯使之可知矣。」（《繁露・玉英》）

◎莊公三年

> 經：秋，紀季以酅入于齊。
>
> 　（傳）：紀季者何？紀侯之弟也。何以不名？賢也。何賢乎紀季？
> 　　　服罪也。其服罪奈何？魯子曰：「請後五廟以存姑姊妹」
> 　（穀梁傳）：酅，紀之邑也。入于齊者，以酅事齊也。入者，內弗
> 　　　受也。
> 　（左傳）：秋，紀季以酅入于齊，紀於是乎始判。

莊公三年經文書寫「紀季以酅入于齊」這件事，三傳看法各不相同。只有《公羊傳》討論了經文紀季「不名」的可能原因，《公羊傳》引用公羊先師魯子之語：「請後五廟以存姑姊妹」，作爲紀季服罪於齊而稱賢的理由。《穀梁傳》解釋「入者，內弗受也」，並未對「紀季是否爲賢」提出看法。《左傳》甚至以紀季服罪于齊，視爲「紀於是乎始判」。三傳之中，只有《公羊傳》採取「賢紀季」，去看待「紀季以酅入于齊」這件事。既然「紀季弗爲」，而經文爲什

麼又寫紀季確實做了這件事？公羊論者遂於先師所論與經文所記的「嫌疑」
之處，探求「隱情」。

　　董仲舒藉論者「問難」的方式，首先以《春秋》之法「大夫不得用地」、
「公子無去國之義」、「君子不避外難」三項罪名，藉問難的形式，挑戰《公
羊傳》「賢紀季」的看法。而後董仲舒對問難者提出回答，認爲《春秋》「托
賢於紀季，以見季之弗爲」，目的在藉著衝突的伏筆埋下線索，期使歷史的眞
相，有朝一日得以重現。

　　《公羊傳》只寫出魯子「請後五廟以存姑姊妹」一語來說明「紀季之賢」，
這種簡要的解釋，不免使人覺得：傳文「紀季稱賢」的詮釋很牽強。董仲舒
在《繁露・玉英》直接指出，經文所以不寫出紀季之名，目的在藉「季之弗
爲」，突顯「紀侯使之」的內情。三傳之中，只有《公羊傳》是從「賢紀季以
探史實」這個角度去解釋經文，董仲舒的持論顯然出自於公羊「賢紀季」的
解經觀點。同時，在「存廟」這件事上，《公羊傳》只有引用魯子所言「請後
五廟以存姑姊妹」這一句話來說明，在《繁露・玉英》篇中，董氏的描述比
今本傳文更加清楚：

　　難者曰：「有國家者，人欲立之，固盡不聽，**國滅君死之，正也**，何
　　賢乎紀侯？」〔註15〕

　　曰：「齊將復讎，紀侯自知力不加而志距之，故謂其弟曰：『我宗廟
　　之主不可以不死也。汝以鄤往，服罪於齊，請以立五廟，使我先君
　　歲時有所依歸。』率一國之眾，以衛九世之主，襄公逐之不去，求
　　之弗予，上下同心而俱死之，故謂之「大去」。《春秋》賢死義且得
　　眾心也，故爲諱滅。以爲之諱，見其賢之也。以其賢之也，見其中
　　仁義也。（《繁露・玉英》）

難者以「國滅君死之」爲理所當然之事，紀侯不應以此而稱賢。「國滅君死之，
正也」是公羊的論點，三傳之中僅有《公羊傳》於襄公六年「齊侯滅萊」的
經文下，提出：「曷爲不言萊君出奔？國滅君死之，正也」的觀點。董氏在公
羊論點之下，詳錄了紀侯與紀季的對答，看出在「齊國復讎之義」與「紀侯
存廟之情」二者之間，紀侯不只是「國滅君死」而已。董仲舒巧設難者提問
而自問自答，以「《春秋》賢死義且得眾心」來褒揚紀侯，可說是以公羊「賢

〔註15〕「國滅君死之，正也」的意思是：國家被滅，君隨之而死，是理所當然之事。
　　　　難者認爲，既是理所當然，紀侯只是完成了應該做之事，不應該以此事稱賢。

紀侯」的論點為基礎，展露公羊論者在這件記事上的獨特解經觀點。

（二）昏禮辭窮無稱，方稱主人

《春秋》有經禮，有變禮。為如安性平心者，經禮也；至有於性雖不安，於心雖不平，於道無以易之，此變禮也。是故**昏禮不稱主人，經禮也；辭窮無稱，稱主人，變禮也**。（《繁露・玉英》）

◎隱公二年

經：九月，紀履緰來逆女。

（傳）：紀履緰者何？紀大夫也。何以不稱使？**婚禮不稱主人**。然則曷稱？**稱諸父兄師友**。宋公使公孫壽來納幣，則其稱主人何？**辭窮也**。辭窮者何？無母也。……

（穀梁傳）：逆女，親者也。使大夫，非正也。以國氏者，為其來交接於我，故君子進之也。

（左傳）：九月，紀裂繻來逆女，卿為君逆也。

昏禮不以結婚當事人為具名，只有在不得已的變通情況之下，才捨棄「諸父兄師友」的辭稱，而採用當事人之具名。對於隱公二年經文「紀履緰來逆女」，三傳說法各異，只有《公羊傳》論及昏禮辭稱的問題。董仲舒採用公羊之說，同時提出「經禮」、「變禮」的區分，為公羊一系之論禮，作更有條理的陳述。

（三）變「盛」謂之「成」，諱大惡也

變「盛」謂之「成」，諱大惡也。（《繁露・玉英》）

◎莊公八年

經：夏，師及齊師圍成，成降于齊師。

（傳）：**成者何？盛也**。盛則曷為謂之成？**諱滅同姓也**。曷為不言降吾師？辟之也。

（穀梁傳）：其曰降于齊師何？不使齊師加威於「郕」也。

（左傳）：夏，師及齊師圍「郕」。「郕」降于齊師。仲慶父請伐齊師。公曰：「不可。我實不德，齊師何罪？罪我之由。夏書曰：『皋陶邁種德，德，乃降。』姑務修德，以待時乎！」秋，師還。君子是以善魯莊公。

莊公八年這一則經文，《左傳》、《穀梁傳》均寫作「圍『郕』」，「『郕』降于齊師」，所以根本沒有「變『盛』為『成』」的說法。只有《公羊傳》因為其經

文寫作「圍『成』」，「『成』降于齊師」，所以主張《春秋》的寫法是「變『盛』
爲『成』」。《公羊傳》認爲經文所書寫的「成國」就是「盛國」，「盛」與魯國
同姓，爲了諱言魯滅同姓的惡事，所以經文才改以「成」字來書記「盛國」。
這當然是公羊獨有的解經論述。董仲舒在〈玉英〉篇也認爲經文：「變盛謂之
成」是「諱大惡」的作法。顯然，董氏之持論與《公羊傳》獨特的解經觀點
是一致的。

（四）內其國而外諸夏，內諸夏而外夷狄，言自近者始

> 親近以來遠，未有不先近而致遠者也。故內其國而外諸夏，內諸夏
> 而外夷狄，言自近者始也。（《繁露・王道》）

◎成公十五年

> 經：冬，十有一月，叔孫僑如會晉士燮、齊高無咎、宋華元、衛
> 　　孫林父、鄭公子鰍、邾婁人會吳于鍾離。
>
> （傳）：曷爲殊會吳？外吳也。曷爲外也？《春秋》內其國而外諸
> 　　夏，內諸夏而外夷狄。王者欲一乎天下，曷爲以外內之辭言
> 　　之？言自近者始也。
>
> （穀梁傳）：會又會，外之也。
>
> （左傳）：十一月，會吳于鍾離，始通吳也。

「內其國而外諸夏，內諸夏而外夷狄……言自近者始」是《公羊傳》獨特的
觀點，爲其它二傳所未言。而《公羊傳》這一句話在《傳》文裏只出現在成
公十五年這一則傳文。傳文認爲經文在鍾離之會「外吳」的寫法，是「王者
欲一乎天下」、「自近者始」。董仲舒在〈王道〉篇中，亦引用此語來說明「天
子治天下之義」，顯然，董氏採用了這個僅見於《公羊》的觀點。

（五）卿不得憂諸侯

> 「大夫盟於澶淵」，刺大夫之專政也。（《繁露・王道》）

◎襄公三十年

> 經：晉人、齊人、宋人、衛人、鄭人、曹人、莒人、邾婁人、滕
> 　　人、薛人、杞人、小邾婁人會于澶淵，宋災故。
>
> （傳）：宋災故者何？諸侯會于澶淵，凡爲宋災故也。……曷爲
> 　　使微者？卿也。卿則其稱人何？貶。曷爲貶？卿不得憂諸侯
> 　　也。

（穀梁傳）：會不言其所爲，其曰「宋災故」，何也？不言災故，則無以見其善也。**其曰人，何也？救災以眾。**何救焉？更宋之所喪財也。澶淵之會，中國不侵伐夷狄，夷狄不入中國，無侵伐八年，善之也。晉趙武、楚屈建之力也。

（左傳）：爲宋災故，諸侯之大夫會，以謀歸宋財。……既而無歸於宋，故不書其人。君子曰：「信其不可不慎乎！澶淵之會，**卿不書，不信也夫。**諸侯之上卿，會而不信，寵名皆棄，不信之不可也如是。《詩》曰：『文王陟降，在帝左右』，信之謂也。又曰：『淑慎爾止，無載爾僞』，不信之謂也。」書曰「某人某人會于澶淵，宋災故」，尤之也。不書魯大夫，諱之也。

澶淵之盟所有與會者，經文皆以「人」書寫。對於這樣特別的記載，三傳各有不同的詮釋。對於與會者的實際身份，《公羊傳》、《左傳》都認爲是「卿大夫」。既然是卿大夫，何以經文視之若「微者」，而僅以「人」書記呢？《公羊傳》認爲，卿大夫不得憂諸侯之事，所以經文貶之爲「人」。《左傳》則認爲，經文貶「卿」爲「人」的理由是「諸侯上卿，會而不信」〔註16〕，《公羊傳》、《左傳》雖然皆以經文書「人」爲「貶」，但是「貶」的理由並不相同。《穀梁傳》則持完全相反的意見，認爲經文寫出「宋災故」是有原因的——「不言災故，則無以見其善也」。《穀梁傳》不但不認爲這則經文有「貶」的意思，相反的，還認爲經文寫出召會，是爲了「嘉善」其會，之所以書寫「人」，是爲了表示「救災以眾」。言下之意，《穀梁傳》完全不認爲與會者是「卿大夫」的身份，而是「前往救災之眾人」。董仲舒在〈王道〉篇提到對澶淵之會的看法，不只認爲澶淵之會是「大夫之盟」，而且，進一步明確指出，這是經文「刺大夫之專政」。顯然，董氏的看法與《公羊傳》「卿不得憂諸侯」的說法相一致。《傳》文「卿不得憂諸侯」的說法比較婉轉晦澀，董仲舒則明朗的指出，經文之意是「大夫不得專政」。

（六）甲午祠兵，爲「誅意」之法

「言圍成，甲午祠兵」，以別迫脅之罪，「誅意」之法也。（《繁露·

〔註16〕本來的開會目的是，宋國有災，各國籌劃募款饋宋以救災（「謀歸宋財」），但是，這樣的目的並沒有達成（「既而無歸於宋」），《左傳》因此責備諸國爲「不信」。

王道》）

◎莊公八年

　　經：（春）甲午，祠兵。

　　（傳）：祠兵者何？出曰祠兵，入曰振旅，其禮一也，皆習戰也。
　　　　　　何言乎祠兵？爲久也。曷爲爲久？吾將以甲午之日，然後祠
　　　　　　兵於是。

　　（穀梁傳）：出曰治兵，習戰也。入曰振旅，習戰也。治兵而陳、
　　　　　　蔡不至矣。兵事以嚴終，故曰善陳者不戰，此之謂也。善爲
　　　　　　國者不師，善師者不陳，善陳者不戰，善戰者不死，善死者
　　　　　　不亡。

　　（左傳）：八年，春，治兵于廟，禮也。

莊公八年魯、齊二國聯師「圍成」之事，前文已述，不再贅論。在出師「圍
成」之前，經文記載了「甲午，祠兵」一事。不只寫出「祠兵」之禮，而且
還明確寫出日期。對於經文這一則記事，三傳亦各有不同的詮釋。「祠兵」爲
出師習戰之禮，《穀梁傳》、《左傳》均寫作「治兵」。《公羊傳》認爲，之所以
特別寫出日期，目的在說明魯國從春季甲午日就已經開始練兵，在夏季「圍
成」之前，作了一番長久的打點、準備。《穀梁傳》在此只是藉以書陳對於
「兵戰」的看法：「善陳者不戰」，認爲「治兵而陳蔡不至」，言下之意，「治
兵」的目的，只是恫嚇陳蔡等國，與夏季魯師圍郕毫無關係。《左傳》也是認
爲，春季治兵於廟，只是一般的軍禮，沒有特別的用意。將「甲午祠兵」視
爲「出師求勝」之前兆，並與夏季出師圍成之戰事互繫爲因果，這是《公羊
傳》的看法。董仲舒在〈王道〉篇裏提及經文「甲午祠兵」之記事，與《公
羊傳》同樣言「祠兵」，而非《左傳》、《穀梁傳》所言之「治兵」，董氏也認
爲這是經文爲「言圍成」作鋪設，目的在暗示魯國「圍成」這件滅同姓的惡
事已經準備良久，並非臨時爲大國齊所脅迫而爲，董氏認爲，「甲午祠兵」的
書記，看似一般常禮，事實上在「別迫脅之罪」，對魯國做出滅同姓之惡事，
表達誅責之意。董氏所言之「誅意之法」，顯然也是立基於公羊一系之論點而
解釋。

（七）譏二名，使人有士君子之行

　　孔子曰：「吾因行事，加吾王心焉，假其位號，以正人倫，因其成敗，
　　以明順逆。」故其所善，則桓文行之而遂，其所惡，則亂國行之終

以敗。故始言「大惡」殺君亡國，終言「赦小過」；是亦始於麤粗，終於精微，教化流行，德澤大洽。天下之人，人有士君子之行，而少過矣，亦「譏二名」之意也。(《繁露‧俞序》)

◎定公六年

經：季孫斯、**仲孫忌**帥師圍運。(穀梁傳、左傳「運」均作「鄆」)

（傳）：此仲孫何忌也，曷為謂之仲孫忌？譏二名。二名，非禮也。

<u>（穀梁傳、左傳，經文雖然均作「仲孫忌」。但均未有「譏二名」之發論）</u>。

◎哀公十三年

經：晉<u>魏多</u>帥師侵衛。(此獨《公羊傳》經文作「魏多」。穀梁傳、左傳皆作「魏曼多」)。

（傳）：此晉魏曼多也，曷為謂之晉魏多？譏二名，二名，非禮也。

「譏二名」是《公羊傳》對《春秋》經「人名」書寫方式獨有的觀點。三傳之中，只有《公羊傳》出現以「二名」為譏的說法。所謂的「二名」，是指同一位人物，其名稱在《春秋》經文竟出現二種不同的稱呼，例如：「仲孫何忌」，另作「仲孫忌」；「魏曼多」，另作「魏多」。事實上，《公羊傳》傳文指出「譏二名」者，也只有這二人；而且，各只有一次。分別是：

1. 「仲孫何忌」：定公六年，三傳之《春秋》經文皆寫作「仲孫忌」。
2. 「魏曼多」：哀公十三年，《公羊傳》之《春秋》經文寫作「魏多」。《左傳》、《穀梁傳》之經文仍然作「魏曼多」。

何以「仲孫何忌」在經文中多次出現（參見表一），卻只有在定公六年這一則經文作「仲孫忌」？定公六年三傳經文雖然都將「仲孫何忌」寫作「仲孫忌」，卻只有《公羊傳》提出「譏二名」的詮釋方式，《左傳》、《穀梁傳》都沒有說明，。哀公十三年「魏多」更是僅見於《公羊傳》之經文，《左傳》、《穀梁傳》之經文仍然作「魏曼多」，所以，根本無須對「二名」提出解釋（參見表二）。

董仲舒在〈俞序〉裏對「譏二名」有所詮釋，董氏提到孔子「假其名號，以正人倫」，「教化流行，德澤大洽」乃「譏二名」的真正目的。顯然，董氏對經文的看法，同意公羊所言之「譏二名」。《公羊傳》對於「譏二名」，只釋以「二名，非禮也」，文意並不甚清楚。董氏云「天下之人，人有士君子之行，

而少過矣」，從名號教化的觀點，去闡釋「何忌」（無所忌憚）、「曼多」（怠慢得很）二名有不雅之意，故爲提倡教化之君子所譏。這是公羊一系論者，對經文「仲孫何忌」書「仲孫忌」、「魏曼多」書「魏多」的詮釋，顯然，亦爲董氏論點之所據，並作出較《公羊傳》更清楚的說明。

表一：《春秋》經文「仲孫何忌」出現一覽表

公羊傳　　十五次

昭公三十二年	冬，仲孫何忌會晉韓不信、齊高張、宋仲幾、衛世叔申、鄭國參、曹人、莒人、邾婁人、薛人、杞人、小邾婁人城成周。
定公三年	冬，仲孫何忌及邾婁子盟于枝。
定公六年	夏，季孫斯、仲孫何忌如晉。
定公六年	季孫斯、仲孫忌帥師圍運。 （傳）：此仲孫何忌也，曷爲謂之仲孫忌？譏二名。二名，非禮也。
定公八年	季孫斯、仲孫何忌帥帥侵衛。
定公十年	叔孫州仇、仲孫何忌帥師圍郈。
定公十年	秋，叔孫州仇、仲孫何忌帥師圍費。
定公十二年	季孫斯、仲孫何忌帥師墮費。
哀公元年	冬，仲孫何忌帥師伐邾婁。
哀公二年	春，王二月，季孫斯、叔孫州仇、仲孫何忌帥師伐邾婁，取漷東田及沂西田。 癸巳，叔孫州仇、仲孫何忌及邾婁子盟于句繹。
哀公三年	叔孫州仇、仲孫何忌帥師圍邾婁。
哀公六年	冬，仲孫何忌帥師伐邾婁。

穀梁傳　　十三次

昭公三十二年	冬，仲孫何忌會晉韓不信、齊高張、宋仲幾、衛太叔申、鄭國參、曹人、莒人、邾人、薛人、杞人、小邾人，城成周。
定公三年	冬，仲孫忌及邾子盟于拔。
定公六年	夏，季孫斯、仲孫忌如晉。
定公六年	季孫斯、仲孫忌帥師圍鄆。
定公八年	季孫斯、仲孫何忌帥師侵衛。
定公十年	叔孫州仇、仲孫何忌帥帥圍郈。秋，叔孫州仇、仲孫何忌帥師圍郈。
定公十二年	季孫斯、仲孫何忌帥師墮費。

哀公元年	冬，仲孫何忌帥師伐邾。
哀公二年	春，王二月，季孫斯、叔孫州仇、仲孫何忌帥師伐邾，取漷東田。
哀公二年	癸巳，叔孫州仇、仲孫何忌及邾子盟于句繹。 （傳）：三人伐而二人盟，何也？各盟其得也。
哀公三年	叔孫州仇、仲孫何忌帥師圍邾。
哀公六年	冬，仲孫何忌帥師伐邾。

左　傳　　十四次

昭公三十二年	冬，仲孫何忌會晉韓不信、齊高張、宋仲幾、衛世叔申、鄭國參、曹人、莒人、薛人、杞人、小邾人城成周。
定公三年	冬，仲孫何忌及邾子盟于拔。
定公六年	夏，季孫斯、仲孫何忌如晉。
定公六年	季孫斯、仲孫忌帥師圍鄆。
定公八年	季孫斯、仲孫何忌帥師侵衛。
定公十年	叔孫州仇、仲孫何忌帥師圍郈。
定公十年	秋，叔孫州仇、仲孫何忌帥師圍郈。
定公十二年	季孫斯、仲孫何忌帥師墮費。
哀公元年	冬，仲孫何忌帥師伐邾。
哀公二年	春，王二月，季孫斯、叔孫州仇、仲孫何忌帥師伐邾，取漷東田及沂西田。癸巳，叔孫州仇、仲孫何忌及邾子盟于句繹。
哀公三年	叔孫州仇、仲孫何忌帥師圍邾。
哀公六年	冬，仲孫何忌帥師伐邾。
哀公十四年	八月辛丑，仲孫何忌卒。

表二：《春秋》經文「魏曼多」出現一覽表

公羊傳

哀公七年	晉魏曼多帥師侵衛。
哀公十三年	晉魏曼多帥師侵衛。 （傳）：此晉魏曼多也，曷為謂之晉魏多？譏二名，二名，非禮也。

穀梁傳

哀公七年	晉魏曼多帥師侵衛。
哀公十三年	晉魏曼多帥師侵衛。

左　傳

定公十三年	（傳）：冬十一月，荀躒、韓不信、魏曼多奉公以伐范氏、中行氏，弗克。
哀公七年	晉魏曼多帥師侵衛。
哀公十三年	晉魏曼多帥師侵衛。

（八）邢、衛為狄所滅，《春秋》為齊桓諱

邢、衛，魯之同姓也，狄人滅之，《春秋》為諱，避齊桓也。（《繁露·觀德》）

◎僖公元年

經：齊師、宋師、曹師次于聶北，救邢。

（傳）：救不言次，此其言次何？不及事也。不及事者何？邢已亡矣。孰亡之？蓋狄滅之。曷為不言狄滅之？為桓公諱也。曷為為桓公諱？上無天子，下無方伯，天下諸侯有相滅亡者，桓公不能救，則桓公恥之。……諸侯之義不得專封，則其曰實與之何？上無天子，下無方伯，天下諸侯有相滅亡者，力能救之，則救之可也。

（穀梁傳）：救不言次，言次非救也，非救而曰救，何也？遂齊侯之意也。……其不言齊侯，何也？以其不足乎揚，不言齊侯也。

（左傳）：諸侯救邢。邢人潰，出奔師。師遂逐狄人，具邢器用而遷之，師無私焉。

◎僖公二年

經：春，王正月，城楚丘。

（傳）：孰城之？城衛也。曷為不言城衛？滅也。孰滅之？蓋狄滅之。曷為不言狄滅之？為桓公諱也。曷為為桓公諱？上無天子，下無方伯，天下諸侯有相滅亡者，桓公不能救，則桓公恥之也。……諸侯之義不得專封，則其曰實與之何？上無天子，下無方伯，天下諸侯有相滅亡者，力能救之，則救之可也。

（穀梁傳）：……不與齊侯專封也。其言城之者，專辭也。故非天子不得專封諸侯，諸侯不得專封諸侯。雖通其仁，以義而不

與也。故曰：仁不勝道。

（左傳）：春，諸侯城楚丘而封衛焉。不書所會，後也。

僖公元年經文「救邢」二字，三傳各有解釋，《左傳》雖然寫到「師遂逐狄人」，但卻未明言「邢」是否爲狄所滅？《穀梁傳》則將重點放在經文「救不言『次』，言『次』非救也」的討論上，對經文既言「次」、又言「救」，提出「道齊侯之意」，以作爲經文書寫這則記事的動機。只有《公羊傳》認爲，經文雖然記載「救邢」，實際上，此次救援並未成功，邢國終究被夷狄所滅。既然是爲夷狄所滅，何以經文不明文寫出來，卻只寫到「救邢」呢？齊桓公身爲霸主，竟未能阻止諸夏國爲夷狄所滅！對於此等遺憾之事，經文只寫出「救邢」而不寫出「狄滅之」，《公羊傳》認爲，《春秋》有「爲賢者諱」（爲齊桓公諱）的意圖。

僖公二年經文「城楚丘」，也是一則詭異的記事，不僅未寫出主詞，連受詞「楚丘」也不尋常。三傳皆認爲楚丘是「衛邑」，那麼，何以經文不直接寫出「衛」呢？對於這一則經文，《左傳》寫出「諸侯城楚丘而封衛」的事實，《穀梁傳》、《公羊傳》雖然都以爲經文有「不與諸侯專封」的含意，二者文旨卻大不相同。《穀梁傳》認爲：「不與齊侯專封也。其言城之者，專辭也」。言下之意，經文寫出「『城』楚丘」，是譴責「齊侯專封」的意思。《公羊傳》雖然同樣以「不與齊侯專封」之意去解釋經文，但是卻把重點放在「爲桓公諱」之上，強調「上無天子，下無方伯，天下諸侯有相滅亡者，力能之，則救之可也」，與《穀梁傳》重在譴責「諸侯不得專封諸侯，雖通其仁，以義而不與也」，二者釋義完全相反。董仲舒於《繁露・觀德》裏提到：「邢、衛，魯之同姓也，狄人滅之，《春秋》爲諱，避齊桓也」，既指出狄人滅邢、衛，又承認《春秋》有「爲齊桓諱」的用意，董氏之持論顯然與《公羊傳》一致。

（九）盛伯、郜子當絕而不名，為其與我同姓兄弟也

德等也，則先親親。……盛伯、郜子俱當絕，而獨不名，爲其與我同姓兄弟也。（《繁露・觀德》）

◎文公十二年

經：春，王正月，盛伯來奔。（《穀梁傳》、《左傳》作「郕伯」）

（傳）：盛伯者何？失地之君也。何以不名？兄弟辭也。

（左傳）：春，郕伯卒，郕人立君。太子以夫鍾與郕邽來奔。公以

諸侯逆之，非禮也，故書曰「郕伯來奔」。不書地，尊諸侯
也。

（穀梁傳無發論）

◎僖公二十年

經：夏，郜子來朝。

（傳）：郜子者何？失地之君也。何以不名？兄弟辭也。

（穀梁傳、左傳均無發論）

文公十二年經文「盛伯來奔」（穀、左二傳作「郕伯」），三傳之中，《穀梁傳》無發論，《左傳》則認為是「太子以夫鍾與郕邽來奔，公以諸侯逆之，非禮也」。《左傳》所言之「郕」，《公羊傳》作「盛」國，因此，對經文有截然不同的解釋。《公羊傳》認為盛伯是「失地之君」，經文對失地之君本該書「名」示「絕」；但因為是同姓國，有兄弟情誼，所以經文對同姓國的「失地之君」，採取了「不書『名』」的特別寫法，這種寫法被《公羊傳》稱為「兄弟辭」。

僖公二十年「郜公來朝」，經文的書寫模式，與前述「盛伯來朝」如出一轍，這一則經文，《左傳》、《穀梁傳》都未有發論。《公羊傳》則是以「盛伯來朝」時完全相同的「兄弟辭」作解釋。董仲舒在〈觀德〉論述「親親之義」時，特別以盛伯、郜子二則經文並列為例，顯然董氏已經發現這二則經文的類似性。董氏認為，經文合理的寫法是寫出二國國君之名，以表示這是失地之君。但是，實際上經文並沒有寫出其人之名。特別的處理，只因為「其與我同姓兄弟也」。董氏所論，完全與《公羊傳》的論點相吻合。

（十）儀父獨漸進

耳聞而記，目見而書，或徐或察，皆以其「**先接於我者**」序之。其於會、朝、聘之禮亦猶是，諸侯與盟者眾矣，而**儀父**獨漸進。（《繁露·觀德》）

◎隱公元年

經：三月，公及邾婁儀父盟于眛。（左傳作「蔑」）

（傳）：……儀父者何？邾婁之君也。何以名？字也。曷為稱字？褒之也。曷為褒之？為其與公盟也。與公盟者眾矣，曷為獨褒乎此？因其可褒而褒之。此其為可褒奈何？漸進也。眛者何？地期也。

〈穀梁傳〉：及者何？內爲志焉爾。儀，字也。父，猶傳也，男子
之美稱也。其不言邾子，何也？邾之上古微，未爵命於周也。
不日，其盟渝也。眛，地名也。

〈左傳〉：三月，公及邾儀父盟于蔑，邾子克也。未王命，故不書
爵。曰「儀父」，貴之也。公攝位而欲求好於邾，故爲蔑之
盟。

◎桓公十七年

經：二月丙午，公及邾婁儀父盟于趡。

〈左傳〉：及邾儀父盟于趡，尋蔑之盟也。

（公羊傳、穀梁傳未發論）

邾婁儀父與魯君有二次結盟，一次在隱公元年，另一次在桓公十七年。隱公
元年的結盟，三傳皆對「邾婁儀父」這個稱號提出解釋。《左傳》認爲「未王
命，故不書爵，曰儀父」。《穀梁傳》、《公羊傳》則指出「儀父」是邾婁君之
「字」。關於「邾婁」與「魯」國結盟的情況，三傳看法分歧，所以，對於經
文何以用「邾婁儀父」的方式來書寫，三傳說法各不相同。《左傳》認爲是隱
公攝位，「欲求好於邾」，因此用尊貴的「字」號，來稱呼儀父。《穀梁傳》則
是由經文這次結盟未寫日期（不日），來闡述「其盟渝也」，而不是由「儀父」
的稱號去看待盟會的情況。至於《公羊傳》則認爲，稱「字」是經文褒美的
寫法。「與公盟者眾矣」，爲何對邾婁儀父的結盟特別褒美？「因其可褒而褒
之」、「漸進也」。也就是說，《公羊傳》是以邾婁儀父既在隱公元年與魯有盟，
又於桓公十七年再有續盟爲理由，褒美邾婁儀父「漸進」。

董仲舒認爲《春秋》經文有「先接於我之志」，對於與魯國有來往的國家，
會特別在敘事寫法上予以尊重。在《繁露·觀德》裏，董氏舉「諸侯與盟者
眾矣，而儀父獨漸進」爲例，可見在隱公元年的結盟記事上，董氏與《公羊
傳》「獨褒漸進」的說法相一致。

經過仔細的交叉比對與分析之後，董仲舒採取《公羊》一系的論點來闡
釋《春秋》經義的情況，在《春秋繁露》書中，盡目皆是；以上十例是爲了
呈現與《公羊》一系論者的關係，而特別就「三傳所論各異」的條件下所揀
撰出的案例，用來證明董氏所從所論者，的確皆以公羊一系的論點爲基礎而
更加發皇。董氏治《春秋》「其傳公羊氏」，經過以上十則事例之具體舉證，
可以呈現董氏春秋學與《公羊春秋》的確有密切之關係。

二、董仲舒對《春秋》經、傳的看法

　　所謂的「《春秋》經、傳」，指的是《公羊傳》以及由公羊這一系論者所操持的《春秋》經。這一單元我們要討論的是，董仲舒對經、傳的看法。由於當時人對《公羊》經、傳，皆以「《春秋》」稱呼之，從未使用「《公羊傳》」一辭，所以我們在本單元亦沿用時人之名號。但是，在本論文其他章節，為求行文清楚、與其他二傳有別，我們對這一概念則仍以「《公羊》經、傳」來指稱。

　　董仲舒其人之時代，與《公羊傳》寫定為文本的時間極為接近，再加上《史記・儒林列傳》只很籠統的敘述其學承：「其傳公羊氏。」因此，儘管董仲舒論述《春秋》所據事理，與《公羊傳》相合，我們卻無法辨別其學理究竟出自於《公羊傳》？或是《傳》之外另有接聞於公羊經師？在〈俞序〉篇裏，董氏提及數位孔門弟子論《春秋》之語，皆未見於今本《公羊傳》，致使我們懷疑，董氏所承於公羊氏之《春秋》學養，較今日《公羊傳》的內容要更為廣博。那麼，董氏對於《春秋》經文與《傳》之間的關係，看法又如何呢？在《春秋繁露》中曾數次述及《春秋》經、傳，我們可以借此具體得知，董氏對於《春秋》經、傳的態度和看法。

(一)「義」為「經」之大本

　　《經》的「核心價值」在於展現「仁義」。董仲舒以「義旨」為「經」之大本；這是董氏賦予「經」的意義，也是他一生宏揚經學的信念。董仲舒的思想，重視溯源歸本的探求，在《繁露・重政》中，他提到「聖人能屬萬物於一，而繫之元也」，聖人如何能屬萬物於一呢？在他的詮釋之下，「經」就是聖人執以教化天下的「大本」與「大元」；傳經教化之目的，是使人的行為能實踐道德、成善成治。他說：「《春秋》變一謂之『元』，『元』猶原也，其義以隨天地終始也」(〈重政〉)，董氏強調「貴元」、「重始」，我們除了以「明辨本末終始」的意義去理解董氏所謂之「元」，不妨更深入的以「核心價值」的追求去理解，董氏「屬萬物於一」而繫之於「元」，這種「溯原」功夫的意義。對於聖人所傳下之經典，他認為：

> 能說鳥獸之類者，非聖人所欲說也；<u>聖人所欲說，在於說仁義而理之</u>，知其分科條別，貫所附，<u>明其義之所審，勿使嫌疑，是乃聖人之所貴</u>而已矣。(《繁露・重政》)

經典學習的「核心價值」在於「析理明義」以行「仁」，這種「核心價值」能

不能彰顯？關鍵在於：人師對於聖人經典是否有正確的看法。所以，董氏特別強調「明其義之所審，勿使嫌疑，是乃聖人所貴而已矣」，視《經》之內容為「大本」，尤其重視經典「義旨」的傳習，不可有偏差和扭曲。他同時也警惕為人師者，在傳授經義時，必須先對「經」的核心價值有清楚的認識：

> 傳於眾辭，觀於眾物，說不急之言而以惑後進者，君子之所甚惡也。……故曰：於乎！為人師者，可無慎邪！夫義出於經；經，傳大本也。（《繁露・重政》）

《經》的「核心價值」在於展現「仁義」之理，最終致用於世。在〈玉杯〉裡，他甚至就每一部聖人經典一一分析其特質：

> 君子知在位者之不能以惡服人也，是故簡六藝以瞻養之。《詩》《書》序其志，《禮》《樂》純其美，《易》《春秋》明其知。六學皆大，而各有所長。《詩》道志，故長於質；《禮》制節，故長於文；《樂》詠德，故長於風；《書》著功，故長於事；《易》本天地，故長於數；《春秋》正是非，故長於治人；能兼得其所長，而不能遍舉其詳也。

經典如何能致用於世？董仲舒所訴諸的方法，並非將經典視為干名求祿的「高頭講章」，而是熟通經典之義，以「經典義旨」瞻養人的心性與言行。如何正確的治經研經？或終究只是流於「說鳥獸之類」、「傳於眾辭，觀於眾物」、「說不急之言，以惑後進」？董氏認為，經典的學習之所以產生意義，端在於能否明瞭，聖人蘊含於經典中的深意與心志；「義出於經；經，傳大本也」，董氏以「大本」來闡發經典的價值：經典的傳習，首重於「義」；研經方法的引導，則仰賴於「師」。

（二）《春秋》卒無妄言而得應於「傳」

> 《春秋》赴問數百，應問數千，同留經中。翻援比類，以發其端，卒無妄言而得應於《傳》者。今使外賊不可誅，故皆復見，而問曰：『此復見，何也？』言莫妄於是，何以得應乎？故吾以其得應，知其問之不妄。以其問之不妄，知盾之獄不可不察也。夫名為弒父而實免罪者，已有之矣；亦有名為弒君，而罪不誅者，逆而距之，不若徐而味之。（《繁露・玉杯》）

「赴問數百，應問數千，同留經中」，對於《公羊傳》問答體的解經方式，董仲舒認為，問題所發之端，往往即是《春秋》經文寓義隱微之處。因為在《春秋》經文裏，「翻援比類，以發其端」，循著傳文之發問，往往可以尋找出經

文書寫的深義；因此，董氏對《公羊傳》問答的形式，深具信心。董氏認爲《公羊傳》「以其得應，知其問之不妄」，經與傳兩相比照，「卒無妄言」而得以相應。董仲舒在此處援引二處由《傳》文發問而探得《春秋》經文深義之例：

1. 賊未討，何以書「葬」？
　　◎昭公十九年
　　　經：夏，五月戊辰，許世子止弒其君買。

　　◎昭公十九年
　　　經：冬，葬許悼公。

　　（傳）：**賊未討，何以書葬？**不成于弒也。曷爲不成于弒？止進藥
　　　而藥殺也。止進藥而藥殺，則曷爲加弒焉爾？譏子道之不盡
　　　也。其譏子道之不盡奈何？曰：樂正子春之視疾也。復加一
　　　飯則脫然愈，復損一飯則脫然愈；復加一衣則脫然愈，復損
　　　一衣則脫然愈。止進藥而藥殺，是以君子加弒焉爾，曰「許
　　　世子止弒其君買」，是君子之聽止也；「葬許悼公」，是君子之
　　　赦止也。赦止者，免止之罪辭也。

2. 弒君者，何以「復見」於經文？
　　◎宣公二年
　　　經：秋，九月乙丑，晉趙盾弒其君夷獋。

　　◎宣公六年
　　　經：春，晉趙盾、衛孫免侵陳。

　　（傳）：**趙盾弒君，此其復見何？**親弒君者，趙穿也。親弒君者趙
　　　穿，則曷爲加之趙盾？不討賊也。何以謂之不討賊？晉史書
　　　賊曰：「晉趙盾弒其君夷獋。」趙盾曰：「天乎！無辜！吾不
　　　弒君，誰謂吾弒君者乎？」史曰：「爾爲仁爲義，人弒爾君，
　　　而復國不討賊，此非弒君而何？」。趙盾之復國奈何？靈公爲
　　　無道，……趙穿緣民眾不說，起弒靈公，然後迎趙盾而入，
　　　與之立于朝，而立成公黑臀。

《公羊傳》所提出的關鍵性問題是：「賊未討，何以書葬？」、「弒君者，何以復見？」，這二個問題都是由傳文對經文記載人物的細膩觀察而引發，倘若不

是《傳》文的發問，單從經文表面之記事，不容易看出《春秋》寓含何等深義。

隱公十年《公羊傳》曾提到「《春秋》君弒，賊不討，不書葬，以爲無臣子也」〔註17〕。所以許世子止「因進藥而藥殺其君父」這件事，《傳》對於經文書許君之「葬」，特別發問「賊未討，何以書葬？」來提醒所有人注意，事實上是許世子「不成於弒」。經文既然已經寫出「葬許悼公」，就表示「君子之赦止也」，也就是「免止之罪辭」。董仲舒由許世子「名爲弒父而實免罪」這一個傳文的事例，推演傳文另一則發問：「趙盾弒君，其復見何？」；宣公六年「趙盾弒君，而經文又復見」的這一問題，傳文的發問同樣是要突顯宣公二年經文「趙盾弒其君夷皋」，實際的弒君者是趙穿。所以在宣公六年傳文的發問下，藉機寫出「親弒君者，趙穿也」。董仲舒認爲，由許止「名爲弒父而實免罪」之事例，亦可推得趙盾乃「名爲弒君而罪不誅」者。董仲舒對於經、傳問答的相應非常有信心。董氏認爲，對於《公羊傳》的發問與經文事蹟之比對，往往是看出《春秋》義旨的關鍵。如果能從經、傳之中「發其端」，察其細微，董氏相信，《春秋》義旨「卒無妄言而得應於《傳》」。我們可以在此看出，董仲舒對《公羊傳》的態度，是堅信不移的，所以他說「《春秋》赴問數百，應問數千」，發問者爲「傳」，回應者爲「經」，經傳所言義旨，必能相應。對於若干經、傳事例，乍看之下似乎不相及者，董氏建議治學《春秋》者，尋繹經、傳之間隱微的線索，必須秉持「逆而距之，不若徐而味之」的態度，才能找到其中的事理和啓發。

（三）《公羊傳》釋經入於端眇，非與「經」不相及

《公羊傳》所載內容與經文之記事，是否有衝突、不合之處呢？桓公二年《春秋》經文「宋督弒其君與夷」以及隱公三年《公羊傳》傳文「莊公馮弒與夷」，二者明顯出現牴觸。到底與夷是被誰所弒？乍看之下，經、傳似乎所述不一。

「經曰：『宋督弒其君與夷。』《傳》言：『莊公馮殺之。』不可及於經，何也？」

曰：「非不可及於經，其及之端眇，不足以類鉤之，故難知也。……

〔註17〕隱公十年　經：冬，十有一月壬辰，公薨。（傳）：何以不書葬？隱之也。何隱爾？弒也。弒則何以不書葬？《春秋》君弒，賊不討，不書葬，以爲無臣子也。……

今此《傳》言莊公馮，而於經不書，亦以有避也。……不書莊公馮殺，避所善也。是故讓者，《春秋》之所善。宣公不與其子而與其弟，其弟亦不與子而反之兄子，雖不中法，皆有讓高，不可棄也，故君子爲之諱『不居正』之謂，避其後亂，移之宋督，**以存善志**。此亦《春秋》之義，善無遺也。若直書其篡，則『宣、繆之高』滅，而善之無所見矣。」（《繁露・玉英》）

◎隱公三年

經：癸未，葬宋繆公。

（傳）：……宣公謂繆公曰：「以吾愛與夷，則不若愛女；以爲社稷宗廟主，則與夷不若女，盍終爲君矣？」宣公死，繆公立，**繆公逐其二子莊公馮與左師勃**，……終致國乎與夷。**莊公馮弒與夷**。故君子大居正，宋之禍，宣公爲之也。

◎桓公二年

經：春，王正月戊申，**宋督弒其君與夷**及其大夫孔父。

董仲舒藉問難者提出「《傳》是否不及於經」的懷疑，然後，再進一步爲《經》、《傳》內容的相異作澄清。就經、傳之異，直叩經旨，充分展現經、傳之間巧妙的文義。

《傳》載「莊公馮殺與夷」，經文寫的卻是「宋督弒與夷」，董仲舒絲毫不曾懷疑經、傳有牴觸。經、傳敘述的不同，董氏的看法是，經文於事理「有避」，所以未直書其事。關於問難者對於《傳》的質疑，董氏則鄭重澄清：「非不可及於經，其及之端眇」。我們在此可以見到董氏對於《公羊傳》毫無懷疑的堅信態度，即便是經文「宋督弒其君與夷」與傳文「莊公弒與夷」記載未合，董氏依然深究其中足以發人深省的事理而賦予道德的詮釋：「君子爲之諱『不居正』之謂……以存善志」，所謂的「不居正」，必須上溯到宋宣公傳位其弟宋繆公這件事，宋繆公爲了再歸位於兄之子與夷，於是驅逐自己的二個兒子，沒想到，卻埋下與夷被弒的殺機。董氏指出，經文「若直書其篡（繆公之子馮弒與夷而篡，是爲宋莊公），則『宣、繆之高』滅，而善之無所見矣」。傳文寫出了眞正的兇手是莊公馮，而經文之所以不直接寫出弒與夷的眞正主謀，是繆公之子馮，卻託名於馮的手下宋督，目的就在於：保存宣公讓位於繆公的「善志」。董氏的詮釋，既沒有違背經文，也沒有「破傳」。

《春秋》經傳在董氏的「詮釋」之下，並非以建立「史學」爲職志，而

是要明王道、啓人心於善。爲何「傳」似乎與「經」不相及？董氏認爲，是因爲經有「避諱」的考量和作法所致。傳文把事實講出來，卻沒有將經文隱諱的原因說出來，所以，看起來像似經傳不相及。董氏對於《春秋》經、傳，始終抱持「奉守而詮釋」的態度。

（四）《春秋》一詞，既指經文文獻，亦含傳文之釋義

太史公《史記》中所稱引決事之「《春秋》」，並非單指「引經據典」的搬弄文句而已；而是援引傳文所釋之經義，加以評判事理該當如何爲宜？《史記》中，當事人皆直接以「《春秋》」稱呼「《公羊傳》文義」，顯然這是當時普遍的作風。董仲舒春秋學中，亦以「《春秋》」一詞，統括《經》、《傳》而論述事理。例如《漢書》本傳三篇對策中，提到《春秋》者：

> 《春秋》之文，求王道之端，得之於正。正次王，王次春。春者，天之所爲也；正者，王之所爲也。其意曰：上承天之所爲，而下以正其所爲，正王道之端云爾。（〈賢良對策一〉）

> 《春秋》謂一元之意。一者，萬物之所從始也，元者辭之所謂大也。謂一爲元者，視大始而欲正本也。（〈賢良對策一〉）

> 《春秋》深探其本，而反自貴者始。故爲人君者，正心以正朝廷，正朝廷以正百官，正百官以正萬民，正萬民以正四方。四方正，遠近莫敢不壹於正，而亡有邪氣奸其間者。（〈賢良對策一〉）

> 《春秋》之所譏，災害之所加也；《春秋》之所惡，怪異之所施也。（〈賢良對策三〉）

> 《春秋》大一統者，天地之常經，古今之通誼也。（〈賢良對策三〉）

以上〈賢良對策〉所論之「《春秋》」，其文句、旨義，事實上皆出自於《公羊傳》傳文。董仲舒在〈三代改制質文〉中，也有引述「《春秋》之語」：

> 《春秋》鄭忽何以名？《春秋》曰：「伯子男一也，辭無所貶。」何以爲一？曰：周爵五等，《春秋》三等。（〈三代改制質文〉）

◎桓公十一年

> 經：鄭忽出奔衛。

> （傳）：「忽何以名？《春秋》伯、子、男一也，辭無所貶。」

董氏所引用的「《春秋》曰：『伯子男一也，辭無所貶。』」，事實上，見於桓公十一年《公羊傳》，但是董氏仍以「《春秋》」稱呼。可見在引《傳》述義時，

《傳》在董氏心目中的地位，與《春秋》經文是一體的。不過，《春秋》經、傳畢竟有別，從董氏現存《春秋繁露》中有二十處引用「《傳》曰」的段落，其中不乏《春秋》、《傳》同時並列。由此看來，董仲舒對於釋經義的《傳》，在表達義旨時總是等視於《春秋》；但是涉及文獻出處版本時，董氏顯然已將經、傳有所區隔。

表三：《春秋繁露》引「傳」一覽表

	《春秋繁露》引「傳」	公羊傳
1	《傳》曰：「輕爲重，重爲輕」。（〈玉杯〉）（ps：左傳宣公三年）〔註18〕	公羊傳？
2	經曰：『宋督弒其君與夷。』《傳》言：「『莊公馮殺之。』不可及於經，何也？」曰：「非不可及於經，其及之端眇，不足以類鉤之，故難知也。」（〈玉英〉）	隱公三年公羊傳、桓公二年公羊傳〔註19〕
3	《傳》曰：『臧孫許與晉郤克同時而聘乎齊。』按經無有，豈不微哉。不書其往，而有避也。今此《傳》言莊公馮，而於經不書，亦以有避也。（〈玉英〉）	成公二年公羊傳〔註20〕
4	《春秋》傳曰：「大夫不適君。」（〈王道〉）	？
5	《春秋》紀纖芥之失，反之王道。追古貴信，結言而已，不至用牲盟而後成約，故曰：「齊侯衛侯胥命於蒲。」《傳》曰：「古者不盟，結言而退。」（〈王道〉）	桓公三年公羊傳〔註21〕
6	天下者無患，然後性可善；性可善，然後清廉之化流；清廉之化流，然後王道舉。禮樂興，其心在此矣。《傳》曰：「諸侯相聚而盟。」（〈盟會要〉）	僖公九年公羊傳〔註22〕

〔註18〕宣公三年（左傳）：「楚子伐陸渾之戎，遂至於雒，觀兵于周疆。定王使王孫滿勞楚子。楚子問鼎之大小、輕重焉。對曰『在德不在鼎。……德之休明，雖小，重也。其姦回昏亂，雖大，輕也。……周德雖衰，天命未改。鼎之輕重，未可問也。』」

〔註19〕隱公三年　經：「癸未，葬宋繆公」。（傳）：「……莊公馮弒與夷。故君子大居正，宋之禍宣公爲之也」。
　　　　桓公二年　經：「二年，春，王正月戊申，宋督弒其君與夷及其大夫孔父」。

〔註20〕成公二年　經：「秋，七月，齊侯使國佐如師。已酉，及國佐盟于袁婁」。（傳）：「……前此者，晉郤克與臧孫許同時而聘于齊。……」

〔註21〕桓公三年　經：「夏，齊侯、衛侯胥命于蒲」。（傳）：「……古者不盟，結言而退」。

〔註22〕僖公九年　經：「九月戊辰，諸侯盟于葵丘」。（傳）：「桓之盟不日，此何以日？危之也。何危爾？貫澤之會，桓公有憂中國之心，不召而至者，江人、黃人也。葵丘之會，桓公震而矜之，叛者九國。震之者何？猶曰振振然。矜之者何？猶曰莫若我也」。

7	孔子明得失，見成敗，疾時世之不仁，失王道之體，故緣人情，赦小過。《傳》又明之曰：「君子辭也。」（〈俞序〉）	桓公十八年、宣公十二年、襄公三十年公羊傳〔註23〕
8	《春秋》曰：「王正月」，《傳》曰：「王者孰謂？謂文王也。曷為先言王而後言正月？王正月也。」（〈三代改制質文〉）	隱公元年公羊傳〔註24〕
9	《春秋》曰：「會宰周公。」又曰：「公會齊侯、宋公、鄭伯、許男、滕子。」又曰：「初獻六羽。」《傳》曰：「天子三公稱公，王者之後稱公，其餘大國稱侯，小國稱伯、子、男。」（〈爵國〉）	隱公五年公羊傳〔註25〕
10	《春秋》曰：「荊。」《傳》曰：「氏不若人，人不若名，名不若字。」（〈爵國〉）	莊公十年公羊傳〔註26〕
11	《春秋》曰：「宰周公。」《傳》曰：「天子三公。」（〈爵國〉）	僖公九年公羊傳〔註27〕
12	「祭伯來」，《傳》曰：「天子大夫。」（〈爵國〉）	隱公元年公羊傳〔註28〕
13	「宰渠伯糾」，《傳》曰：「下大夫。」（〈爵國〉）	桓公四年公羊傳〔註29〕
14	「石尚」，《傳》曰：「天子之士也。」（〈爵國〉）	定公十四年公羊傳〔註30〕

〔註23〕桓公十八年　經：「冬，十有二月己丑，葬我君桓公」。（傳）：「賊未討，何以書葬？讎在外也。讎在外則何以書葬？君子辭也」。
　　　　宣公十二年　經：「十有二年，春，葬陳靈公」。（傳）：「討此賊者非臣子也，何以書葬？君子辭也。楚已討之矣，臣子雖欲討之而無所討也」。
　　　　襄公三十年　經：「冬，十月，葬蔡景公」。（傳）：「賊未討，何以書葬？君子辭也」。

〔註24〕隱公元年　經：「元年，春王正月」。（傳）：「元年者何？君之始年也。春者何？歲之始也。王者孰謂？謂文王也。曷為先言王而後言正月？王正月也。何言乎王正月？大一統也。」

〔註25〕隱公五年　經：「初獻六羽」。（傳）：「……天子三公稱公，王者之後稱公，其餘大國稱侯，小國稱伯、子、男。……」

〔註26〕莊公十年　經：「秋，九月，荊敗蔡師于莘，以蔡侯獻舞歸」。（傳）：「荊者何？州名也。州不若國，國不若氏，氏不若人，人不若名，名不若字，字不若子。……」

〔註27〕僖公九年　經：「夏，公會宰周公、齊侯、宋子、衛侯、鄭伯、許男、曹伯于葵丘」。（傳）：「宰周公者何？天子之為政者也」。

〔註28〕隱公元年　經：「冬，十有二月，祭伯來」。（傳）：「祭伯者何？天子之大夫也。……」

〔註29〕桓公四年　經：「夏，天王使宰渠伯糾來聘」。（傳）：「宰渠伯糾者何？天子之大夫也。其稱宰渠伯糾何？下大夫也。」

〔註30〕定公十四年　經：「天王使石尚來歸脤」。（傳）：「石尚者何？天子之士也。……」。

15	「王人」，《傳》曰：「微者，謂下士也。」。（〈爵國〉）	僖公八年公羊傳〔註31〕
16	《春秋》曰：「作三軍。」《傳》曰：「何以書？譏。何譏爾？古者上卿、下卿、上士、下士。」（〈爵國〉）	襄公十一年公羊傳〔註32〕
17	巂，《傳》無大之之辭。（〈仁義法〉）	僖公二十六年公羊傳〔註33〕
18	《傳》曰：唯天子受命於天，天下受命於天子，一國則受命於君。（〈爲人者天〉）（ps：穀梁傳：隱公八年、莊公元年）〔註34〕	公羊傳？
19	《傳》曰：政有三端：父子不親，則致其愛慈；大臣不和，則敬順其禮；百姓不安，則力其孝弟。（〈爲人者天〉）	？
20	《傳》曰：天生之，地載之，聖人教之。（〈爲人者天〉）	？

　　由上表可見，二十則引《傳》文字中，有五則爲《公羊傳》所無：19、20 二則，文意未必及於《春秋》，「《傳》」可能指三傳以外之文獻；第 4 則「大夫不適君」，雖然已經明文寫出是「《春秋》傳曰」，卻不見於今本《公羊傳》，亦未見於左、穀二傳。另外較值得注意的是，1、18 這二則，皆不見於《公羊傳》文，但是卻可以在《左傳》、及《穀梁傳》中找到文意相似的段落。顯然，董仲舒春秋學內容，所傳雖爲公羊氏之《春秋》學，但其內容所運用的文獻，卻遠比今本《公羊傳》要來得更豐富。

三、董仲舒春秋學之文獻未見於《公羊傳》者

　　由上表所列，顯然董仲舒所運用的春秋學解經文獻，並不拘於《公羊傳》，似乎亦有及於《穀梁傳》、《左傳》。如此一來，我們不免設想，若真有涉及二傳者，與《公羊傳》異同又如何呢？是否與《公羊傳》有衝突？本文特將董仲舒春秋學所運用之文獻，與今存三傳加以比較如下。

〔註31〕僖公八年　經：「八年，春，王正月，公會王人、齊侯、宋公、衛侯、許男、曹伯、陳世子款、鄭世子華，盟于洮」。（傳）：「王人者何？微者也。曷爲序乎諸侯之上？先王命也」。

〔註32〕襄公十一年　經：「十有一年，春，王正月，作三軍」。（傳）：「三軍者何？三卿也。作三軍，何以書？譏。何譏爾？古者上卿、下卿、上士、下士。」

〔註33〕僖公二十六年　經：「齊人侵我西鄙。公追齊師至巂，弗及」。（傳）：「其言『至巂，弗及』何？侈也」。

〔註34〕隱公八年　經：「庚寅，我入邴」。（穀梁傳）：「……邴者，鄭伯所受命於天子，而祭泰山之邑也」。
　　　　莊公元年　經：「三月，夫人孫于齊」。（穀梁傳）：「……人之於天也，以道受命；於人也，以言受命。不若於道者，天絕之也；不若於言者，人絕之也。臣子大受命」。

（一）董氏所論於三傳有所兼合者

本文之前已經就「三傳所論各異，而董氏合於《公羊傳》」的部份作過討論，此處不再贅言。只討論「三傳所論各異」，董氏所論未及於《公羊傳》，卻與《左傳》或《穀梁傳》相合的部份。最後，再討論「三傳所論各異」，而董氏所論，三傳兼採的情況。本文此處為什麼只就「三傳所論各異」的經文事例去討論呢？事實上，對於同一則經文的說釋，三傳論點往往互有同異，或三傳意見一致，或公穀一致，或左穀一致，或公左一致，如果我們拋棄後世師法、家法的門戶成見（如今文如何說……、或某傳如何云……等等），從《春秋》事件事理本身，想要辨識某人釋義所從為「何傳」？只有在三傳論點各異、涇渭分明時，比較某人對《春秋》的詮釋與各異的三傳，孰同孰異，才有論據的價值。

1.三傳所論各異，董氏持論與《穀梁傳》相合者

（1）「桓無王」

> 桓之志無王，故不書王。其志欲立，故書即位。書即位者，言其弒君兄也。不書王者，以言其背天子。是故「隱不言立，桓不言王」者，從其志以見其事也。從賢之志以達其義，從不肖之志以著其惡。
>
> （《繁露‧玉英》）

董仲舒〈玉英〉這段話有二個重點，一是「桓之志無王，故不書『王』」，另一是「其志欲立，故書『即位』」。在「書即位」這部份，董仲舒列舉魯隱公和魯桓公作對照，以示經文的書寫，乃從當事人之「志」而書。這部份，三傳的意見相當一致：

> 隱公不書「即位」：
>
> ◎隱公元年
>
> > 經：元年，春王正月。
> >
> > （傳）：……**公何以不言即位？成公意也。何成乎公之意？公將平國而反之桓。**
> >
> > （穀梁傳）：……**公何以不言即位？成公志也。**焉成之？言君之不取為公也，君之不取為公何也？將以讓桓也。……
> >
> > （左傳）：元年，春，王周正月，**不書即位，攝也。**
>
> 桓公書「即位」：
>
> ◎桓公元年

經：正月，公即位。

（傳）：繼弒君，不言即位。此其言即位何？如其意也。

（穀梁傳）：……。繼故而言即位，則是與聞乎弒也。……是無恩於先君也。

（左傳無發論）

在「桓之志無王，故不書『王』」的部份，董仲舒認為，《春秋》在桓公年間的記事，只書「月」而不書「王」，是順從桓公之志，桓公弒其兄隱公，眼裏無視於周天子之存在，所以《春秋》「不書『王』者，以言其背天子」。然而，《公羊傳》裏完全不曾提及過「桓無王」的說法，「桓無王」事實上見於《穀梁傳》：〔註35〕

◎桓公元年

經：元年，春，王。

（穀梁傳）：桓無王。其曰「王」，何也？謹始也。其曰「無王」，何也？桓弟弒兄，臣弒君，天子不能定，諸侯不能救，百姓不能去：以為無王之道，遂可以至焉爾。元年有「王」，所以治桓也。

◎桓公二年

經：春，王正月戊申，宋督弒其君與夷。

（穀梁傳）：桓無王。其曰「王」，何也？正與夷之卒也。

◎桓公十年

〔註35〕關於《穀梁傳》「桓無王」的說法，周師一田在《新譯春秋穀梁傳》中有詳細之說明：「《春秋》通例，在每年開始時，除無史事可記，只書『春』，及〈隱公〉不書正月特殊情形外，都有『春，王某月』的記載，以表示奉行周天子正朔的意思，今檢〈桓公〉篇內只有元年、二年、十年及十八年，共四次經文書有『春，王正月』；其餘三年、四年、五年、六年、八年、十一年、十二年、十四年、十六年、十七年共十次，經文只書『春，正月』而不書『王』字；七年、十三年、十五年三次，經文書『春，二月』，也沒有『王』字；還有九年經文只書『春』字，更沒有『王』字。魯桓公在位的十八年內只有首尾兩年及二年、十年共四次經文有『王』字，其餘十四年的起始經文都沒有『王』字，這不是偶然的現象；又『春，正月』、『春，二月』、或單書『春』字者，與全書其他各篇『春，王某月』的記事通例相比較，這中間的『王』字顯然是有意刪除去的，其用意當然是讓後人經由比較文字的不同，自然可以體會到由於桓公違棄王法，而加以貶責的含義了。」（周師一田，《新譯春秋穀梁傳》，台北：三民書局，2000年4月，P74）

經：春，王正月庚申，曹伯終生卒。

（穀梁傳）：桓無王。其曰「王」，何也？正終生之卒也。

《穀梁傳》認爲：「桓，弟弒兄」，「以爲無王之道，遂可以至焉爾」，所以經文以「無王」示之。《穀梁傳》對於「桓無王」的三則說釋，是出現在《春秋》經文「桓書『王』」的情況，既然是「桓無王」，何以又有書「王」的記載？所以，針對這些書「王」的經文，《穀梁傳》一一就該則事件去解釋經文破例書「王」的理由〔註36〕。既然經文事實上是書「王」、不書「王」並見。所以，《左傳》、《公羊傳》都沒有特別去強調桓公年間書「王」與否的意義。董仲舒「桓不言王」的主張，雖然目的在強調《春秋》「從其志以見其事」，但是，「桓背天子而不書王」卻是《穀梁傳》所提出的主張，並非董氏之發明。

（2）「人於天也，以道受命；其於人也，以言受命」

董仲舒發揮「貴元重始」的精神，將君臣、父子、夫妻之人倫事理皆上溯至自然之本：「天」，其云：「諸所受命者，其尊皆天也，雖謂受命於天亦可」（《繁露·順令》），以「天」爲根源，遂成爲董氏學術思想之標幟：

故有大罪，不奉其天命者，皆棄其天倫。

人於天也，以道受命；其於人，以言受命。不若於道者，天絕之；不若於言者，人絕之。臣子大受命於君。

……天子不能奉天之命，則廢而稱公，王者之後是也。「公侯不能奉天子之命」，則名絕而不得就位，衛侯朔是也。「子不奉父命」則有伯討之罪，衛世子蒯聵是也。「臣不奉君命」，雖善，以「叛」，言晉趙鞅入於晉陽以叛是也。「妾不奉君之命」則「媵女先至」者是也。「妻不奉夫之命」則絕，夫不言「及」是也。曰：不奉順於天者，其罪如此。（《繁露·順令》）

「受命」一詞並非董氏之發明，如：《詩·大雅·文王有聲》：「文王受命，有此武功。」、《尚書·周書·召誥》：「皇天上帝，改厥元子茲大國殷之命。惟王受命，無疆惟休，亦無疆惟恤。」早已出現「受命」的觀念，「受命」一詞

〔註36〕魯桓公在位的十八年，只有元年、二年、十年、十八年，共四次經文書「王正月」，其中前三次《穀梁傳》對何以破例書「王」，都有特別的說明，唯獨對桓公十八年書「王」未有發論說釋。范甯注云：「此年書王，以王法終治桓之事。」意即以「王法」爲始終。然而王引之《經義述聞》以爲此年無傳，一定是此年經文原無「王」字，否則，傳不應該沒有說明。周師一田認爲，此二說可以一併存參（詳見《新譯春秋穀梁傳》，P150）。

由來已久，三傳傳文都有出現「受命」這個詞彙，如：宣公二年《左傳》云：「鄭公子歸生受命于楚伐宋。」、宣公十五年《左傳》：「君能制命爲義，臣能承命爲信。……君之賂臣，不知命也。受命以出，有死而霣。……」。《公羊傳》「受命」一詞僅出現三次，分別在莊公十九年傳：「大夫受命不受辭」、襄公十九年傳：「此受命乎君而伐齊」、哀公三年傳：「曼公受命乎靈公而立輒」。《公羊傳》僅有的三次「受命」，猶如《左傳》所云：「君能制命」之「命」，都是指承受國君之命令。「受命於天」的觀念雖然在《尚書》亦已出現，然而，卻不是《公羊傳》「受命」的意涵。「受命於天」在《尚書》裏是強調「王位天命」；但是，董仲舒的「受命於天」卻不只是「王位」而已，還擴展納入天地萬物、乃至人類社會的倫理秩序，董仲舒儘管在此有其思想特質和成就，但我們卻發現他在〈順令〉篇裏的這段文字，與《穀梁傳》莊公元年的文字完全吻合：

◎莊公元年

　　經：「三月，夫人孫于齊」。

　　（穀梁傳）：「……人之於天也，以道受命；於人也，以言受命。不若於道者，天絕之也；不若於言者，人絕之也。臣子大受命」。

《穀梁傳》這段「以道受命」、「以言受命」的文字，主要是說明魯桓公夫人文姜私通於齊君，魯桓公因一言之譖而被弒之事件〔註37〕。不過，〈順令〉篇裏這段與《穀梁傳》原文幾近雷同之文字，董仲舒除了指文姜與魯君、齊君三者的恩怨外〔註38〕，同時，還援引了衛侯朔、衛世子蒯聵、晉趙鞅、以及「禘於太廟，媵女先至」〔註39〕等事例。

〔註37〕莊公元年　經：三月，夫人孫于齊。（傳）：……夫人何以不稱姜氏？貶。曷爲貶？與弒公也。其與弒公奈何？夫人譖公於齊侯，公曰：「同非吾子，齊侯之子也。」齊侯怒，與之飲酒。於其出焉，使公子彭生送之。於其乘焉，搚幹而殺之。念母者，所善也，則曷爲於其念母焉貶？不與念母也。

〔註38〕董氏在〈順令〉所云之「妻不奉夫之命則絕，夫不言『及』是也」，指的就是桓公與文姜這件事。

　　　　桓公十八年　經：十有八年，春，王正月，公會齊侯于濼。公與夫人姜氏遂如齊。（傳）：公何以不言「及夫人」？夫人外也。夫人外者何？內辭也，其實夫人外「公」也。（魯桓公和夫人已經斷絕關係了）

〔註39〕僖公八年　經：秋，七月，禘于太廟，用致夫人。（傳）：用者何？用者不宜用也。致者何？致者不宜致也。禘用致夫人，非禮也。夫人何以不稱姜氏？貶。曷爲貶？譏以妾爲妻也。其言以妾爲妻奈何？蓋脅于齊媵女之先至者也。

　　董氏是否因爲曾和治《穀梁春秋》的瑕丘江生一起比論《春秋》經義，對《穀梁春秋》亦有所悉？我們不可得知。我們可以確定的是，董仲舒春秋學論理之文獻，雖然本自公羊先師治經之觀點，但是，其春秋學運用之文獻，並非僅限於《公羊傳》。

2. 三傳所論各異，董氏敘事與《左傳》相合者

（1）「父伐喪叛盟，子以喪伐人，諸侯共擊鄭，成蟲牢之盟」

　　「《春秋》曰：『鄭伐許。』奚惡於鄭而夷狄之也？」

　　曰：「衛侯遫卒，鄭師侵之，是伐喪也。鄭與諸侯盟於蜀，以盟而歸諸侯，於是伐許，是叛盟也。伐喪無義，叛盟無信，無信無義，故大惡之。」

　　……居喪之義也。今縱不能如是，奈何其父卒未踰年即以喪舉兵也。《春秋》以薄恩，且施失其子心，故不復得稱子，謂之鄭伯，以辱之也。且其先君襄公伐喪叛盟，得罪諸侯，諸侯怒之未解，惡之未已，繼其業者，宜務善以覆之，今又重之，無故居喪以伐人；父（鄭襄公）伐人喪，子（鄭悼公）以喪伐人，父加不義於人，子施失恩於親，以犯中國：是父負故惡於前，己起大惡於後，諸侯畢怒而憎之，率而俱至，謀共擊之。鄭乃恐懼，去楚而成蟲牢之盟是也。楚與中國俠而擊之，鄭罷弊危亡，終身愁辜。吾本其端，無義而敗，由輕心然。（《繁露・竹林》）

董仲舒在〈竹林〉篇的這段文字，目的在表達《春秋》痛惡「無信無義」者。董氏舉出鄭國爲例，其中幾則關於「伐喪」、「叛盟」、「以喪伐人」、「蟲牢之盟」等事件的經傳記載，分別如下：

鄭師伐喪：

◎成公二年

　　經：庚寅，衛侯遫卒。（左傳「遫」作「速」）

　　（左傳）：九月，衛穆公卒，晉子自役弔焉，哭於大門之外。衛人逆之，婦人哭於門內。送亦如之。遂常以葬。

　　（公穀二傳無發論）

◎成公二年

　　經：冬，楚師、鄭師侵衛。（三傳無發論）

鄭國叛盟：

◎成公二年

> 經：十有一月丙申，公及楚人、秦人、宋人、陳人、衛人、鄭人、
> 齊人、曹人、邾婁人、薛人、鄫人盟于蜀。

> （傳）：此楚公子嬰齊也，其稱人何？得一貶焉爾。

> （穀梁傳）：楚其稱人，何也？於是而後，公得其所也。會與盟同
> 月，則地會，不地盟。不同月，則地會，地盟。此其地會，
> 地盟，何也？以公得其所，申其事也。今之屈，向之驕也。

> （左傳）：十一月，公及楚公子嬰齊、蔡侯、許男、秦右大夫說、
> 宋華元、陳公孫寧、衛孫良夫、鄭公子去疾及齊國之大夫盟
> 于蜀。卿不書，匿盟也。於是乎畏晉而竊與楚盟，故曰「匿
> 盟」。蔡侯、許男不書，乘楚車也，謂之失位。君子曰：「位
> 其不可不慎也乎！蔡、許之君，一失其位，不得列於諸侯，
> 況其下乎！《詩》曰：『不解于位，民之攸塈。』其是之謂矣。」

◎成公三年

> 經：鄭伐許。（三傳無發論）

由《春秋》經文成公二年「九月，衛侯遫卒」和同年「冬楚師、鄭師侵衛」
這二則記載，乍看只是尋常之記事；董仲舒卻洞識出三傳皆未論及的「鄭師
伐喪」——「楚師、鄭師侵衛」，衛國國君初喪，衛國仍居國喪期間，諸夏之
一的鄭國，竟然和夷狄之楚一起侵伐居喪之衛；董氏看出此處經文有譏刺「鄭
乃無義之國」的深義，令人不得不佩服董氏「屬事見義」的功力。

　　董仲舒由成公二年的蜀之盟，和成公三年經文「鄭伐許」，再度發揮其識
見，運用「屬事見義」之法，指出鄭國「伐許」是諸侯競相指責的叛盟行為。
然而，蜀之盟據經文所載，「許」並未與盟，如何能說「鄭伐許」是叛盟呢？
《公羊傳》、《穀梁傳》對這件事都未有相關之論述，所以，我們似乎無法找
到問題的解答，

　　但是，事實卻不然。關鍵線索出現在《左傳》，《左傳》寫出來「許國國
君」（許男）其實有與盟。也就是說，董氏之所以歸結出「鄭國叛盟」的論點，
並不是由於《公羊傳》或《穀梁傳》而來；而是董氏如同《左傳》所記，也
認為「許男」的確為盟國之一。「蜀之盟」的與盟國到底有哪些？這是史事史
料的問題，並非由推理可以論得。董氏能夠得知「經文未載」、「公、穀二傳

未書」之史事，這代表董氏必定見過其它史料的記載。而所謂「史料」，又與《左傳》所敘述的事件經過相合，董氏所見之史料或許是當時人所能見到的，有別於今本三傳之外的文獻，也或許就是見於《史記》所載的「左氏春秋」──《左傳》。

鄭國以喪伐人：

◎成公四年

　　經：三月壬申，鄭伯堅卒。（三傳無發論）

◎成公四年

　　經：「鄭伯」伐許。

　　　（左傳）：冬，十一月，鄭公孫申帥師疆許田。許人敗諸展陂。鄭伯伐許，取鉏任、冷敦之田。晉欒書將中軍，荀首佐之，士燮佐上軍，以救許伐鄭，取氾、祭。楚子反救鄭，鄭伯與許男訟焉，皇戌攝鄭伯之辭。子反不能決也，曰：「君若辱在寡君，寡君與其二三臣共聽兩君之所欲，成其可知也。不然，側不足以知二國之成。」

　　（公羊、穀梁二傳無發論）

做出前列「伐衛喪」、「叛許盟」這些行為的鄭伯堅（鄭襄公），在成公四年過世了。然而，緊接著成公四年的經文，竟然又載「鄭伯伐許」，這一位新任鄭伯（鄭悼公），在他的父親謝世尚未踰年的居喪期間，竟然又無故發動戰事「伐許」。董仲舒指出：經文對未踰年之君稱「鄭伯」，這是《春秋》對「薄恩，且施失其子心」的人子所發出的譏諷。居喪其間，經文對於人子不復稱「子」而稱之為「鄭伯」，以達到「辱之」的目的。未踰年之君應稱「子」，經文卻以「鄭伯」書之，三傳於此皆未發表議論。董氏由經文之敘事寫法，看出「鄭伯」這個稱號暗藏玄機；這是董氏解經之識見。「鄭伐許」這一場戰爭，只有《左傳》寫出戰事之經過，描述經文「鄭伯伐許」史事的背後另有隱情：鄭、許二國不尋常的糾紛，其實來自於晉、楚二大國的暗鬥與較勁。

「蟲牢之盟」、「楚與中國俠而擊鄭」：

◎成公五年

　　經：十有二月己丑，公會晉侯、齊侯、宋公、衛侯、鄭伯、曹伯、邾婁子、杞伯同盟于蟲牢。

（左傳）：許靈公愬鄭伯于楚。六月，鄭悼公如楚訟，不勝，楚人
　　　執皇戌及子國。故鄭伯歸，使公子偃請成于晉。秋，八月，
　　　鄭伯及晉趙同盟于垂棘。……冬，同盟于蟲牢，鄭服也。

（公、穀無發論）

董氏由鄭國「父伐人喪，子以喪伐人」去分析成公五年經文，諸夏各國同盟
於蟲牢的這件事。蟲牢之盟，《公羊傳》、《穀梁傳》都沒有發論。董氏認爲這
件事是「父負故惡於前」、「己起大惡於後」、「諸侯畢怒而憎之，率而俱至，
謀共擊之」、「鄭乃恐懼，去楚而成蟲牢之盟」；董氏所論再度與《左傳》所言
「同盟於蟲牢，鄭服也」相一致，而這些都是「經文未書、公穀二傳未載」
者。董仲舒認爲，鄭國「無義而敗」，「楚與中國俠而擊之，鄭罷弊危亡，終
身愁辜」；如何可以得知鄭受擊於楚國和中國之間而疲危呢？單單由成公二年
至成公五年的經文：「鄭伐許」、「鄭伯堅卒」、「鄭伯伐許」、「同盟于蟲牢」，
完全看不出一連串事件中的「內幕」；董仲舒對鄭國的議論，目的固然在責惡
鄭國「無信無義」乃世所共憤的行徑，然而一連串的敘事，必須要有詳實的
史料作背後的支撐，董氏對於這件史事的評論，其敘事基礎與《左傳》所載，
完全相合。

（2）「先接於我」，滕薛稱侯，王道之意

何以經文在隱公年間，對於滕、薛二國特別以「侯」相稱？三傳對於「滕
薛稱『侯』」這件事，都沒有就「名號」特別作說明。除了隱公年間稱「侯」
之外，經文對於滕、薛二國的國君，一般皆以「滕子、薛伯」爲稱號。董仲
舒對滕、薛何以獨稱侯，作出三傳皆未論及的解釋：

諸侯來朝者得褒：邾婁儀父稱「字」，滕薛稱「侯」，荊得「人」，介
葛盧得「名」。……王道之意也。（《繁露‧王道》）

耳聞而記，目見而書，或徐或察，皆以其「先接於我者」序之。其
於會、朝、聘之禮亦猶是：諸侯與盟者眾矣，而儀父獨漸進；……
諸侯朝魯者眾矣，而滕、薛獨稱侯。……（《繁露‧觀德》）

諸侯朝魯者眾矣，而滕、薛獨稱侯：

◎隱公十一年

經：春，滕侯、薛侯來朝。

（傳）：其言朝何？諸侯來曰朝，大夫來曰聘。其兼言之何？微國
　　也。

（穀梁傳）：天子無事，諸侯相朝，正也。考禮修德，所以尊天子也。諸侯來朝，時，正也。犆言，同時也。累數，皆至也。

（左傳）：十一年，春，滕侯、薛侯來朝，爭長。薛侯曰：「我先封。」滕侯曰：「我，周之卜正也；薛，庶姓也，我不可以後之。」公使羽父請於薛侯曰：「君爲滕君辱在寡人，周諺有之曰：『山有木，工則度之；賓有禮，主則擇之。』周之宗盟，異姓爲後。寡人若朝于薛，不敢與諸任齒。君若辱貺寡人，則願以滕君爲請。」薛侯許之，乃長滕侯。

滕、薛二國在隱公十一年朝魯，三傳一致嘉許「來朝」這件事。至於經文何以稱其爵爲「侯」，三傳皆未有論述。董仲舒對這件事提出分析：「諸侯朝魯者眾矣，而滕、薛獨稱『侯』。可見，董氏心裏認爲，滕、薛二國稱侯並不單是因爲「朝魯」的關係。三傳唯一論及滕侯稱謂之資料，見於稍早「隱公七年滕侯卒」經文下之發論：

◎隱公七年

經：春，王三月，滕侯卒。

（傳）：何以不名？微國也。微國則其稱「侯」何？不嫌也。《春秋》貴賤不嫌，同號；美惡不嫌，同辭。

（穀梁傳）：滕侯無「名」，少曰「世子」，長曰「君」。狄道也，其不正者，名也。

（左傳）：春，滕侯卒。不書名，未同盟也。凡諸侯同盟，於是稱名，故薨則赴以名，告終、稱嗣也，以繼好息民，謂之禮經。

由於這一則經文是「滕侯卒」，《穀梁傳》、《左傳》討論的主題都在於：何以滕侯「卒」而經文未寫出其名。並未涉及滕君稱「侯」的問題。《公羊傳》則由「卒而不名」，推敲出滕以「微國」而不名的邏輯；又藉著「微國」，再進一步推敲《春秋》微國亦有稱「侯」，是因爲孔子下筆行文「不嫌」的態度。董仲舒謂「滕、薛稱侯」有二個關鍵因素：（1）「先接於我」；（2）《春秋》藉稱「侯」以示「王道」。這二條線索單由《公羊傳》以《春秋》「不嫌微國」去解釋，無法找到合理的依據。況且，就算《春秋》不嫌微國「貴賤同號，褒貶同辭」，有「王道」的意味；董氏謂：「朝魯者眾矣」，滕薛獨稱侯，是因爲「耳聞而記，目見而書，以其『先接於我者』而序之」，也無法由隱公七年

的三傳內容發覺任何的線索。前述隱公十一年經文「滕侯、薛侯來朝」之下，《左傳》曾清楚敘述二國同時來朝而「爭序位之長」的經過；隱公使大夫羽父成功斡旋於二國之間，滕、薛二國接受調停，亦充分展現對東道主之尊重。董氏所說的「耳聞而記、目見而書」、「以其『先接於我』序之」，必定也有類似之史料，作爲其立論之根據。由《左傳》敘事的內容，我們可以看出董氏所說的「王道」、「先接於我」，與《左傳》敘述相合，董氏若非由《左傳》敘事取得相關文獻，也必定參考了董氏當時所能見及的其它史料；因爲，董氏所論，並非出自《公羊傳》之內容。

　　爲了說明《春秋》「耳聞而記、目見而書，皆以先接於我者序之」，董仲舒在〈觀德〉裏，連續針對《春秋》有關會盟、朝聘之禮的經文，加以舉例：

> 耳聞而記，目見而書，或徐或察，皆以其「先接於我者」序之。其於會朝聘之禮亦猶是——

> 「諸侯與盟者衆矣，而儀父獨漸進」。「鄭僖公爲米會我而道殺，《春秋》致其意，謂之『如會』」。「潞子離狄而歸，黨以得亡，《春秋》謂之『子』，以領其意」。包來、首戴、洮、踐土與操之會：「陳、鄭去我，謂之『逃歸』」；「鄭處而不來，謂之『乞盟』」；「陳侯後至，謂之『如會』」；「莒人疑我，貶而稱『人』」；「諸侯朝魯者衆矣，而滕、薛獨稱『侯』」；「州公化我，奪爵而無號」；「吳、楚國先聘我者見賢」；「曲棘與鞍之戰，先憂我者見尊」。（《繁露·觀德》）

這裏可以看到董氏春秋學的風格：「屬事見義」的治經方式。由於本文此處是就三傳「所論各異」的事例，來探討董氏春秋學與三傳論理之關係，所以，除了上述「諸侯朝魯者衆，滕、薛獨稱侯」之外，我們在此將就〈觀德〉篇的事例，進行另一個討論，以見董氏於《公羊傳》所記之外，必定另有參酌與《左傳》之敘事內容相合的史料文獻。

（3）吳之來聘，以「先接於我」而見賢

　　董仲舒在〈觀德〉篇，以「吳、楚國先聘我者見賢」來說明《春秋》寫法有「先接於我」之志。這個事例有一個特別的意義，就是吳、楚二國皆爲夷狄國。在「楚先聘我」的部份，莊公二十三年經文「荊人來聘」，《公羊傳》認爲：「荊何以稱『人』？始能聘也」，《穀梁傳》也提到「善累而後進之。其曰人何也？舉道不待再」，《左傳》則沒有發論。公、穀二傳都表示一致的嘉

許，所以董氏也表示「楚國先聘我者見賢」。

至於另一個夷狄國吳「先聘於我」的事例：

吳先聘我而見賢：

◎襄公二十九年

經：吳子使札來聘。

（傳）：**吳無君、無大夫，此何以有君、有大夫？賢季子也。何賢乎季子？讓國也。……故君子以其不受爲義，以其不殺爲仁。賢季子則吳何以有君、有大夫？以季子爲臣，則宜有君者也。札者何？吳季子之名也。《春秋》賢者不名，此何以名？許夷狄者不壹而足也。季子者所賢也，曷爲不足乎季子？許人臣者必使臣，許人子者必使子也。**

（穀梁傳）：**吳其稱子，何也？善使延陵季子，故進之也。身賢，賢也；使賢，亦賢也。延陵季子之賢，尊君也。其名，成尊於上也。**

（左傳）：**吳公子札來聘，見叔孫穆子，説之。……其出聘也，通嗣君也。故遂聘于齊，説晏平仲，……聘於鄭，見子產，如舊相識。……適衛，説蘧瑗、史狗、史鰌、公子荊、公叔發、公子朝，……適晉，説趙文子、韓宣子、魏獻子，……説叔向。**

《春秋》經文所記，吳來聘於魯，只有一則：襄公二十九年經文「吳子使札來聘」。三傳的解釋都著重在描述季札之賢。公、穀二傳甚至認爲，經文所以在此處對夷狄吳國的國君以「吳子」尊稱，是因爲「賢季札」的緣故。

但是董仲舒卻認爲，經文之所以尊賢吳，並不是因爲季札個人的德行，而是因爲季札在各國之間「先聘我」，優先來魯國，對魯國特別尊重的緣故。《左傳》對於季札聘於各國的經過，敘述得很詳盡。由《左傳》來看，果然，季札是先到魯國，然後，才前去他國，董氏之說與《左傳》所敘述的史事，竟然是一致的。

傅隸樸在《春秋三傳比義》曾經由傳文所記，對照吳國歷史，企圖理解《春秋》經文是不是眞如公、穀二傳所云，因爲「賢季子」，而承認吳子之爵號，並且還寫出使臣季札之名？經過比對，傅氏也認爲：對於經文「吳子使札來聘」既寫出「吳子」，又寫出「季札」，除了三傳之外，對於經文所記，

似乎亦無其他資料可以提供說釋的線索。傅隸樸氏對此因而感嘆,「綜觀三傳,皆未得精確,特公穀之附會,遠甚左氏而已」。〔註40〕

公、穀二傳認為:經文因為「賢季子」進而稱吳君為「子」爵,這種說法似乎顯得牽強。《左傳》對這一則經文提供了史實的相關敘述,不過卻無助於經文書法的理解。董仲舒在〈觀德〉以「吳先聘於我而見賢」去詮釋《春秋》經文,與《左傳》敘事之相合,在三傳之外,提供了另一項解經的線索。

仲舒論理所採用的敘事基礎,與《左傳》史事之記載相合,這代表了什麼意義呢?首先,我們第一個可能的懷疑就是,董仲舒的確在解《春秋》經義時,亦取用《左氏春秋》的資料。太史公與董仲舒年代相同,在《史記·十二諸侯年表序》中,太史公曾提及由孔子《春秋》而下,當時有許多與《春秋》相關的史料彙著,例如:「因孔子史記具論其語」的《左氏春秋》,「不能盡觀《春秋》」而「采取成敗,卒四十章」的《鐸氏微》,「上采《春秋》,下觀近勢」的《虞氏春秋》,「上觀上古,刪拾《春秋》,集六國時事」而成的《呂氏春秋》等,這些書目,在《漢書·藝文志》六藝略「春秋類」書目中,都還可以見到著錄。與太史公同時居於西漢武帝朝的董仲舒,有充分的理由可能閱見這些文獻。

另外,《漢書·儒林傳》曾述及漢初《左氏春秋》之學承:「漢興,北平侯張蒼及梁太傅賈誼、京兆尹張敞、太中大夫劉公子皆修春秋左氏傳。」,由於是在孔壁古文之前,所以這段學承,向有真偽之爭議。但是,這個爭議在二十世紀中葉以後的出土文獻中,已經證實有重新認識的必要。一九七三年長沙馬王堆三號漢墓出土的帛書中,有一篇記述春秋史事及有關議論卻沒有書名的作品,大陸學者將它稱為「《春秋事語》」〔註41〕。該篇帛書文字共十六章,關於帛書的抄寫年代,因為不避漢高祖劉邦之諱、卻避秦始皇父名「楚」

〔註40〕傅隸樸,《春秋三傳比義》,台北:台灣商務印書館,1983 年 5 月,P861～862。

〔註41〕以下關於《春秋事語》之資料,係參考馬王堆漢墓帛書整理小組《馬王堆漢墓帛書·三》(北京:文物出版社,1983 年)、〈座談長沙馬王堆漢墓帛書〉(《文物》,1974 年第九期)、李學勤氏《簡帛佚籍與學術史》(台北:時報出版社,1994 年 12 月,P276～287)、馬王堆漢墓帛書整理小組:〈馬王堆漢墓出土帛書《春秋事語》釋文〉(《文物》,1977 年第一期)、張政烺《春秋事語》解題〉(《文物》,1977 年第一期)、鄭良樹《春秋事語》校釋〉(《竹簡帛書論文集》,北京:中華書局,1982 年)、徐仁甫《左傳疏證》(四川:四川人民出版社,1981 年)等資料而統籌論述。

之諱，凡言「楚」皆稱曰「荊」，所以徐仁甫氏在《左傳疏證》卷五考證其成書當在「秦始皇統一天下之後，約公元前二百年左右」。《春秋事語》帛書一出現，學者就注意到它和《左傳》間的關係，鄭良樹氏〈《春秋事語》校釋〉將帛書和《左傳》作詳細比對，認爲帛書的內容是從《左傳》簡化而來，一九七四年裘錫圭氏和唐蘭氏則在「漢墓帛書座談會」（會議記錄登於《文物》1974 年第九期）上指出，「這卷帛書很可能是《鐸氏微》一類的書，據〈經典釋文‧序錄〉，鐸椒是左丘明四傳弟子。這部帛書雖然在議論上與《左傳》有不同，但是所記的有關歷史事實，則大部與《左傳》相合」（裘錫圭氏）、「可能是另一本古書，即《漢書‧藝文志》中的《公孫固》」（唐蘭氏）。

　　《春秋事語》的研究仍在持續當中，無論它與《左傳》的關係如何，由地下文物所帶來的啓發是，《史記‧十二諸侯年表序》中提及的關於春秋時代豐富的史料文獻，在秦漢之際的確可能存在過。馬王堆三號漢墓墓主下葬的年代是漢文帝十二年（168 B.C.）〔註42〕，而董仲舒是景帝時的博士，時代相當接近，可以證實《春秋事語》這一類的文獻在董仲舒當時必定蓬勃流傳過。董仲舒治《春秋》，若干敘事史料未見於《公羊傳》，有可能是參酌《左氏春秋》，亦有可能是當時代流傳的其它春秋史料。總言之，董仲舒之春秋學，雖然傳於公羊氏，然而其論理所採用的文獻，以釋《春秋》經義爲主要考量而蒐納，並不限於《公羊》傳文，我們不能以西漢五經博士設立以後，東漢今古文爭鬥，嚴守師法、家法的漢代學風去等論之。

　　3. 三傳所論各異，董氏論「義」兼合三傳者：「王父父所絕，子孫不得屬，魯莊公不得念母」

　　三傳對於同一則經文的說釋，觀點或同或異，三傳觀點相同之處，經義的闡釋亦隨之明朗；三傳觀點相異時，並不代表三傳的意見有衝突或相對立，有時是因爲三傳各見一隅，對於事件的立場和關注點不同，而各有所發。此時，三傳所論雖不相同，比列合觀，對於經義亦能有所得。董仲舒治《春秋》採用「屬事見義」的方法，並非一一對《春秋》經文所記作闡明。在董氏「評論體」的行文風格之下，本文就其論義所援及之事例，一一對照《春秋》經

〔註42〕馬王堆三座墓的墓主分別是西漢初年駄侯利倉（二號墓）、利倉之妻辛追（一號墓）和利倉之子（三號墓）。三號墓下葬年代爲文帝十二年（168 B.C.）（詳參《中華人民共和國重大考古發現，1949～1999》，北京：文物出版社，1999 年 9 月，P251）。

文與三傳。「該則經文之三傳，所論各異」、「此三傳各異之『經文』，董氏舉例有所及」，再加上「董氏論『經義』對各異之三傳論點，皆有採用」，這三個條件皆符合者，我們找到一則事例：

> 百禮之貴，皆編於月，月編於時，時編於君，君編於天。「天之所棄，天下弗祐」，桀紂是也。「天子之所誅絕，臣、子弗得立」，蔡世子、逄丑父是也。「**王父父所絕，子孫不得屬**」，**魯莊公之不得念母，衛輒之辭父命是也。**故受命而海內順之，猶眾星之共北辰，流水之宗滄海也。(《繁露·觀德》)

董仲舒〈觀德〉這段文字的主題在討論「《春秋》禮制倫理之受命與棄絕，上繫於天」。董氏分別用三個層次鋪排出其論述「義旨」之架構：「天之所棄，天下弗祐」(桀、紂)、「天子所誅絕，臣、子弗得立」(蔡世子，逄丑父)、「王父父所絕，子孫不得屬」(魯莊公、衛輒)。每一個層次中，都各舉二個《春秋》經傳曾論記的人物作事例。在此，我們想要討論的事例是「王父父所絕，子孫不得屬，魯莊公不得念母」這則經義記事。這一則事例，在董仲舒〈觀德〉篇的文意中有三個重點：(1)「受命於天」。(2)王父父所「絕」。(3)子孫不得屬。亦即「不得念母」。

「魯莊公之不得念母」這個概念，我們遍尋《春秋》經傳，終於在莊公元年《公羊傳》找到「念母」這個想法，莊公元年該則《春秋》經文是「三月，夫人孫于齊」：

魯莊公之不得念母：

◎莊公元年

　經：三月，夫人孫于齊。

　(傳)：孫者何？孫猶孫也。內諱奔謂之孫。夫人固在齊矣，其言孫于齊何？念母也。正月以存君，念母以首事。夫人何以不稱姜氏？貶。曷為貶？與弒公也。其與弒公奈何？夫人譖公於齊侯，公曰：「同非吾子，齊侯之子也。」齊侯怒，與之飲酒。於其出焉，使公子彭生送之。於其乘焉，搚幹而殺之。念母者，所善也，則曷為於其念母焉貶？**不與念母也。**

　(穀梁傳)：孫之為言猶孫也。諱奔也。接練時，錄母之變，始人之也。**不言氏姓，貶之也。**人之於天也，以道受命；於人也，以言受命。不若於道者，天絕之也；不若於言者，人絕之也。

　　　　臣子大受命。

　　（左傳）：三月，夫人孫于齊，不稱姜氏，**絕不爲親，禮也**。

莊公元年「夫人孫于齊」這一則經文，「夫人」是指莊公之母，也就是魯桓公之夫人文姜。《公羊傳》、《穀梁傳》都認爲，「孫」是避諱的寫法，實際情形是「出奔」，所以二傳皆云：「諱奔」，《左傳》在前一則「春，王正月」經文時，亦已指出：「不稱即位，文姜出故也。」可見，「桓公夫人文姜出奔」是三傳對這則經文一致的看法。而且，雖然經文在此寫出「夫人孫于齊」，但實際上，夫人卻早已在齊國，並非這時候才出奔。所以，《公羊傳》直云：「夫人固在齊矣」；《穀梁傳》亦云：「接練時，錄母之變。」〔註43〕也就是說，《穀梁傳》亦認爲，桓公逝世已周年的「練祭」時，經文才寫出夫人早已出奔這個事實。《左傳》由於在之前經文就已經指出，「莊公元年王正月不書即位」，是因爲桓公夫人出奔在外；所以，《左傳》認爲儘管經文在此書寫「夫人孫于齊」，但是，並非此時「遜于齊」，而是早已出奔在齊。這也是三傳一致的看法。

　　但是，經文爲什麼要遲至莊公元年三月，才書寫「夫人孫于齊」呢？還有，「夫人孫于齊」這句話的寫法，「夫人」何以不言姓氏呢？

　　《公羊傳》認爲：「不稱姜氏」，是貶其「參與弒公」。在此書寫「孫于齊」的原因是，莊公「念母」。然而，念母是善事，何以經文以「貶詞」書寫？《公羊傳》以「不與其念母」詮釋經文書寫這件事的態度。

　　《穀梁傳》認爲：「不言姓氏，貶之也」，在此書寫的原因是「值此練祭，錄母之變」。《穀梁傳》特別提出「人之於天，以道受命」、「臣子大受命」的「受命」觀，去思考莊公和其「被弒之父」桓公、「與弒之母」文姜，三人的關係該如何處理。

　　《左傳》認爲：從經文「不稱姜氏」，就已經透露孔子之意，是：莊公於其母應該「絕不爲親」。與其母絕完全合「禮」，沒有禮制上的問題。

三傳除了有一致的意見之外，我們可以看出，三傳對於這則經文切入觀察的

〔註43〕「接」是「際」，「正當某時」之意，「練」是喪祭名稱，喪禮在周年之後，舉行小祥之祭，喪主穿著以練布所做之冠服，所以，小祥之祭，又稱「練祭」。詳見周師一田，《新譯春秋穀梁傳》，台北：三民書局，2000年4月，P157。

角度，亦各有所強調。《公羊傳》強調「不與念母」，《穀梁傳》強調臣子必須以「受命」的思維去處理這件事。《左傳》則強調禮制人倫，在此「絕不爲親」才合乎「禮」。

　　前文我們已分析，董氏抒發的「百禮之貴……編於天」、「王父父所絕、子孫不得屬」、「魯莊公之不得念母」，有三個觀察主題：(1)「受命於天」，合於《穀梁傳》對這一則經文的詮釋。(2)「王父父所絕」，合於《左傳》對這件事「絕不爲親」的處理方式。(3)「莊公不得念母」，提到「念母」，這是《公羊傳》的觀察。董氏在〈觀德〉篇以魯莊公爲例論「義」，實際上是兼合了三傳對同一則經文記事的意見。

　　三傳對於同一則經文記事，觀察重點不同，所抒發的意見，未必互爲對立。論釋《春秋》經義，不應該過於強調三傳的對立和糾葛；因爲，三傳各自對經文所作的詮釋，或同或異之際，到底哪一傳所云才是經文的眞正旨意？未必能夠得到確切的解答。董仲舒春秋學的論理，是以公羊一系論者的觀點爲基本認知；又參酌其餘二傳提供的「材料」，爲《春秋》釋義作努力。「客觀分析三傳，綜合三傳各有偏善的思考觀點，並兼採其可取，終而爲《春秋》帶來合理的新詮釋」，這是董氏春秋學在論釋經義上爲我們帶來的啓示。

（二）董氏所論為三傳皆無錄者

　　所謂「三傳皆無錄」的意涵有二，一是董仲舒所論之《春秋》經義，提出與三傳皆不同的觀點。另一是董仲舒所敘述之《春秋》記事，爲三傳皆未載及者。

1. 董氏敘事，未見於三傳所載者

　　　晉文之威，天子再致。先卒一年，魯僖公之心分而事齊。(〈隨本消息〉)

晉文公「再致天子」之事見於僖公二十八年〔註44〕，晉文公在僖公二十八年

────────────────

〔註44〕僖公二十八年　經：五月，癸丑，公會晉侯、齊侯、宋公、蔡侯、鄭伯、衛子、莒子，盟于踐土。陳侯如會。(傳)：「其言如會何？後會也。」(穀梁傳)：「譁會天王也。如會，外乎會也。於會受命也。」(左傳)：「晉師三日館、穀，及癸酉而還。甲午，至于衡雍，作王宮于踐土。……己酉，王享醴，命晉侯宥。王命尹氏及王子虎、內史叔興父策命晉侯爲侯伯，賜之大輅之服、戎輅之服，彤弓一、彤矢百，玈弓矢千，秬鬯一卣，虎賁三百人，曰：「王謂叔父：敬服王命，以綏四國，糾逖王慝。」晉侯三辭，從命，曰：「重耳敢再拜稽首，奉揚天子之丕顯休命。」受策以出。出入三覲。癸亥，王子虎盟諸

五月的踐土之會稱霸，接受周天子冊封爲侯伯。同年冬，晉侯召王，與諸侯相會於溫。在《春秋》經傳中，三傳俱陳「晉文再致」之事。但是董氏所云：「（晉文）先卒一年，魯僖公之心分而事齊」，卻未見於經傳。《春秋》經文記載：晉文公重耳，卒於魯僖公三十二年十二月己卯。依董氏所云，我們遍尋《春秋》經文與三傳，在前一年（僖公三十一年）所有的文獻，皆沒有魯與齊國往來之記錄。難道是董氏引述有誤？

除去僖公三十一年外，我們改在僖公三十三年（事實上與僖公三十二年晉文公卒逝的十二月己卯這一天，才相隔數日）搜尋，卻發現魯國與齊國在僖公三十三年以後，果眞往來頻繁：

首先是經文：「二月，齊侯使國歸父來聘」，晉伯葬於四月癸巳，齊侯使聘，與晉伯卒相距才二個月。而後，「冬十月，公如齊」（經）、「十有二月，公至自齊」（經）。由僖公三十三年這三則魯國與齊國往來——「齊大夫來聘」、「魯君如齊」的經文看來，或許在前一年十二月晉伯卒之前，魯和齊的確已有來往，所以，在重耳卒之後二個月，齊國隨即遣大夫來聘魯。

《春秋》經文在僖公三十二年的記事，除了「冬十有二月己卯，晉侯重耳卒」之外，就只有「夏四月己丑，鄭伯接卒」、「衛人侵狄」、「秋，衛人及狄盟」這三件事，一整年度的記載，如此簡少，令人不解。同時，《公羊傳》、《穀梁傳》在僖公三十二年記事，皆未發傳。我們無法證實董氏所言晉文「先卒一年（僖公三十二年），魯僖公之心分而事齊」是否屬實，然而由接下來僖公三十三年魯齊來往頻繁之記事來看，董氏所言，亦不無可能。由於《春秋》經傳皆未有載，我們只能猜測，董氏所敘述之事，或可能見於當時三傳以外的史料文獻。

2. 董氏論理釋義，見解不同於三傳者

侯于王庭，要言曰：「皆獎王室，無相害也！有渝此盟，明神殛之，俾隊其師，無克祚國，及而玄孫，無有老幼。」君子謂是盟也信，謂晉於是役也，能以德攻。」

僖公二十八年　經：冬，公會晉侯、齊侯、宋公、蔡侯、鄭伯、陳子、莒子、邾婁子、秦人于溫。天王狩于河陽。（傳）：狩不書，此何以書？不與再致天子也。魯子曰：「溫近而踐土遠也。」（穀梁傳）：全天王之行也，爲若將守而遇諸侯之朝也，爲天王諱也。水北爲陽，山南爲陽。溫，河陽也。（左傳）：是會也，晉侯召王，以諸侯見，且使王狩。仲尼曰：「以臣召君，不可以訓。故書曰『天王狩于河陽』，言非其地也，且明德也。」

（1）「正月，公在楚」，「臣子思君」之意

「正月公在楚」，臣子思君，無一日無君之意也。（《繁露・王道》）

◎襄公二十九年

　經：春，王正月，公在楚。

　（傳）：何言乎公在楚？正月以存君也。

　（穀梁傳）：閔公也。

　（左傳）：公在楚，釋不朝正于廟也。楚人使公親襚，公患之。穆

　　　　叔曰：「裯殯而襚，則布幣也。」乃使巫以桃、茢先祓殯。楚

　　　　人弗禁，既而悔之。

襄公二十八年十一月「公如楚」，十二月「楚子昭卒」，魯公如楚卻遭逢楚君
之喪事，因此，襄公二十九年正月，實際上，襄公並不在魯國境內，而仍然
留在楚地。經文在「王正月」經文下，特別書記「公在楚」，三傳爲此而各有
不同的詮釋：

　《公羊傳》認爲，時值歲首，所以特別寫出國君的去處。

　《穀梁傳》認爲，寫出「公在楚」，是表示對國君有所擔憂。

　《左傳》認爲，寫出「公在楚」，目的在解釋這一年的「春，王正月」，

　魯君在楚，而未「朝正於廟」。

董仲舒〈王道〉篇裏提「正月，公在楚」這件事，認爲經文之所以書寫「公
在楚」，是因爲「君子思君」，不可「一日無君」之意。很顯然，這是董氏自
己的詮釋，和三傳並不相同。

（2）「逢丑父措其君於人所甚賤，以生其君」，「雖能成立，《春秋》
　　　不愛」

「逢丑父殺其身以生其君，何以不得謂知權？丑父欺晉，祭仲許宋，
俱枉正以存其君。然而丑父之所爲，難於祭仲，祭仲見賢而丑父猶
見非，何也？」

曰：「是非難別者在此。此其嫌疑相似而不同理者，不可不察。夫去
位而避兄弟者，君子之所甚貴；獲虜逃遁者，君子之所甚賤。祭仲
措其君於人所甚貴，以生其君，故《春秋》以爲知權而賢之。逢丑
父措其君於人所甚賤，以生其君，《春秋》以爲不知權而簡之。其俱
枉正以存君，相似也，其「使君榮」之與「使君辱」，不同理。故凡

人之有爲也，前枉而後義者，謂之中權，雖不能成，《春秋》善之，
魯隱公、鄭祭仲是也。前正而後有枉者，謂之邪道，雖能成之，《春
秋》不愛，齊頃公、**逢丑父**是也。夫冒大辱以生，其情無樂，故賢
人不爲也，而眾人疑焉。《春秋》以爲人之不知義而疑也，故示之以
義，曰**國滅君死之，正也**。正也者，正於天之爲人性命也。天之爲
人性命，使行仁義而羞可恥，非若鳥獸然──苟爲生、苟爲利而已。
（《繁露・竹林》）

董仲舒在〈竹林〉篇中，藉難者所問：「逢丑父殺其身以生其君」，「丑父之所
爲，難於祭仲，祭仲見賢而丑父猶見非」，比較鄭祭仲與齊逢丑父二位人臣行
徑相似（皆求其君之存活），但意義卻不同的深層道理。此處，董氏闡述了他
的「經權觀念」，而我們所注意到的是，他對逢丑父的看法：「獲虜逃盾者，
君子之所賤」、「逢丑父措其君於人所甚賤，以生其君，《春秋》以爲不知『權』
而簡之」、「前正而後枉者，謂之邪道，雖能成之，《春秋》不愛」。雖然犧牲
自己性命代替國君赴死，但是董氏卻對丑父所用以「活君」的方式深不以然。
「大辱以生，賢人不爲」，這是董氏特別的個人看法；而三傳對於逢丑父，俱
只載其事而未有議論：

逢丑父：

◎成公二年

　經：秋，七月，齊侯使國佐如師。己酉，及國佐盟于袁婁。

　（傳）：君不行使乎大夫，此其行使乎大夫何？佚獲也。其佚獲奈
　　　　何？師還齊侯，晉郤克投戟逡巡再拜稽首馬前。**逢丑父**者，
　　　　頃公之車右也。面目與頃公相似，衣服與頃公相似，代頃公
　　　　當左。使頃公取飲，頃公操飲而至，曰：「革取清者。」頃公
　　　　用是佚而不反。**逢丑父**曰：「吾賴社稷之神靈，吾君已免矣。」
　　　　郤克曰：「欺三軍者，其法奈何？」曰：「法斷。」於是斷**逢
　　　　丑父**。……

　（穀梁傳）：鞌，去國五百里。爰婁，去國五十里。一戰綿地五百
　　　　里，焚雍門之茨，侵車東至海。君子聞之曰：「夫甚甚之辭焉。
　　　　齊有以取之也。」齊之有以取之，何也？敗衛師于新築，侵
　　　　我北鄙，敖郤獻子，齊有以取之也。……

　（左傳）：癸酉，師陳于鞌。邴夏御齊侯，**逢丑父**爲右。晉解張御

郤克，鄭丘緩爲右。齊侯曰：「余姑翦滅此而朝食。」不介馬
而馳之。……齊師敗績。……**逢丑父**與公易位。將及華泉，
驂絓於木而止。**丑父**寢於轏中，蛇出於其下，以肱擊之，傷
而匿之，故不能推車而及。韓厥執縶馬前，再拜稽首，奉觴
加璧以進，曰：「寡君使群臣爲魯、衛請，曰：『無令輿師陷
入君地。』下臣不幸，屬當戎行，無所逃隱。且懼奔辟，而
忝兩君。臣辱戎士，敢告不敏，攝官承乏。」**丑父**使公下，
如華泉取飲。鄭周父御佐車，宛茷爲右，載齊侯以免。韓厥
獻**丑父**，郤獻子將戮之，呼曰：「自今無有代其君任患者，有
一於此，將爲戮乎？」郤子曰：「人不難以死免其君，我戮之，
不祥，赦之，以勸事君者。」乃免之。齊侯免，求**丑父**三入
三出。每出，齊師以帥退。……

《公羊傳》和《左傳》都詳細地記載逢丑父與齊頃公易位，使頃公在兵戰中
得以還齊的經過。二傳的敘述對於丑父的結局有些微差異：

　　《公羊傳》以丑父爲晉郤克斷於三軍之中。

　　《左傳》則記載郤克認爲「以死免其君，我戮之，不祥」而免之。

　　（《穀梁傳》則完全未述及逢丑父之事）

逢丑父結果是生或死，並不影響董氏對他的評價。因爲董氏所批評的是，事
情的「經過」有辱而枉道，「雖能成之，《春秋》不愛」，顯然，這是董氏獨發
於三傳之外的見解。何休在《解詁・序》曾述云：

　　傳《春秋》者非一，本據亂而作，其中多非常異義可怪之論，至有

　　倍經、任意、反傳違戾者，其勢雖問，不得不廣，是以講誦師言至

　　于百萬猶有不解，援引他經，失其句讀，甚可閔笑者，不可勝記。

其中有關「倍經」者，徐彥疏指出：「即成二年，逢丑父代齊侯當左，以免其
主。《春秋》不非而說者非之，是背經也」。雖然，徐彥並未說出「說者非之」，
「說者」是指何人？但是，我們可以知道，董仲舒的確在三傳未及之處，批
評：逢丑父「置君於大辱」，未足以言「權」。

　　值得一提的是，徐彥所云「《春秋》不非而說者非之，是倍經也（本文案：
倍，背也）」。這種說法是否公允呢？

　　在「經文部份」，《春秋》只有記載「齊侯使國佐如師」這麼一句話，三
傳所言者，已皆爲經文所未言。在「傳文部份」，除《穀梁傳》完全未述及逢

丑父之事外，公、左二傳皆只是敘述戰事，而未有評論。《公羊傳》既然詳述齊侯「佚獲於師」，並且對經文書寫方式提出發問：「君不行使乎大夫，此其行使乎大夫何？佚獲也」。我們就可看出，傳文認為此處經文的寫法是隱有寓意的。董仲舒在此隱微之處，藉逢丑父一事抒發自己對「經權」與「生命榮辱」的看法；其目的並不在於注經，而是藉經、傳所述，詮釋經文隱微處之「大義」，這些詮釋當然是春秋學者自己的闡釋和見解，未必為《春秋》明文所載。倘若「《春秋》不非而說者非之」就是「倍經」，那麼，恐怕所有治《春秋》之學者，所論之「微言」與「義旨」，亦皆難脫於徐彥所謂的「倍經」之列。

（3）鄭伯「生不得稱『子』，去其義也；死不得書『葬』，見其窮也」

成公二年鄭襄公趁衛侯喪而伐衛，又違背蜀之盟，攻伐盟國「許」，董氏評之為「伐喪無義，叛盟無信，無信無義」。本文之前已有論及董氏謂鄭「叛盟」，事實上是採用了《左傳》「蜀之盟，許男與盟而不書」一類的史料。鄭襄公之後，其子鄭悼公又於鄭襄公卒逝後的同一年伐許，經文在成公四年記載「鄭伯伐許」：

◎成公四年

　　經：三月壬申，鄭伯堅卒。

　　（左傳）：葬鄭襄公。

　　（公羊、穀梁二傳無發論）

◎成公四年

　　經：「鄭伯」伐許。

　　（左傳）：冬，十一月，鄭公孫申帥師疆許田。許人敗諸展陂。鄭
　　　　　　伯伐許，取鉏任、泠敦之田。晉欒書將中軍，荀首佐之，士
　　　　　　燮佐上軍，以救許伐鄭，取氾、祭。楚子反救鄭，鄭伯與許
　　　　　　男訟焉，皇戌攝鄭伯之辭。子反不能決也，曰：「君若辱在寡
　　　　　　君，寡君與其二三臣共聽兩君之所欲，成其可知也。不然，
　　　　　　側不足以知二國之成。」

　　（公羊、穀梁二傳無發論）

◎成公六年

　　經：夏六月，壬申，鄭伯費卒。（經文未書「葬」）

　　（左傳）：鄭悼公卒。

（公羊、穀梁二傳無發論）

這三則經文，除了《左傳》書寫二位鄭伯諡號以及敘述「鄭伯伐許」戰事的
情況之外，何以前任鄭伯卒逝未踰年，經文就緊接著在「鄭國伐許」的記事
上，以「鄭伯」稱呼服喪中的新君？這個問題，三傳都沒有提出解釋。在成
公六年，即位才第三年的這一位服喪中的「鄭伯」也卒逝了，經文竟未書其
「葬」，這又是爲什麼呢？三傳同樣皆未有論。董仲舒在〈竹林〉篇中，對於
這三則經文記事抒發了看法：

> 父伐人喪，**子以喪伐人**，父加不義於人，**子施失恩於親**，以犯中國；
> 是父負故惡於前，己起大惡於後，諸侯畢怒而憎之，率而俱至，謀
> 共擊之。鄭乃恐懼，去楚而成蟲牢之盟是也。楚與中國俠而擊之，
> 鄭罷弊危亡，終身愁辜。吾本其端，無義而敗，由輕心然。孔子曰：
> 『道千乘之國，敬事而信。』知其爲得失之大也，故敬而愼之。今
> **鄭伯既無子恩**，又不執計，一舉兵不當，被患不窮，自取之也。是
> 以「**生不得稱子**」，去其義也；「**死不得書葬**」，見其窮也。曰：有國
> 者視此，行身不放義，興事不審時，其何如此爾。（《繁露・竹林》）

董氏強調成公六年未踰年之君，在服喪期間伐許，「以喪伐人，失恩於親」，「鄭
伯既無子恩……又不執計」、「被患不窮，自取之也」。董氏對於這三則經文所
詮釋的語意，三傳皆未表露。董氏以「生不得稱子，去其義也；死不得書葬，
見其窮也」來詮釋《春秋》經文，以書寫敘事來表達關於「父子恩情」、「人
倫信義」的義旨，較諸未有發論的三傳，董氏對於這一則經義的闡釋，可說
是相當精微。

（4）「善稻之會，獨先『內』衛」、「柤之會，獨先『外』吳」

> 惟「德」是親，其皆先其親；是故周之子孫，其「親」等也，而文
> 王最先；「四時」等也，而春最先；「十二月」等也，而正月最先。「德」
> 等也，則先親親；「魯十二公」等也，而定、哀最尊。「**衛俱諸夏也**」，
> **善稻之會，獨先內之，爲其與我同姓也**；「**吳俱夷狄也**」，**柤之會，
> 獨先外之，爲其與我同姓也**。「滅國五十」有餘，獨先諸夏。「魯、
> 晉俱諸夏也」，讖二名，獨先及之。「盛伯、郜子俱當絕」，而獨不名，
> 爲其與我同姓兄弟也。「**外出者眾**」，以母弟出，獨大惡之，爲其亡
> 母、背骨肉也。「**滅人者莫絕**」，衛侯燬滅同姓獨絕，賤其本祖而忘
> 先也。（《繁露・觀德》）

董仲舒在〈觀德〉篇裏所談的「德」，有二重意義，一爲「受命之德」，對於
受命於天的「人類」而言，「受命之德」就是表現在外顯的道德行爲上。另一
爲「品類之德」，意即以「等第」、「屬性」、「品類」謂之「德等」。董氏從各
種「品類之德」去舉例，如：「親」（血緣）之等、「四時」之等、「十二月」
之等；在同屬性的群等中談親親之道，而言「德等也，則先親親」。在《春秋》
經文事件中，董氏一連舉出數種群等，再從這些群等之中，指出《春秋》經
文因爲「親親」的考量而有書寫方式的差異。其中有一組事例，董氏將它作
爲對比，就是：

「衛俱諸夏也，善稻之會，獨先內之，爲其與我同姓也」。

「吳俱夷狄也，柤之會，獨先外之，爲其與我同姓也」。

二個對比事例的當事國分別是「我」——魯國，以及衛國和吳國；《春秋》經
文裏，「善稻之會」與「柤之會」的記載爲：

「善稻之會」，獨先內「衛」：

◎襄公五年

　經：仲孫蔑、衛孫林父會吳于善稻。（左傳「善稻」作「善道」）

　（穀梁傳）：吳謂善：「伊」，謂稻：「緩」。號從中國，名從主人。

　（左傳）：吳子使壽越如晉，辭不會于雞澤之故，且請聽諸侯之好。

　　　　晉人將爲之合諸侯，使魯、衛先會吳，且告會期。故孟獻子、

　　　　孫文子會吳于善道。

　（公羊傳無發論）

「柤之會」，獨先外「吳」：

◎襄公十年

　經：春，公會晉侯、宋公、衛侯、曹伯、莒子、邾婁子、滕子、

　　　薛伯、杞伯、小邾婁子、齊世子光會吳于柤。

　（穀梁傳）：會又會，外之也。

　（左傳）：春，會于柤，會吳子壽夢也。三月癸丑，齊高厚相太子

　　　光，以先會諸侯于鍾離，不敬。士莊子曰：「高子相太子以會

　　　諸侯，將社稷是衛，而皆不敬，棄社稷也，其將不免乎！」

　　　夏，四月戊午，會于柤。

　（公羊傳無發論）

這一則經文，《公羊傳》都未表意見；經文「善稻之會」，《穀梁傳》只解釋了

吳語「善稻」作「伊緩」，雖然善稻是吳地，但經文「號從中國」，仍寫作「善稻」；《左傳》則指出善稻之會的事因是「晉人將爲之合諸侯，使魯、衛先會吳」。至於，爲什麼經文採用「仲孫蔑、衛孫林父」會「吳」這種寫法？而不是直接寫成「仲孫蔑、衛孫林父、吳大夫」會于善稻？三傳都沒有爲經文「殊會吳」的寫法作解釋。

「柤之會」的記載方式和「殊會吳」的情況相類，只是這一回因爲與會國眾多，所以經文在書寫時，除了「殊會吳」之外，又將魯國和吳以外的其他與會國以「會」字區隔開，成爲「兩會之詞」。這一則經文，《公羊傳》沒有表示意見，《左傳》則敘述了各國諸侯在與會前的一些「小動作」；《穀梁傳》雖然指出「會又會，外之也」，卻因爲行文過簡而語焉不詳。所謂「會又會，外之也」，是指「外吳」嗎？傳文的意旨表達得並不清楚。三傳都沒有對經文何以在「殊會吳」之外，又將魯與其它各國區隔開加以說明。

董仲舒爲何將「善稻之會」和「柤之會」撮引並列？有一個關鍵性的線索是「其與我同姓也」，「其與我同姓也」這句話同時出現在董氏對二則事例各自的說明文字中。還有另一個觀察的重點是，「衛俱諸夏也，獨先內之」、「吳俱夷狄也，獨先外之」。也就是說，董氏在〈觀德〉篇屬性相同的群等裏，舉例說明經文書寫方式所映現的「親親之道」；而此處衛與吳分別代表二個群等，一爲諸夏，一爲夷狄。衛與吳在各自的群等當中，又和群等中的其它國有不同，因爲，衛與吳都是魯的同姓國，「德等也，則先親親」，同樣是諸夏，衛因爲和魯同姓，兄弟之國所以顯得較親近。同樣是夷狄，吳因爲也是姬姓國，和魯同姓，所以相較於其它夷狄國，關係自然又顯得不同。

董氏在此舉出這二例，可說非常巧妙。因爲魯、衛、吳，三國皆爲同姓之國，而《春秋》爲魯史，以魯爲中心。面對衛、吳二國，等於是分別面對諸夏國與夷狄國之中的「同姓國」，可以看出《春秋》如何在諸夏與夷狄之間，展現「親親之道」的書寫方式。由《春秋》經文對「善稻之會」的記載，可以看出：「殊會吳，不殊會衛」；因爲衛與吳雖然皆爲同姓國，但是，一爲諸夏一爲夷狄，國的屬性（德等）不相同。「（《春秋》）惟德是親，其皆先其親」這是董仲舒獨有的看法。在「同姓國」的群等中，「諸夏身分」當然比「夷狄身分」要來得親近（在「異姓國」的群等中，情況亦然）。但假若是就「同爲諸夏國」的德等而言，「同姓國」當然要比「異姓國」來得親近（在「夷狄國」的群等中，情況亦以此類推）。

　　衛和魯的關係，在諸夏之中，就比其他諸夏國要來得親近，因為衛與魯是同姓之國。若是與同為夷狄的國家比起來，在眾夷狄之中，《春秋》經文對於吳國，又因為吳與魯是同姓之國，在書寫時，處理方式會有別於其他的夷狄國。在「柤之會」，與會之國眾多，並不只有吳國為夷狄，莒子也是夷狄；董氏認為，經文將「吳」別出，另外書「會」，以示吳與其他夷狄國的不同。由於三傳在此對於經文的書寫方式並未清楚說明；以「同姓國關係」去討論在諸夏國中「獨先內之」、在夷狄國中「獨先外之」，這是董氏獨出於三傳之外的論點。

　　當然，這樣的論點並非無懈可擊；以「柤之會」經文為例，將「吳」從與會的夷狄國中別出，以示同姓之「親」，董氏的說法似乎可以成立；然而若將「善稻之會」的詮釋方式應用到「柤之會」來，就會產生問題；依照董氏「獨先內之，為其與我同姓」的說法，「柤之會」中，與會的諸夏之國裡，同姓國是不是就應該要別出另書呢？在「柤之會」中，前文「善稻之會」因為同姓而「獨先內之」的衛國，亦赫然在與會名單裡，但是經文並沒有將它「獨先內之」。可見，董氏所言，只是分就不同的事例，各自在該則經文中詮釋「親親」之經義；並不適合以「後世公羊學」常用的「義例」觀念，將董氏對個別事件所詮釋的經義，也「義例化」地成為解釋經文書寫方式的條例。

第三節　董仲舒春秋學內容對《公羊傳》之補充

　　本文前一節曾就「三傳所論各異」而董仲舒之論理採從「公羊」一系說法者，加以分析；本節所要討論的則是，以《公羊傳》已經有載而語意簡要者，在董仲舒所論之《春秋》事例中，尋找相關論述，以瞭解傳於公羊氏的董仲舒，在《春秋》論理上，對於《公羊傳》作了哪些補充和發揮？

一、十二世三等與《公羊傳》之「所見異辭、所聞異辭、所傳聞異辭」

　　《公羊傳》曾經三次提到「所見異辭、所聞異辭、所傳聞異辭」：

◎隱公元年

　　經：公子益師卒。

　　（傳）：何以不日？遠也。所見異辭，所聞異辭，所傳聞異辭。

◎桓公二年

經：滕子來朝。三月，公會齊侯、陳侯、鄭伯于稷，以成宋亂。

（傳）：內大惡諱，此其目言之何？遠也。所見異辭，所聞異辭，所傳聞異辭。隱亦遠矣，曷爲爲隱諱？隱賢而桓賤也。

◎哀公十四年

經：十有四年，春，西狩獲麟。

（傳）：何以書？記異也。何異爾？非中國之獸也。……麟者仁獸也。有王者則至，無王者則不至。……西狩獲麟，孔子曰：「吾道窮矣！」《春秋》何以始乎隱？祖之所逮聞也。所見異辭，所聞異辭，所傳聞異辭。何以終乎哀十四年？曰：備矣！君子曷爲爲《春秋》？撥亂世，反諸正，莫近諸《春秋》。……

然而，對於「所見、所聞、所傳聞」到底是指什麼？《公羊傳》只說「遠也」、「始乎隱，祖之所逮聞也」、「終乎哀十四年，備矣」；卻未有具體的指稱。同時，對於所謂之「異辭」，除了「何以不日？遠也」、「內大惡諱，此其目言之何也？遠也」之外，也是語焉不詳，未有進一步說明。「異辭」究竟因「時」而異？還是因「事」而異？或是另有其他原因而異？我們完全無法得知。

董仲舒在〈楚莊王〉篇中，對於「所見、所聞、所傳聞」，以及所謂的「異辭」有具體而清楚的補充：

《春秋》分十二世以爲三等：有見，有聞，有傳聞。有見三世，有聞四世，有傳聞五世。故哀、定、昭，君子之所見也。襄、成、文、宣，君子之所聞也。僖、閔、莊、桓、隱，君子之所傳聞也。所見六十一年，所聞八十五年，所傳聞九十六年。於「所見」微其辭，於「所聞」痛其禍，於「傳聞」殺其恩，與情俱也。是故逐季氏而言又雩，微其辭也。子赤殺，弗忍書日，痛其禍也。子般殺而書乙未，殺其恩也。屈伸之志，詳略之文，皆應之。吾以其近近而遠遠，親親而疏疏也，亦知其貴貴而賤賤，重重而輕輕也。有知其厚厚而薄薄，善善而惡惡也，有知其陽陽而陰陰，白白而黑黑也。百物皆有合偶，偶之合之，仇之匹之，善矣。（《繁露・楚莊王》）

首先，董氏將「十二世」分爲三等，以「見三世」、「聞四世」、「傳聞五世」去解釋《公羊傳》所云之「所見、所聞、所傳聞」。在《公羊傳》裏，只是提

示了「始乎隱，終乎哀」，並未以「十二世」分三等的方式去說明「所見、所聞、所傳聞」。董氏將十二世分三等，並非整齊地分配十二世為每四世一等，而是按時間遠近作不等例的分配，其中，時代接近者，只有三世；時代久遠者，則時間間隔拉開，分別是四世、五世。也就是說，對於《公羊傳》「所見、所聞、所傳聞」，董氏清楚的訂定為「哀、定、昭」（所見）、「襄、成、文、宣」（所聞）、「僖、閔、莊、桓、隱」（所傳聞），分別是六十一年、八十五年、九十六年；很明顯就是，以詳闕多寡為《春秋》魯國十二公史料作分等，並且考慮「時間」的遠近因素，對「記事史筆」的敘事觀點所造成的影響。值得注意的還有：董氏對於「三世」的敘述方式，是將十二公以「逆溯」的方式，嵌入於《公羊傳》「所見、所聞、所傳聞」之中，明朗的呈現《公羊傳》「所見、所聞、所傳聞」的《春秋》視野，是以孔子為歷史之標竿，上溯以往二百四十二年之時間；與以往「當代史官」書寫「當代之事」的執筆立場不相同。「記事史筆」在董仲舒的詮釋之下，除了考慮到「時間遠近」對「史料詳闕」的影響外，還涉及了執筆者在書寫褒貶、建立是非道德標準時，對史料之陳詞所面臨的「人情」因素，例如：對當代權勢人物的批評所引發的危機；以及原由於使命感之「同理心」，對若干人物遭遇流露的「弗忍」與悲憫；還有對後世種種不良行為「始作俑者」的撻伐……這些與「人情」有關，對記事史筆可能造成影響的因素，董仲舒將它放在「三世說」的「遠近時間觀」當中，一起考量《公羊傳》所謂的「異辭」，也就是於所見「微其辭」、於所聞「痛其禍」、於傳聞「殺其恩」，與「情」而俱，「屈伸之志、詳略之文，皆應之」的《春秋》「異辭」。（詳見本書第五章）

我們必須澄清的是，後世公羊學者如何休《解詁》所採用的「三世說」，界定魯十二公之「某公」記事隸屬於「某世」，又因為居於「某世」而經文如何殺恩、微辭等等說法，乍似取自《公羊傳》「所見、所聞、所傳聞」的觀念，事實上，應該說是承自於董仲舒春秋學對《公羊傳》的補充和發明而來。

二、以「貴微重始，見悖亂之徵」詮釋《公羊傳》所言之「災」、「異」

《公羊傳》對於《春秋》經文記述的災異事項，已用「災」、「異」這二個詞稱作明確的分類。在傳文中，言「記災」者，僅限於螟、大水、旱（雩）、蝝、火災等數項，其中又以火災為主要項目：

《公羊》經、傳記「災」舉隅：

◎隱公五年

　　經：螟。

　　（傳）：「何以書？記災也」。

◎莊公七年

　　經：秋，大水。無麥、苗。

　　（傳）：「無苗，則曷爲先言無麥，而後言無苗？一災不書，待無
　　　　　麥，然後書無苗。何以書？記災也。」

◎桓公五年

　　經：大雩。

　　（傳）：「大雩者何？旱祭也。然則何以不言旱？言雩則旱見；言
　　　　　旱則雩不見。何以書？記災也」。

◎桓公五年

　　經：螽。

　　（傳）：「何以書？記災也」。

◎成公三年

　　經：甲子，新宮災，三日哭。

　　（傳）：「新宮者何？宣公之宮也。宣宮則曷爲謂之新宮？不忍言
　　　　　也。其言三日哭何？廟災三日哭，禮也。新宮災，何以書？
　　　　　記災也。」

◎襄公九年

　　經：九年，春，宋火。

　　（傳）：「曷爲或言災？或言火？大者曰災，小者曰火。然則內何
　　　　　以不言火？內不言火者，甚之也。何以書？記災也。外災不
　　　　　書，此何以書？爲王者之後記災也」。

而「記異」者，則有天文的「日食」、「恆星不見、夜中星霣如雨」、「霣石于
宋五」、「有星孛入于北斗」等；氣象方面的「大雨震雷」、「大雨雪」、「無冰」、
「不雨」、「霣霜不殺草」等；地變方面如「梁山崩」、「沙鹿崩」；物候變異者，
如「多麋」、「鸛鴒來巢」、「西狩獲麟」等：

　　《公羊》經、傳記「異」舉隅：

◎莊公七年

經：夏，四月，辛卯夜，恆星不見，夜中星實如雨。

（傳）：「恆星者何？列星也。列星不見，則何以知？夜之中星反
也。如雨者何？如雨者非雨也。非雨則曷為謂之如雨？不修
《春秋》曰：『雨星不及地尺而復。』君子修之曰：『星霣如
雨。』何以書？記異也。」

◎文公十四年

經：秋，七月，有星孛入于北斗。

（傳）：「孛者何？彗星也。其言入于北斗何？北斗有中也。何以
書？記異也」。

◎隱公九年

經：三月癸酉，大雨，震電。

（傳）：「何以書？記異也。何異爾？不時也」。

◎隱公九年

經：庚辰，大雨雪。

（傳）：「何以書？記異也。何異爾？俶甚也」。

◎僖公三十三年

經：霣霜不殺草，李、梅實。

（傳）：「何以書？記異也。何異爾？不時也」。

◎成公五年

經：梁山崩。

（傳）：「梁山者何？河上之山也。梁山崩，何以書？記異也。……」。

◎莊公十七年

經：冬，多麋。

（傳）：「何以書？記異也」。

◎哀公十四年

經：十有四年，春，西狩獲麟。

（傳）：「何以書？記異也。何異爾？非中國之獸也。然則孰狩
之？……曷為獲麟大之？麟者仁獸也。有王者則至，無王者
則不至。」……

總言之，「災」乃指一些能立即造成顯著傷害的「災禍」；若是天文、氣象、物候等「異常的變化」，即統之爲「異」；亦有某些「災禍」，或因爲「不時」、「同日俱災」等「異於常軌」的現象，《公羊傳》名之爲「異」，並加以詮釋者，文公二年經文「自十有二月不雨至于秋七月」下，傳云：

> 何以書？記異也。大旱以「災」書，此亦旱也，曷爲以「異」書？
> 大大旱之日短而云災，故以「災」書；此不雨之日長而無災，故以
> 「異」書也。

可見，《公羊傳》「災」、「異」雖各有其訴求而明顯不同，「災」強調「禍」，「異」強調「不尋常」、「變」，但二者並非了不相及。《公羊傳》對於「災」、「異」亦有以「上天之警戒、責罰」來解釋者：

◎宣公十五年

> 經：冬，蝝生。

> （傳）：未有言蝝生者，此其言蝝生何？蝝生不書，此何以書？幸
> 之也。幸之者何？猶曰受之云爾。受之云爾者何？上變古易
> 常，應是而有天災，其諸則宜於此焉變矣。

◎僖公十五年

> 經：季姬歸于鄫。己卯，晦，震夷伯之廟。

> （傳）：晦者何？冥也。震之者何？雷電擊夷伯之廟者也。夷伯者，
> 曷爲者也？季氏之孚也。季氏之孚則微者，其稱夷伯何？大
> 之也。曷爲大之？天戒之，故大之也。何以書？記異也。

「應是而有天災」、「天戒之，故大之」，都是強調「災」、「異」亦孕含上天譴告責罰的意味。

　　董仲舒則由《公羊傳》的「災異觀」，又進一步建立一套完整的災異譴告模式：

> 天地之物，有不常之變者，謂之「異」，小者謂之「災」。<u>災常先至
> 而異乃隨之</u>。災者，天之譴也；異者，天之威也；譴之而不知，乃
> 畏之以威。《詩》云：「畏天之威。」殆此謂也。凡災異之本，盡生
> 於國家之失。國家之失乃始萌芽，而天出災害以譴告之；譴告之而
> 不知變，乃見怪異以驚駭之，驚駭之尚不知畏恐，其殃咎乃至。以
> 此見天意之仁，而不欲陷人也。謹案：災異以見天意，天意有欲也、
> 有不欲也。所欲、所不欲者，<u>人內以自省，宜有懲於心，外以觀其</u>

事，宜有驗於國；故見天意者之於災異也，畏之而不惡也，以爲天
欲振吾過，救吾失，故以此報我也。(《繁露‧必仁且智》)

董氏認爲國家失道之事初萌時，上天自然出現「災害」以示譴告，若人主不
能自省，則將又有「怪異」加以警懼，倘若人主終究不知悔改自省，那麼，
國家之敗亡必然踵至。此處，與《公羊傳》相較，董氏確立了「天人相與」
與「災先異後」的主要原則。由「天人相與」的原則而來，董仲舒對《春秋》
災異記事的詮釋，就落在「悖亂之徵」上去發揮，同時，也積極的強調「法
天行道」，才能「求致太平」。另外，由於「災先異後」的模式確立，由「災」
而「異」的先後程序，董仲舒將重點放在人事「見微知著」的反省和啓發：

《春秋》至意有二端，不本二端之所從起，亦未可與論災異也，小
大微著之分也。夫覽求微細於無端之處，誠知小之將爲大也，微之
將爲著也，……故王者受命，改正朔，不順數而往，必迎來而受之
者，授受之義也。故聖人能繫心於微而致之著也。是故《春秋》之
道，以「元之深」正「天之端」，以天之端正「王之政」，以王之政
正「諸侯之即位」，以諸侯之即位正「竟內之治」，五者俱正而化大
行。故書日蝕、星隕、有蜮、山崩、地震、夏大雨水、冬大雨雹、
隕霜不殺草、自正月不雨，至於秋七月、有鸜鵒來巢，《春秋》異之，
以此見悖亂之徵，是小者不得大，微者不得著，雖甚末，亦一端，
孔子以此效之，吾所以貴微重始是也。因惡夫推災異之象於前，然
後圖安危禍亂於後者，非《春秋》之所甚貴也。然而《春秋》舉之
以爲一端者，亦欲其省天譴而畏天威，內動於心志，外見於事情，
修身審己，明善心以反道者也，豈非貴微重始、愼終推效者哉！(《繁
露‧二端》)

董氏所言「微」與「著」之「二端」，落實在王道之治上，就是王者必先由人
事而上推天端，由「已然的事實」作一番「核心本原」的「省察」。務實的人
世關懷，使得董氏一再強調「《春秋》異之，以此見悖亂之徵」，「吾所以貴微
重始是也」。同時，我們對於董氏春秋學災異理論，也必須注意到其根本精神：
「惡夫『推災異之象於前，然後圖安危禍亂於後』」，這種占卜性質的「預言
式」災異，「非《春秋》之所甚貴也」，也不符合董氏強調藉災異現象「反身
自省」人事作爲之弊端的用心。所以，董仲舒在《漢書本傳‧對策三》云：

孔子作《春秋》，上揆之天道，下質諸人情，參之於古，考之於今。

故《春秋》之所譏,災害之所加也;《春秋》之所惡,怪異之所施也。

<u>書邦家之過,兼災異之變,以此見人之所爲</u>,其美惡之極,乃與天地流通而往來相應,此亦言天之一端也。(〈賢良對策三〉)

「《春秋》之所譏」、「《春秋》之所惡」,都是已然發生的災害、怪異,「參之於古,考之於今」,藉已經發生的災異作人事的反省,「災異之變」所透露的訊息是「書邦家之過」,以質諸於人情的「省察改過」,公羊一系論者藉「災異」以言「人事」的目的,並不在於以「災異」占卜預知,來驅吉避凶。

由此可知,董仲舒所架構的災異譴告模式如下:

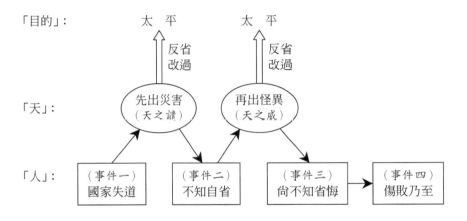

董氏由《公羊傳》之「災」「異」與「應天之戒」,而更重視對「既往」行爲事實之「反省改過」,後來公羊學者講究的「圖讖」預言,可以說和《公羊傳》以及董氏春秋學災異理論之根本精神,完全相悖。〔註45〕

〔註45〕 近人黃復山氏,就鄭玄所云之「《公羊》善於讖」,以《公羊傳注疏》與讖緯有關之文句,共一三七條,逐條分析,並與《漢書・五行志》所錄三代以來災異約三五○事,逐條比對而發現:《公羊》解義與讖緯相似者,實屬西漢文獻傳記之通說,並非取自讖緯。黃氏指出,「《公羊傳注疏》與讖緯相符之條數,本即不多,而兩者又各具獨具之解義,似未相互擷取,如此而說《公羊》善於讖」,實因《公羊》與讖緯皆好言災異,故有雷同之意。而二者之災異又不盡相同,是以取用西漢災異以說《公羊》者,實少用讖緯之文作解也」,黃氏並且在逐條比對《漢志》所引之「董仲舒以爲」、劉向歆父子《五行傳》、《京房易傳》等詮解天災異象之文,而指出「除皆運用秦、漢以來之五行、陰陽理論外,實不見與今存之讖緯佚文有文字上之聯結關係。是亦可知:光武之圖讖,與《漢志》之災異詮解,並不相同。至於讖緯之災異,足以闡釋《公羊》經義,而並非出自西漢通義者,亦屬少數。若今人雜取西漢災異說辭而命之「讖緯」,以附會『《公羊》引讖解經』,則不足論矣」(黃復山,《公羊

三、《春秋》以「王者受命，作科以奉天地」，故謂「王正月」

《春秋》曰「王正月」，《傳》曰：「王者孰謂？謂文王也。曷爲先言
王而後言正月？王正月也。」「何以謂之王正月？」曰：「王者必受
命而後王。王者必改正朔，易服色，制禮樂，一統於天下，所以明
易姓，非繼人，通以己受之於天也。王者受命而王，制此月以應變，
故作「科」以奉天地，故謂之「王正月」也。」(《繁露·三代改制
質文》)

◎隱公元年

經：元年，春王正月。

　　(傳)：元年者何？君之始年也。春者何？歲之始也。王者孰謂？
　　　　謂文王也。曷爲先言王而後言正月？王正月也。何言乎王正
　　　　月？大一統也。

董仲舒在〈三代改制質文〉裡提到對於「王正月」的看法，特別再次援引《公
羊傳》對「王正月」的解釋，突顯自己對「王正月」的看法由傳文而出，卻
更有新的發揮。

　　傳文以「大一統」來解釋經文書寫「王正月」的意義，但是對於「大一
統」的具體內容和作法，卻沒有實際具體的說明。董仲舒居漢代盛世，對於
「大一統」的認知，當然不能停滯於《公羊傳》「大一統」——《春秋》經文
每於歲首正月之上書「王」曰「王正月」——這樣的「書生論政」而已。他
必須對「大一統」的實際內容提出說明，以因應武帝制問的質疑：

　　(武帝)制曰：蓋聞「善言天者必有徵於人，善言古者必有驗於今」。
　　故朕垂問乎「天人之應」，上嘉唐虞，下悼桀紂，寖微寖滅寖明寖昌
　　之道，虛心以改。今子大夫明於陰陽所以造化，習於先聖之道業，
　　然而文采未極，豈惑乎當世之務哉？條貫靡竟，統紀未終，意朕之
　　不明與？聽若眩與？夫三王之教所祖不同，而皆有失，或謂「久而
　　不易者，道也」，意豈異哉？今子大夫既已著大道之極，陳治亂之端
　　矣，其悉之究之，孰之復之。詩不云乎？「嗟爾君子，毋常安息，
　　神之聽之，介爾景福。」朕將親覽焉，子大夫其茂明之。

　　仲舒復策曰：……

傳注疏〉與讖緯關係探實〉，《東漢讖緯學新探》，台北：學生學書，2000 年 2
月，P229～375)。

　　三王之道所祖不同，非其相反，將以捄溢扶衰，所遭之變然也。故
　　孔子曰：「亡爲而治者，其舜虖！」改正朔，易服色，以順天命而已；
　　其餘盡循堯道，何更爲哉！故王者有改制之名，亡變道之實。……
　　道之大原出於天，天不變，道亦不變，是以禹繼舜，舜繼堯，三聖
　　相受而守一道，亡救弊之政也，故不言其所損益也。繇是觀之，繼
　　治世者其道同，繼亂世者其道變。今漢繼大亂之後，若宜少損周之
　　文致，用夏之忠者。……

　　《春秋》「大一統」者，天地之常經，古今之通誼也。今師異道，人
　　異論，百家殊方，指意不同，是以上亡以持一統；「法制」數變，下
　　不知所守。臣愚以爲諸不在六藝之「科」、孔子之「術」者，皆絕其
　　道，勿使並進。邪辟之說滅息，然後統紀可一而法度可明，民知所
　　從矣。（〈賢良對策三〉）

〈賢良對策三〉：「法制數變，下不知所守」，我們若將之與〈三代改制質文〉
所言相對照，可以發現：所謂的「六藝之科」、「孔子之術」者，與「改正朔、
易服色、制禮樂」以爲「土者受命」、「一統於天下」的具體作法是一致的。
也就是說，董仲舒由《春秋》「王正月、大一統」之論，積極架構出一套王者
更張之「禮制」，藉「禮制」來作爲彰顯「大一統」的實質表現。我們在前一
章已經考證過，建元元年（140 B.C.）丞相衛綰已上奏「罷治申、商、韓非、
蘇秦、張儀之言」獲得「奏可」；董仲舒賢良對策《漢書・武帝紀》所著在元
光元年（134 B.C.），也就是立五經博士（建元五年，136 B.C.）之後第二年，
以往學界對於〈賢良對策三〉「諸不在六藝之科、孔子之術者，皆絕其道，勿
使並進」皆從「思想」上去討論「一統」，誤以爲「獨尊儒術」、「罷黜百家」
始於董仲舒所議，甚至爲此而懷疑〈武帝紀〉奏議文書「年代有誤」，而特意
將對策時間上挪至建元元年衛綰上奏之前。然而，我們在董仲舒的春秋學內
容裏，卻發現董氏對《公羊傳》「大一統」的推闡，是落實在「禮制」的更張，
而不是「思想的統一」，董氏甚至在〈對策三〉云：

　　改正朔、易服色，以順天命而已……王者有改制之名，亡變道之
　　實。……道之大，原出於天，天不變，道亦不變。

董仲舒以「王者有改制之名，亡變道之實」來回答武帝制問所云之「三王之
教所祖不同而皆有失」，儒術之用世向爲董氏春秋學所重視，所謂的「儒術」，
與「作科以奉天地」之「禮制」密切相關。可以說，董仲舒是以禮制之架構，

推闡《公羊春秋》「大一統」的實現。不過，我們由《漢書‧禮樂志》可以得知：

> 至武帝即位，進用英儁，『議立明堂』，制禮服，以興太平，會竇太后好黃老言，不說『儒術』，其事又廢。後董仲舒對策……是時，上方征討四夷，銳志武功，不暇留意『禮文之事』。

我們從《漢書‧禮樂志》的記載可知，董仲舒改制更張的訴求，並未獲得武帝之採納。直至漢武帝太初元年（104 B.C.）夏五月方才「正歷，以正月爲歲首，色上黃，數用五，定官名，協音律」（《漢書‧武帝紀》），當時董仲舒已經八十八高齡，而這一年正是董仲舒卒逝之年。

四、《春秋》爵等，商夏質文

> 《春秋》鄭忽何以名？《春秋》曰：「伯子男一也，辭無所貶。」何以爲一？曰：周爵五等，《春秋》三等。《春秋》何三等？曰：王者以制，一商一夏，一質一文。商、質者主天，夏、文者主地，春秋者主人，故三等也。（《繁露‧三代改制質文》）

◎桓公十一年

經：鄭忽出奔衛。

（傳）：忽何以名？《春秋》伯、子、男一也，辭無所貶。

《公羊傳》裏提到「《春秋》伯、子、男一也，辭無所貶」，董仲舒在〈三代改制質文〉中補充說明，「周爵五等，《春秋》三等」，值得注意的是，春秋時代其實仍隸屬於周（東周），然而董氏卻認爲，《春秋》經文中所言之官爵，已經與周之爵制不相同，也就是說，《春秋》這本書裏採用的禮制，是周代爵等更張之後的禮制；《春秋》在敘述魯史記事時，是以魯史爲材料，爲理想中的王者禮制作「示範演出」，因此，並不因循周之舊制，這就是董氏所主張之「《春秋》王魯」說（〈三代改制質文〉）。孔子自云：「我欲載之空言，不如見之於行事之深切著明也。」（《史記‧太史公自序》）。董氏由《公羊傳》「伯、子、男爲一」，進一步歸結出《春秋》裏的爵制，依照「天、地、人」，以及「商、質、夏、文」四法之屬性，架構出「三統說」之禮制，出於《公羊傳》而另有發明（詳見本書第四章第四節）。

五、「祀周公用白牡」乃「報德之禮」

> 臣湯謹問仲舒：「魯祀周公用白牡，非禮也。」臣仲舒對曰：「禮

也。」臣湯問：「周天子用騂犅，群公不毛。周公，諸公也。何以得用純牲？」仲舒對曰：「武王崩，成王立，而在襁褓之中，**周公繼文武之業，成二聖之功，德漸天地，澤被四海，故成王賢而貴之**，詩云：『**無德不報**。』故成王使祭周公以白牡，上不得與天子同色，下有異於諸侯。臣仲舒愚以爲『**報德之禮**』。」（《繁露·郊事對》）

◎文公十三年

　經：世室屋壞。

　　（傳）：世室者何？魯公之廟也。周公稱「太廟」，魯公稱「世室」，群公稱「宮」。此魯公之廟也，曷爲謂之世室？世室，猶世室也，世世不毀也。周公何以稱太廟于魯？封魯公以爲周公也。周公拜乎前，魯公拜乎後，曰：生以養周公，死以爲周公主。然則周公之魯乎？曰：不之魯也，封魯公以爲周公主。然則周公曷爲不之魯？欲天下之一乎周也。魯祭周公，何以爲牲？周公用白牡，魯公用騂犅，群公不毛。魯祭周公，何以爲盛？周公盛，魯公燾，群公廩。世室屋壞，何以書？譏。何譏爾？久不修也。

《公羊傳》在文公十三年經文「世室屋壞」下，借題發揮，論述「周公何以稱太廟于魯」，並談及「魯祭周公」之禮：「周公用白牡，魯公用騂犅，群公不毛」。這件事在《公羊傳》裏本只是一般的敘述，並沒有「非禮」的意思。傳文譏「世室屋壞」，所譏不在「禮制的對錯」，而在譏「久不修」。

〈郊事對〉裏，張湯以「魯祀周公用白牡，非禮」來請教董氏。由於《公羊傳》並未就「合禮」與否作討論，董氏引用詩經：「無德不報」一語，由周公「成周室」之德，去解釋《公羊傳》「魯祀周公用白牡」的記載，乃「報德之禮」。至於以純牲「白牡」爲祭，董氏則詮釋以「上不得與天子同色，下有異於諸侯」，謂此事合乎禮制「別分」的精神。這一則記事，使我們看到，董氏以《春秋》決事，其實是把握《春秋》經文深層之禮「義」，而非只是在經文文詞表面，引經據典的「套用」而已。

六、《春秋》之於昏禮，達陽不達陰

　　陽氣出於東北，入於西北，發於孟春，畢於孟冬，而**物莫不應是**。陽始出，物亦始出；**陽方盛，物亦方盛；陽初衰，物亦初衰**。物隨

陽而出入，數隨陽而終始，三王之正隨陽而更起。以此見之，貴陽
而賤陰也。故數日者，據晝而不據夜；數歲者，據陽而不據陰。陰
不得達之義。是故《春秋》之於昏禮也，達宋公而不達紀侯之母。
紀侯之母宜稱而不達，宋公不宜稱而達，達陽而不達陰，以天道制
之也。（《繁露・陽尊陰卑》）

◎隱公二年

　經：九月，紀履緰來逆女。

　（傳）：紀履緰者何？紀大夫也。何以不稱使？**婚禮不稱主人**。然
　　　　則曷稱？**稱諸父兄師友**。宋公使公孫壽來納幣，則**其稱主人
　　　　何？辭窮也**。辭窮者何？無母也。然則紀有母乎？曰有。有
　　　　則何以不稱母？母不通也。……

陰陽氣化之宇宙論並非始自董仲舒，但是以「天人相應」的觀點，將自然界
陰陽氣化所構成的宇宙秩序，延伸到社會秩序，並以之看待「禮制人倫」，卻
是董仲舒在當時代普遍的陰陽氣化觀念之下所作的努力。「物莫不應於是，陽
始出，物亦始出；陽初衰，物亦初衰」，董氏同樣以「陰陽消長」的思維方式，
去解釋《公羊傳》的「婚禮不稱主人」。《公羊傳》在隱公二年經文「紀履緰
來逆女」下，討論了紀君使大夫來魯國逆女，經文未以「使」字書寫，是因
為婚禮不以當事人為具名，傳文並引用成公八年經文「宋公『使』公孫壽來
納幣」作對照。成公八年經文書「使」，傳文認為是因為宋公已經沒有父母在
世，「辭窮」之下，經文只好允許以婚禮之主人「宋公」具名。董仲舒在〈玉
英〉裏曾談到《春秋》有「經禮」、有「變禮」，也說：「昏禮不稱主人，經禮
也；辭窮無稱，稱主人，變禮也」。顯然，董氏贊同《公羊傳》的意見。但是，
隱公二年，紀國大夫替紀君來逆女，經文卻不允許「紀侯」具名稱「使」，是
為什麼呢？《公羊傳》提到，經文不書寫紀侯「使」大夫來逆女，是因為不
贊成「紀侯」自己具名打理婚事，不贊成的原因是，紀侯尚有母親在堂，不
可謂「辭窮」而自己具名。為什麼經文不以紀母具名呢？《公羊傳》云「母
不通也」的意思是，禮制以「諸父兄師友」主婚，而不以母親主婚。因此經
文乾脆不寫出主事者，而逕以「紀履緰來逆女」書寫。為什麼禮制上不以母
親主婚呢？董仲舒以「達陽不達陰」的思維來推論，紀侯母親在紀侯的婚儀
中，應該遵守「宜稱不宜達」的原則（只出席而不管事）；董氏再度展現由「天
道」務實於「人道」的思維特徵，藉漢人對宇宙秩序「陽盛陰衰」的看法，

來詮釋「禮儀序位之尊卑」。

七、《春秋》善「宋襄公不厄人」，以變習俗、成王化

善宋襄公不厄人，不由其道而勝，不如由其道而敗，《春秋》貴之，
將以變習俗，而成王化也。（《繁露·俞序》）

◎僖公二十二年

經：冬，十有一月己巳朔，宋公及楚人戰于泓，宋師敗績。

（傳）：偏戰者日爾，此其言朔何？《春秋》辭繁而不殺者，正也。
何正爾？宋公與楚人期，戰于泓之陽。楚人濟泓而來。有司
復曰：「請迨其未畢濟而擊之。」宋公曰：「不可。吾聞之也：
君子不厄人。吾雖喪國之餘，寡人不忍行也。」既濟，未畢
陳，有司復曰：「請迨其未畢陳而擊之。」宋公曰：「不可。
吾聞之也：君子不鼓不成列。」已陳，然後襄公鼓之，宋師
大敗。故君子大其不鼓不成列，臨大事而不忘大禮，有君而
無臣，以為雖文王之戰，亦不過此也。

兵法家為求得勝，有云：「兵以詐立」（《孫子·軍爭》），若以戰之勝敗為第一
要務，那麼，與楚人戰於泓的宋襄公，就不算是一位善戰者。楚人濟泓而來，
有司謂：「請迨其未畢濟而擊之」，「請迨其未畢陳而擊之」，這是兵家求勝的
策略。但是，宋襄公卻執持「君子不厄人，吾雖喪國之餘，寡人不忍行也」、
「君子不鼓不成列」；結果造成宋師大敗。《公羊傳》以「君子大之」，「雖文
王之戰亦不過此」來嘉許襄公，董仲舒亦不以戰事之成敗，去討論宋襄公的
功過。對於《公羊傳》「嘉許宋襄公」，董仲舒所作的詮釋是「貴之，將以變
習俗，而成王化」。宋襄公的行徑固有「價值觀」取捨之爭議；論者或以為迂
腐，譏之為「君子不善戰，而善為囚」。但是董仲舒卻認為，就奉行道德的立
場而言，宋襄公是值得褒揚的。雖然其履行道德的結果並未得到好的回報，
反而使人對奉循道德的下場感到質疑，這個時候，執政者不應該與世俗的看
法一起「隨波逐流」，而應該站在「變習俗、成王化」的立場去褒揚宋襄公，
使人民培養生命榮辱的觀念，導正道德與利益的價值觀。

從教化、變俗的政治眼光，去看待《公羊傳》對宋襄公褒揚的用意，這
是董仲舒對「傳義」的闡發。

八、臧孫辰請糴，乃「莊公使爲」

《春秋》之書事，時詭其實，以有避也；其書人，時易其名，以有諱也。……然則說《春秋》者，入則詭辭，隨其委曲而後得之。……故告糴於齊者，實莊公爲之，而《春秋》詭其辭，以予臧孫辰。（《繁露·玉英》）

◎莊公二十八年

經：臧孫辰告糴于齊。

（傳）：告糴者何？請糴也。何以不稱使？以爲臧孫辰之私行也。

曷爲以爲臧孫辰之私行？君子之爲國也，必有三年之委；一年不熟，告糴，譏也。

《公羊傳》在莊公二十八年「臧孫辰告糴于齊」的經文下，有極隱諱的寫法。不寫出魯大夫到齊國請糴，背後眞正的主使者，經文到底有何用意？傳文自己設問探討，又自行加以回答，似乎認爲，經文不稱「使」的原因是因爲「臧孫辰之私行」。但是，如果《公羊傳》傳文眞的這麼以爲的話，就不會再繼續發問：「曷爲以爲臧孫辰之私行？」，並提出和「臧孫辰私行」完全不相及的答案：「君子之爲國也，必有三年之委」，「一年不熟，告糴，譏也」。所謂「爲國之君子」，應該不是大夫層級的臧孫辰，而是指魯莊公。那麼，傳文所言之「一年不熟，告糴，譏也」，倒底譏的是魯莊公？還是臧孫辰呢？傳文並沒有明言。

董仲舒在此處提出他的看法：「《春秋》之書事，時詭其實，以有避也。其書人，時易其名，以有諱也」。由《公羊傳》自問自答的懸疑中，董氏明白地指出：「告糴於齊者，實莊公爲之」，但由於經文的確書寫「臧孫辰告糴于齊」，所以，《公羊傳》傳文只好以自問自答的方式，隱諱的暗示，經文「大夫請糴」眞正譏刺的對象是魯莊公。董氏以「說《春秋》者，入則詭辭，隨其委曲而後得之」，在「傳文的懷疑」和「經文的書寫手法」之間，尋求合理的解釋途徑。

九、「邾婁人、牟人、葛人」因「天王崩而相朝聘」，故誅爲「夷狄」

「『夷狄』邾婁人、牟人、葛人」，爲其「天王崩而相朝聘也」，此其誅也。（《繁露·王道》）

◎桓公十五年

　　經：邾婁人、牟人、葛人來朝。

　　（傳）：皆何以稱人？**夷狄之也。**

　　（穀梁傳、左傳皆無發論）

桓公十五年經文何以將來朝者貶稱為「人」？《左傳》、《穀梁傳》都沒有說釋，《公羊傳》只簡要的說，「稱人」是因為「夷狄之」的關係，卻沒有進一步說明，到底因為何事而將來朝的三國貶視為「夷狄」？何休注云：「桓公行惡，而三人俱朝事之，三人為眾，眾足責，故夷狄之。」范甯注解《穀梁傳》，也直接引用何休的說法。

　　但是，傅隸樸在《春秋三傳比義》中（P132），已對何休之說提出質疑：

　　　　按在此之前，二年有滕子來朝，杞侯來朝，三年齊侯使其弟年來聘，四年天王使宰渠伯糾來聘，五年天王使仍叔之子來聘，六年紀侯來朝，七年穀伯綏來朝，鄧侯吾離來朝，八年天王使家父來聘，九年曹伯使世子射姑來朝。這些能不算眾嗎？何以都未夷狄之？此義實欠通。

《公羊傳》云「夷狄之也。」必定有所根據，否則，大可如《左傳》、《穀梁傳》一樣不發論。董仲舒在〈王道〉裏，曾經就經文對名號的書寫提出：「諸侯來朝者得褒，……諸侯來曰『朝』，大夫來曰『聘』，王道之意也」。所以，關於桓公十五年經文「邾婁、牟、葛」三國國君被貶稱為「人」這件事，董仲舒秉持「王道之意」去論述，在經文和《公羊傳》「夷狄之」的說法之間提出補充：「『夷狄』邾婁人、牟人、葛人，為其天王崩而相朝聘也」，董氏認為，「天王崩而相朝聘」，是經文對本來是好事的「來朝」予以「誅辭」的緣故。我們檢尋桓公十五年《春秋》經文，果然發現，同年「三月乙未，天王崩」，而五月「邾婁人、牟人、葛人來朝。」董仲舒「天王崩而相朝聘，此其誅也」的觀點，為《公羊傳》「夷狄之也」的說法，提供了一項有力的輔證。在《穀梁傳》、《左傳》皆無發論的情況下，經文何以對來朝的國君貶稱為「人」？董仲舒在《繁露·王道》裏的這一條記錄，提供了珍貴的線索。

十、吳子變而反道，乃爵而不殊

　　董仲舒在〈觀德〉云：「至德以受命，豪英高明之人輻輳歸之」、「皆以德序」，此處的「德」，是指外顯的道德行為。董氏以《春秋》經文中，夷狄國

「吳」的書寫稱號來證明《春秋》「以德爲序」的書寫態度。

> 至德以受命，豪英高明之人輻輳歸之。高者列爲公侯，下至卿大夫，濟濟乎哉，皆以「德」序：是故吳，魯同姓也；「鍾離之會」，不得序而稱君，殊魯而會之，爲其夷狄之行也。「雞父之戰」，吳不得與中國爲禮。至於「伯莒、黃池之行」，變而反道，乃爵而不殊。(《繁露‧觀德》)

這段話對於吳國的描述，有四個觀察點：(1)吳、魯同姓。(2)鍾離之會，吳因爲「夷狄之行」，「殊魯」而不得序位稱君。(3)雞父之戰，吳不得與中國爲禮。(4)伯莒、黃池之行，「變而反道，乃爵而不殊」。

鍾離之會：

◎成公十五年

> 經：冬，十有一月，叔孫僑如會晉士燮、齊高無咎、宋華元、衛孫林父、鄭公子鰍、邾婁人會吳于鍾離。

> (傳)：曷爲殊會吳？外吳也。曷爲外也？《春秋》內其國而外諸夏，內諸夏而外夷狄。王者欲一乎天下，曷爲以外內之辭言之？言自近者始也。

雞父之戰：

◎昭公二十三年

> 經：戊辰，吳敗頓、胡、沈、蔡、陳、許之師于雞父。胡子髡、沈子楹滅。獲陳夏齧。

> (傳)：此偏戰也，曷爲以詐戰之辭言之？不與夷狄之主中國也。然則曷爲不使中國主之？中國亦新夷狄也。其言滅獲何？別君臣也，君死于位曰滅，生得曰獲，大夫生死皆曰獲。不與夷狄之主中國，則其言獲陳夏齧何？吳少進也。

伯莒、黃池之行：

◎定公四年

> 經：冬，十有一月庚午，蔡侯以吳子及楚人戰于伯莒，楚師敗績。

> (傳)：吳何以稱子？夷狄也而憂中國。其憂中國奈何？伍子胥父誅乎楚，挾弓而去楚，以干闔廬。闔廬曰：「士之甚！勇之甚！將爲之興師而復讎于楚。」伍子胥復曰：「諸侯不爲匹夫興師，

且臣聞之：事君猶事父也。虧君之義，復父之讎，臣不爲也。」
於是止。……蔡請救于吳，伍子胥復曰：「蔡非有罪也，楚人
爲無道，君如有憂中國之心，則若時可矣。」於是興師而救
蔡。曰：事君猶事父也，此其爲可以復讎奈何？曰：父不受
誅，子復讎可也；父受誅，子復讎，推刃之道也。復讎不徐
害，朋友相衛，而不相迿，古之道也。

◎哀公十三年

　　經：公會晉侯及吳子于黃池。

　　（傳）：**吳何以稱子？吳主會也。**吳主會則曷爲先言晉侯？不與夷
　　　　狄之主中國也。其言及吳子何？會兩伯之辭也。不與夷狄之
　　　　主中國，則曷爲以會兩伯之辭言之？重吳也。曷爲重吳？吳
　　　　在是則天下諸侯莫敢不至也。

在「鍾離之會」，由《公羊傳》：「《春秋》內其國而外諸夏，內諸夏而外夷狄」、
「殊會吳，外吳也」，再比對經文只單以「吳」字書記，董仲舒認爲，儘管吳
是魯國的同姓國，卻因爲「夷狄之行」而不得參與序位。董氏的意見，與經、
傳相合。

　　在「雞父之戰」，《公羊傳》指出，「不與夷狄之主中國也」，所以，明明
吳是以陳列「偏戰」的方式作戰，經文仍然以「詐戰」的寫法，來看待吳國
的勝利。董仲舒以「吳不得與中國爲禮」來表述和傳文一致的意見。

　　在「伯莒之戰、黃池之會」，經文都以「吳子」來稱呼吳君。二則傳文都
發問：「吳何以稱子？」，定公四年伯莒之戰，傳文云：「吳何以稱子？夷狄也
而憂中國」，哀公十三年黃池之會，傳文云：「吳何以稱子？吳主會也。」由
傳文看起來，這二次經文事件，除了皆涉及「吳子」之外，似乎沒有任何因
果關係。但是，董仲舒指出，「伯莒、黃池之行，變而反道，乃爵而不殊」。「變
而反道」是指「伯莒之戰」吳國以夷狄身份而憂中國，爲蔡國向楚討回公道。
董氏認爲「黃池之會」經文的書寫，以「吳子」和「晉侯」並列，「吳子」不
只稱爵，而且與魯國同會而「不殊」，這是伯莒之戰後，吳「變而反道」的結
果。董仲舒秉承了公羊論者一貫的「夷夏觀」，以「道德行爲」作爲「夷狄」
或「諸夏」身份的判定準則。但是，吳國在伯莒之戰「變而反道」，致使其後
的「黃池之會」亦「爵而不殊」，這個觀點，不見於《公羊傳》，是董仲舒根
據公羊的論點而加以發揮的看法。

十一、「以德爲序」，魯君在是，亦有所「避」

董仲舒在〈觀德〉篇中指出：《春秋》是「百禮之貴」，以魯史呈現理想的王者禮制。既是以魯史爲材料，那麼，在禮制的序位上，應該就是以「魯君」爲尊？事實上，並不全然如此。董氏指出《春秋》「以德爲序」，所謂的「德」，偏重於「外顯的道德行爲」，既然如此，在「以德爲序」的考量下，「魯君爲尊」亦有「變禮」的情況，也就是「魯君在是，亦有所『避』」：

（《春秋》）百禮之貴，皆編於月，月編於時，時編於君，君編於天。……至德以受命，豪英高明之人輻輳歸之。高者列爲公侯，下至卿大夫，濟濟乎哉，皆以「德」序：……召陵之會，魯君在是，而不得爲主，避齊桓也。魯桓即位十三年，齊、宋、衛、燕舉師而東，紀、鄭與魯戮力，而報之「後其日」，以魯不得偏，避紀侯與鄭厲公也。《春秋》常辭，夷狄不得與中國爲禮。至邲之戰，夷狄反道，中國不得與夷狄爲禮，避楚莊也。邢、衛，魯之同姓也，狄人滅之，《春秋》爲諱，避齊桓也。（《繁露·觀德》）

董仲舒在此處所舉的這一組四個事例，共同的條件是──「魯」在序位上皆有所迴避而不得爲「主」：

（一）召陵之會，避齊桓也

召陵之會，避齊桓：

◎僖公四年

經：楚屈完來盟于師，盟于召陵。

（傳）：屈完者何？楚大夫也。何以不稱使？尊屈完也。曷爲尊屈完？以當桓公也。其言盟于師、盟于召陵何？師在召陵也。師在召陵，則曷爲再言盟？喜服楚也。何言乎喜服楚？楚有王者則後服，無王者則先叛，夷狄也，而亟病中國，南夷與北狄交，中國不絕若線，桓公救中國，而攘夷狄，卒怗荊，以此爲王者之事也。其言來何？與桓爲主也。前此者有事矣，後此者有事矣，則曷爲獨於此焉？與桓公爲主，序績也。

《公羊傳》認爲召陵之會「與桓公爲主，序績也」，董氏的看法與傳文相類。值得注意的是，經文並未提及與會的有哪些國家？《公羊傳》傳文繞著「桓

公救中國、攘夷狄」行王者之事去解釋，忽略經文提到「來盟」二字的隱微，既然經文言「『來』盟」，主盟者實質上應爲魯僖公，否則就不會用「『來』盟」。董氏看出經文在此處的隱微，從「魯君在是，而不得爲主」，這種禮制上「變」的情況，去解釋傳文所言之「以序績與桓爲主」，而且認爲這是《春秋》經義「以德爲序」的明證。

（二）魯不得偏，避紀侯與鄭厲公

避紀侯與鄭厲公：

> 魯桓即位十三年，齊、宋、衛、燕舉師而東，紀、鄭與魯戮力，而報之「後其日」，以魯不得偏，避紀侯與鄭厲公也。（《繁露・觀德》）

◎桓公十三年

> 經：春，二月，公會紀侯、鄭伯。己巳，及齊侯、宋公、衛侯、
> 燕人戰，齊師、宋師、衛師、燕師敗績。

> （傳）：曷爲後日？恃外也。其恃外奈何？得紀侯、鄭伯，然後能
> 爲日也。內不言戰，此其言戰何？從外也。曷爲從外？恃外
> 故從外也。何以不地？近也。惡乎近？近乎圍。郎亦近矣，
> 郎何以地？郎猶可以地也。

桓公十三年經文記載，魯桓公在與紀侯、鄭伯會合之後，三國聯師並肩與「齊、宋、衛、燕」四國作戰，終而得勝。《公羊傳》由經文將日期書寫於後的記載方式，推闡經文有「恃外也」、「得紀侯、鄭伯然後能爲日也」的深意。

然而，在《公羊傳》的簡要問答中，我們仍舊難以明白，《公羊傳》所謂「恃外」、「何以不地？近也」與「後日」，三者有何關聯？董仲舒在〈觀德〉篇指出，戰事起因於「齊、宋、衛、燕舉師而東」，魯國在危急之下，就近向紀、鄭二國求救，「紀、鄭與魯戮力」，所以經文故意將三國會合的日期寫在文後，突顯「會合」的目的是爲了緊接著的戰事，經文「後其日」的寫法，目的在文氣上扮演「承上（會）啓下（戰）」的功能，「以魯不得偏，避紀侯與鄭厲公」，單憑魯國之力，無法進行「偏戰」，所以經文以這樣的寫法，突顯魯國必須回報二國援兵之德，在受命之王的禮制序位上，「避紀侯與鄭厲公」。「受命序德」、「報德避位」等說法，是董氏的發明；但是我們可以清楚看出，董氏對事件過程的描述，不僅與《公羊傳》「恃外」之說一致，而且對

傳文所云戰事「得紀侯、鄭伯，然後能爲日」有更完整的敘述。

（三）邲之戰，中國不得與夷狄爲禮，避楚莊也

避楚莊王：

《春秋》常辭，夷狄不得與中國爲禮。至邲之戰，夷狄反道，中國不得與夷狄爲禮，避楚莊也。（《繁露‧觀德》）

◎宣公十二年

經：楚子圍鄭。夏，六月乙卯，晉<u>荀林父</u>帥師及楚子戰于<u>邲</u>，晉師敗績。

（傳）：**大夫不敵君，此其稱名氏以敵楚子何？不與晉而與楚子爲禮也。**曷爲不與晉而與楚子爲禮也？莊王伐鄭，勝乎皇門，放乎路衢。鄭伯肉袒，左執茅旌，右執鸞刀，以逆莊王曰：「寡人無良，邊垂之臣，以干天禍，是以使君王沛焉，辱到敝邑。君如矜此喪人，錫之不毛之地，使帥一二耋老而綏焉，請唯君王之命。」莊王曰：「君之不令臣，交易爲言，是以使寡人得見君之玉面而微至乎此。」莊王親自手旌，左右撝軍退舍七里。將軍子重諫曰：「南郢之與鄭相去數千里，諸大夫死者數人，廝役扈養死者數百人，今君勝鄭而不有，無乃失民臣之力乎？」莊王曰：「古者杅不穿、皮不蠹，則不出於四方。是以君子篤於禮而薄于利，要其人而不要其土，告從，不赦不詳，吾以不詳道民，災及吾身，何日之有？」既則晉師之救鄭者至曰：「請戰。」莊王許諾。將軍子重諫曰：「晉，大國也，王師淹病矣，君請勿許也。」莊王曰：「弱者，吾威之，強者吾辟之，是以使寡人無以立乎天下！」令之還師而逆晉寇。莊王鼓之，晉師大敗，晉眾之走者，舟中之指可掬矣。莊王曰：「嘻！吾兩君不相好，百姓何罪？」令之還師而佚晉寇。

董仲舒認爲，孔子藉魯史爲素材，寓以褒貶大義，以彰顯王制之所宜然於《春秋》。以魯史爲史料中心，這其中最大的問題就是，當時的現實政治環境，是群雄爭霸的場面，魯不過是傾軋於其間的小國之一，如何能呈現王者之風？董仲舒提出《春秋》「以德爲序」的主張，就是告訴我們，孔子在《春秋》書

裏的理想禮制，並非以政治勢力的強弱爲序位，而是一個以「德行」爲主，所建構出來的道德社會。在這個社會中，魯君居於王者的序位，所以，對於與魯國不相干的史事，《春秋》也以王者的眼光去關心。「邲」之戰，是晉楚爭霸的戰事，本來，《春秋》以「反戰」的立場，對這場戰爭應該予以「誅辭」來譴責。然而，經文的寫法卻非如此，而是以「楚子」禮稱夷狄國；對晉，則直接寫出領軍大夫的名氏以貶斥之。《公羊傳》對這件記事的詮釋是「大夫不敵君，此其稱名氏以敵楚子何？不與晉而與楚子爲禮」，傳文詳述了戰事的經過，以顯示「不與晉」，而「與楚子爲禮」的理由。

戰事國之一的楚莊王，在過程中充分展現泱泱風度；如果，《春秋》是「以德爲序」的禮制社會，對於楚莊王的「德行」，自然不該再以「夷狄」的框架加諸其上，所以，董仲舒沿著傳文「不與晉而與楚子爲禮」的主張，提出更詳明的論述：「《春秋》常辭，夷狄不得與中國爲禮」，至「邲之戰，『夷狄反道』，中國不得與夷狄爲禮」，「《春秋》常辭」在邲之戰楚莊王的「德行表現」之下，作了適度的變通（避楚莊也），以「德序」和「禮制之義」去詮釋《春秋》，這是董仲舒在《公羊傳》的論點上，所作出的更爲詳明的補充。

（四）狄人滅「魯之同姓」（邢、衛），《春秋》爲諱，避齊桓也

諱「魯同姓之被滅」，以避齊桓：

> 邢、衛，魯之同姓也，狄人滅之，《春秋》爲諱，避齊桓也。（《繁露‧觀德》）

僖公元年、二年，狄人滅「邢」、「衛」這二個國家，事實上，經文只有寫「救邢」、「城楚丘」，並未寫出出師者爲「狄」。《公羊傳》認爲：

◎僖公元年

經：齊師、宋師、曹師次于聶北，救邢。

（傳）：救不言次，此其言次何？不及事也。不及事者何？邢已亡矣。孰亡之？蓋狄滅之。曷爲不言狄滅之？爲桓公諱也。曷爲爲桓公諱？上無天子，下無方伯，天下諸侯有相滅亡者，桓公不能救，則桓公恥之。曷爲先言次而後言救？君也。君則其稱師何？不與諸侯專封也。曷爲不與？實與而文不與。文曷爲不與？諸侯之義不得專封也。諸侯之義不得專封，則其曰實與之何？上無天子，下無方伯，天下諸侯有相滅亡者，力能救之，則救之可也。

◎僖公二年

經：二年，春，王正月，城楚丘。

（傳）：孰城之？城衛也。曷爲不言城衛？滅也。孰滅之？蓋狄滅之。曷爲不言狄滅之？爲桓公諱也。曷爲爲桓公諱？上無天子，下無方伯，天下諸侯有相滅亡者，桓公不能救，則桓公恥之也。然則孰城之？桓公城之。曷爲不言桓公城之？不與諸侯專封也。曷爲不與？實與而文不與。文曷爲不與？諸侯之義，不得專封。諸侯之義不得專封，則其曰實與之何？上無天子，下無方伯，天下諸侯有相滅亡者，力能救之，則救之可也。

經文「不言狄滅之」，是「爲桓公諱」。「上無天子，下無方伯，天下諸侯有相滅亡者，力能救之，則救之可」，這是《公羊傳》的看法，桓公不能救，則桓公恥之，所以傳文認爲，此處經文特別的寫法，目的就是在爲桓公隱諱。

《公羊傳》發論的重點在「爲賢者（指桓公）諱」，《春秋》以魯史爲中心，卻在此記載「齊、宋、曹」三國軍隊救邢。「救邢」這件事與魯國有何關係呢？以魯史爲主的《春秋》，爲何要記載「齊、宋、曹」三國軍隊救邢這件事呢？傳文並沒有在這方面作討論。傳文只強調「不言狄滅之，爲桓公諱也」，很容易使人轉移焦點到齊桓公身上，以爲經文特殊的寫法，也只是「爲賢者諱」罷了。

僖公二年經文記載的「城楚丘」三個字，《公羊傳》直接指出，所謂「城楚丘」就是衛國被滅了，而且傳文也同樣是爲狄所滅。正如同僖公元年「齊、宋、曹」救邢一樣，傳文再度強調，經文「不言狄滅之」，「爲桓公諱也」。

董氏在〈觀德〉所云：「狄人滅之，《春秋》爲諱，避齊桓也」。乍看之下，是因襲《公羊傳》所論，並無新義。但是，若仔細對照〈觀德〉篇之前後文意，董氏連舉數例並排，主旨在印證其所發凡的《春秋》經文「以德爲序」的寫法，我們將發現：董氏強調的重點與《公羊傳》「爲桓公諱」有別。董氏不只強調「避齊桓」，更提出一項獨具的觀點，就是「邢、衛，魯之同姓也」，由此而引發我們思考，魯的同姓國被滅，魯師不在援救的行列之內，到底經文應該諱言的是「魯」還是「齊」呢？哀公八年同樣是魯同姓國的「曹國」，爲宋國所滅之後，《公羊傳》發論云：「曷爲不言其滅？諱同姓之滅也。何諱

乎同姓之滅？力能救之而不救也」〔註 46〕。但是，在僖公元年、二年邢、衛二國爲狄所滅的經文上，《公羊傳》卻未言「諱同姓之滅」，而強調「爲齊桓諱」。所以董仲舒對於這一則經文的詮釋，就交叉著「邢、衛，魯之同姓」與《公羊傳》「爲桓公諱」，這二條線索的思辨。

　　董氏直接看出：原來，「齊、宋、曹」三國聯軍救邢，以及衛國爲狄所滅，這二件事有相同性。一則：魯國國君都是魯僖公。二則：邢、衛二國都是魯的同姓國家，可是，魯國卻沒有派兵相救。所以，對於這二段經文，董氏既沿承了《公羊傳》在經文之外所闡發的，「狄滅之」與「爲齊桓諱」之義，董氏更明確的將這二則《春秋》記事，摘出並列作對比，以證明《春秋》的確秉持「以德爲序」的書寫態度；在「德行」的序位上，魯僖公不如齊桓公。《公羊傳》傳文不言「爲內諱」，而言「避齊桓」；以魯史爲中心的《春秋》，在這一則經文上，不以魯爲敘事中心，而以「齊桓」未能救邢、衛爲關注；董氏據此提出《春秋》「以德爲序」的主張，這是董氏的創見，而這個創見又是奠立在《公羊傳》說釋經義的基礎上而得來。

十二、「滅同姓」書「絕」，賤其本祖而忘先

　　（《春秋》）惟「德」是親……，「德」等也，則先親親；……滅人者莫絕，衛侯燬滅同姓獨絕，賤其本祖而忘先也。（《繁露・觀德》）

◎僖公二十五年

　　經：春，王正月丙午，衛侯燬滅邢。

　　（傳）：衛侯燬，何以名？絕。曷爲絕之？滅同姓也。

董仲舒在〈觀德〉篇裏提到「滅人者莫絕，滅同姓獨絕」，這是董仲舒對於《公羊傳》在經文的「滅國事件」上「以『絕』釋經」，所歸納出來的心得。我們從僖公二十五年經文「衛侯燬滅邢」可以看出，經文並沒有出現「絕」的字眼，《公羊傳》是從經文書寫出衛侯之「名」而得出，經文對於滅人之國的「衛侯」有貶絕之意；之所以貶絕，並不單是因爲「滅人之國」的行徑，更可惡的原因是，衛所滅的是同姓的兄弟國，悖棄親親之情。所以，《公羊傳》認爲，經文書寫滅人者之「名」，以示惡絕。在這一則傳文中，所論者止於「滅同姓

〔註46〕哀公八年　經：春王正月，宋公入曹，以曹伯陽歸。（傳）：「曹伯陽何以名？
　　　絕之。曷爲絕之？滅也。曷爲不言其滅？諱同姓之滅也。何諱乎同姓之滅？
　　　力能救之而不救也」。

之絕」，而沒有談及，倘若所滅者非「同姓」，經文的書寫情況又將是如何？董仲舒所謂「滅人者莫絕，滅同姓獨絕」，言下之意，一般情況，「滅人者」經文不書其「名」，傳文也不以「絕」闡釋，只有在「滅」人之國，而且所滅為「同姓」的情況下，對於「滅人者」才有──經文書「名」，傳文示「絕」的情況；這是董氏歸納《公羊》經、傳而來的心得。然而，董氏所言，是否經得起《春秋》經文實際之驗證？

我們交叉比對「在滅國事件中對當事者書『名』」的經文，以及「該則傳文是否示『絕』」而發現，在《公羊》經、傳的滅國事件中，經文對當事者書名，而傳文示「絕」的事例，只有二條，一條是前列僖公二十五年衛侯「燬」滅同姓之邢國。另一條事例，則是：

◎哀公八年

經：春王正月，宋公入曹，以曹伯陽歸。

（傳）：「曹伯陽何以名？絕之。曷為絕之？滅也。……」

哀公八年，曹為宋所滅，經文寫出「被滅者」曹國國君之名，《公羊傳》認為：經文所以書寫曹伯的名字，是因為曹國從此在歷史上滅絕的緣故。這是經文對於「被滅者」，以書「名」的方式示「絕」。

哀公八年經文所書為「被滅國國君之『名』」，僖公二十五年經文所書為「滅人國國君之『名』」，一為被滅者，一為滅人者，二處傳文同樣書「絕」，卻性質不同。所以，董氏云「滅人者莫絕，滅同姓獨絕」，巧妙地同時論及《公羊傳》裡僅見的二處「經文書『名』、傳文示『絕』」的事例。

董氏認為：在滅國事件中，書「名」示「絕」的，不是「滅人者」，而是「被滅者」；只有在「滅同姓」時，才特別對「滅人者」書「名」以示「絕」。哀公八年經文對「被滅國國君」書「名」的情況，傳文清楚地指出：「何以名？絕之。曷為絕之？滅也」。此處傳文所說的「絕」，並非「誅貶」的意思，而是敘述「該國在歷史上已經斷絕了」；傳文認為，這是經文之所以書寫「國君之名」的原因。另外，傳文在僖公二十五年對滅人國的衛，亦以「絕」解釋經文對衛侯的書「名」；此時，傳文所謂之「絕」，是「貶絕」的意思，貶絕衛侯廢親親之旨，滅同姓之國；其意義與哀公八年傳文所言之「絕」，並不相同。

董氏列舉二處「滅」而「書『名』示『絕』」的經傳事例，比較其差異而云「滅人者莫絕，滅同姓獨絕」，進一部探究傳文「滅同姓獨絕」的精微，認

為經文衛侯之書「名」，乃《春秋》譏其「賤其本祖而忘先」之意，董仲舒「屬事見義」，緣《公羊傳》文意而對經義之發凡，由此可見其功夫。

第四節　結　語

　　董仲舒春秋學的內容，現存文獻主要保留在後人所輯結的《春秋繁露》一書中，董仲舒治「《公羊春秋》」這種說法見於《漢書》。至於《史記‧儒林列傳》的記載是，漢興至于五世，「唯董仲舒名為明于《春秋》，其傳公羊氏」。董仲舒的時代，較《公羊傳》之成書為晚，所以，在董氏的篇章裏，已經可以看到《公羊傳》的文句以「傳曰」的標示引述出來。對於後世「公羊學」來說，董氏的學術是時代最接近《公羊傳》的公羊學著作；對於《春秋》學史而言，董仲舒的春秋學，遠早於漢代經學今古文之爭。其治學目標，以詮釋《春秋》經文義旨為目的，以公羊一系論者的解經觀點為基礎，並不排斥他派《春秋》學者的意見，《史記》、《漢書》都記載董氏曾與治《穀梁春秋》的瑕丘江生「集比經義」，或因此之故，我們在董氏的春秋學內容裏，也可以見到《穀梁傳》所釋解的經義，甚至與《穀梁傳》行文幾近相同的論理文句。

　　董仲舒治論《春秋》經義，並不限於《公羊》傳文所論，我們在他若干論義釋理的文句中可以發現，其所採用的敘事基礎，不見於《公羊傳》，卻與《左氏春秋》的描述相切合；當然，也有少部份敘事材料是三傳皆未有載者。本文懷疑，《史記‧十二諸侯年表序》以及《漢志‧六藝略》裏，若干「春秋類」的史料文獻，董氏應有見及；在馬王堆漢墓文物中，與董仲舒時代相近的帛書《春秋事語》的出土，更加印證了這個假設成立的可能性。

　　為了實地瞭解《史記》所云「明於《春秋》，其傳公羊氏」、《漢書》所云「治《公羊春秋》，為儒者宗」，以及董氏春秋學內容與今本《公羊傳》的關係，本文就董仲舒對《春秋》事例的論證與《春秋》經文之記事，互相比較而發現，在「三傳所論各異」的情況下，董仲舒對《春秋》事例的論證，所採取的論點與《公羊傳》完全相合，只有補充、沒有牴牾。由於「三傳所論各異」，有時是因為三傳對事理的分析，各有其觀察角度和側重要項，以致所見各有專隅；「論點相異」，並非代表「論點對立」，有時，相異的論點，還能互為補充，相得益彰。在董氏的春秋學裏，對於《春秋》經義的詮釋，兼合三傳而互相為用，就是明確的示範。

　　董仲舒治論《春秋》經義，出於公羊氏而不限於《公羊傳》。本章曾就董

氏所論與《公羊傳》相合者，以及董氏以公羊立論爲出發而更有詳明發凡者，加以舉例；事實上，董氏春秋學與《公羊傳》的關係並不僅止於此數十例，董仲舒春秋學對《春秋》義法的闡明，對微言筆法的分析，乃至其學術思想之特質，皆與其「學承公羊氏」有密切關係。公羊先師的論點是否盡數集錄於《公羊傳》？我們未可知。但是，我們在董仲舒的春秋學內容裏，可以看到許多較《公羊傳》所論更爲詳明的敘述和補充，這些論述，其文句不見於《公羊傳》，其觀點卻無一不和《公羊傳》相合；可以說是《公羊傳》簡要的「問答體」文獻之外，研究《公羊傳》極爲可貴的輔助文獻。

當然，在董仲舒的學術裏，其春秋學獨具的發明亦不在少數（詳見以下各章），但是董仲舒對於《公羊傳》的立場，始終是維護的態度。最明顯的例子是「賢紀季」、和「莊公弒其君與夷」二例。

莊公三年經文「紀季以酅入于齊」，傳文獨以紀季「服罪於齊」而爲賢；經文「紀侯大去其國」，三傳之中，只有《公羊傳》對「服罪於仇敵——齊國」的紀季表示稱賢；董氏一點也不懷疑傳文，他還認爲，既然，服罪於仇敵「賢者不爲是」，益可見《公羊傳》「托賢於紀季，以見季之弗爲也」，在《公羊傳》「賢紀季」的立論上，董氏進一步推論出：「紀侯，《春秋》之所貴也，是以聽其入齊之志，而詭其服罪之辭也，移之紀季⋯⋯以酅入于齊者，實紀侯爲之」、「紀季弗爲而紀侯使之可知矣」（〈玉英〉）。

桓公二年經文「宋督弒其君與夷」，然而，之前在隱公三年經文，《春秋》記載前一任宋君（宋繆公）之「葬」時，傳文卻云：「莊公馮弒與夷」。表面上看來，傳文所述似乎和經文有出入。但是董仲舒並不懷疑《傳》有誤，相反的，還另外舉成公二年傳文「晉郤克與臧孫許同時而聘于齊」亦「傳有載」而「經未載」爲例，認爲見於《傳》而經未載者，「非不可及於經，其及之端眇，不足以類鉤之，故難知也」（〈玉英〉）。董仲舒是以「經」、「傳」互爲得「應」的看法，去研治《春秋》大義，在〈玉杯〉篇，他談到自己對《春秋》「經」、「傳」的看法：「赴問數百，應問數千，卒無妄言而得應于『傳』」，「吾以其得『應』，知其問之不妄也」。由此可知，董仲舒不非議傳文，甚至爲傳文而尋求經義之發凡。由於是以《春秋》經爲釋解的對象，而不是以維護《公羊傳》爲目的，所以，《公羊傳》論有未及，或語焉未詳之處，董氏便援引其它文獻以立說，這些文獻包括《詩》、《書》、《易》、以及不見於今本《公羊傳》

之「《傳》曰」等文獻〔註47〕，當然也包含了前文所述引，與《穀梁傳》、《左
傳》文句相同或敍事相合的論理和陳述；可見，在「推明孔氏」的學術生涯
裏，董氏治《春秋》的視野，並非僅僅拘限於《公羊傳》。對同樣治《公羊春
秋》，於景帝時並列爲博士的胡毋生，《漢書·儒林傳》有載「仲舒著書稱其
德」，既然「著書稱其德」，因此，我們也不應該以五經博士設置、徵收博士
弟子員之後，學術嚴守「師法」的情況，去限制董仲舒與《公羊傳》或董仲
舒與胡毋生之關係。〔註48〕

〔註47〕董仲舒在《繁露·玉杯》曾經論及他對於儒學經典的看法：「《詩》、《書》序
其志，《禮》、《樂》純其美，《易》、《春秋》明其知。六學皆大，而各有所長。
《詩》道志，故長於質；《禮》制節，故長於文；《樂》詠德，故長於風；《書》
著功，故長於事；《易》本天地，故長於數；《春秋》正是非，故長於治人；
能兼得其所長，而不能遍舉其詳也」。他在《春秋繁露》裡曾多處徵引這些儒
學典籍，以和《春秋》經義互相發凡，例如：
《易》曰：「複自道，何其咎。」（《繁露·玉英》）
《易》曰「履霜堅冰」，蓋言遜也。（《繁露·基義》）
《書》曰：『爾有嘉謀嘉猷，入告爾君於內，爾乃順之於外，曰：此謀此猷，
惟我君之德。』（《繁露·竹林》）
《書》云：『高宗諒闇，三年不言。』居喪之義也。（《繁露·竹林》）
《詩》云：『棠棣之華，偏其反而。豈不爾思？室是遠而。』（《繁露·竹林》）
《詩》云：「殷士膚敏，裸將於京，侯服於周，天命靡常。」（《繁露·堯舜不
擅移、湯武不專殺》）
《詩》云「彼有遺秉，此有不斂穧，伊寡婦之利。」（《繁露·度制》）
《詩》云：「不愆不忘，率由舊章。」舊章者，先聖人之故文章也。（《繁露·
郊語》）
（關於《禮》、《樂》，未有引述）

〔註48〕胡毋生與董仲舒是否有師生關係？牽合二人有師生關係者，始自徐彥疏解《解
詁·序》云：「胡毋生本雖以《公羊》經傳傳授董氏，猶自別作《條例》。……」，
在徐彥之後，開始有以胡毋生爲董氏之師的說法，如：《文獻通考·經籍志》
引晁氏曰：「戴宏序云：子夏傳之公羊高，高傳其子平，平傳其子地，地傳其
子敢，敢傳其子壽，至景帝時，壽乃與弟子胡毋子都著以竹帛。其後傳董仲
舒，以公羊顯於朝，又四傳至何休，爲經傳集詁，其書遂大傳。」（卷九，頁
225）這是晁氏將戴序與徐疏合說，以上溯何休「略依胡毋生條例」與董氏春
秋學有淵源，並進一步認爲董仲舒是何休的先師。
然而，《史記》、《漢書》在提到胡毋生、董仲舒時，都未述及二人有師生關係；
《史記》只說：「漢興至于五世之間，唯董仲舒名爲明於《春秋》，其傳公羊
氏也。」、「胡毋生，齊人也。孝景時爲博士，以老歸教授，其言《春秋》
者多受胡毋生。」太史公與董仲舒同朝爲官，如果胡毋生與董仲舒有師生關
係，《史記》不可能行文時隻字未提。《漢書·儒林傳》甚至直接說：「言《春
秋》，於齊則胡毋生，於趙則董仲舒」、「胡毋生，字子都，齊人也。治公羊春

董仲舒的春秋學內容，時代與《公羊傳》成書時代極爲接近，如《史記》所云「其傳公羊氏」，董氏或直接接聞於公羊先師，其學未必出於《公羊傳》。然而，董氏見到成書之後的《傳》文，是不爭的事實；儘管其春秋學成就，有自己獨具的發凡和努力，但是，他對於《傳》文肯定不疑的態度，也是事實。董氏在《繁露·竹林》裏有云：

> 《春秋》記天下之得失，而見所以然之故，「甚幽而明，無傳而著」，不可不察也。夫泰山之爲大，弗察弗見，而況微渺者乎？故案《春秋》而適往事，窮其端而視其故，得志之君子，有喜之人，不可不慎也。（《繁露·竹林》）

《春秋》文約字簡，有微言大義的特色。治《春秋》者，對於「大義」不可不察。其中，「甚幽而明，無傳而著」這句話，以董氏春秋學對《公羊傳》「經傳相應」的肯定態度，「無傳而著」應是指《春秋》之價值不待「廣布流傳」而自能彰顯發揚，若干學者因此語而以爲董氏乃「棄傳治經」之肇始〔註49〕，這是對董氏春秋學極嚴重之誤解。

孔壁古文之後，《公羊傳》以下之春秋公羊學即被隸屬於「今文經」之中；至東漢劉歆上奏爲古文經立學官，而今古文經「家法」之爭日亦熾烈。董仲舒的春秋學，承自公羊氏，後世將之歸屬於今文經；然而，在董仲舒其時，尚未有今古文之爭，所以，董氏詮釋《春秋》經義，對於《公羊傳》未足之處，亦有引用《穀梁春秋》，以及與今本《左氏春秋》所載史事相合之資料；至於三傳對經文俱有論，而意見衝突相左者，董氏所採，則皆爲《公羊傳》

秋，爲景帝博士。與董仲舒同業，仲舒著書稱其德。」

胡毋生與董仲舒「同業不相師」，應爲可信。徐復觀氏在《兩漢思想史》裡亦有明確的論證，可詳見之（徐復觀，《兩漢思想史》，台北：學生學局，1989年9月，P316～319）。

〔註49〕唐代盧仝，捨三傳而直解《春秋》，朱彝尊《經義考》引晁公武之說云：「盧仝《春秋摘微》四卷，其解經不用傳，然旨意甚疏，韓愈謂『春秋三傳束高閣，獨抱遺經究終始』，蓋實錄也。」李燾曰：「仝治《春秋》不以《傳》害經，最爲韓愈所稱。今觀其書，亦未能度越諸子，不知韓愈所稱果何等義也。」（朱彝尊，《點校補正經義考》（許維萍等點校，林慶彰等編審），台北：中研院文哲所，1999年初版）

今之學者有論及盧仝「棄傳治經」的學術特色時，以爲《春秋》學史中，董仲舒首開「棄傳治經」的研究方法（宋鼎宗，《春秋宋學發微》，台北：文史哲出版社，1986年9月，P13）。可見，學界對於董仲舒春秋學的實質內容，究竟爲何貌？相關研究仍然顯得不足。

之論。在董仲舒的春秋學裏，其解經文獻的運用，完全看不到對其他文獻的批駁，哪怕是當時董氏已與治《穀梁春秋》的瑕丘江生，有過《春秋》經義上的辯論，但是，在董氏春秋學的內容裏，我們只看到董氏爲如何更恰當的釋解《春秋》而思考，充分掌握當時可見之文獻（包含《穀梁春秋》、《左氏春秋》等），以尋求可供取用的「資源」；他所關心的，並不是各派《春秋》學者所論，「之於《春秋》，何者爲眞」的問題，而是《春秋》這部經典的「經義」，該如何「詮釋」才能有益教化、切合時代。換言之，他所關心的是，《春秋》如何致用於世，《春秋》大義如何啓迪當代人心。至於史實的考證，各派論者治理《春秋》「異見」的對立，孰是孰非的學術論證，完全不在董氏春秋學的討論之內。

他對於《春秋》的研究，不在於「歷史眞相的還原」，而在於如何詮釋，使經典在時代中展現「新生」──爲世人所接受，爲世人所用；所以，我們在他的春秋學內容裏，所看到的文獻資料，非關於師法、家法的爭論，而是對於《春秋》經義的思考和證成。東漢今古文之爭後，經學大師鄭玄雖然融貫今古文，但卻是以批駁今文經說爲目的；鄭玄治學的方針以及運用經典爭勝於今文家的企圖，和西漢前期董仲舒兼合各家經說以釋《春秋》的精神和用意，皆不相同。

「詮釋與重生」，是董仲舒春秋學以取「義」爲治學訴求的主要原因和目標，也是其學術的特色和成就；董仲舒由公羊論點出發，兼合各家說法以爲經義作詮釋，在《春秋》各派（如今本三傳）對經文記事的異議和糾葛上，未作任何「歷史眞相」的釐清、辯論和解決。今日學術界以「求眞」爲學術之訓練和要求，董仲舒之學以「求善」爲宗旨，其儒學之相關研究，在當代始終沒落；或許正因如此，董仲舒的儒學才被「求眞者」視爲一種「罪過」罷。

第三章　董仲舒春秋學的方法論

　　認識董仲舒春秋學的內容，首先必須先破除「經學」與「章句之學」的重疊所造成的「假象」。「章句之學」固然盛於東漢，其淵源可上溯自西漢武帝設置博士弟子員之後，日益盛行的「師法」觀念〔註1〕，然而，董仲舒的春

〔註1〕徐復觀在《中國經學史的基礎》中認爲，師法觀念是起於西漢武帝「設置博士弟子員之後」（P96），他指出：「『師法』一詞，始以權威性出現於〈孟喜傳〉，即是眾推孟補博士缺，宣帝以他改師法不用。宣帝所以知道孟改師法，胡秉虔推測乃來自梁丘賀以少府得幸而進讒，是可以相信的。《荀子‧儒效篇》有『有師法者，人之大寶也。無師法者，人之大殃也』的話，沈欽韓們以爲漢代師法的觀念係由此出，這是一種誤解、傅會。荀子是以『師』與『法』爲兩事……荀子之所謂「師」，固與漢人所說的師無異；他之所謂「法」，則是指『一制度，隆禮義』的『制度』『禮義』而言，比漢人以「師之所言」者爲法，範圍廣得多。兩者之間，要說有關係，也只是『名言』上的關係，即漢人使用這一『名言』，可能是由荀子而來，但不是內容上的關係。尊師因而尊師之所教，這在孔門已經出現，但『師法』不是說以師爲法，而是『把師所說的，賦予以法的權威性』。這完全是新的觀念，此一新的觀念，在孟喜的故事以前已經有了，否則宣帝不會因此而動心。但它的提出，它的確立，不能早到設置博士弟子員之前。」、「師法的具體內容則是章句。老師的口頭解說，容易變動，容易忘記，不易定以爲法；傳、說，乃訓釋大義，不太受經本文的約束。故訓乃解釋文字，但在同一故訓之下，對經文也可作不同的導引，都不易定以爲法；只有博士爲了教授弟子，順著經文，加以敷衍發揮，以成爲固定形式的章句，再加上博士在學術上的權威性地位，師法的法的觀念才得浮現出來。」、「正式章句的出現，可能以歐陽章句三十一卷爲最早，亦以書的章句爲最繁。訓故傳說與師法的關係，來自訓故傳說與章句的關係，彼此間的紐帶扣得並不太緊密。章句可能萌芽於設置博士弟子之前，但興盛顯著於設博士弟子員之後，先有博士的章句，然後由此影響，才有一般儒生的章句。由師法與章句之不可分，所以也可證明師法觀念是起於設置博士弟子員之後。亦可由此了解清今文學家把師法與『口說』『口傳』結合在一起而加

秋學於西漢景帝已爲「博士」，不僅在時間先後上，遠在「章句學風」之前，就是以治學的意義來說，後世「章句」的方式，絕非董仲舒所認同。在《繁露‧重政》裏，他對於治「經」之學的方法和態度，指引出深刻而明確的南鍼：

> 能說鳥獸之類者，非聖人所欲說也；聖人所欲說，在於說仁義而理之，知其分科條別，貫所附，明其「義」之所審，勿使嫌疑，是乃聖人之所貴而已矣。不然，傳於眾辭，觀於眾物，說不急之言而以惑後進者，君子之所甚惡也。奚以爲哉？聖人思慮，不厭晝日，繼之以夜，然後萬物察者，仁義矣。由此言之，尚自爲得之哉。故曰：於乎！爲人師者，可無愼邪！夫義出於經；經，傳「大本」也。棄營勞心也，苦志盡情，頭白齒落，尚不合自錄也哉！（《繁露‧重政》）

這段話彷彿爲後世經學走上「章句」之路，給予「當頭棒喝」。董氏認眞地思考爲人師者該如何在經典的傳授中，爲學生指引出明確的治學態度和方法，我們可以從戰國末期擔負起儒學典籍傳承大任的荀子論「學」中，找到軌跡：

> 學惡乎始？惡乎終？曰：其數則始乎誦經，終乎讀禮；其義則始乎爲士，終乎爲聖人。眞積力久則入，學至乎沒而後止也。故學數有終，若其「義」則不可須臾舍也。爲之，人也；舍之，禽獸也。故《書》者，政事之紀也；《詩》者，中聲之所止也；《禮》者，法之大分、類之綱紀也。故學至乎禮而止矣，夫是之謂道德之極。《禮》之敬文也，《樂》之中和也，《詩》、《書》之博也，《春秋》之微也，在天地之間者畢矣。君子之學也，入乎耳，箸乎心，布乎四體，形乎動靜：端而言，蝡而動，一可以爲法則。小人之學也，入乎耳，出乎口；口耳之間，則四寸耳，曷足以美七尺之軀哉！！（《荀子‧勸學》）

經典的核心價值在「義」，經典之學的終極目標在「布乎四體，形乎動靜」。「傳於眾辭，觀於眾物」並非罪惡，君子所甚惡者在「說不急之言以惑後進」，如何才能免去「說不急之言」之累呢？關鍵就在於「如何『取義』」。在傳統經

以神聖化之鄙陋可笑。」（徐復觀，《中國經學史的基礎》，台北：學生學局，1990 年 7 月，P94～97）

典裏「取義」，就猶如在歷史洪流裏，以「當代的時空」打鑄一把足以啓開寶盒的鎖鑰，相異的時代，不同的鎖鑰，紛紛從寶盒裏取出不等的價值物。是不是能打造出這樣一把鑰匙，免去在經典之外徬徨，騁說「不急之言」？考驗著每一個時代的知識人。

董仲舒的春秋學，以「評論體」陳詞，而不是如「傳」之於「經」，隨「經」的記事逐條釋義，就在於董氏更訴諸於經「義」的價值和闡揚。在「義」的統籌架構下，重新在《傳》的基礎上，納入各項足以比較互證而發凡經義的事例，「屬事見義」而後「視其辭」之所以然，由「大義」的發凡而了解其「微言」的巧妙，董仲舒的治經方法，與章句之學盛行之後，「比辭見義」，特別是企圖援「文辭之條例」以歸納出「大義」的公羊學者，在「解經方法」上，彼此截然不同。

董氏之「取義」，是由經文記事的事例，比較事件的過程、情節、當事人立足的身份、用意，在嫌疑之際，探究「事理」，在事理中詮釋其「大義」，最後，證諸於經文晦澀的文詞。「取義」的過程，勢必面對一個問題，如何縮短「歷史」與「現實」的差距？如何脫袪「不急之言」，呈現「應急之務」？今人黃俊傑氏，談到儒學的「歷史思維」時，曾說：

> 古代儒家通過歷史解釋以接近「古」、「今」距離的基本方法就是：
> 從史事中創造史義。孟子說：「王者之跡熄而《詩》亡；《詩》亡然
> 後《春秋》作。……其事則齊桓、晉文，其文則史。孔子曰：『其義
> 則丘竊取之矣』」（《孟子・離婁下・21》），即史事而求史義，正是中
> 國史家一貫的傳統。〔註2〕

從史事中「創造」史義，透過「歷史解釋」以縮短「古」、「今」之距離。這種「歷史解釋」的意義，不在「還原」歷史眞相，而在於我們可以在歷史當中，得到怎樣的啓發和學習？歷史的「解釋」，是應現當代時空所企領的詮釋與再創造。孔子何以就已存的魯史，再花功夫而「修《春秋》」？換言之，《春秋》這部經典，本來就是孔子對以往二百四十二年歷史的「詮釋」，這種詮釋，是應現於「世衰道微」的場景而生，寄寓「禮樂道德」的重生希望。《史記・孔子世家》云：

> 乃因史記作《春秋》，上至隱公，下訖哀公十四年，十二公，據魯，

〔註2〕黃俊傑，〈中國古代儒家歷史思維的方法及其運用〉，收錄於《中國古代思維方式探索》，台北：正中書局，1996 年 11 月，P16～17。

親周，故殷，運之三代。約其文辭而指博。故吳楚之君自稱「王」，而《春秋》貶之曰「子」。踐土之會，實召周天子，而《春秋》諱之曰「天王狩於河陽」。推此類，**以繩當世貶損之義。後有王者，舉而開之，《春秋》之義行，則天下亂臣賊子懼**。（《史記會注考證》卷四十七，頁84）

徐復觀氏云：「孔子作《春秋》，意在藉批評二百四十二年的歷史事實，以立是非的標準，而非建立一門史學」（《兩漢思想史》卷二，P327），這是值得我們注意的事實。既然貶「王」爲「子」，諱「召」曰「狩」；「以繩當世」，待「後有王者，舉而開之」，使「《春秋》之義行」。那麼，由《春秋》之於魯史，由《傳》之於《經》，「歷史詮釋」以見「貶損之義」的春秋學本質，始終存在。

董仲舒春秋學的內容，由公羊一系論者的釋義基礎而出，秉持《春秋》詮釋的傳統，尋求當代儒學的新生。猶如孔子所云：「知我者其惟《春秋》乎，罪我者其惟《春秋》乎」（《孟子·滕文公下》），若以《春秋》質諸《公羊傳》，以《公羊傳》質諸董仲舒之春秋學術，以詁訓家的態度來盱衡「詮釋與創造」，所有的詮釋成果也許將被批評爲「一無是處」。所有「以繩當世」的取義，較諸於「往古」，種種的「詮釋和創造」，皆將成爲「往古之罪人」。

韋政通氏曾主張，以「創造的解釋學」來說明董仲舒治《春秋》所用的方法：〔註3〕

像仲舒這樣解釋《春秋》，從一般註解的眼光來看，當然不免如朱熹所批評的，是「各以己意猜想」、是「鑿說」〔註4〕，但仲舒的解釋真的只是以己意猜想嗎？假如不是，那末他使用是一種什麼方法呢？依照吾友傅偉勳教授的說法，**仲舒應是在比歷史更高的層次上，對《春秋》做哲學方法論的反省**，我之所以能用上述的方法探討董氏春秋學的方法，亦是受傅先生根據高層次的哲學方法論反省而發展出來的「創造的解釋學」之啓發〔註5〕。他的啓發使我覺得，**如用「創造的解釋學」來說明仲舒已應用的方法，是很恰當而又相應的**，透過這樣的了解，他的特殊解釋法不僅不是憑己意猜想，而

〔註3〕 韋政通，《董仲舒》，台北：三民書局，1986年7月，P46～47。

〔註4〕 皆見《朱子語類》卷八十三。

〔註5〕 傅偉勳，〈哲學與宗教——我在美國的教學經驗〉，見《中國論壇》第一九〇期，P29～30。

是經由解釋成為開創新理路的思想家不可或缺的步驟。〔註6〕
雖然，韋氏亦云：「仲舒應是在比歷史更高的層次上，對《春秋》做哲學方法論的反省」，但是，透過韋氏所提出的「解釋詮釋學」的步驟，並不能真確的認識董仲舒春秋學的內容，其主要原因在於：董仲舒，乃至之前所有的公羊先師，並不認為或意識到自己對於《春秋》所作的研究，是「創造性的詮釋」。他們皆以自己所看到的，所指出的，正是「聖人的用心和旨意」為自期。所以，在治經學者而言，他們的學思歷程絕未採取韋氏所云的「步驟」。也就是說，韋氏所云之「解釋的詮釋學」，可以用來說明董仲舒春秋學的性質或傾向，但是卻不能以「解釋的詮釋學」的步驟，作為董氏治《春秋》「已應用的方法」。我們可以用「解釋的詮釋學」去研究董仲舒的春秋學，瞭解由魯史記至《春秋》，至《公羊傳》，乃至董氏春秋學的關係；但是，董氏卻並非使用「解釋的詮釋學」的方法去研究《春秋》和《公羊傳》。所以，雖然韋氏提出「解釋詮釋學」的步驟，但是其本人在《董仲舒》一書第三章「董仲舒的《春秋》學」中，這些步驟顯然全派不上用場，韋氏終究只從董氏治《春秋》的成果，將董氏春秋學的內容區分為三類，即：對於《春秋》「語意的理解」、「目的性的理解」、「本質的理解」（P49～59）。至於董仲舒如何治《春秋》？董仲舒的治學方法如何引導出其春秋學的內容、成果？則全然闕如。

　　本文在此用力於董仲舒春秋學「方法論」〔註7〕的探討，並不是要探討「如

〔註6〕 韋政通氏論述傅偉勳氏所謂「創造的解釋學」為五個辯證的步驟（程序）：
　　　　(1) 原作者（或原思想家）實際上說了些什麼？（韋按：做這一步工作，考據、訓詁、版本的知識，有時候很有必要）。
　　　　(2) 原作者真正意謂什麼？（韋按：到這一步，解釋者要從事語言解析、論理貫穿、意涵彰顯等工作。然而光靠這些工作，還不見得能完全尋出原有思想在那時代裏所顯示的獨特理路，至此，創造的解釋學家已經到達「了解原思想家，必須超越他」的階段）。
　　　　(3) 原作者可能說什麼？（韋按：譬如老子可能說什麼？通過莊子可以得到一個適當的答案，通過王弼（公元226～246年）、僧肇（公元384～414年）、河上公、憨山等更可以獲取其他種種線索）。
　　　　(4) 原作者本來應該說什麼？（韋按：要真了解一個思想家，一定要問：假如他今天還活著，他會依然固執己說嗎？他會願意修正或揚棄他已說過的話嗎？這些問題祇有創造的解解學家代原作者回答）。
　　　　(5) 隨著(4)的要求，必將自問：作為創造的解釋學家，我應該說什麼？（韋按：這就經由層層深入的解釋工作，達到開創新理路、新方法的地步）。
〔註7〕 所謂的「方法論」，本文採取何秀煌《文化‧哲學與方法》一書中所說：「把方法作為討論研究的對象，所成的學科，稱為『方法學』或『方法論』。」何

何研究董仲舒之學術」，而是企圖理解「董仲舒如何治理《公羊》經、傳」。也就是說，本章節的目的在呈現董仲舒春秋學的治學方法，透過其「思維方式」、「解經方法」、以及「對《春秋》『微言』筆法的闡釋」三方面的解析，更進一步掌握董氏春秋學的面貌。

第一節　董仲舒春秋學之思維方式

　　歷經秦火焚書苛政的西漢儒學，在漢高祖時便已由「時時前說稱《詩》、《書》」的陸賈（見《漢書》本傳），奠定「言古合今」、「因世權行」（俱見《新語・術事》）的風格，至景武之世儒學日盛，武帝時董仲舒以治《春秋》為天下學士所尊師（《史記・儒林列傳》），司馬遷在《史記・太史公自序》自述聞《春秋》於董生，提到「有國者不可以不知《春秋》，前有讒而弗見，後有賊而不知」、「為人臣者，不可以不知《春秋》，守經事而不知其宜，遭變事而不知其權」，我們可以看到，董生以及太史公對於《春秋》這部儒學經典的看法，繼承了漢初陸賈對於經典的認知和態度〔註8〕。這種認知的態度，今人黃俊傑

氏並對「方法論」提出說明：「方法的認識和把握增加人類從事活動所帶來的成果，令人類更有效率地解決問題；而且使人更有系統地建立知識，累積經驗，將它們傳遞他人，或遺留後代，促進人類的文明。」、「我們常常看到關心方法論的人在談論『科學的方法』，談論『數學的基礎』，談論『邏輯的系統』，談論『語言的哲學』（語用哲學和語意哲學等）等等。但是當他們這麼做的時候，他們並不是在通常意義下研究科學，研究數學，研究邏輯和研究語言等等，他們是拿這些題材範圍在陳示問題上，在解決問題上，在構作理論上，在證立答案上所顯示的現象做為範例，研究其中所牽涉到的方法原理。」（何秀煌，《文化・哲學與方法》，台北：東大圖書公司，1988 年，P52～56）

〔註8〕 陸賈在〈道基〉有云：「《春秋》以仁義貶絕，《詩》以仁義存亡」，在今本《新語》中，有五次提到《春秋》，陸賈根據《春秋》所記的史實，援為自己政論的例證，他認為史書所載雖為往史，然而「去事之戒，來事之師」，也因為史書有這一層作用，或將褒貶之意寓於行文之中以為後世之戒，所以陸賈既以史學價值看《春秋》，也以微言褒貶論《春秋》。
《新語・明誡》云：「殷紂無道，微子棄骨肉而亡。行善則鳥獸悅，行惡則臣子恐。……《春秋》書衛侯之弟鱄出奔晉，書鱄絕骨肉之親，棄大夫之位，越先人之境，附他人之域，窮涉寒飢，織履而食，不明之效也。」陸賈認為：《春秋》書「衛侯之弟鱄出奔晉」絕骨肉之親，猶如「殷紂無道，微子棄骨肉而亡」，《春秋》書鱄棄大夫之位，其實是在寫衛侯之失道不明。此外，在〈至德〉中也有提到《春秋》所載的史事，陸賈認為：《春秋》重書晉厲公、齊莊公、楚靈王、宋襄公出師之事以嗟嘆之，目的是在警示「強其盛而失國，

氏，稱之爲「具體性思維方式」：

> 所謂「具體性思維方式」是指從具體情境出發進行思考活動，而不
> 是訴諸純理論或抽象的推論。這種思維方式在中國文化史中所表現
> 的方式甚多，最常見的就是將**抽象命題**（**尤其是倫理學或道德論的**
> **命題**）置於具體而特殊的時空脈絡中，引用**古聖先賢、歷史人物，**
> **或往事陳跡**加以證明，以提升論證的說服力。〔註9〕

進入西漢一統的局面，如何爲順治天下擬出可行方鍼，保證先秦儒學「德治
教化」確爲可行？「具體性思維方式」是漢代儒者一致採用的手法。我們在
《漢書》董仲舒本傳中所看到的三篇對策，董氏反覆推明孔子，稱引《春秋》
事例，無非是想爲儒學的政治理論從歷史經驗中，勾勒出成敗足以依循的軌
跡。然而，循此致用取向的「具體性思維方式」的啓發，本文將從董仲舒春
秋學的內容，加以分析其思維方式與學術成就的關係。

一、「比興」的思維方式

中國「具體性思維方式」在古代儒家思想中的展開及運用，主要表現在
歷史思維的面向上。黃俊傑氏歸納古代儒家思想方法，指出古代儒家歷史思
維呈現兩種方式：（一）比興式思維方式。這是儒家從歷史經驗中創造當代意
義的主要方法。（二）反事實性的（counterfactual）思維方式。儒家在評斷當
前處境的諸般問題時，常常以美化了的「三代」經驗進行思考，透過具有「反
事實」色彩的「三代」，與作爲「事實」的當前實況相對比，以突顯現實的荒
謬〔註10〕。然而，在西漢儒學裏，作爲反事實性思考的「三代」經驗，逐漸

急其刑而自賊」：由以上這些地方我們都可看出，陸賈以微言大義去讀《春
秋》。陸賈將《春秋》的價值，定位於鑑往古可以知來今，〈術事〉裏他以「五
帝之功」與「桀紂之敗」爲例：「善言古者，合之於今；能術遠者，考之於近；
故說事者上陳五帝之功，而思之於身，下列桀、紂之敗，而戒之於己，則德
可以配日月，行可以合神靈。」「善言古者，合之於今；能術遠者，考之於近」，
陳五帝之功，重要的是「思之於身」，列桀、紂之敗，重點在「戒之於己」。
陸賈政論徵引《春秋》的目的，在於輔助當代「道德教化」的推行（詳見楊
濟襄，〈由援引人物探究陸賈《新語》之政論思想及時代意義〉，《第二屆漢代
文學與思想學術研討會論文集》，政治大學中國文學系主編，1999 年 7 月，
P146～147）。

〔註 9〕 黃俊傑，〈中國古代儒家歷史思維的方法及其運用〉，收錄於《中國古代思維
方式探索》，台北：正中書局，1996 年 11 月，P1。

〔註10〕 同註9。

轉變成與暴秦苛政作對比的絕佳「事例」，呼籲當朝以「三代」為典範，千萬不能重蹈秦之覆轍〔註11〕；我們在西漢，特別是西漢中葉以前的著作（如：陸賈《新語》、賈誼〈過秦〉諸論），都可以看到大量以秦政、始皇、二世為指責對象，對漢代執政者有濃厚「警誡意味」的政論文章。但是，以「秦政」警惕漢世的這一類思考，卻不是董氏春秋學的要項，這是因為《春秋》二百四十二年的記事，可以提供當政者更多屬於儒學禮制、道德教化的建設性的意見；而不須訴諸於對秦法家的撻伐。所以，董氏春秋學對於《春秋》記事的看法，多是採用「從歷史經驗創造當代意義」的「比興式思維方式」。「比興式的思維方式」，並不是抽象地玩弄邏輯或是感性地宣洩情感的意思，而是藉助於《春秋》記事的歷史思維面向，屢屢藉由事例的講述，或以格言式的短句概括事例，進行思考開展論證；終而，引歷史上的事實，以興起對當前事件的價值判斷。

嚴格來說，從歷史思考中創造意義的「比興式的思維方式」，雖然是由詩六藝「賦比興」而來之觀念；運用於歷史思考中，同樣可以再細分出「比」和「興」二者的不同。

（一）「比」：「類推」的思維方式

所謂「比」，意即「托物比擬」，以彼物「比」此物，切類以指事，也就是「類比」、「類推」的意思。這種「類推」的思考方法，在戰國學術中，已是知識份子論述問題常見的思考途徑。例如《墨子・小取》所言之「辟」、「援」之法：

> 辟也者，舉他物而以明之也。援也者，曰：子然，我奚獨不可以然也？

陳榮灼氏在〈作為類比推理的《墨辯》〉裏指出〔註12〕，所有類比推理之本質程序，乃是以兩個「不同對象」的「部份屬性」的「相似性」為出發點，來推出這兩個對象的其他屬性的「相似性」。陳氏認為，對中國古代類比推理思

維方法，貢獻最大的是墨家。但是，實際上的運用，則不限於墨家。在儒學裏，孟、荀都曾以「類推」的方式進行論證〔註13〕，《孟子·離婁上》：

> 孟子曰：「離婁之明，公輸子之巧，不以規矩，不能成方員，；師曠
> 之聰，不以六律，不能正五音；堯舜之道，不以仁政，不能平治天
> 下。……」（《孟子·離婁上》）

就是以離婁、公輸子、師曠與堯舜互作類比，以論證亂世中道德行動的必要性，推得「仁政」之於平治天下的「必要性」〔註14〕。荀子學說裏，更是發揮類推的意義，上溯「類」的建立如何真確，而發展出荀學之「正名」觀點：

> 然則何緣而以同異？曰：緣天官。**凡同類、同情者，其天官之意物**
> **也同，故比方之疑似而通，是所以共其約名以相期也。**形體、色理
> 以目異，聲音清濁、調竽、奇聲以耳異，甘苦、鹹淡、辛酸、奇味
> 以口異，香臭、芬鬱、腥臊、漏庮、奇臭以鼻異，疾養、滄熱、滑
> 鈹、輕重以形體異，說故、喜怒、哀樂、愛惡欲以心異。心有徵知。
> 徵知則緣耳而知聲可也，緣目而知形可也。然而徵知必將待天官之
> 當簿其類，然後可也。五官簿之而不知，心徵之而無說，則人莫不
> 然謂之不知。此所緣而以同異也。（《荀子·正名》）

「類推」所以能「取義」，荀子歸諸於「心的徵知」能力，由此，荀子開展出儒學中的「教育」理論。董仲舒春秋學同樣以「取義」作為「類推」的目的；為了正確的取義，而必須審慎辨析「類」的異同：

> 難者曰：「《春秋》事同者辭同。……而或達於經，或不達於經，何
> 也？」曰：「《春秋》理百物，**辨品類，別嫌微**，修本末者也。是故
> 星墜謂之隕，螽墜謂之雨，其所發之處不同，或降於天，或發於地，
> 其辭不可同也。……是**或達於常，或達於變也。**」（《繁露·玉英》）

由於《春秋》具有「微言大義」的特質，所以，董氏春秋學中，「類推取義」之「類」，不只是經文所記「事例」的辨「類」，還包括經文書寫「用辭」的辨「類」。「星墜謂之『隕』，螽墜謂之『雨』，其所發之處不同，或降於天，

〔註13〕《孟子·告子上》有云：「凡同類者，舉相似也。」，「類」在《孟子》書中，
　　　　論述歷史事實時主要有兩種用法：一是作為相同種屬性質上的歸類，一是作
　　　　為概念性的類比。關於「類」在《孟子》書中的用法分析，詳見黃俊傑氏，《孟
　　　　子思想史論》卷一，台北：東大出版社，1991 年，P166～169。

〔註14〕陳榮灼，〈作為類比推理的《墨辯》〉，收錄於《中國古代思維方式探索》，台
　　　　北：正中書局，1996 年 11 月，P201～230。

或發於地，其『辭』不可同也。」，「類推」的思維方式，運用於春秋學上，董氏特別著重在「別嫌疑」，也就是「同中辨異」，以其「同」而推得「類」，再將這有所同的諸「類」，並比而審辨，觀察其「同」中有「異」之隱微。

董仲舒在春秋學裏，援「類」以推得同屬性的經文群組，然後，再由此一經文群組審辨其「同屬性」之外的相異之處，這種「類推」而後「別嫌疑」的解經方法，我們在下一節將就其實際運用的情況，舉例深論。

由於類推思維必須以同類為基礎，而「類」之區分關鍵，則在對宇宙萬物加以辨識命名。所以，董仲舒亦承緒荀子「正名」的路線，在《繁露・深察名號》及〈實性〉二篇，針對孟子「性善」一詞的「詞稱用語」有所檢討，在檢討的同時，舒展了他對「人性」的看法，以及對「教育」的重視（詳見本論文第四章）。然而，與重視「天人之分」的荀子學說所不同的是，董仲舒將萬物推類到本原時，「天」是宇宙萬物的「大同類」：

> 「號」凡而略，「名」詳而目。「目」者，遍辨其事也；「凡」者，獨舉其大也。享鬼神者號一，曰祭；祭之散名，春曰祠，夏曰礿，秋曰嘗，冬曰烝。獵禽獸者號一，曰田；田之散名，春苗，秋蒐，冬狩，夏獮。無有不皆中天意者。物莫不有「凡號」，號莫不有「散名」，如是。是故事各順於名，名各順於天。天人之際，合而為一。同而通理，動而相益，順而相受，謂之德道。《詩》曰：「維號斯言，有倫有跡。」此之謂也。（《繁露・深察名號》）

> 天亦有喜怒之氣、哀樂之心，與人相副。以類合之，天人一也。春，喜氣也，故生；秋，怒氣也，故殺；夏，樂氣也，故養；冬，哀氣也，故藏。四者天人同有之。有其理而一用之。與天同者大治，與天異者大亂。故為人主之道，莫明於在身之與天同者而用之，使喜怒必當義而出，如寒暑之必當其時乃發也。使德之厚於刑也，如陽之多於陰也。（《繁露・陰陽義》）

「天人之際，合而為一」，「同而通理、動而相益」，「無有不皆中天意」的基礎，是當其時普遍流行的漢代「氣化感應」論：

> 氣同則會，聲比則應，其「驗」皦然也。試調琴瑟而錯之，鼓其宮則他宮應之，鼓其商而他商應之，五音比而自鳴，非有神，其數然也。美事召美類，惡事召惡類，類之相應而起也。如馬鳴則馬應之，牛鳴則牛應之。帝王之將興也，其美祥亦先見；其將亡也，妖孽亦

先見。**物故以類相召也。**（《繁露・同類相動》）

天有寒有暑，夫喜怒哀樂之發，與清暖寒暑，其實一貫也。喜氣爲暖而當春，怒氣爲清而當秋，樂氣爲太陽而當夏，哀氣爲太陰而當冬。四氣者，天與人所同有也，非人所能蓄也，故可節而不可止也。節之而順，止之而亂。**人生於天，而取化於天。**（《繁露・王道通三》）

「人生於天，而取化於天」，「天人同類」的觀念，使得董仲舒在「類推」的思維上，由人而推之於天，構成其「天人合一」的宇宙圖式：

故陽益陽，而陰益陰；陰陽之氣，因可以類相益損也。**天有陰陽，人亦有陰陽。**天地之陰氣起，而人之陰氣應之而起，人之陰氣起，天地之陰氣亦宜應之而起，其道一也。明於此者，欲致雨則動陰以起陰，欲止雨則動陽以起陽，**故致雨，非神也。而疑於神者，其理微妙也。**非獨陰陽之氣可以類進退也，雖不祥禍福所從生，亦由是也。無非己先起之，而**物以類應之而動者也。**（《繁露・同類相動》）

天地之符，陰陽之副，常設於身，身猶天也，「數」與之相參，故命與之相連也。天以終歲之數，成人之身，故小節三百六十六，副日數也；大節十二分，副月數也；內有五藏，副五行數也；外有四肢，副四時數也；乍視乍瞑，副晝夜也；乍剛乍柔，副冬夏也；乍哀乍樂，副陰陽也；**心有計慮，副度數也；行有倫理，副天地也。**此皆暗膚著身，與人俱生，比而偶之弇合。於其可數也，副數；不可數者，副類。**皆當同而副天，一也。**是故陳其有形以著其無形者，拘其可數以著其不可數者。以此言，**「道」之亦宜「以類相應」，**猶其形也，以數相中也。（《繁露・人副天數》）

董氏在「類」通於天之外，一再強調「非有神，其『數』然也」、「致雨，非神也。而疑於神者，其理微妙」、「數與之相參，故命與之相連」，「數」就是董仲舒在其天人合一的「宇宙圖式」中，所找尋到的「秩序」、「數理」；由宇宙圖式的數理，相應於人世社會的秩序，董氏這一部份的思想，較諸「類推」思維更強調的是，「類應」的互感；董仲舒對於君臣尊卑、人倫受命，乃至於禮制政策的提出，無一不是類應於宇宙圖式的數理秩序：

聖人副天之所行以爲政，故以慶副暖而當春，以賞副暑而當夏，以罰副清而當秋，以刑副寒而當冬。慶賞罰刑，異事而同功，皆**王者**

> 之所以成德也。慶賞罰刑與春夏秋冬，**以類相應也，如合符**。故曰
> **王者配天，謂其道**。天有四時，王有四政，四政若四時，通類也，
> 天人所同有也。慶爲春，賞爲夏，罰爲秋，刑爲冬。慶賞罰刑之不
> 可不具也，如春夏秋冬不可不備也。慶賞罰刑，當其處不可不發，
> 若暖暑清寒，當其時不可不出也。慶賞罰刑各有正處，如春夏秋冬
> 各有時也。四政者，不可以相干也，猶四時不可相干也。四政者，
> 不可以易處也，猶四時不可易處也。（《繁露・四時之副》）

> **天道施，地道化，人道義**。聖人見端而知本，精之至也；**得一而應**
> **萬，類之治也**。（《繁露・天道施》）

儘管，董仲舒的思想體系，以「天人合一」類應互感爲主軸。同時以《春秋》
二百四十二年經文記事，屬事見義，對於《春秋》史事同屬性「經文群組」
加以「類比取義」。「類應」與「類比」，使得董仲舒的春秋學呈現出豐富而變
化的內容。

（二）「興」：「取象」的思維方式

所謂「興」，意指「即事言情」，《文心雕龍・史傳》云：「興者，起也」。
也就是指以具體的歷史事實來喚起讀史者的價值意識，這種以具體史實喚醒
價值意識的思維方式，與儒學中的詩教傳統有關。子曰：「《詩》可以興，可
以觀，可以群，可以怨。『邇之事父，遠之事君』。」（《論語・陽貨》），通過
美感經驗的感發興起，而喚醒人溫柔敦厚的良善情感，進一步化成風俗的淳
善，這就是儒學的詩教。我們此處所謂的，董仲舒春秋學中「興」的思維方
式，並不只是指董氏引《詩》論義而已，而是就「史傳」之敘事，從事「史
義」的詮釋和創造，這種引用歷史事實以興起對當前事件之價值判斷的「思
維方式」，我們稱之爲『「興」的思維方式』；董氏春秋學裏，藉《春秋》經文
事例，企圖建立道德價值標準，甚至融入漢代時人所能接受的「報應」觀：
〔註15〕

> 宋伯姬疑禮而死於火，齊桓公疑信而虧其地，《春秋》賢而舉之，以
> 爲天下法，曰禮而信。禮無不答，施無不「報」，天之數也。（《繁露・
> 楚莊王》）

〔註15〕聖王布德施惠，非求其報於百姓也；郊望禘嘗，非求福於鬼神也。山致其高，
而雲起焉；水致其深，而蛟龍生焉；君子致其道，而福祿歸焉。夫有「陰德」
者，必有「陽報」；有陰行者，必有昭名。（《淮南子・人間》）

　　陽氣氣出於東北，入於西北，發於孟春，畢於孟冬，而物莫不應是。
陽始出，物亦始出；陽方盛，物亦方盛；……。以此見之，貴陽而
賤陰也。……是故《春秋》之於昏禮也，達宋公而不達紀侯之母。
紀侯之母宜稱而不達，宋公不宜稱而達，達陽而不達陰，以天道制
之也。(《繁露・陽尊陰卑》)

這些都是以「興」的思維方式在《春秋》經文裏，重新詮釋並賦予新的意義。

　　然而，在董仲舒的春秋學裏，「興」的思維方式，是否僅限於在史事上取
「義」呢？《史記・太史公自序》云：「《春秋》者，禮義之大宗也。」董仲
舒在《繁露・觀德》中也提到《春秋》是「百禮之貴，皆編於月，月編於時，
時編於君，君編於天」。《春秋》「尊尊」是「禮」的實踐：

　　「禮」者，繼天地，體陰陽，而慎「主客」，序「尊卑、貴賤、大小」
之位，而差「外內、遠近、新故」之級者也，以「德」多爲「象」。
萬物以廣博眾多、歷年久者爲「象」。其在天而象「天」者，莫大日
月，…其得「地」體者，莫如山阜。「人」之得天得眾者，莫如受命
之天子。……「巍巍乎其有成功也」，言其尊大以成功也。唯「田邑
之稱，多著主名」。「君將不言臣，臣不言師」。「王夷、君獲，不言
師敗」。……齊桓、晉文不尊周室，不能霸；三代聖人不則天地，不
能至王；階此而觀之，可以知天地之貴矣。(《繁露・奉本》)

「序尊卑、貴賤、大小之位」而差「外內、遠近、新故之級」者，以「德」
多爲「象」。萬物以「廣博眾多、歷年久者」爲「象」，董氏從宇宙圖式中取
「象」，來說明人世社會的倫常秩序，「田邑之稱，多著主名」、「君將不言臣，
臣不言師」、「王夷君獲，不言師敗」，這些都是《公羊傳》對經文的解釋：

田邑之稱，多著主名：

◎昭公元年

　經：晉荀吳帥師敗狄于大原。

　(傳)：此大鹵也，曷爲謂之大原？地物從中國，邑人名從主人。
　　　　原者何？上平曰原，下平曰隰。

君將不言臣，臣（將）不言師：

◎隱公五年

　經：秋，衛師入盛。

　(傳)：曷爲或言率師或不言率師？「將尊師眾」稱「某率師」，「將

尊師少」稱「將」;「將卑師眾」稱「師」,「將卑師少」稱「人」。

「君將」不言率師,書其重者也。

王夷、君獲,不言師敗:

◎**成公十六年**

經:晉侯及楚子、鄭伯戰于鄢陵,楚子、鄭師敗績。

(傳):敗者稱師,楚何以不稱師?**王痍也。**王痍者何?傷乎矢也。

然則何以**不言師敗績**?未言爾。

◎**僖公十五年**

經:壬戌,晉侯及秦伯戰于韓,獲晉侯。

(傳):此偏戰也,何以不言師敗績?**君獲,不言師敗績也。**

董仲舒從「天地」、「陰陽」中,興發「主客」、「尊卑」等禮制意義,對《公羊傳》再賦予詮釋。可見,董氏「興」的思維方式,其實是訴諸於「取象」而得「義」,「象」的來源,可以是《春秋》經文同屬性的群組,也可能是來自於自然宇宙的觀察,最終,藉「取象」的作用(階此而觀之),對《春秋》經義重新予以時人所能理解和接受的詮釋。

「取象見義」的表達方式,在《論語》、《孟子》、《荀子》書中屢見不鮮〔註16〕,但是,以經學的研究來說,對於經典的研究方法提出「興象」之說者,見於章學誠《文史通義‧易教下》:

《易》之象也,《詩》之興也,變化而不可方物矣。……象之所包廣矣,非徒《象》而已,六藝莫不兼之:蓋道體之將形而未顯著也。睢鳩之於好逑,樛木之於貞淑……象之通於《詩》也。五行之徵五事,箕畢之驗風雨,……象之通於《書》也。古官之紀雲鳥,《周官》之法天地四時,……象之通於《禮》也。歌協陰陽,舞分文武,以至磬含封疆,鼓思將帥,象之通於《樂》也。筆削不廢災異,《左氏》遂廣妖祥,象之通於《春秋》也。《易》與天地準,故能彌綸天地之

〔註16〕黃俊傑氏在〈中國古代古代儒家歷史思維的方法及其運用〉中,有詳細的舉例分析,黃氏的結論之一是:「所謂『興式思維方式』是『具體性思維方式』的一種。……論說者用來興起聽者的價值意識的,都是歷史上具體的事實或人物。從這一項特質,我們可以窺見中國人的思維方式是從具體而特殊的個案或情況入手思考問題,而不是訴諸抽象的邏輯的推理,所以中國人的思想活潑空靈,不拘一格,亦不為僵硬的理論所局限。」(黃俊傑,該文收錄於《中國古代思維方式探索》台北:正中書局,1996 年 11 月,P20～22)

　　　道。萬事萬物，當其自靜而動，形跡未彰而象見矣。故道不可見，

　　　人求道而恍若有見者，皆其象也。〔註17〕

章學誠是從《易》象出發去論六藝，他所謂的「象」，雖然連貫《易》象與
《詩》興而言，對於《易》、《詩》同樣「取象見義」，「變化而不可方物」的
特色，說得很透徹；但是，再進一步，認爲「象之所包廣矣，非徒《象》而
已，六藝莫不兼之」，而引用《書》、《禮》、《樂》、《春秋》來說明時，我們可
以發現，章氏所謂的「象」，已經由《易》、《詩》「興象」的「方法」論（「意
在言外」的方法），混合了經典文字表現的「形式論」（文字顯現出的風格面
貌）。其所謂之「象」，並不純粹是我們此處作爲「創造性詮釋」的「象」。尤
其是，章氏認爲《春秋》的「象」表現在「筆削不廢災異」、「《左氏》遂廣妖
祥」，以「災異」、「妖祥」作爲《春秋》的「象」，顯然與我們此處所談的「取
象得義」：由歷史事件喚起讀史者的價值意識的「具體性思維方式」（「興」），
並不相同。

　　　事實上，《春秋》之所以允許「興象」的方法論，和三傳的解經內容，觀
點是否一致並沒有關係。最重要的是，各家原則上都認爲經文中寓有褒貶的
價值判斷在，所以傳的目的即是將其中所隱含的價值判斷鋪陳展露出來。當
我們的心思從經文文字轉移到各家傳文敘述時，馬上可感受到《春秋》的解
讀在精神上引生一種揚善懲惡的興發活動；在語言現象上，則是從簡單精鍊
的語辭引發出複雜的人事道理來。徐復觀在論析《韓詩外傳》時也從《詩》
教的情感的「興」推衍到《春秋》的歷史教訓的「興」。他說：

　　　歷史的特性，是一個人、一件事，決不會再度呈現。由此可以了解，
　　　孔子作《春秋》以爲百世法，此時《春秋》中人物的言行，亦必破
　　　除其特定的時間空間與具體人物個性的限制，而把其中所蘊含的人
　　　的本質與事的基義，呈現出來，使其保有某種的普遍性與妥當性。
　　　於是歷史上具體的人與事，此時亦成爲此普遍性與妥當性的一種象
　　　徵。此雖較詩的象徵爲質實，但在領受者的精神領域中，都是以其
　　　象徵的意味而發生作用，則是一致的。〔註18〕

徐氏談到《春秋》歷史教訓的「興」，在破除時空背景等因素之後，事件的
「基義」，在領受者的精神領域中，與詩教「象徵」意味的作用是一致的。蔣

〔註17〕　章學誠，葉瑛校注，《文史通義校注》，台北：里仁書局，1984 年 9 月，P18。
〔註18〕　徐復觀，《兩漢思想史》卷三，台北：學生書局，1989 年 9 月，P8。

年豐氏由章學誠所云：「《易》象通於《詩》之比興，《易》辭通於《春秋》之例……《易》以天道而切人事，《春秋》以人事而協天道，其義例之見於文辭，聖人有戒心焉。」（《文史通義校注・易教下》，P20）得到啓發，釐清章氏作爲「方法」的「象」與作爲「形式」的辭二者的疑似，而以「興象」一詞清楚界定：

> 在傳統的儒家經典的解釋背後，存在著一個共同的解釋學基礎。這個解釋學基礎可稱之爲「興」的精神現象學。發現這個精神現象學的線索在於《詩經》、《周易》與《春秋》共同採用了充滿「興象」的思維方式。……「興」造就了一種精神教養。在這種精神教養之下，傳統的中國讀書人乃對自己民族的歷史、文化、以及道德責任，產生了深刻的體認。〔註19〕

他認爲：

> 《春秋》與《周易》之所以能會通，基本上是有兩個線索可追尋。第一是解讀史書常會讓人興起天命運化的感概，第二是《周易》的義理對具體的人間事務常常有所啓示，由此而興起歷史意識。〔註20〕

蔣氏的識見，值得我們嚴肅的思考。徐復觀氏曾於《中國經學史的基礎》云：「應打破《漢書・藝文志・六藝略》總序中所謂『而《易》爲之原』的迷信。此乃由董仲舒的陰陽說大行以後所出現的觀念」〔註21〕。我們姑且不談《漢志》「《易》爲六藝之原」的說法是否應打破。倘若如徐氏所云，「由董仲舒陰陽說大行以後」才出現「《易》爲之原」的觀念，我們除了以「《易》以談陰陽」去理解這句話，是否也可以從蔣氏所說的，「儒學經典的背後，存在著一個『共同的解釋學』的基礎」，來思考儒學六藝經典「以《易》爲原」或「以《詩》爲宗」的現象，除了今古文學派的鬥爭而說法不同之外，這樣的說法得以成立，背後其實有學術本質的理論作支撐；意即原由於「《易》之象」、「《詩》之教」而來的「共同的解釋學的基礎」，足以作爲貫串六藝經典的治經方法，在「方法論」的意義來說，六藝是允許「本出同原」的。那麼，我們再回首，中國由漢代開始，直至清朝的漫長的「經學時代」，經學的生命得以延續，是因爲士人奉之爲教條去遵守而來的？還是原由於「推明孔氏」，在聖賢典籍

〔註19〕蔣年豐，〈從「興」的精神現象論《春秋》經傳的解釋學基礎〉，收錄於《中國古代思維方式探索》，台北：正中書局，1996年11月，P106。
〔註20〕同前註，P110。
〔註21〕徐復觀，《中國經學史的基礎》，台北：學生書局，1990年7月，P51。

裏，世代相傳的讀書人相信其中含有豐富的義理智慧有待解讀，而付諸心血，在每個世代對經典予以「生命力的詮釋」而來？楊儒賓氏在敘述二十世紀源由於法國學者「原始思維」的概念而興起的，學界關於「中國的思維模式」概念的探討時說：

> 一種立基於「種族決定論」的思維模式假說，大概比較難得共鳴，但如說中國的風土、文字、社會結構等等曾深深影響過中國的學者，並在他們的意識結構上烙下深入骨髓之烙痕，這種說法或許是可以接受的。〔註22〕

「經」與「權」的斟酌，始終存在。經權斟酌的結果，「詮釋」的本身，就是一種「創造」。經典依舊屹立如山，這種創造，不僅不會動搖經典的價值，相反的，更使經學在民族社會裏根若磐石，化身為時代的蒼翠與蓊鬱。

然而，詩學中所見的「起興」原則，常常是「由近而遠」〔註23〕，而歷史思維的「起興」，常常是「言遠而指近」，借古人古事去思考今人今事，二者畢竟有些微差異。也就是說，儘管經典可以以「興象」為「共同的解釋學的基礎」，然而在實際的情況下，不同的典籍，「興象」的作用與模式不盡相同。蔣年豐氏有更具體的陳述：

> 《詩經》的語辭表達中有興象活動時，是就著興句與應句之間的關係而說的，如：從「關關睢鳩，在河之洲」到「窈窕淑女，君子好逑」；從「南有樛木，葛藟纍之」到「樂只君子，福履綏之」；從「桃之夭夭，灼灼其華」到「之子于歸，宜其室家」。但在《春秋》經傳的解讀過程中，興象活動所涉及的語言現象卻有所不同。首先要指出的是，此時的興象活動是在「經文與傳文之間」發生的。
>
> 其次，要注意的是，《春秋》經文大都是句子。所以，從經文到傳文的興發活動是以句子為基礎的。這種現象與《詩經》的興是一樣的，從興句跳躍至應句也是以句子為基礎。但值得注意的是《詩經》的興句本身並不包含清楚的價值判斷，而《春秋》經文語句卻包含深

〔註22〕 楊儒賓，《中國古代思維方式探索》序，台北：正中書局，1996 年 11 月。

〔註23〕 詩學與歷史思維的「起興」方式不同，詳見於黃俊傑，〈中國古代儒家歷史思維的方法及其運用〉，《中國古代思維方式探索》，P22。而關於詩學的「起興」原則，是「由近而遠」這一點，朱自清曾有論及，見朱氏〈關於興詩的意見〉，收錄於顧頡剛主編之《古史辨》第三冊，台北：藍燈出版社，1987 年 11 月，P683〜685。

刻的道德價值判斷。在這一點上，《春秋》教的興發活動反而與《易》教的興發活動接近。……《周易》卦爻辭本身也都是完整的句子，而且每每加上吉凶等價值判斷。解讀《周易》的人見了整句的卦爻辭之後，這些語辭所描述的書物意象即引發人對處事之道的聯想與體悟。這種情形大體上也是解讀《春秋》的情形。〔註24〕

蔣氏以「共同的解釋學的基礎（興象）」就《詩》、《易》、《春秋》作細部的比對，而作出以下結論：

《春秋》經傳興象的語言單位應是語句與文本。如果對《詩》、《易》、《春秋》三教的興發活動作個綜合比較的話，則我們可以說：《詩》的興句以及《易》的卦象與卦名乃以具體形象為內容；而《易》的卦爻辭以及《春秋》經傳的語句與文本乃以行動實踐為內容。〔註25〕

董仲舒春秋學裏，「興」的思維方式，對《春秋》的闡發，其「取象得義」的目的，也是在於建立儒學的道德價值以指導行動的實踐。今以《繁露》二例說明如下：

義云者，非謂正人，謂正我；雖有亂世枉上，莫不欲正人，奚謂義？昔者「楚靈王討陳蔡之賊」，「齊桓公執袁濤塗之罪」，非不能正人也，然而《春秋》弗予，不得為義者，我不正也。「闔廬能正楚蔡之難矣」，而《春秋》奪之義辭，以其身不正也。「潞子之於諸侯」，無所能正，《春秋》予之有義，其身正也：故曰：「義在正我，不在正人，此其法也」。（《繁露‧仁義法》）

董仲舒以「楚靈王討陳蔡之賊、齊桓公執袁濤塗之罪」、「闔廬能正楚蔡之難」以及「潞子之於諸侯，無所能正，《春秋》予之有義」五個《春秋》經文事例，《春秋》經文的書寫方式各有不同，而歸結出「義在正我，不在正人」的主旨；董氏在《春秋》記事裡取出這些同屬性的經文事例，目的就在於以之來闡發人、我之間道德行為的法則。至於「《春秋》弗予」、「《春秋》奪之義辭」、「《春秋》予之有義，其身正也」，這是董氏對於經文的理解和詮釋，實際上，經文並沒有明文寫出這些評論。

書日蝕、星隕、有蜮、山崩、地震、夏大雨水、冬大雨雹、隕霜不

〔註24〕同註18，P108～109。
〔註25〕同註18，P110。

殺草、自正月不雨，至於秋七月、有鴝鵒來巢，《春秋》異之，以此
見悖亂之徵，是小者不得大，微者不得著，雖甚末，亦一端，孔子
以此效之，吾所以貴微重始是也，因惡夫「推災異之象於前，然後
圖安危禍亂於後者」，非《春秋》之所甚貴也。然而《春秋》舉之以
爲一端者，亦欲其省天譴而畏天威，內動於心志，外見於事情，修
身審己，明善心以反道者也，豈非貴微重始、愼終推效者哉！（《繁
露・二端》）

「《春秋》異之，以此見悖亂之徵」、「雖甚末，亦一端，孔子以此效之，吾所
以貴微重始是也」，這是董仲舒由《春秋》災異記事之經文而發的見解。事實
上，經文只是記下災異，並沒有多做說明。董氏認爲：《春秋》記災異之端，
重點不在「推災異之象而圖安危禍亂」，而是要「修身審己，明善心以反道」，
藉災異之端倪，「省天譴」而「畏天威」，由內在心志的警醒，發而爲外在行
動之惕勵。由比列《春秋》經文中之災異記事，而賦予「貴微重始」、「愼終
推效」的義法精神，這是董仲舒春秋學的新詮釋。

我們可以約略看出，董氏春秋學的評論文式，是以《春秋》經文記事中
「同屬性事例」的摘取、類比爲基本分析材料，由此再進一步以自己的眼光，
去詮釋、闡發經文記事的含義和啓示，最終，則落實於當代現實的反省。爲
什麼不直接訴諸於論「理」，而要先引用《春秋》記事的基本材料呢？劉君祖
氏根據董仲舒在《繁露・楚莊王》所說的「《春秋》之辭多所況，是文約而法
明也」，而稱《春秋》經傳中的興象活動爲「設況」，也就是「即事言理」：

我們將《春秋經》的表達手法稱之爲「即事言理」，藉著設況，以事
爲象徵的媒介而達成盡意說理的目的。然而，僅就借事明義的層次
來說《春秋》仍嫌太淺近，「載之空言不如見諸行事之深切著明」這
句話，真正的涵意還是在鼓勵實踐。因爲採用史書的體裁固然可以
激發人的認知，但若不繼之以實踐的話，豈不仍然是空言？歷史是
借往事以明義，實踐卻是借今事以明義，讀《春秋經》並不僅僅是
讀歷史中的行動，而是自己在當代要有新行動！〔註26〕

言下之意，興象的活動，是從經文的表達方式，到讀者解讀經文之後的行動
反應，這個論點是值得重視的。這也是本文將「比」：「類推得『義』」、「興」：

〔註26〕詳見劉君祖，〈即事言理——春秋經表達手法初探〉，《中國文化月刊》第五十
　　　　一期，1984 年 1 月，P17。

「取象得『義』」二種思維方式，合為「比興的思維方式」來討論董仲舒春秋學的原因；董仲舒春秋學「即事言理」的表述方式，是藉著歷史事實類比（「比」）當前論理的情境，以明白呈現事理發生的來龍去脈、背景氛圍，進而在事件的「場景」中，激發（「興」）某種價值意識。在《春秋》經文的歷史記事中，無論是記事或是述辭，孔子隱含了豐富的意義，有待於後人加以解讀，這是太史公在《史記‧孔子世家》所載：「以繩當世貶損之義，後有王者，舉而開之，《春秋》之義行，則天下亂臣賊子懼」的含義，也是董仲舒對於《春秋》這本經典的體認。

「比興的思維方式」使得董仲舒對於《春秋》義法的闡發，不為經、傳的文辭字面所限制，他相信《春秋》孕含孔子的智慧義法，因此，以當代的眼光去解讀孔子書辭的用心；他對《春秋》的釋解，對於時代的脈動有深切的反省和體認；董氏春秋學的內容，與後世春秋學家以僵硬的經文書寫凡例，去詁訓《春秋》經傳字句的作法，完全不相同。《繁露‧精華》有云：

> 難者曰：《春秋》之法，未逾年之君稱「子」，蓋人心之正也。至里克殺奚齊，避此正辭而稱君之子，何也？
>
> 曰：所聞《詩》無達詁，《易》無達占，《春秋》無達辭，從變從義，而一以奉人。仁人錄其同姓之禍，固宜異操。晉，《春秋》之同姓也。驪姬一謀而三君死之，天下之所共痛也，本其所為為之者，蔽於所欲得位而不見其難也；《春秋》疾其所蔽，故去其正辭，徒言「君之子」而已。（《繁露‧精華》）

這裏我們可以看出，「《春秋》之法」是指《春秋》常辭。之所以「避此正辭」而另有所稱，完全是「《春秋》疾其所蔽」、「仁人錄其同姓之禍，固宜異操」的緣故；也就是說，《春秋》之書法，雖然有常辭可作為依循的條例，一旦「義」有所寓，則以「義」作為書辭的首要考量。董氏所言：「《詩》無達詁，《易》無達占，《春秋》無達辭，從變從義」，以《詩》與《易》同時來說明，是很值得我們注意的。所謂「《詩》無達詁」，並非指《詩》的抒寫用詞寫得不好；「《易》無達占」，也不是指《易》的占卜一點兒價值也沒有；相反的，就因為是「善《詩》者」、「善《易》者」，才能深刻瞭解，「詩之興」與「易之象」對人們心裏的啟發，所激起的意義，絕非止於原來經典字面文詞的陳述而已。董仲舒以「《詩》」、「《易》」、「《春秋》」並列來說明經典義涵對人心的作用，是很值得玩味的。孔子云：「《詩》可以興」（《論語‧述而》）。孟子亦有說：「說

《詩》者，不以文害辭，不以辭害志。以意逆志，是爲得之」（《孟子·萬章上》）。對稱詩者而言，詩並不是以「局外者」的身分存在，詩經過稱詩者的詮釋之後，與稱詩者實存的情境相融合，而不斷湧現其常新之意涵。《易》的取象亦復如此，幾千年來，人們不斷從《易》的占象與經傳文辭得到各種的啓迪，解決人們心中各自的疑惑，其「取義」無非都是另一種詮釋與再創；儘管如此，卻絲毫不影響《易》的價值。董仲舒云：「《春秋》無達辭」，更重要的是，後人能不能看出經傳「從變從義」的精髓，所謂《春秋》無達辭」，若以「比興思維」的方法論去理解，「無達辭」並非指《春秋》文辭不通達，相反的，就是因爲經文在記載陳辭時，其義涵的豐富與爲了「達義」而在文辭上作最切「義」的斟酌，董仲舒才認爲，洞識其文辭的「變」與「義」，遠較拘執於文辭字面來解釋，要更爲重要。

　　由《詩》、《易》、《春秋》治經方法的類推，以「比興的思維方式」去瞭解所謂的「無達詁、無達占、無達辭」真正的意旨，對於董仲舒的春秋學，才能有真確的認識和公允的評價。

二、「二端」的思維方式

　　董仲舒春秋學的內容，是以「比興」的思維方式去釋解《春秋》，透過經文事例的「類比」，「興發」孔子隱寓的大義。在「比興」的思維方式之下，我們還可以由他「興發」大義的過程，再發現其它的思維途徑和思維特質。「二端」的思維就是明顯的例子。

　　所謂「端」，就是「元始」、「本原」：

> 謂**一元者，大始也**。知元年志者，大人之所重，小人之所輕。是故治國之「端」在正名。（《繁露·玉英》）

> 《春秋》之道，以「元」之深，**正天之「端」**，以天之端，正王之政，以王之政正諸侯之即位，以諸侯之即位正竟內之治。五者俱正，而化大行。（《繁露·玉英》）

> **君人者，國之元**，發言動作，萬物之樞機，樞機之發，榮辱之「端」也。（《繁露·立元神》）

董仲舒的春秋學，「興發」是以「類推」爲基本功夫，既然有「類推」，就必有其「端始」，這是他春秋學「貴元重始」的特質，所以我們可以看到各種端始，如「治國之端」、「天之端」、「榮辱之端」，各種端始再逐一細分，遂有「五

端」、「十端」者：

> 三代改正，必以三統天下，曰：「三統五端，化四方之本也。」（《繁
> 露·三代改制質文》）

> 何謂天之端？曰：天有十端，十端而止已。天爲一端，地爲一端，
> 陰爲一端，陽爲一端，火爲一端，金爲一端，木爲一端，水爲一端，
> 土爲一端，人爲一端，凡十端而畢，天之數也。（《繁露·官制象天》）

這些端始的具體內容，本文視之爲董氏春秋學的義法內容，將在第四章作深
入的介紹，而其思維方式，如：

> 治天下之端，在審辨大。辨大之端，在深察名號。（《繁露·深察名
> 號》）

我們可以清楚看到「溯其端始」的過程，其實就是類推思維的運用，也就是
本文上一單元所論述的思維方式。本單元所謂的「二端」，雖然是以「端」爲
基礎，但是我們並不打算在「端始內容」上著墨；作爲思維方式的探討，在
此所要強調的是，執「二」省「端」的思維特微。

（一）「二端」之名

《春秋繁露》中有〈二端〉篇，「端」是元始之意；因此，董仲舒所言之
「二端」，強調的是事物「相對」的二個端始，也就是「正、反」二面的思維
方式：

> 《春秋》至意有「二端」，不本二端之所從起，亦未可與論災異也，
> 小大、微著之分也。夫覽求微細於無端之處，誠知「小」之將爲「大」
> 也，「微」之將爲「著」也，吉凶未形，聖人所獨知〔註27〕也。（《繁
> 露·二端》）

「至意有二端」，此處是就災異現象去討論「小大」、「微著」之分。董氏認
爲，儘管「吉凶」未形，仍然可以「覽求細微於無端之處」。因爲「小將爲
大」、「微將爲著」，所以，董氏所言之「二端」，是就事理「相對」的二個面
向去觀察的「思維方式」，這相對二面的思考，「端」與「端」之間的關係，
可以是「動態」的演化，而非截然的切分。由於是一種思維方式，所以，「二
端」不是指固定的某物（如：韓非「二柄」是指「賞罰」），而是指「相對」
的「概念」。

〔註27〕原作「重」，從賴炎元氏身注身譯本校改。

（二）「二端」思維之運用

> 桓之志無王，故不書王。其志欲立，故書即位。書即位者，言其弒
> 君兄也。不書王者，以言其背天子。是故「隱不言立，桓不言王」
> 者，從其志以見其事也；從「賢」之志以達其義，從「不肖」之志
> 以著其惡。由此觀之，《春秋》之所善，善也；所不善，亦不善也，
> 不可不兩省也。（《繁露·玉英》）

「二端」的思維方式，落實於董氏春秋學中，其作用在於對事理的「兩省」
之法。不僅在事理分析上，嘗試相對的觀察角度，如「從其志以見其事」；「從
『賢』之志以達其義」、「從『不肖』之志以著其惡」；在事例的援舉上，也考
慮「善」、「不善」相對二種事例的類比，以突顯事理「義旨」的關鍵所在。
董仲舒認爲世界萬物都是成對偶的，所以，由「此」一端，必可再尋思「彼」
一端：

> 凡物必有合。合，必有「上」，必有「下」；必有「左」，必有「右」；
> 必有「前」，必有「後」；必有「表」，必有「裏」。有「美」必有「惡」，
> 有「順」必有「逆」，有「喜」必有「怒」，有「寒」必有「暑」，有
> 「晝」必有「夜」，此皆其合也。（《繁露·基義》）

> 有聲必有響，有形必有影，聲出於內，響報於外，形立於上，影應
> 於下，響有清濁，影有曲直；響所報，非一聲也，影所應，非一形
> 也。（《繁露·保位權》）

「二端」的思維，再加上「類推」的功夫，《春秋》大義之「興」，亦有其思
維理路：

> 推「天、地」之精，運「陰、陽」之類，以別「順、逆」之理。安
> 所加以不在？在上下，在大小，在強弱，在賢不肖，在善惡。（《繁
> 露·王道通三》）

> 故曰：立義以明「尊卑之分」；強幹弱枝以明「大小之職」；……善
> 無小而不舉，無惡小而不去，以純其美；別賢不肖以明其尊；親近
> 以來遠，因其國而容天下；名倫等物不失其理，公心以是非；賞善
> 誅惡而王澤洽。……兩言而管天下。此之謂也。（《繁露·盟會》）

董仲舒在春秋學的「二端思維」，在董氏藉「難者發問」，以申述《春秋》大
義的「問答體」上看出來：

> ◎難者曰：「《春秋》之法，卿不憂諸侯，政不在大夫。子反爲楚臣

而恤宋民，是憂諸侯也；不複其君而與敵平，是政在大夫也。……
（《繁露‧竹林》）

◎難者曰：「《春秋》事同者辭同。此四者俱為變禮，而或達於經，
或不達於經，何也？」（《繁露‧玉英》）

◎難者曰：「公子目夷、祭仲之所以為者，皆存之事君，善之可矣。
荀息、曼姑非有此事也，而所欲恃者皆不宜立者，何以得載乎義？」
（《繁露‧玉英》）

◎難者曰：「《春秋》之法，大夫無遂事。又曰：『出境有可以安社稷、
利國家者，則專之可也』。又曰：『大夫以君命出，進退在大夫也』；
又曰：『聞喪徐行而不反也。』夫既曰無遂事矣，又曰專之可也；
既曰進退在大夫矣，又曰徐行而不反也。若相悖然，是何謂也？」
（《繁露‧精華》）

難者設問的內容，正是董仲舒治《春秋》所以循思的路線，在董氏對《春秋》
內容提問，藉難者之口以自問自答的行文中，我們可以很容易地在「兩省之
法」的運用上，看出董仲舒的思維特質。這種「二端」的思維方式，在董氏
所擘畫的德治政策上，亦可看到其軌跡：

故王者受命，改正朔，不順數而往，必迎來而受之者，授受之義也。
故聖人能繫心於「微」而致之「著」也。（《繁露‧二端》）

《春秋》刺上之過，而矜下之苦，小惡在外弗舉，在我書而誹之。…
故自稱其惡謂之「情」，稱人之惡謂之「賊」；求諸己謂之「厚」，求
諸人謂之「薄」；自責以備謂之「明」，責人以備謂之「惑」。是故以
自治之節治人，是居上不寬也；以治人之度自治，是為禮不敬也；
為禮不敬，則傷行而民弗尊；居上不寬，則傷厚而民弗親。弗親則
弗信，弗尊則弗敬。二端之政詭於上，而僻行之則誹於下，仁義之
處，可無論乎！（《繁露‧仁義法》）

對於事理義法的探求，嘗試以相對的思維觀點去觀察，一方面開拓了敘事論
理的眼界，另方面則在「別嫌疑」之際，力求無偏無頗，在行事分寸的掌握
上，得其適當。

三、「相對辨證」的思維方式

所謂的「相對」，其實就是前述「二端」思維方式的運用。但是，我們在

此處之所以選擇用「辨證」的詞彙來指稱思維方式，目的在強調董氏的二端思維中，含有另外一種「一分為二，推演至於無窮」的機制：

> 聲有順逆，必有清濁，形有善惡，必有曲直，故聖人聞其聲則別其清濁，見其形則異其曲直；**於濁之中，必知其清，於清之中，必知其濁，於曲之中，必見其直，於直之中，必見其曲**；於聲無小而不取，於形無小而不舉。不以「著」蔽「微」，不以「眾」掩「寡」，各應其事以致其報；黑白分明，然後民知所去就，民知所去就，然後可以致治，是為象則。（《繁露・保位權》）

「聲有順逆，必有清濁」、「形有善惡，必有曲直」，這是「二端」與「類推」思維的運用；這種運用，不只是攀附於外，聯繫於他事、他物，更可以往內尋求，作不斷的「一分為二」的切割，如：「於濁之中，必知其清；於清之中，必知其濁」、「於曲之中，必見其直；於直之中，必見其曲」。這種思維與陰、陽觀念結合之後，更展現其詭譎：

> 丈夫雖賤皆為陽，婦人雖貴皆為陰。**陰之中亦相為陰，陽之中亦相為陽。諸在上者皆為其下陽，諸在下者皆為其上陰**。（《繁露・陽尊陰卑》）

「陰」、「陽」是相對觀念。「陰」之中，居上者為「陰中之『陽』」，「陽」之中，居下者為「陽中之『陰』」。「陰」之中，居上者號為「陽」，此所謂「陽」者，實為「陰」之屬性；「陽」之中，居下者號為「陰」，此所謂「陰」者，實為「陽」之屬性。

這種「辨證」的思維方式，應用於《春秋》，更加強了「興發取義」時，「見其指，不任其辭」的原則：

> 難者曰：「《春秋》之書戰伐也，有惡有善也。惡詐擊而善偏戰，恥伐喪而榮復讎，奈何以《春秋》為無義戰而盡惡之也？」曰：「凡《春秋》之記災異也，雖畝有數莖，猶謂之無麥苗也。今天下之大，三百年之久，戰攻侵伐不可勝數，而復讎者有二焉。……不足以難之，故謂之無義戰也。……若《春秋》之於偏戰也，善其偏，不善其戰，有以效其然也。《春秋》愛人，而戰者殺人，君子奚說善殺其所愛哉？故《春秋》之於偏戰也，猶其於諸夏也，引之魯，則謂之外，引之夷狄，則謂之內；比之詐戰，則謂之義，比之不戰，則謂之不義；故盟不如不盟，然而有所謂善盟；戰不如不戰，然而有所謂善戰；

> **不義之中有義，義之中有不義**；辭不能及，皆在於指，非精心達思
> 者，其孰能知之。……見其指者，不任其辭，不任其辭，然後可與
> 適道矣。（《繁露·竹林》）

《春秋》惡戰伐之事，故有《春秋》「無『義戰』」的說法。既然如此，爲什
《春秋》對於實際的戰伐記事，有惡有善：「惡詐擊、恥伐喪」，「善偏戰，榮
復讎」？董氏以相對的思維方式，去類比《春秋》對於「災異」與「戰伐」
的記事：「雖畝有數莖，猶謂之『無麥苗也』」、「三百年之久，戰攻侵伐不可
勝數，而復讎者有二焉……不足以難之，故謂之『無義戰』」。

推演這種相對的思維模式，應用到事理的辨證上，往往能夠呈現實際事
況中，多重的對等立場；在各個不同的場景，可以採取無窮的應變：「盟不如
不盟，然而有所謂善盟」、「戰不如不戰，然而有所謂善戰」，就好比《公羊傳》
所云之「諸夏」，「引之魯，則謂之外」；引之夷狄，則謂之內」；所以，《春秋》
惡戰伐而無義戰，是大原則，至於所謂的「偏戰」，則是「比之詐戰，則謂之
義；比之不戰，則謂之不義」，「不義之中有義，義之中有不義」。

董仲舒這種相對辨證的思維方式，其目的不是在理論上馳騁詭譎，而是
因爲人世間的事理，本來就不是執「二端」之省所足以論斷者；董氏的相對
辨證，是由事況的觀察而得來，不同於理論家名學上的「邏輯辨證」。關於《春
秋》記事之義法事理，「非精心達思者，其孰能知之？」、「不任其辭，然後可
與適道矣」。所謂的「適道」，董仲舒在〈竹林〉篇亦有發論：

> 《春秋》之道，固有常有變，變用於變，常用於常，各止其科，非
> 相妨也。今諸子所稱，皆天下之常，雷同之義也。**子反之行，一曲**
> **之變。獨修之意也。**夫目驚而體失其容，心驚而事有所忘，人之情
> 也。通於驚之情者，取其一美，不盡其失。……**今子反往視宋，聞**
> 人相食，大驚而哀之，不意之至於此也，是以心駭目動而違常禮。
> 禮者，庶於仁，文質而成體者也。『當仁不讓。』此之謂也。《春秋》
> **之辭，有所謂賤者，有賤乎賤者。夫有賤乎賤者，則亦有貴乎貴者**
> **矣。今讓者，《春秋》之所貴，雖然，見人相食，驚人相爨，救之忘**
> **其讓，君子之道有貴於讓者也，故説《春秋》者，無以平定之常義，**
> **疑變故之大，則義幾可諭矣。**（《繁露·竹林》）

〈竹林〉這段文字，是由宣公十五年經文「宋人及楚人平」，《公羊傳》謂楚
莊王圍宋，楚大夫司馬子反奉命前往宋探視軍情，見「易子而食，析骸而炊」

的慘狀，遂與宋大夫華元互請平戰返歸的史事而發。董氏再度運用了相對辨證的思維方式，云：「《春秋》之辭，有所謂賤者，有賤乎賤者。夫有賤乎賤者，則亦有貴乎貴者」。董氏指出：「讓者，《春秋》之所貴」，而又有所謂「當仁不讓」者，意即「君子王道有貴於讓者」。此處相對辨證的思維方式，是用來說明道德價值觀的「常」與「變」，然而，不管再怎麼常與變，都還是在道德價值之中（「變」，並非逾越、為歹之意）。在這樣的辨證之下，所謂的「適道」，董氏作出了「說《春秋》者，無以平定之常義，疑變故之大，則義幾可諭矣」的結論。我們在董氏析事論理、相對辨證的思維中，才能瞭解到其所謂「見其指，不任其辭」的真正精神，是在務實履行道德的情況下，因應於人事的多變而發；董氏之學，重視「常與變」之經權，這樣活潑而靈動的論事態度，其實是更進一步追求道德的實現。

四、「倫理秩序」的思維方式

「親親」與「尊尊」向來是儒學重要的論題，「親親」是指血緣倫理的親疏遠近，「尊尊」則強調禮制秩序的貴賤尊卑；《春秋》經文所欲彰顯的禮制秩序與道德標準，皆以「親親」、「尊尊」為要務，《公羊傳》所闡發的「《春秋》為尊者諱、為親者諱、為賢者諱」（閔公元年傳）亦為此一精神之體現。董仲舒春秋學闡發的「親親」與「尊尊」之義法，以及有關「親疏遠近」、「貴賤尊卑」的內容，本論文之後的章節將有深入的討論。此處我們所謂的「倫理秩序」，雖然不外乎「親親」與「尊尊」的概念；然而，我們要討論的主題，不是董仲舒如何暢談春秋學中的「倫理秩序」，而是儒學中的「倫理秩序」如何影響董仲舒對世間事理的看待？也就是說，我們想去探索，儒學的倫理秩序，在董仲舒「類比」和「興發」的思維方式裏，曾有過怎樣的影響和作用？

（一）以「倫理秩序」去理解「陰陽氣化之宇宙」

「陰」、「陽」的原始詞義，本來是指日光地形的向背，而後引申為氣候時令對人類社會的諸多影響；在戰國中晚期之後，其相對相生的特質，「陰陽和合」逐漸為時人援引為萬物生成的關鍵。甚至「物類相應」的基本原理，也是來自於「萬物為陰陽所化生」的觀念。萬物同氣互感，因為氣化相感的緣故，天的符應與災變將應人事的治亂而發。漢初儒者陸賈在《新語・明誠》裏提到：

> 世衰道亡，非天之所為也，乃國君者有所取之也。**惡政生於惡氣，**

> 惡氣生於災異。蝝蟲之類，隨氣而生；虹蜺之屬，因政而見。治道
> 失於下，則天文度於上；惡政流於民，則蟲災生於地。賢君智則知
> 隨變而改，緣類而試，思之於□□□變。聖人之理，恩及昆蟲，澤
> 及草木，乘天氣而生，隨寒暑而動者，莫不延頸而望治，傾耳而變
> 化。聖人察物，無所遺失，上及日月星辰，下至鳥獸草木昆蟲。

天不能主宰人事，卻因為「氣化相感」的作用，天將與人世善政、惡政所生的善氣、惡氣而有所相應。《淮南子・覽冥》提到：

> 夫**物類之相應**，玄妙深微，知不能論，辯不能解……故聖人在位，
> 懷道而不言，澤及萬民。**君臣乖心，則背譎見於天。神氣相應徵矣**。
> 故山雲草莽，水雲魚鱗，旱雲煙火，涔雲波水，各像其形類，所以
> 感之。……然以掌握之中，引類於太極之上，而水火可立致者，**陰
> 陽同氣相動也**。

「氣與自然界秩序」、「氣與人事順違」這二點，在漢代思想家以「陰」、「陽」二氣談宇宙物類之感應時，屢屢被援引和發揮。《淮南子・精神》也提到：

> 是故聖人**法天順情**，不拘於俗，不誘於人，**以天為父，以地為母，
> 陰陽為綱，四時為紀**。天靜以清，地定以寧，萬物失之者死，法之
> 者生。

由此可以看出，漢人眼中的「陰陽」二氣，作為氣化宇宙論的根本元素，所謂的「以天為父，以地為母，陰陽為綱，四時為紀」，陰陽在漢初思想家的眼裏，已經代表了自然法則中的綱紀、秩序。

董仲舒對於這種「陰陽氣化」觀念所代表的「自然法則」，又是如何法理解的呢？在〈陽尊陰卑〉裏，董氏云：

> 推**天地之精**，運**陰陽之類**，以別順逆之理。安所加以不在？在上下，
> 在大小，在強弱，在賢不肖，在善惡。**惡之屬盡為陰，善之屬盡為
> 陽**。陽為德，陰為刑。（《繁露・陽尊陰卑》）

「天地之精」、「陰陽之類」、「順逆之理」，就是董仲舒對「陰陽氣化」所代表的自然法則的認識，「惡之屬盡為陰，善之屬盡為陽」，我們可以看到，作為氣化宇宙論基本元素的「陰陽」，被賦予「善惡」的屬性；同時，存在於「上下」、「大小」、「強弱」、「賢不肖」等相對的概念裏，「陰陽」顯然已經不只是氣化萬物的元氣，而是被視為宇宙自然秩序的一種象徵。

> 陰者陽之合；**妻者夫之合；子者父之合；臣者君之合**；物莫無合，

而合各有陰陽。……君臣、父子、夫婦之義，皆取諸陰陽之道。**君為陽，臣為陰；父為陽，子為陰；夫為陽，妻為陰**。(《繁露·基義》)

對於「陰陽」宇宙自然之秩序，董仲舒將它具體化而以人事之倫理秩序去類比，那麼，天地陰陽之道，就可以在「君臣、父子、夫婦之義」上體現。以社會秩序類比於自然秩序，對於戰國以來普遍流行的陰陽氣化觀，賦諸以倫理道德的意義，董仲舒對於「四時之行」、「天地之志」、「陰陽之理」，這些由「陰陽」日光向背之原始義，逐漸演化成的自然法則、宇宙秩序，分別以人類社會的倫理秩序去闡釋：

人之受命於天也，取仁於天而仁也。……唯人道為可以參天。(《繁露·王道通三》)

人生於天，而取化於天。……**故四時之行，父子之道也；天地之志，君臣之義也；陰陽之理，聖人之法也**。(《繁露·王道通三》)

「唯人道為可以參天」，這是董仲舒在倫理秩序的思維方式下，所抒發的論點。在自然法則和人類社會的倫理秩序之間，董仲舒以「受命於天」建立二者類比的合理性。同時，結合了倫理秩序思維的陰陽氣化觀，董氏亦以之來詮釋《春秋》經文中的「災異」記事：

大旱，陽滅陰也。陽滅陰者，**尊厭卑也**，固其義也，雖大甚，拜請之而已，敢有加也？大水者，陰滅陽也。陰滅陽者，**卑勝尊也**，日食亦然。皆**下犯上**，以賤傷貴者，逆節也，故鳴鼓而攻之，朱絲而脅之，為其不義也。**此亦《春秋》之不畏強禦也**。(《繁露·精華》)

◎莊公二十五年

經：日有食之，鼓用牲於社。

(傳)：日食則曷為鼓用牲于社？**求乎陰之道也**。以朱絲營社，或曰脅之，或曰為闇，恐人犯之，故營之。

傳文只說道：「求乎陰之道也。」並未言及尊卑秩序。董氏以倫常秩序的思維觀點，釋陰陽之位階為「陽尊陰卑」，從而引申大水、日食皆為卑勝尊的「逆節之事」。因此，對於《春秋》「日有食之，鼓用牲於社」，傳文「朱絲營社」的做法，董氏亦以倫常秩序的思維，詮釋為「不畏強禦」之意。

（二）以「倫理秩序」去理解「五行系統之配應」

五行理論主要的內容，可說是由二大成分構成：一是「生、勝關係」，一是「配應組項」。「生」、「勝」又可分為「木生火、火生土、土生金、金生水、

水生木」的「相生關係」，以及「木克土、土克水、水克火、火克金、金克木」的「相勝關係」。而本文所謂「配應」，指的是五行系統中不同組項、不同類別間的所存在的繫屬。〔註28〕

如果說「生、勝關係」賦予五行系統活動性，使各組項分子間的變動更易有了一定的準則；那麼，「配應組項」則使得五行所籠罩的事類逐步延展，成爲可以詮釋萬有的宇宙模式。

董仲舒以「倫理秩序」去詮釋「五行系統」，主要是由「五行相生」的次序，建立起「類比」於人類社會的倫理秩序。然後，既用此「倫理秩序」去序列五行配應系統中的各組項，又採用此具備「倫理秩序」的各配應組項之間的特性，來推演人類道德行爲之所宜然：

> 天有五行：一曰木，二曰火，三曰土，四曰金，五曰水。木，五行之始也；水，五行之終也；土，五行之中也。此其天次之序也。「**木生火，火生土，土生金，金生水，水生木**」，**此其父子也**。木居左，金居右，火居前，水居後，土居中央，此其<u>父子之序</u>，相受而布。是故木受水，而火受木，土受火，金受土，水受金也。諸<u>授之者，皆其父也；受之者，皆其子也</u>。常因其父以使其子，天之道也。（《繁露・五行之義》）

五行「金木水火土」以「木、火、土、金、水」這個順序排列，所呈現的是「五行相生」的次序。「木生火，火生土，土生金，金生水，水生木，此其父子也」，這是以倫理秩序的思維，去理解五行的相生。

董仲舒以「父子」去理解「木生火，火生土，土生金，金生火，水生木」五行相生的授受關係，五行的配應系統，在相生的次序上，其配應組項之間，彼此也都被賦以父子的身份，例如：「五方」——「左、前、右、後、中」也

〔註28〕試舉《呂氏春秋・孟春紀》爲例，其云：「孟春之月……其日甲乙，其帝太皥，其神句芒。其蟲鱗，其音角，律中太簇，其數八。其味酸，其臭羶，其祀戶，祭先脾。……天子居青陽左個，乘鸞輅，駕蒼龍，載青旂，衣青衣，服青玉；食麥與羊，其器疏以達，是月也以立春，先立春三日，太史謁之天子曰：『某日立春，盛德在木。』」
季節、日干、五帝、五神、動物、五音、十二律、圖數、五味、五臭、五祀、五臟、五色、五穀、五牲、五行原各屬於自然界或人文的不同類組項，但是在五行系統裏，這不同組項所屬的分子，如春、甲乙、太皥、句芒、鱗、角、太簇、八、酸、羶、戶、脾、青、麥、羊、木，卻因配應關係而相繫屬，這種繫屬，本文即名之曰「配應」。

各自因授受而有父子的關係。

> 土者，火之子也。五行莫貴於土。土之於四時無所命者，不與火分功名。木名「春」，火名「夏」，金名「秋」，水名「冬」。忠臣之義，孝子之行，取之土。土者，五行最貴者也，其義不可以加矣。五聲莫貴於宮，五味莫美於甘，五色莫盛於黃，此謂孝者地之義也。(《繁露‧五行對》)

「土者，火之子」，這是在倫理秩序的思維下所看待的五行系統。因為有「父子」關係的類比，因此，謂「土不與火分功名」，這是用倫理秩序去序列五行系統中的各組項。「忠臣之義，孝子之行，取之土。……五聲莫貴於宮，五味莫美於甘，五色莫盛於黃，此謂『孝者，地之義』也」，這又是以具備倫理秩序的五行配應組項，來推演人類道德行為之所宜然；「倫理秩序」顯然為董氏援引進入，足以詮釋萬有的「宇宙圖式」之中：

> 天有五行，「木火土金水」是也。「木生火，火生土，土生金，金生水」。「水為冬，金為秋，土為李夏，火為夏，木為春」。「春主生，夏主長，季夏主養，秋主收，冬主藏。藏，冬之所成也。」是故父之所生，其子長之；父之所長，其子養之；父之所養，其子成之。諸父所為，其子皆奉承而續行之，不敢不致如父之意，盡為「人之道」也。故五行者，五行也。由此觀之，父授之，子受之，乃「天之道」也。故曰：「夫孝者，天之經」也。此之謂也。(《繁露‧五行對》)

由「五行」、「五行相生」、「五行時序」、到穀物的「生、長、養、收、藏」，這一套宇宙自然的秩序，皆為董仲舒以人類社會的「父子」關係去詮釋，「父之所生，其子長之；父之所長，其子養之；父之所養，其子成之」，宇宙自然法則是天地之間無可改易的道理，父子人倫，亦復如是；然而，「父子人倫」雖存於天地之間無可易改，卻未必獲得實踐、履行。董氏以「倫理秩序」的思維去詮釋時人所理解的宇宙自然法則，「父授之，子受之，乃天之道也」，終究還以「宇宙自然法則」之長存天地，還來印證人類社會「倫理秩序」亦萬古常新。

(三)「陰陽五行」的倫理化思維

「陰陽」、「五行」本是二種不同的概念，融合「陰陽」與「五行」，並非董仲舒的成就，由《史記》之〈曆書〉、〈孟荀列傳〉等文獻資料，我們知道，

鄒衍已將這二種原不相等的概念融合爲一〔註 29〕，董仲舒以「倫理秩序」的思維方式，去詮釋陰陽五行，使得陰陽五行體系，從此納入人類社會的倫理行爲，成爲系統配應的組項之一；秦漢之際普遍流傳的「宇宙圖式」觀念，開始納入儒學所重視的「德行」爲組項。本文之前分別由「陰陽氣化之宇宙」、「五行系統之配應」，去說明董仲舒「倫理秩序」思維的運用，這是因爲「陰陽氣化」與「五行系統」在各自的體系裏，都有豐富而完整的意涵，儘管二者已經融合連貫，但是這些豐富的內容並沒有消失，而是相互統整。董仲舒以「倫理秩序」的思維所闡釋的，就是統整後的「陰陽五行體系」：

> 是故木已生而火養之，金已死而水藏之，火樂木而養以「陽」；水克金而喪以「陰」；土之事火，竭其忠。故五行者，乃孝子忠臣之行也。五行之爲言也，猶五行與？是故以得辭也，聖人知之，故多其愛而

〔註 29〕 「陰陽」，本來是指一種以相對事物爲指稱所展開的思維觀念（猶如：日、月——晝、夜）；「五行」則是以數五爲軸心所展開的另一套系統思維，二者所指涉的意含並不相同。然而，當「陰陽」不只是指「相對的思維觀念」，更被援用以指稱爲「氣」，用來說明宇宙論中生化萬物，雖爲「相反」實又「相成」的陰陽二氣時，和以「木、火、土、金、水」爲構成萬物之五種元素的「五行」說，就有了相似的性質，因爲，他們一同爲探討宇宙論中萬物的形成屬性提供了解釋。「陰陽」與「五行」原本各自有其發展的源頭，之所以最後會合爲一，個人認爲，戰國以來，宇宙論盛行，「陰陽」觀念氣化之後，「陰陽」二氣成爲萬物生成的原始動能，這種「氣化」的觀點，是陰陽之說與「五行配應」之間所以結合的關鍵。在《史記・孟荀列傳》中，我們已可看到鄒衍把「陰陽」與「五行」配合而立論：
> 騶衍睹有國者益淫侈，不能尚德，若大雅整之於身，施及黎庶矣。乃深觀陰陽消息而作怪迂之變，始終、大聖之篇十餘萬言，其語閎大不經，必先驗小物，推而大之，至於無垠。先序今以上至黃帝，學者所共術，大並世盛衰，因載其禨祥度制，推而遠之，至天地未生，窈冥不孤考而原也。先列中國各山大川，通谷禽獸，水土所殖，物類所珍，因而推之，及海外人之所不能睹，稱引天地剖判以來，五德轉移，治各有宜，而符應若茲。（《史記・孟荀列傳》）
> 談到鄒衍，就必須談到「五德終始」，《鹽鐵論・論儒》說他「變化始終之論，卒以顯名」，《史記・曆書》說他「明於五德之傳而散消息之分，以釋諸侯」，由此可見，鄒衍是以五德終始說爲其主要學說而顯名的。但是，據《史記・孟荀列傳》所載，鄒衍「深觀『陰陽』消息而作怪迂之變」、「稱引天地剖判以來，五德轉移，治各有宜，而符應若茲」。《史記・封禪書》也說：「騶衍以陰陽主運顯於諸侯」。顯然，鄒衍的學說已經將「陰陽」、「五行」二種學說加以調和融貫。我們無法稽考鄒衍是否爲合論「陰陽」與「五行」的第一人，但是，我們卻不得不承認，在鄒衍之後，我們所言的「陰陽家」思想，其實是「陰陽五行」說。

少嚴，**厚養生而謹送終，就天之制也。以子而迎成養，如火之樂木也。喪父，如水之剋金也。事君，若土之敬天也。**可謂有行人矣。（《繁露·五行之義》）

「火樂木而養以『陽』，水克金而喪以『陰』」，對於融合後的陰陽五行，董氏除了賦予「倫理秩序」的闡釋：「土之事火竭其『忠』」，同時也正式地結合了「思孟五行」（仁義禮智信，孝子忠臣之行）與「陰陽五行」，「『五行』之為言也，猶『五行』與」這句耐人尋味的話，是二者融貫的證明。由「木已生而火養之」、「金已死而水藏之」，董氏闡釋為「厚養生而謹送終」、「以子而迎成養，如火之樂木也。喪父，如水之剋金也。事君，若土之敬天也」，我們可以看到，董仲舒以倫理秩序之思維去詮釋陰陽五行，使人類「倫理道德行為」與「宇宙自然法則」同存並列的面貌。

董仲舒倫理秩序的思維方式，不只表現在「陰陽五行」宇宙自然法則的詮釋上，亦有直接援以說明禮制之興廢者：

《春秋》之義，國有大喪者，止宗廟之祭，而不止郊祭，不敢以父母之喪，廢事天地之禮也。……今群臣學士不探察，曰：「萬民多貧，或頗饑寒，足郊乎？」是何言之誤！**天子父母事天，而子孫畜萬民。民未遍飽，無用祭天者，是猶子孫未得食**，無用食父母也。言莫逆於是，是其去禮遠也。……**天子不可不祭天也，無異人之不可以不食父。**為人子而不事父者，天下莫能以為可。今為天之子而不事天，何以異是？（《繁露·郊祭》）

對於「國有大喪，止宗廟之祭，而不止郊祭」這件事，董氏亦以倫理秩序的思維加以類推，釋之為「不敢以父母之喪，廢事天地之禮」。「天子，父母事天，而子孫畜萬民。民未遍飽，無用祭天者，是猶子孫未得食，無用食父母也」，天子以「事父母」的態度事天，以「愛子孫」的心態照顧百姓萬民，由「父母」、「子孫」，引申到「郊祭」、「宗廟之祭」，這是董仲舒特殊的思維方式。

五、「致用」的思維方式

董仲舒治《春秋》，無非相信《春秋》寓含足以「致用於世」，造就王者之世的大義，這些「大義」的發揚，並非反現實的稱頌「三代」的美好良善而已，而是切實的思考《春秋》記事所彰示的「宜不宜」的事理，「如何在當

代履行」的問題。所以，董氏對於治經、解經、傳經，無不充盈著「致用」、「切用」的當代思維。

> 能說鳥獸之類者，非聖人所欲說也；**聖人所欲說，在於說仁義而理之**，知其分科條別，貫所附，**明其義之所審，勿使嫌疑**，是乃聖人之所貴而已矣。不然，傳於眾辭，觀於眾物，說**不急之言而以惑後進者，君子之所甚惡也**。奚以爲哉？聖人思慮，不厭盡日，繼之以夜，然後萬物察者，仁義矣。由此言之，尚自爲得之哉。故曰：於乎！爲人師者，可無慎邪！夫**義出於經；經，傳「大本」也**。棄營勞心也，苦志盡情，頭白齒落，尚不合自錄也哉！（《繁露·重政》）

聖人所欲說，在於「說仁義而理之」、「明其義之所審，勿使嫌疑」，因爲致世、用世的態度，所以，對於「傳於眾辭、觀於眾物」，「說『不急之言』而以惑後進者」，君子甚惡也。可見，董氏對於治經、解經之內容，乃是以「致用之急」去看待，傳經的內容，在傳「大本」，也就是「仁義道德」的實現：

> 孔子明得失，差貴賤，**反王道之本**。譏天王以**致太平**。刺惡譏微，不遺小大，善無細而不舉，惡無細而不去，進善誅惡，絕諸本而已矣。（《繁露·王道》）

孔子「明得失，差貴賤」，目的不在「法三代聖人」而在返「王道之本」，這是董仲舒春秋學強烈的現實感。因此，「刺惡譏微，不遺小大」、「進善誅惡」乃至「譏天王」，都是在「止惡之本」以「致太平」的訴求下所提出。

「致用」的思維方式在《春秋》記事的詮釋上，則展現於事理成「效」的觀察以及「名實」是否相符的考量上：

> 齊桓挾賢相之能，用大國之資，即位五年，不能致一諸侯。於柯之盟，**見其大信，一年而近國之君畢至**，鄄幽之會是也。其後二十年之間亦久矣，尚未能大合諸侯也。至於**救邢衛之事，見存亡繼絕之義，而明年遠國之君畢到**，貫澤、陽谷之會是也。故曰「親近者不以言，召遠者不以使」，此其「效」也。（《繁露·精華》）

董仲舒特別強調，齊桓公挾賢相之能，用大國之資，「即位五年不能致一諸侯」、「二十年未能大合諸侯」，卻因爲「柯之盟，見其『大信』」──「一年而近國之君畢至」，「救邢衛之事，見存亡繼絕之『義』」──「明年遠國之君畢到」。由此而舉證說明，唯有道德信義，才是廣達人心，成「治世之效」的

良方。

> 名生於眞，非其眞，弗以爲名。名者，聖人之所以眞物也。名之爲
> 言，眞也。故凡百譏有黯黯者，各反其眞，則黯黯者還昭昭耳。欲
> 審曲直，莫如引繩；欲審是非，莫如引名。名之審於是非也，猶繩
> 之審於曲直也。**詰其名實，觀其離合，則是非之情不可以相讕已。**
>
> （《繁露・深察名號》）

「《春秋》別物之理，以正其名，名物必各因其眞」（《繁露・實性》），這樣的
訴求有何目的和意義呢？董仲舒以孟子「性善」這個名稱爲「不符實」而批
評之：

> 天生民，性有善質而未能善，於是爲之立王以善之，此天意也。民
> 受「未能善之性」於天，而退受「成性之教」於王。**王承天意以成**
> **「民之性」爲任者也。**今案其眞質，而謂民性已善者，是失天意而
> 去王任也。**萬民之性苟已善，則王者受命尚何任也**？（《繁露・深察
> 名號》）

> **天之生民，非爲王也；而天立王，以爲民也。**故其德足以安樂民者，
> 天子之；其惡足以賊害民者，天奪之。《詩》云：「……侯服於周，
> 天命靡常。」言天之無常予，無常奪也。（《繁露・堯舜不擅移湯武
> 不專殺》）

民受「未能善之性」於「天」，而退受「成性之教」於「王」；如果孟子「性
善」一詞爲眞，「萬民之性苟已善」，那麼，普天之下，還需要「受命之王」
作何用呢？我們在致用的思維方式下，看到董氏爲「教化之行」，在「性善」
這個名稱上，作覈實的檢討，並對王者提出尖銳的質問。從「性待教而爲善」
的立場，爲倡導教民化民的「王任」，董氏不惜說出「天之生民，非爲王也；
而天立王，以爲民也」，充分流露出董仲舒致用的思維觀。

第二節　董仲舒春秋學之解經方法

董仲舒在〈重政〉篇曾云：「夫義出於經，經傳大本也。」然而，要如何
才能得取經義以爲用呢？「聖人所欲說，在於說仁義而理之，知其分科條別，
貫所附，明其義之所審，勿使嫌疑，是乃聖人之所貴而已矣。」〈重政〉所云
之「知其分科條別」，「貫所附」、「審義勿使嫌疑」似乎就是聖人所嘉許的治

經之法。在〈玉杯〉裏，董仲舒對於「知分科」、「貫所附」的治《春秋》之法，有更詳細的論述：

> 論《春秋》者，合而通之，緣而求之，五其比，偶其類，覽其緒，
> 屠其贅，是以人道浹而王法立。以爲不然？今夫天子逾年即位，諸
> 侯於封內三年稱子，皆不在經也，而操之與在經無以異。非無其辨
> 也，有所見而經安受其贅也。能以比貫類、以辨付贅者，大得之矣。
> （《繁露・玉杯》）

董仲舒以治《春秋》，「學士皆師尊之」（《史記・儒林列傳》）。董仲舒對習研《春秋》經典的後學所提出的方法，是值得我們注意的。尤其可貴的是，我們可以在他的春秋學內容，證實這些方法實際運用的情況。

一、以「比」貫「類」，屬「事」見「義」

董仲舒春秋學的內容並非以詁訓章句的形式去解經，而是通貫《春秋》二百四十二年的經文記事，即事以言義。董氏春秋學是「評論體」闡義論理的面貌，而非「注經體」逐條羅列之方式。如何從經文記事中論取義理之所在呢？董氏云：「以比貫類」者，就是對經文「合而通之，緣而求之，五其比，偶其類」以見其「義」。

在屬事、比類的過程中，可就其解經途徑再分爲二大步驟：（一）合而通之。（二）緣而求之。所謂「合而通之」，就是董氏比合《春秋》經文「情節」類似之記事，通貫其事類，以比較彼此所蘊含之「義」是否有異同。所謂「緣而求之」，就是董氏緣沿某一事件之「義」，去推求二百四十二年之間其它同「義」之事況。簡言之，前者乃「通貫事類，以見其義」；後者乃「緣沿義旨，以見事類」。

（一）合而通之：通貫事類，以見其義旨之同

1. 「公觀魚於棠」、「天王使人求賻求金」：不能義者，利敗之也。

> 「公觀魚於棠」，何惡也？凡人之性，莫不善義，然而不能義者，利
> 敗之也。……夫處位動風化者，徒言利之名爾，猶惡之，況求利乎？
> 故「天王使人求賻求金」，皆爲大惡而書。……（《繁露・玉英》）

◎隱公五年

> 經：五年，春，公觀魚于棠。
>
> 　（傳）：何以書？譏。何譏爾？遠也。公曷爲遠而觀魚？登來之也。

百金之魚，公張之。登來之者何？美大之之辭也。棠者何？
濟上之邑也。

◎隱公三年

經：秋，武氏子來求賻。

（傳）：武氏子者何？天子之大夫也。其稱武氏子何？譏。何譏
爾？父卒子未命也。何以不稱使？當喪未君也。武氏子來求
賻，何以書？譏。何譏爾？<u>喪事無求，求賻非禮也，蓋通于
下</u>。

◎桓公十五年

經：十有五年，春，二月，天王使家父來求車。

（傳）：何以書？譏。何譏爾？王者無求；<u>求車，非禮也</u>。

◎文公九年

經：九年，春，毛伯來求金。

（傳）：毛伯者何？天子之大夫也。…毛伯來求金，何以書？譏。
何譏爾？<u>王者無求，求金非禮也</u>。……

「人之性，莫不善義」，之所以產生不義之行，常是利欲薰心所致。董仲舒在
此列舉隱公五年「公觀魚於棠」以及綜觀於經文的幾次天王來求金賻財利之
事，以見在上位者「貪利，於義有敗」之例。

**2. 邾婁儀父稱「字」、滕薛稱「侯」、荊得「人」、介葛盧得「名」：諸
侯來朝者得襃，王道之意。**

諸侯來朝者得襃：邾婁儀父稱「字」，滕薛稱「侯」，荊得「人」，介
葛盧得「名」。……王道之意也。（《繁露・王道》）

※邾婁儀父稱「字」：

◎隱公元年

經：三月，公及邾婁儀父盟于眛。

（傳）：儀父者何？邾婁之君也。何以名？字也。<u>曷為稱字？襃之
也</u>。……

※滕薛稱「侯」：

◎隱公十一年

經：春，滕侯、薛侯來朝。

（傳）：其言朝何？諸侯來曰朝，大夫來曰聘。其兼言之何？微國也。

※荊得「人」：

◎莊公二十三年

　經：荊人來聘。

　（傳）：荊何以稱人？始能聘也。

※介葛盧得「名」：

◎僖公二十九年

　經：春，介葛盧來。

　（傳）：介葛盧者何？夷狄之君也。何以不言朝？不能乎朝也。

董仲舒歸納經文記載諸侯來朝魯之事類，而認為：經文對於朝魯者，在「稱號」上往往有禮遇性的稱呼，這是王道風度的展現。特別值得注意的是，儘管所通貫之事類皆見載於經文，但是所見之義，未必是《公羊傳》有論者。也就是說，在通貫事類之時，董仲舒所作的不僅是對同一義理的經傳加以彙整，在「取義」的同時，即存在著董仲舒治《春秋》的見解和發凡。例如此處，董氏所言之「稱號得褒，展現王道」云云，除隱公元年「邾婁儀父」之外，皆未見論於傳文。

3. 「桀紂，天下弗祐」、「蔡世子、逢丑父，臣子弗得立」、「魯莊公、衛輒，子孫不得屬」：人世之誅絕，乃上承自天命。

　百禮之貴，皆編於月，月編於時，時編於君，君編於天。「天之所棄，天下弗祐，**桀、紂**是也」。「天子之所誅絕，臣、子弗得立，**蔡世子、逢丑父**是也」。「王父父所絕，子孫不得屬，**魯莊公之不得念母，衛輒之辭父命**是也」。故受命而海內順之，猶眾星之共北辰，流水之宗滄海也。（《繁露·觀德》）

※天之所棄，天下弗祐：

（桀、紂不錄於《春秋》）

※天子之所誅絕，臣、子弗得立：

◎蔡世子（「子弗得立」）

襄公三十年

　經：夏，四月，蔡世子**般**弒其君固。

（傳無發論）

◎逢丑父（「臣弗得立」）

成公二年

　　經：秋，七月，齊侯使國佐如師。

　　（傳）：君不行使乎大夫，此其行使乎大夫何？佚獲也。其佚獲奈
　　　　　何？師還齊侯，晉郤克投戟逡巡再拜稽首馬前。**逢丑父者，**
　　　　　頃公之車右也。面目與頃公相似，衣服與頃公相似，代頃公
　　　　　當左。使頃公取飲，頃公操飲而至，曰：「革取清者。」頃公
　　　　　用是佚而不反。逢丑父曰：「吾賴社稷之神靈，吾君已免矣。」
　　　　　郤克曰：「欺三軍者，其法奈何？」曰：「法斷。」於是斷逢
　　　　　丑父。

※**王父父所絕，子孫不得屬：**

◎魯莊公之不得念母

莊公元年

　　經：三月，夫人孫于齊。

　　（傳）：……夫人何以不稱姜氏？貶。曷為貶？與弒公也。其與弒
　　　　　公奈何？夫人譖公於齊侯，公曰：「同非吾子，齊侯之子也。」
　　　　　齊侯怒，與之飲酒。於其出焉，使公子彭生送之。於其乘焉，
　　　　　搚幹而殺之。念母者，所善也，則曷為於其念母焉貶？**不與**
　　　　　念母也。

◎衛輒之辭父命

哀公三年

　　經：春，齊國夏、衛石曼姑帥師圍戚。

　　（傳）：……**輒者曷為者也？蒯瞶之子也。然則曷為不立蒯瞶而立**
　　　　　輒？蒯瞶為無道，靈公逐蒯瞶而立輒。然則輒之義可以立乎？
　　　　　曰：可。其可奈何？**不以父命辭王父命，以王父命辭父命，**
　　　　　是父之行乎子也；不以家事辭王事，以王事辭家事，是上之
　　　　　行乎下也。

董仲舒以事例詮釋其所發凡之《春秋》大義；此處，他藉著「桀、紂」、「蔡
世子、逢丑父」、「魯莊公及其母、衛輒及其父」三組事例，依序代表「天之
所棄」、「天子之所誅絕」、「王父父所絕」，以層層上遞「王父父」、「天子」、

「天」，表示人世之誅絕，究其所始，皆承自天命之續絕。值得我們注意的是，在這三組事例中，各有二位人物，其經文事件、背景情況皆類似，因此置於同一組。例如：「桀、紂」皆爲被推翻的暴君；「蔡世子弒其君、逄丑父置君於至辱」二者終究皆與其君相斷絕；「魯莊公的母親參與弒君而出奔，衛侯輒的父親蒯聵無道而被先君所逐」，魯莊公、衛侯皆與其親絕。兩兩一組，再以層次貫串成一主題，董氏靈活地擷取《春秋》記事事例，於此可見其概況。

4. 「定、哀最尊」、「獨先內衛」、「獨先外吳」、「獨先諸夏」、「獨譏二名」、「獨不名」、「獨大惡之」、「獨絕」：德等則先親親。

> 惟「德」是親……，「德」等也，則先親親；「魯十二公」等也，而定、哀最尊；「衛俱諸夏也」，善稻之會，「獨」先內之，爲其與我同姓也；「吳俱夷狄也」，柤之會，「獨」先外之，爲其與我同姓也。「滅國五十有餘」，「獨」先諸夏；「魯、晉俱諸夏也」，譏二名，「獨」先及之。「盛伯、郜子俱當絕」，而「獨」不名，爲其與我同姓兄弟也。「外出者眾」，以母弟出「獨」大惡之，爲其亡母、背骨肉也。「滅人者莫絕」，衛侯燬滅同姓「獨」絕，賤其本祖而忘先也。（《繁露・觀德》）

由於指涉的經文群組相當龐大，於此不復贅列。董氏連舉了《春秋》「先親親」之數例，目的在說明《春秋》有「惟『德』是親……，『德』等也，則先親親」的義旨。「俱爲十二公」、「俱爲諸夏」、「俱爲滅國」、「俱爲當絕」、「俱爲外出者」、「俱爲滅人者」在此皆被董氏視爲『『德』等」，可見此處董氏所言之「德」，並非指內心道德之意，而是「等第」、「品類」之意。

「德」等也，則先親親。所以，董氏以「獨」字，標舉出《春秋》經文因爲「先親親」的義旨，而在若干記事上，有不同於尋常的書寫，這些意見皆不見於《公羊傳》，可說是董氏所發凡的見解。我們由此可以看到，董氏治經「以比貫類」通論全經，其所援舉的事例數目，亦有數量龐大不限於一二例者。

5. 「儀父漸進」、「鄭僖公如會」、「潞子稱『子』」、「陳鄭逃歸」、「鄭國乞盟」、「陳侯如會」、「莒人疑我」、「滕薛獨稱侯」、「州公化我」、「吳楚見賢」、「曲棘、鞌，二戰見尊」：於會、朝聘，先接於我者序之。

> 耳聞而記，目見而書，或徐或察，皆以其「先接於我者」序之。其

於會、**朝聘之禮亦猶是**——

諸侯與盟者眾矣，而**儀父獨漸進**；

鄭僖公方來會我而道殺，**《春秋》致其意，謂之「如會」**。

潞子離狄而歸，黨以得亡，**《春秋》謂之「子」，以領其意**。

包來、首戴、洮、踐土與操之會：

　陳、鄭去我，**謂之「逃歸」**；（本文按：操之會、首戴之會）

　鄭處而不來，**謂之「乞盟」**；（本文按：洮之會）

　陳侯後至，**謂之「如會」**；（本文按：踐土之會）

　莒人疑我，**貶而稱「人」**；（本文按：包來之會）

諸侯朝魯者眾矣，而**滕、薛獨稱「侯」**；

州公化我，**奪爵而無號**；

吳、楚國**先聘我者見賢**；

曲棘與鞍之戰，**先憂我者見尊**。（《繁露．觀德》）

由於指涉的經文群組相當龐大，於此不復贅列。董氏連舉了十五個《春秋》經文記事，目的在說明《春秋》經文於「會盟、朝聘」記事時的書寫用詞，除了「耳聞而記，目見而書」之外，更因爲當事國的與會態度是否有尊重魯國的意願，而有書寫用詞的斟酌。

對於會盟朝聘之記錄，皆見載於官方之文書檔案，應以「耳聞目見」之事實作爲存檔之記錄。然而，經文在書寫時顯然另有用意，因此並未採取尋常的書記原則。經文在這些記事上的用詞與斟酌，或已見《公羊傳》和《穀》《左》二傳所發凡；然而，統括所有相類事件，分析其用詞斟酌的情況，董氏特別指出：這些經文書寫之所以異於常辭，考量點爲：是否有「先接於我之志」。以「先接於我者」而序之，這是董氏獨有的發凡。

在董仲舒以評論爲體裁的春秋學內容裡，「通貫事類，以見其義」的情況，不勝枚舉，如〈王道〉：

> 「魯隱之代桓立」，「祭仲之出忽立突」，「仇牧、孔父、荀息之死節」，「公子目夷不與楚國」，此皆**執權存國，行正世之義，守拳拳之心，《春秋》嘉其義焉，故皆見之，復正之謂也**。……「魯季子之免罪，吳季子之讓國」**明親親之恩也**。「閽殺吳子餘祭」**見刑人之不可近**。「鄭伯髡原卒於會，諱弒」**痛強臣專君，君不得爲善也**。「衛人殺州吁，齊人殺無知」**明君臣之義，守國之正也**。……

如此以事例之羅陳爲行文主要架構者，亦所在多有。我們可以看出，董仲舒之解經、釋經，相當注意個別事件中，經文的書寫用詞是否有更深的隱義；然而，董氏所重視的是，事理的歸納、經義的探討；至於經文在個別事件的書寫用詞，是否可以貫串成爲《春秋》全書統一的書辭條例？董氏完全不在意；同時，董氏從未以「某一次事件」記事如何用詞，來類推另一則「書寫用詞相同」事件，亦有相同的事理。他堅信，由經文的記事必可探求到事理之所應然，經文對於每一次事件的書寫用詞，都是縝密的思考下，最佳的「量身訂作」。哪怕是寓含相同的「義理」，然而，因爲當事人的身分立場、事件情節的發展等諸多考量，經文的用詞也會有差異；而這些差異，正是他探索事件義旨所在的線索。因此，在探討事理的同時，董氏對於《春秋》經義亦往往有不拘於經傳文字的新詮釋。

（二）緣而求之：緣沿義旨，以見其事類之嫌異

1. 苟能行善得眾，《春秋》弗危：「宋繆公受之先君而危」、「吳王僚自即其位而危」、「衛侯晉弗受先君而不危」。

> 「非其位而即之，雖受之先君，《春秋》危之，宋繆公」是也。「非其位，不受之先君，而自即之，《春秋》危之，吳王僚」是也。雖然，苟能行善得眾，《春秋》弗危，「衛侯晉以立書葬」是也。俱不宜立，而宋繆受之先君而危。衛宣弗受先君而不危，以此見得眾心之爲大安也。（《繁露・玉英》）

※宋繆公：

◎隱公三年

> 經：冬，癸未，葬宋繆公。

> （傳）：……當時而日，危不得葬也。此當時何危爾？宣公謂繆公曰：「以吾愛與夷，則不若愛女；以爲社稷宗廟主，則與夷不若女，盍終爲君矣？」宣公死，繆公立，繆公逐其二子莊公馮與左師勃，曰：「爾爲吾子，生毋相見，死毋相哭。」與夷復曰：「先君之所爲不與臣國而納國乎君者，以君可以爲社稷宗廟主也。今君逐君之二子而將致國乎與夷，此非先君之意也。且使子而可逐，則先君其逐臣矣。」繆公曰：「先君之不爾逐可知矣，吾立乎此攝也。」終致國乎與夷。莊公馮弒與

夷。故君子大居正，宋之禍，宣公為之也。

※吳王僚：

◎襄公二十九年

　　經：吳子使札來聘。

　　（傳）：……季子使而亡焉。僚者長庶也，即之，季子使而反，
　　　　　至，而君之爾。闔盧曰：「先君之所以不與子國而與弟者，凡
　　　　　為季子故也。將從先君之命與，則國宜之季子者也；如不從
　　　　　先君之命與，則我宜立者也，僚惡得為君乎？」於是使專諸
　　　　　刺僚，而致國乎季子。季子不受……去之延陵，終身不入吳
　　　　　國。

◎昭公二十七年

　　經：夏，四月，吳弒其君僚。

※衛侯晉：

◎隱公四年

　　經：戊申，衛州吁弒其君完。九月，衛人殺州吁于濮。

　　經：冬，十有二月，衛人立晉。

　　（傳）：晉者何？公子晉也。立者何？立者不宜立也。其稱人何？
　　　　　眾立之之辭也。然則孰立之？石碏立之。石碏立之，則其稱
　　　　　人何？眾之所欲立也。眾雖欲立之，其立之非也。

◎桓公十二年

　　經：丙戌，衛侯晉卒。

◎桓公十三年

　　經：三月，葬衛宣公。

董仲舒在此並舉三位「非其位而立」之國君：宋繆公、吳王僚、衛侯晉。首
先，我們可以發現，除了衛侯晉，經文書其「立」，記其「卒」，書其「葬」
外，其餘二公，在君位的授受上，都造成國內政局的不安。宋繆公得其兄宣
公之授位，而後欲還君位予兄之子與夷（宋殤公），卻沒想到造成自己的兒
子弒與夷而即位的結果。吳王僚則是因先君皆欲傳位於季子，季子使於外，
僚於是自立即位，終而為闔盧所弒。衛侯晉也是起於不安的政局，在先君
為州吁所弒，而州吁又為衛人所殺之後，眾人迎立晉而為衛侯，從隱公四年

即位至桓公十二年卒爲止，總算使衛國經歷一段較安定的政局，經文以書「葬」記其終。三位國君同是「非其位而立」，「宋繆公受之先君」，而「衛侯晉弗受先君」，結果是受之先君者「危」，弗受先君者「不危」；「吳王僚」與「衛侯晉」同樣弗受先君，吳王僚自即位而被弒，衛侯晉乃眾人所迎立而壽終。

董仲舒採取《公羊傳》「衛侯晉乃眾之所欲立」的敘事，進一步強調：人君者「得眾心爲大安」，終而闡發「行善方能得眾」的義旨。所以，董氏分別羅列了「非其位而立」的國君：宋繆公、吳王僚、衛侯晉，加以比較其嫌異，以突顯「行善得眾」之義。

2. **重宗廟、貴先帝之命：「目夷弗與」、「祭仲與之」、「荀息死之」、「曼姑拒之」。**

夫「權」雖反「經」，亦必在可以然之域，不在可以然之域，故雖死亡，終弗爲也…故諸侯父子兄弟不宜立而立者，《春秋》視其國與宜立之君無以異也，**此皆在可以然之域也**。到於鄫取乎莒，以之爲同居，目曰「莒人滅鄫」，**此在不可以然之域也**。……「**公子目夷復其君，終不與國**」。「**祭仲已與，後改之**」。「**晉荀息死而不聽**」。「**衛曼姑拒而弗內**」。此四臣**事異而同心，其義一也**。目夷之弗與，重宗廟。祭仲與之，亦重宗廟。荀息死之，貴先君之命。曼姑拒之，亦貴先君之命。**事雖相反，所爲同，俱爲重宗廟、貴先帝之命耳**。（《繁露．玉英》）

※公子目夷復其君，終不與國：

◎僖公二十一年

經：楚人使宜申來獻捷。

（傳）：……宋公與楚子期以乘車之會，公子**目夷**諫曰：「楚，夷國也，強而無義，請君以兵車之會往。」宋公曰：「不可。吾與之約以乘車之會，自我爲之，自我墮之，曰不可。」終以乘車之會往，楚人果伏兵車，執宋公以伐宋。宋公謂公子**目夷**曰：「子歸守國矣。國，子之國也。吾不從子之言，以至乎此。」公子**目夷**復曰：「君雖不言國，國固臣之國也。」於是歸設守械而守國。楚人謂宋人曰：「子不與我國，吾將殺子君矣。」宋人應之曰：「吾賴社稷之神靈，吾國已有君矣。」楚

人知雖殺宋公，猶不得宋國，於是釋宋公。宋公釋乎執，走
之衛。公子目夷復曰：「國爲君守之，君曷爲不入？」然後逆
襄公歸。……

※祭仲已與，後改之：
◎桓公十一年

經：秋，七月，葬鄭莊公。九月，宋人執鄭祭仲。

（傳）：祭仲者何？鄭相也。何以不名？賢也。何賢乎祭仲？以爲
知權也。其爲知權奈何？…莊公死已葬，祭仲將往省于留，
塗出于宋，宋人執之，謂之曰：「爲我出忽而立突。」祭仲不
從其言，則君必死、國必亡；從其言，則君可以生易死，國
可以存易亡。少遼緩之，則突可故出，而忽可故反，是不可
得則病，然後有鄭國。……

※晉荀息死而不聽：
◎僖公十年

經：晉里克弒其君卓子及其大夫荀息。

（傳）：……何賢乎荀息？荀息可謂不食其言矣。其不食其言奈
何？奚齊、卓子者，驪姬之子也，荀息傅焉。…獻公病將死，
謂荀息曰：「士何如則可謂之信矣？」荀息對曰：「使死者反
生，生者不愧乎其言，則可謂信矣。」獻公死，奚齊立。里
克謂荀息曰：「君殺正而立不正，廢長而立幼，如之何？願與
子慮之。」荀息曰：「君嘗訊臣矣，臣對曰：『使死者反生，
生者不愧乎其言，則可謂信矣。』」里克知其不可與謀，退，
弒奚齊。荀息立卓子，里克弒卓子，荀息死之。荀息可謂不
食其言矣！

※衛曼姑拒而弗内：
◎哀公三年

經：春，齊國夏、衛石曼姑帥師圍戚。

（傳）：……曼姑受命乎靈公而立輒，以曼姑之義爲固，可以距之
也。輒者曷爲者也？蒯聵之子也。然則曷爲不立蒯聵而立輒？
蒯聵爲無道，靈公逐蒯聵而立輒。……

董仲舒在此舉出四例來說明，「重宗廟」與「先帝之命」，人臣如何信守？這

四例其實兩兩一組，而同組之內恰為一正一反，一經一權，令人不得不佩服董氏援例之手法，倘若不是熟貫《春秋》二百四十二年記事，又怎能援引如此巧妙對比的事例呢？宋公與楚子以乘車相會，目夷事先於宋公有勸諫而未被接納，在宋公為楚所執而要脅宋國時，目夷以堅定的態度、正確的判斷，拒絕楚人的要脅，終而迫使楚人釋回宋公。鄭國祭仲則與目夷的處理手法完全相反，祭仲以表面答應敵人，實則「少遼緩之」的方式，巧妙地挽救國與君於存亡生死之關鍵。這二個例子面對類似的處境，採取二種截然不同的手腕，而保全了君國宗廟。另外，荀息與石曼姑也是情況相同而做法迴異的二個例子：面對不該得位的奚齊和卓子，晉國大夫荀息由於受託於先君，而誓死信守護主的諾言；衛國大夫石曼姑同樣受託於先君。「受命乎靈公而立輒」，遂帥兵圍攻先君之子蒯聵。這二則事例，一則誓死守護「先君之子」，一則則伯討攻之，二種相反的做法，卻同樣都是「奉先君之命」。董氏特別強調：「此四臣『事異而同心』，其『義』一也」。藉著似異而同的正反事例，除了詮釋其所謂「經」與「權」之外，也再次證明董氏釋義，不拘字面形式，直以「事理」別「嫌異」的特色。

3. 大夫無遂事：「公子結，遂從齊桓盟」、「公子遂，遂之晉」。

> 難者曰：「《春秋》之法，大夫無遂事。又曰：『出境有可以安社稷、利國家者，則專之可也』。……若相悖然，是何謂也？」曰：「……《春秋》固有常義，又有應變：「無遂事」者，謂平生安寧也；「專之可也」者，謂救危除患也；……故公子結受命往媵陳人之婦於鄄，道生事，從齊桓盟，《春秋》弗非，以為救莊公之危。公子遂受命使京師，道生事，之晉，《春秋》非之，以為是時僖公安寧無危。故有危而不專救，謂之不忠；無危而擅生事，是卑君也。故此二臣俱生事，《春秋》有是有非，其「義」然也。」（《繁露‧精華》）

◎莊公十九年

> 經：秋，公子結媵陳人之婦于鄄，遂及齊侯、宋公盟。

> （傳）：……媵不書，此何以書？為其有遂事書。大夫無遂事，此其言遂何？聘禮：大夫受命不受辭，出竟有可以安社稷、利國家者，則專之可也。

◎僖公三十年

> 經：公子遂如京師，遂如晉。

（傳）：**大夫無遂事，此其言遂何？公不得爲政爾。**

「遂」者，「道生事」也。《春秋》之法，「大夫無遂事」爲常義。董仲舒在此循《春秋》之常義，而並列二則經文所載「大夫遂事」之例以作討論。公子結（莊公十九年傳）、公子遂（僖公三十年傳），此二臣均在出國境之後「遂事」，但是《公羊傳》卻給予不同的評價；對於受命媵陳人之婦，卻「遂及齊侯、宋公盟」的公子結，傳文認爲：「媵不書，此何以書？爲其有遂事也」、「大夫受命不受辭，出竟有可以安社稷、利國家者，則專之可也」。顯然，對於行遂事的公子結，傳文以事關國家社稷之安危，而許其「專之可也」。至於受命使京師，卻「遂之晉」的公子遂，傳文則認爲，大夫敢自作主張，表示魯國國君「不得爲政爾」，傳文認爲，經文在此書寫公子「遂事」之事實，顯然有「刺譏」之意。《公羊傳》是在二則經文之下，各自抒發議論，董仲舒以「大夫無遂事」之義，特別找出這二則同樣是「大夫遂事」，卻評價二極化的經文以作對比，這是董氏的眼光，若非極熟稔於經傳，無以舉例如此巧妙。一則是「道生事，從齊桓盟」，另一則是「道生事，之晉」，三傳對這二件事，看法各異〔註 30〕，此處可見董仲舒採取了《公羊傳》對這二件事所抒發的意見，並進一步在二則正、反對比之下，提出自己的看法：「有危而不專救，謂之『不忠』；無危而擅生事，是『卑君』也」，同時，董氏再次強調：「二臣俱生事，《春秋》有是有非，其『義』然也」，唯有辨別事理，審視《春秋》是非褒貶的原由，從事件本質去分析，才能得見《春秋》之大義。

4. **義在正我，不在正人：「楚靈王討陳蔡之賊」、「齊桓公執袁濤塗之罪」、「潞子之於諸侯，無所能正」。**

> 義云者，非謂正人，謂正我；雖有亂世枉上，莫不欲正人，奚謂義？昔者楚靈王討陳蔡之賊，齊桓公執袁濤塗之罪，非不能正人也，然而**《春秋》弗予，不得爲義者，我不正也。**……。潞子之於諸侯，無所能正，**《春秋》予之有義，其身正也。**故曰：「**義在正我，不在**

〔註30〕 莊公十九年 經：秋，公子結媵陳人之婦于鄄，遂及齊侯、宋公盟。（穀梁傳）：「媵，淺事也，不志；此其志何也？辟要盟也。何以見其辟要盟也？媵，禮之輕者也；盟，國之重也。以輕事遂乎國重無說，其曰陳人之婦，略之也。其不日，數渝，惡之也」。（左傳無發論）
　　僖公三十年 經：公子遂如京師，遂如晉。（穀梁傳）：「以尊遂乎卑，此言不敢叛京師也」。（左傳無發論）

正人」，此其法也。（《繁露・仁義法》）

※楚靈王〔註31〕討陳蔡之賊：

陳：

◎昭公八年

　經：春，陳侯之弟招殺陳世子偃師。陳人殺其大夫公子過。

　經：冬，十月壬午，**楚師滅陳**，執陳公子招，放之于越，殺陳孔
　　　瑗。

　　　（以上二則經文，公羊傳均無發論）

蔡：

◎昭公十一年

　經：夏，四月丁巳，楚子虔誘蔡侯般，殺之于申。

　（傳）：楚子虔何以名？絕也。曷為絕之？為其誘討也。此討賊也，
　　　雖誘之則曷為絕之？**懷惡而討不義，君子不予也。**

◎昭公十一年

　經：冬，十有一月丁酉，**楚師滅蔡**，執蔡世子有以歸，用之。

　（傳）：此未踰年之君也，其稱世子何？不君靈公，不成其子也。
　　　不君靈公，則曷為不成其子？誅君之子不立，非怒也，無繼
　　　也。惡乎用之？用之防也。其用之防奈何？蓋以築防也。

※齊桓公執袁濤塗之罪：

◎僖公四年

　經：齊人執陳袁濤塗。

　（傳）：濤塗之罪何？辟軍之道也。其辟軍之道奈何？濤塗謂桓公
　　　曰：「君既服南夷矣，何不還師濱海而東，服東夷且歸？」桓
　　　公曰：「諾。」於是還師濱海而東，大陷于沛澤之中。顧而執
　　　濤塗。執者曷為或稱侯？或稱人？稱侯而執者，伯討也。稱

〔註31〕楚靈王（540～529 B.C.，魯昭公二年～昭公十三年），昭公四年《穀梁傳》：「靈
　　　王使人以慶封令於軍中曰：『有若齊慶封弒其君者乎？』慶封曰：『子一息，
　　　我亦且一言，曰：「有若楚公子圍弒其兄之子，而代之為君者乎？」』軍人粲
　　　然皆笑。慶封弒其君，而不以弒君之罪罪之者，慶封不為靈王服也，不與楚
　　　討也。《春秋》之義，用貴治賤，用賢治不肖，不以亂治亂也。孔子曰：『懷
　　　惡而討，雖死不服，其斯之謂與』？」

人而執者，非伯討也。此執有罪，何以不得爲伯討？古者周公東征則西國怨，西征則東國怨。**桓公假塗于陳而伐楚，則陳人不欲其反由己者，師不正故也。**不修其師而執濤塗，古人之討，則不然也。

※**潞子**〔註32〕**之於諸侯，無所能正：**

◎宣公十五年

經：六月癸卯，晉師滅赤狄潞氏，以**潞子**嬰兒歸。

（傳）：潞何以稱「子」？**潞子**之爲善也，躬足以亡爾。雖然，君子不可不記也。離于夷狄，而未能合于中國。晉師伐之，中國不救，狄人不有，是以亡也。

「義云者，非謂正人，謂正我」，這是董仲舒在此欲闡明之義法。這三則事例中，當事人都是一國之君，身份相似。「楚靈王」自己是「弒兄之子而即爲君」，卻藉口討平有弒君之亂的陳、蔡，而伺機滅此二小國；「齊桓公」借路於陳而伐楚，軍隊陷於沼澤，竟在回師時，挾怨執陳大夫袁濤塗。《公羊傳》謂之爲「不修其師而執濤塗」，「師不正」也。齊、楚二大國，皆假「義」之名，行己之私，因此，董仲舒並列其事，而歸納發凡自己的見解：「《春秋》弗予，不得爲義」，是因爲「自身（我）不正」的緣故。除了「楚靈王」、「齊桓公」這二個「不正」的事例，董氏又援引另一則經文「潞子之正」與之作對比。《公羊傳》認爲，潞子雖欲行諸夏之道，卻「離于夷狄，而未能合于中國」，導致「晉帥伐之，中國不救，狄人不有」而滅亡。董氏卻認爲，潞子「之於諸侯」，雖無所能正，而《春秋》所以「予之有義」，正是因爲「其身正」的緣故；這是董氏在傳文以外之發凡，又與「楚靈王」、「齊桓公」之例一併對照，而對《春秋》這三則經文記事，發凡出「義在正我，不在正人」的新

〔註32〕關於潞子的事蹟，《穀梁傳》、《左傳》有較詳細的敘述：
（穀梁傳）滅國有三術：中國謹日，卑國月，夷狄不日。其日潞子嬰兒，賢也。
（左傳）潞子嬰兒之夫人，晉景公之姊也。酆舒爲政而殺之，又傷潞子之目。晉侯將伐之。諸大夫皆曰：「不可。酆舒有三俊才，不如待後之人。」伯宗曰：「必伐之。狄有五罪，俊才雖多，何補焉？不祀，一也。耆酒，二也。棄仲章而奪黎氏地，三也。虐我伯姬，四也。傷其君目，五也。……天反時爲災，地反物爲妖，民反德爲亂，亂則妖災生。故文，反正爲乏。盡在狄矣。」晉侯從之。六月癸卯，晉荀林父敗赤狄于曲梁，辛亥，滅潞。酆舒奔衛，衛人歸諸晉，晉人殺之。

詮釋。

5. 《春秋》傷痛怒重，於辭有異操：「晉之禍，痛之中有痛」、「齊之禍，惡之中有惡」。

> 難晉事者曰：「《春秋》之法，未逾年之君稱『子』〔註33〕，蓋人心之正也。至里克殺奚齊，避此正辭而稱『君之子』，何也？」曰：「……晉，《春秋》之同姓也。驪姬一謀而三君死之，天下之所共痛也……故痛之中有痛，無罪而受其死者，申生、奚齊、卓子是也。惡之中有惡者，已立之，已殺之，不得如他臣之弒君，齊公子商人是也。故晉禍痛而齊禍重，《春秋》傷痛而怒重，是以奪晉子繼位之辭，與齊子成君之號，詳見之也。(《繁露・精華》)

◎僖公九年

> 經：晉里克弒其君之子奚齊。
>
> （傳）：此未踰年之君，其言弒其「君之子」奚齊何？殺未踰年君之號也。

◎文公十四年

> 經：齊公子商人弒其君舍。
>
> （傳）：此未踰年之君也，其言「弒其『君』」舍何？已立之，已殺之，成死者而賤生者也。

《春秋》之常辭，「未逾年之君」經文以「子」稱之，但是，董氏認為，在特別傷痛或深惡之事的記載上，經文會在文辭上有異於尋常的寫法。董氏指出，經文「奪晉子繼位之辭」、「與齊子成君之號」可以作為「辭有異操」的例證。僖公九年經文「晉里克弒其『君之子』奚齊」，以一般情況而言，未踰年之君應該稱「子」，而非「君之子」，董氏從二方面論此則經文：(1)晉乃魯之同姓國。驪姬一謀而三君死，為同姓之禍。(2)申生、奚齊、卓子，因驪姬「蔽於所欲得位」而無罪受死，《春秋》疾其所蔽。因此，董氏謂之「痛之中有痛」，去其正辭而以「君之子」書見其情。除了「傷痛」之外，董氏並緣以推至《春秋》亦有「惡之中有惡」者，即文公十四年經文「齊公子商人弒其『君』舍」；

〔註33〕 莊公三十二年　經：冬，十月乙未，子般卒。（傳）：「子卒云子卒，此其稱子般卒何？君存稱『世子』，君薨稱『子某』，既葬稱『子』，踰年稱『公』。子般卒，何以不書葬？未踰年之君也。有子則廟，廟則書葬；無子不廟，不廟則不書葬」。

同樣是未踰年之君被弒，前一則例子是書稱爲「君之子」，而這一則例子，卻書之爲「君」，董氏也認爲，去其書「子」之正辭，是因爲「惡之中有惡」，故於「辭有異操」。所謂「深惡」者，在於「己立之，己殺之，不得如他臣之弒君」，己立之，己殺之，則視君何如？因此，儘管是「未踰年之君」應該以「子」書稱，經文特別標著其爲「君」，以昭示世人齊公子之橫行。值得注意的，是這二則事例，相類的屬性是：(1)皆爲「未踰年之君」被弒。(2)經文的書寫稱「子」，皆有異於常辭（一作「君之子」，一作「君」，二者寫法並不相同）。可見，董氏春秋學的論據與思維，完全依憑於事理，而非在經傳用詞用字的相同上作事理之類比。

二、覽其緒以發其端

　　董仲舒春秋學的內容，是以事理的推敲而展開，然而，事理之所據，仍是由《春秋》經傳的文字記載而來。只是董氏所援以推敲事理的，並不是經傳的「文字條例」，而是就文獻記事之所載，去揣摩孔子在每一次事件上書寫的用心，因此，董氏文獻材料的運用，除了以《公羊傳》爲本據外，尚擴及《穀梁傳》，乃至與今本《左氏春秋》敘事相類的其它文獻。〈精華〉裏，董氏自云：「吾按《春秋》而觀成敗，乃切愍愍於前世之興亡也。」由於是以觀察、詮釋的立場去看待《春秋》，所以，董氏以《公羊》一系論者的意見爲據，不足之處，才輔助其它文獻。輔助的目的，是在更合宜的詮釋事理，而非辨證歷史眞相。所以，我們在董氏春秋學的內容中，看到有助於經義發凡的各種文獻，而看不到這些文獻之間的相互批駁。這個現象，與董氏詮釋事理的態度有關，如何從文獻書面得到實際情況的一些「蛛絲馬跡」？經傳文字與事理推敲之間，如何「抽絲剝繭」？董仲舒所謂「覽其緒，以發其端」，就是其中一個重要的方法，〈精華〉裏，董氏曾就如何「覽緒」，如何「發其端」，如何從經文行文中推敲，得到足以發凡事理的線索，作了詳明的論述：

> 今《春秋》之爲學也，道往而明來者也。<u>然而其「辭」體天之微，</u>
> <u>故難知也；弗能察，寂若無；能察之，無物不在。</u>是故爲《春秋》
> 者，得一端而多連之，見一空而博貫之，則天下盡矣。魯僖公以亂
> 即位，而知親任季子。季子無恙之時，內無臣下之亂，外無諸侯之
> 患，行之二十年，國家安寧。季子卒之後，魯不支鄰國之患，直乞

師楚耳。僖公之情非輒不肖，而國衰益危者，何也？以無季子也。**以魯人之若是也，亦知他國之皆若是也。亦知他國之皆若是也，亦知天下之皆若是也，此之謂「連而貫之」。故天下雖大，古今雖久，以是定矣。**以所任賢，謂之主尊國安，所任非其人，謂之主卑國危，萬世必然，無所疑也。……**故吾按《春秋》而觀成敗，乃切惛惛於前世之興亡也，**任賢臣者，國家之興也。夫知不足以知賢，無可奈何矣。知之不能任，大者以死亡，小者以亂危，其若是何邪？以莊公不知季子賢邪？安知病將死，召而授以國政。以殤公為不知孔父賢邪？安知孔父死，己必死，趨而救之。**二主知皆足以知賢，而不決，不能任。故魯莊以危，宋殤以弒。**使莊公早用季子，而宋殤素任孔父，尚將興鄰國，豈直免弒哉。此吾所惛惛而悲者也。(《繁露·精華》)

這裏提到《春秋》之「辭」，乃「體天之微，故難知也；弗能察，寂若無；能察之，無物不在」，所謂「天」，在董氏而言，就是「人道」的展現，《春秋》文辭中的「人道」，該如何推知？實際的方法就是「為《春秋》者，得『一端』而多連之，見『一空』而博貫之，則天下盡矣」，這樣的描述，其實是非常抽象難知的，因此，董氏舉「魯僖公任季子」之例以說明，由僖公「以亂即位，親任季子」，「季子無恙之時」與「季子卒之後」，魯國由「內無臣下之亂，外無諸侯之患」一變而為「不支鄰國之患，直乞師楚」，董仲舒指出，雖然經文字面未有明文，但是，由經文事件的鋪陳，我們便應該推得事件背後的真正原因，是「以無季子也」。表面上來看，這好像是單一事件的推求？事實不然。「以魯人之若是也，亦知他國之皆若是也。亦知他國之皆若是也，亦知天下之皆若是也」，此之謂「連而貫之」(也就是前文「得一端」而多連之，「見一空」而博貫之) 由董氏所云：「故天下雖大，古今雖久，以是定矣：以所任賢，謂之主尊國安；所任非其人，謂之主卑國危，萬世必然，無所疑也」。我們可以清楚看到，《春秋》本來就不只是史學著作 (否則，何以別乎魯史？)，孔子真正想要建立的，是行事是非與道德價值，而這一層「義」是透過魯史材料來呈現，由於事關實際的人情善惡，訴諸於「典範」的學習，便不致於成為教條式的僵化樣本；在「乖背逆倫」的事件裏，經文文辭的「技巧」，亦使惡人無所遁形。《春秋》不只是史事的記載，更是善惡已判然其中；董仲舒治《春秋》，直接以得取「經義」為首要，而這一層寓於魯史所成的《春秋》之

「義」，便是在事件與事件的「端倪」、「留白」處，待「後有王者，舉而開之」，《春秋》之義行，則天下亂臣賊子懼（《史記‧孔子世家》）。所謂的「舉而開之」，便是史義的詮釋和創造。所以董氏談到自己治《春秋》的心得是「吾按《春秋》而觀成敗，乃切悁悁於前世之興亡也」，他不只由前述「僖公用季子」之事，看出「任賢」的重要，更進一步闡入精微，由莊公臨死之前召問季子。國將何屬（莊公三十二年傳）〔註34〕看出，倘若之前莊公不知季子，「安知病將死，召而授以國政」？所以，董氏又由此而闡述「知人」與「用人」是二回事，為了說明這一個新的命題，他在原有「季子」事例之外，再引用另一則情節相似：「宋公子馮（宋莊公）弒其君與夷（殤公），孔父正色立於朝，遂先遇難」的事例（桓公二年傳）〔註35〕，來說明「以殤公為不知孔父賢邪？安知孔父死，己必死，趨而救之」？董氏在經文記事中又進一步得見「二主知皆足以知賢，而不決，不能任。故魯莊以危，宋殤以弒」之義，而發出「使莊公早用季子，而宋殤素任孔父，豈直免弒哉」的感嘆，這是董氏春秋學的內容和發明。值得一提的是，「孔父義形於色而先遇害」這個說法，《左傳》的說法完全不同，《穀梁傳》也有些微的出入〔註36〕，「史實真相究竟如何」

〔註34〕莊公三十二年　經：秋，七月癸巳，公子牙卒。（傳）：何以不稱弟？殺也。殺則曷為不言刺？為季子諱殺也。曷為為季子諱殺？季子之過惡也，不以為國獄，緣季子之心而為之諱。季子之過惡奈何？莊公並將死，以病召季子，季子至而授之以國政，曰：「寡人即不起此病，吾將焉致乎魯國？」季子曰：「般也存，君何憂焉？」公曰：「庸得若是乎？牙謂我曰：『魯一生一及，君已知之矣。』慶父也存。」季子曰：「夫何敢？是將為亂乎！夫何敢！」俄而，牙弒械成。季子和藥而飲之，曰：「公子從吾言而飲此，則必可以無為天下戮笑，必有後乎魯國。不從吾言而不飲此，則必為天下戮笑，必無後乎魯國。」於是從其言而飲之，飲之無儓氏，至乎王堤而死。公子牙今將爾，辭曷為與親弒者同？君親無將，將而誅焉。然則善之與？曰：然。殺世子母弟，直稱君者，甚之也。季子殺母兄，何善爾？誅不得辟兄，君臣之義也。然則曷為不直誅，而酖之？行諸乎兄，隱而逃之，使託若以疾死然，親親之道也。

〔註35〕桓公二年　經：春，王正月戊申，宋督弒其君與夷及其大夫孔父。（傳）：「及者何？累也。弒君多矣，舍此無累者乎？曰：有，仇牧，荀息，皆累也。舍仇牧、荀息，無累者乎？曰：有。有則此何以書？賢也。何賢乎孔父？孔父可謂義形於色矣。其義形於色奈何？督將弒殤公，孔父生而存，則殤公不可得而弒也，故於是先攻孔父之家。殤公知孔父死，己必死，趨而救之，皆死焉。孔父正色而立於朝，則人莫敢過而致難於其君者，孔父可謂義形於色矣」。

〔註36〕桓公二年　經：春，王正月戊申，宋督弒其君與夷及其大夫孔父。（左傳）：「二

這個糾葛，在董仲舒眼裏竟似乎不存在，因為，他治《春秋》的主旨完全不在考辨史實，而是直接以《公羊》的說法，探求「義旨」所在。事實眞相如何並不重要，重要的是，在已知的事實裏能得到什麼啓示？董氏治《春秋》，致用而強烈的現實感，在此展露無遺。

然而，這是否代表著，董氏對《春秋》的闡釋是「漫無邊際」、「恣意騁肆」呢？

當然，這樣的解經方法，若為淺人所執，的確可能產生如此的弊端。但是，我們在董氏不盡其數的事例論證中，不禁一再為其舉證事例之巧妙切要而贊嘆，倘若不是通貫《春秋》二百四十二年之記事，對事件人物、情節、文意，皆瞭若手掌，又怎能有這樣「信手捻來，皆中其要」的不凡身手？

還有，難道董氏不曾懷疑，其所推闡的義理，也許只是「自圓其說」，《春秋》根本毫無此意？

這些我們後世晚生小子曾狐疑於心的問題，竟然在《繁露‧玉杯》中找到了解答：

> 《春秋》赴問數百，應問數千，同留經中。翻援比類，以發其端，卒無妄言而得應於傳者。……故吾以其得應，知其問之不妄。以其問之不妄，知盾之獄不可不察也。夫「名為弒父而實免罪」者，已有之矣；亦有「名為弒君，而罪不誅」者，逆而距之，不若徐而味之。(《繁露‧玉杯》)

對於《春秋》的闡釋是否可以漫無邊際的任意發揮呢？答案是否定的。董氏提出了關鍵性的回答，那就是——所有的闡釋「赴問數百，應問數千」，都必須「同留經中」，所有的「翻援比類，以發其端」，都必須「卒無妄言而得應

年，春，宋督攻孔氏，殺孔父而取其妻。公怒，督懼，遂弒殤公。君子以督為有無君之心，而後動於惡，故先書弒其君。會于稷，以成宋亂，為賂故，立華氏也。宋殤公立，十年十一戰，民不堪命。孔父嘉為司馬，督為大宰，故因民之不堪命，先宣言曰：「司馬則然。」已殺孔父而弒殤公，召莊公于鄭而立之，以親鄭。以郜大鼎賂公，齊、陳、鄭皆有賂，故遂相宋公。」(穀梁傳)：「桓無王，其曰王，何也？正與夷之卒也。孔父先死，其曰及，何也？書尊及卑，《春秋》之義也。孔父之先死，何也？督欲弒君而恐不立，於是乎先殺孔父，孔父閑也。何以知其先殺孔父也？曰：子既死，父不忍稱其名；臣既死，君不忍稱其名，以是知君之累之也。孔氏父字，謚也。或曰：其不稱名，蓋為祖諱也。孔子故宋也。」

於傳」。爲了避免造成「終究只是在經傳表面文字上鑽研」的情況，董氏特別
舉出二個例子來說明，所謂的「同留經中」、「得應於傳」的眞正含意：

※名爲弑父而實免罪：

◎昭公十九年

　　經：夏，五月戊辰，許世子止弑其君買。

◎昭公十九年

　　經：冬，葬許悼公。

　　（傳）：賊未討，何以書葬？不成于弑也。曷爲不成于弑？止進藥
　　　　而藥殺也。止進藥而藥殺，則曷爲加弑焉爾？譏子道之不盡
　　　　也。其譏子道之不盡奈何？曰：樂正子春之視疾也。復加一
　　　　飯則脫然愈，復損一飯則脫然愈；復加一衣則脫然愈，復損
　　　　一衣則脫然愈。止進藥而藥殺，是以君子加弑焉爾，曰「許
　　　　世了止弑其君買」，是君子之聽止也；「葬許悼公」，是君子之
　　　　赦止也。赦止者，免止之罪辭也。

※名爲弑君，而罪不誅：

◎宣公二年

　　經：秋，九月乙丑，晉趙盾弑其君夷獆。

◎宣公六年

　　經：春，晉趙盾、衛孫免侵陳。

　　（傳）：趙盾弑君，此其復見何？親弑君者，趙穿也。親弑君者趙
　　　　穿，則曷爲加之趙盾？不討賊也。何以謂之不討賊？晉史書
　　　　賊曰：「晉趙盾弑其君夷獆。」趙盾曰：「天乎！無辜！吾不
　　　　弑君，誰謂吾弑君者乎？」史曰：「爾爲仁爲義，人弑爾君，
　　　　而復國不討賊，此非弑君而何？」。趙盾之復國奈何？靈公爲
　　　　無道，……趙穿緣民眾不說，起弑靈公，然後迎趙盾而入，
　　　　與之立于朝，而立成公黑臀。

這二個例子所討論的，是非常犀利的問題。也就是，是否限於文字書面的意
思，才是「得應於經傳」？

　　昭公十九年經文「許世子止弑其君買」，明文寫出許世子「弑君」；然而，
《春秋》經文卻又緊接著書寫「冬，葬許悼公」。公羊一系論者對於經文「書

葬」記事，曾歸納出：「有子則廟，廟則書葬；無子不廟，不廟則不書廟」（莊公三十二年傳）的常辭。《穀梁傳》也認為，經文在國君卒之後，是否記錄「葬」之事，的確寓有特別的意義：「變之不葬有三：失德不葬，弒君不葬，滅國不葬」〔註37〕。那麼，此處既然經文依常辭書「葬」，也就是間接承認許世子為「子」，許悼公並非被弒。《公羊傳》因此說：「不成於弒」、「葬許悼公，是君子之赦止，免止之罪辭」。如果我們只繞在經文書「弒」上打轉，未考慮其後之書「葬」，那麼，傳文的這一番解釋就不會存在。由此可見，所謂「同留經中」、「得應於傳」，是指必須在經傳之「記事」中找到相應的理由，而不是指「限於文辭明文所書方可立說」之意。而所謂的「相應」，其實就是「有案例可循」的意思。所以，對於宣公二年經文書寫趙盾「弒其君」，宣公六年趙盾竟然「復見」於經文，基於弒君之賊「絕不復見」的常辭，董氏認為，雖然傳文未有赦罪之詞，但是經文「復見」的書寫方式，就是「赦罪於趙盾」明確的證明，既然「名為弒父而實免罪者」（許止）已有得證於傳，那麼，「名為弒君，而罪不可誅者」也應可成立。對於諸如此類異於《春秋》常辭者，董氏的態度是「逆而距之，不若徐而味之」，也就是說，與其否定、排斥，倒不如仔細玩味其中是否有值得尋思之處，觀察「違《春秋》之常辭者，以觀微旨」，似乎亦為深究經義不可或缺的好方法。

三、「操之與在經無異」者，屠其贅

董仲舒論「治《春秋》之法」，特別提到經文書寫記事有「屠其贅」之處，也就是實際上「不見載於經」，然而「操之與在經無以異」者：

> 論《春秋》者，合而通之，緣而求之，五其比，偶其類，覽其緒，「屠其贅」，是以人道浹而王法立。……今夫「天子逾年即位」，「諸侯於封內三年稱子」，皆不在經也，而操之與在經無以異。非無其辨也，有所見而經安受其贅也。能「以比貫類」、「以辨付贅」者，大得之矣。（《繁露・玉杯》）

董氏舉「天子逾年即位」為例，經文並沒有特別書寫「天子逾年即位」，為什

<hr />

〔註37〕昭公十三年　經：冬，十月，葬蔡靈公。（穀梁傳）：「變之不葬有三：失德不葬，弒君不葬，滅國不葬。然且葬之，不與楚滅，且成諸侯之事也」。本來，經文對於被弒之君，不書記其「葬」之事。所以此處經文書「葬」，《穀梁傳》認為有特別的用意，也就是不承認蔡靈公是被弒；那麼，也就間接表示，不承認楚滅蔡這件事。

麼我們可以當作經文的通義去論述呢？這是因為，從《春秋》之記事已經可以很清楚看出來，而不須要再以經文特別書釋的緣故。這一類由記事已可見及，不須要再一一寫出來者，董氏認為：並非「無分辨」之妄論，而是已經可以直接看出來，不須要再贅言（屠其贅者，非無辨也）。也就是〈楚莊王〉所提到的：「《春秋》之用辭，已明者去之，未明者著之」之意。既然是「已明者去之」，代表《春秋》經文因「已明」而未再多記載，而董氏又云「屠其贅者」，意即直接辨別「無須贅論」。那麼，除了「天子逾年即位」、「諸侯於封內三年稱子」之外，我們是否還可以在董氏春秋學釋解經義的內容中，找到此一類「屠其贅，操之與在經無以異」的若干論述呢？我們在董氏釋經的過程中，找到二則可以看出這一類解經手法的例證：

（一）「不予諸侯之專討」，不復見於慶封之殺

問者曰：「『不予諸侯之專封』，復見於陳、蔡之滅。『不予諸侯之專討』，獨不復見於慶封之殺，何也？」曰：「《春秋》之用辭，已明者去之，未明者著之。今諸侯之不得專討，固已明矣。而慶封之罪未有所見也，故稱「楚子」以「伯討」之，著其罪之宜死，以為天下大禁。（《繁露‧楚莊王》）

◎宣公十一年

經：冬，十月，楚人殺陳夏徵舒。

（傳）：此楚子也，其稱人何？貶。曷為貶？不與外討也。不與外討者，因其討乎外而不與也，雖內討亦不與也。曷為不與？實與而文不與。文曷為不與？諸侯之義，不得專討也。諸侯之義不得專討，則其曰實與之何？上無天子，下無方伯，天下諸侯有為無道者，臣弒君，子弒父，力能討之，則討之可也。

◎昭公十三年

經：蔡侯廬歸于蔡。陳侯吳歸于陳。

（傳）：此皆滅國也，其言歸何？不與諸侯專封也。

◎昭公四年

經：秋，七月，楚子、蔡侯、陳侯、許男、頓子、胡子、沈子、淮夷伐吳，執齊慶封，殺之。

（傳）：此伐吳也，其言執齊慶封何？爲齊誅也。其爲齊誅奈何？

慶封走之吳，吳封之於防。然則曷爲不言伐防？**不與諸侯專**

封也。慶封之罪何？脅齊君而亂齊國也。

《公羊傳》認爲，《春秋》「不與諸侯之專討」、「不與諸侯之專封」，所以，在宣公十一年楚莊王殺陳夏徵舒這件事，經文特別將「楚莊王」寫作「楚人」，以表示「不與專討」之意。昭公十三年蔡、陳二國在被楚滅之後，楚封其國而冊使二國國君，經文不承認「諸侯專封之事」，所以，對於二君爲楚冊封之事，只以「歸于蔡」、「歸於陳」輕描淡寫。但是，在昭公四年的經文寫法，則顯然不同於以上諸例，雖然傳文仍舊寫出了「不與諸侯專封」，但是，經文卻以「楚子」稱呼「楚靈王」，不像宣公十一年以「楚人」稱「楚莊王」。董氏認爲，在此處，「諸侯之不得專討，固已明矣」，因爲，吳國封齊慶封於防，經文的書寫是各國「伐『吳』」，而非「伐『防』」，這就代表經文不承認「慶封封於防」這件事，所以，「防」只被視爲「吳地」來書寫。既然如此，何不也如同宣公十一年以「楚人」稱「楚王」之例，來書寫楚靈王？董氏指出，經文「不與專封」已在「伐吳」上表示出來，至於對「楚王」未稱「楚人」，和「與不與專討」無關，主要是突顯慶封之罪，表示慶封之罪深惡到連「楚子」都「伯討」的地步。當然，「屠其贅」的詮釋，是董氏的發明，「稱楚子以伯討之，著其罪之宜死」，這是董氏的見解，實際上，《公羊傳》並未論及。

（二）「伐喪、叛盟」不見於「鄭伐許」之經文

「《春秋》曰：『鄭伐許。』奚惡於鄭而夷狄之也？」

曰：「衛侯遫卒，鄭師侵之，<u>是伐喪也</u>。鄭與諸侯盟於蜀，以盟而歸諸侯，於是伐許，<u>是叛盟也</u>。伐喪無義，叛盟無信，無信無義，故大惡之。」（《繁露·竹林》）

◎成公二年

經：庚寅，衛侯遫卒。

◎成公二年

經：冬，楚師、鄭師侵衛。

◎成公二年

經：十有一月丙申，公及楚人、秦人、宋人、陳人、衛人、鄭人、

齊人、曹人、邾婁人、薛人、鄫人盟于蜀。〔註38〕

◎成公三年

　　經：鄭伐許。（三傳無發論）

董仲舒認爲成公三年經文直接寫出「鄭伐許」，是將鄭國視爲夷狄而直書其事。鄭爲何被視爲夷狄？是因爲做出「伐喪」、「叛盟」的行爲。然而，經文實際上只寫出「鄭伐許」三字，何以見得「伐喪」、「叛盟」之事呢？原來，在成公二年經文已載「衛侯卒」之事，衛正處於國喪，自不待贅言，而同年諸國盟於蜀，鄭亦爲其中一員。因此，成公三年鄭私自出師伐許，自然就是違反前一年蜀地的盟約。在經文的記事中，這是自然可以看出來的事實，所以，經文也不復贅言「鄭叛盟」。而在成公三年鄭出師伐許這件事上，直書鄭國無諱，以表示深惡。董仲舒在論述時，目的在表露《春秋》對「無信無義」之大惡，而「伐喪、叛盟」的字眼雖未見於經文，但是從記事來看，已經很明顯，不須再爲經文之有無書及而付贅申論，因此，董氏亦直接陳述而直指「無信無義」之旨。

四、窮其端而視其故，見所以然

　　在《春秋》記事取義的方法上，董仲舒本諸「貴元愼始」的態度，而上溯事件「所以然」之因，以取足資警誡之義：

　　　　《春秋》記天下之得失，而見所以然之故，甚幽而明，無傳而著，不可不察也。夫泰山之爲大，弗察弗見，而況微渺者乎？故案《春秋》而適往事，窮其端而視其故，得志之君子，有喜之人，不可不愼也。（《繁露‧竹林》）

董氏舉齊頃公爲例，說明「得志有喜，不可不戒」，乃治《春秋》之明效：

　　　　齊頃公親齊桓公之孫，國固廣大而地勢便利矣，又得霸主之餘尊，而志加於諸侯。以此之故，難使會同，而易使驕奢。即位九年，未

〔註38〕經文沒有提到許參與會盟。公羊、穀梁二傳也都沒有就此發論。只有《左傳》論及。

　　　（左傳）：「十一月，公及楚公子嬰齊、蔡侯、許男、秦右大夫說、宋華元、陳公孫寧、衛孫良夫、鄭公子去疾及齊國之大夫盟于蜀。……蔡侯、許男不書，乘楚車也，謂之失位。……蔡、許之君，一失其位，不得列於諸侯，況其下乎！……」可見董氏在當時所見之資料，與《左傳》合。（或當時另可見到史料文獻如馬王堆帛書《春秋事語》一類者，亦未可知）

嘗肯一與會同之事。……當是時也，方乘勝而志廣，大國往聘，慢而弗敬其使者。晉、魯懼怒，內悉其眾，外得黨與曹、衛，四國相輔，大困之奸，獲齊頃公，逢丑父。深本頃公之所以大辱身，幾亡國，為天下笑，其端乃從惕魯勝衛起。伐魯，魯不敢出，擊衛，大敗之，因得氣而無敵國以興患也。故曰，得志有喜，不可不戒。此其效也。（《繁露·竹林》）

逢丑父殺其身以生其君……丑父欺晉，祭仲許宋，俱枉正以存其君。然而丑父之所為，難於祭仲，祭仲見賢而丑父猶見非，……夫去位而避兄弟者，君子之所甚貴；獲虜逃遁者，君子之所甚賤。祭仲措其君於人所甚貴，以生其君，故《春秋》以為知權而賢之。逢丑父措其君於人所甚賤，以生其君，《春秋》以為不知權而簡之。其俱枉正以存君，相似也，其使君榮之與使君辱，不同理。（《繁露·竹林》）

齊頃公為桓公親孫，既為地勢便利之大國，又挾霸主之餘尊，「難使會同，易使驕奢」，終而「大辱身，幾亡國，為天下笑」。所以，在成公二年袁婁之盟時，齊國佐逢丑父雖以「欺晉」手法「殺其身以生其君」，董氏卻認為，齊之衰亡乃肇始自「伐魯，魯不敢出；擊衛，大敗之」恃強陵弱的作風，逢丑父「措其君於人所甚賤」，雖然最後「殺其身以生其君」可謂為「難」，但是，董氏並不以之為可取。尤其是與祭仲同為「枉正以存君」，董氏援二者對比以為例說明，必須要「窮其端、視其故」，才能在相似的事件中，明辨事理之異同。

在「窮其端而視其故」的方法之下，董氏自然特別重視行事的「動機」，所謂「經」、「權」的分際，宜與不宜，並非在事情結果的成敗上加以定論，而是追溯事件起初之「志」而考量：

「魯隱之代桓立」、「祭仲之出忽立突」、「仇牧、孔父、荀息之死節」、「公子目夷不與楚國」，此皆執權存國，行正世之義，守拳拳之心，《春秋》嘉其義焉，故皆見之，復正之謂也。（《繁露·王道》）

此處並舉《春秋》記事行「權」的六條事例，董氏指出「此皆執『權』存國」，其作風皆「行正世之義，守『拳拳之心』」，所以，儘管是行「權」，《春秋》嘉其義，還予公道，以「復正」視之。關於「魯隱之代桓立」，董仲舒在〈玉英〉裏曾特別就《春秋》隱公元年，不書「即位」；以及桓公年間，除非有特

別記事須彰顯之外，一律在歲首只寫出「正月」，而不言「『王』正月」，從其
人之「志」去詮釋經文的寫法：

> 桓之志「無王」，故「不書『王』」。其志「欲立」，故「書『即位』」。
> 書「即位」者，言其弒君兄也。「不書王」者，以言其背天子。是故
> 「隱不言立，桓不言王」者，從其志以見其事也。從賢之志以達其
> 義，從不肖之志以著其惡。（《繁露‧玉英》）

「從其志以見其事」顯然是董氏詮釋經文時，重要的考量因素之一，「從賢之
志以達其義」，「從不肖之志以著其惡」則是他由經文的記載用詞所歸納出的
心得。對《春秋》經文記事之分析，窮其端而視其故，倘若不考慮當事人在
事發之始的意願、心志，對事理的分析則無法深入。《春秋》對於往史是非善
惡的判決，必「本其事而原其志」：

> 《春秋》之聽獄也，必本其事而原其志。「志邪」者不待成，「首惡」
> 者罪特重，「本直」者其論輕。是故「逢丑父當斮，而袁濤塗不宜執」；
> 「魯季子追慶父，而吳季子釋闔廬」；此四者罪同異論，其「本」殊
> 也。俱欺三軍，或死或不死；俱弒君，或誅或不誅。聽訟折獄，可
> 無審耶！（《繁露‧精華》）

此董氏援引《春秋》四則記事，而耐人尋味；這四則事例是：「逢丑父當
斮」、「袁濤塗不宜執」、「魯季子追慶父」、「吳季子釋闔廬」，表面看來單純的
事例，其中暗藏玄機。逢丑父「當斮」與袁濤塗「不宜執」，是《公羊傳》的
敘述：

※逢丑父當斮：

◎成公二年

> 經：秋，七月，齊侯使國佐如師。己酉，及國佐盟于袁婁。

> （傳）：君不行使乎大夫，此其行使乎大夫何？佚獲也。其佚獲奈
> 何？師還齊侯，晉郤克投戟逡巡再拜稽首馬前。**逢丑父者，**
> 頃公之車右也。面目與頃公相似，衣服與頃公相似，代頃公
> 當左。使頃公取飲，頃公操飲而至，曰：「革取清者。」頃公
> 用是佚而不反。**逢丑父**曰：「吾賴社稷之神靈，吾君已免矣。」
> 郤克曰：「欺三軍者，其法奈何？」曰：「法斮。」於是斮逢
> **丑父。**

※袁濤塗不宜執：

◎僖公四年

經：齊人執陳袁濤塗。

（傳）：濤塗之罪何？辟軍之道也。其辟軍之道奈何？濤塗謂桓公曰：「君既服南夷矣，何不還師濱海而東，服東夷且歸？」桓公曰：「諾。」於是還師濱海而東，大陷于沛澤之中。顧而執濤塗。執者曷爲或稱侯？或稱人？稱侯而執者，伯討也。稱人而執者，非伯討也。此執有罪，何以不得爲伯討？古者周公東征則西國怨，西征則東國怨。桓公假塗于陳而伐楚，則陳人不欲其反由己者，師不正故也。不修其師而執濤塗，古人之討，則不然也。

這二件事之所以可援類對比，是因爲它們的「情節」相似：「俱欺三軍」，逢丑父欺晉軍以救齊頃公，袁濤塗欺齊師以避齊軍之返，但是，《公羊傳》對二者卻有不同的觀點，「或死或不死」，前者被斷，後者卻以爲「不宜執」，董氏從「事理之初」二者有異，去解釋《公羊》對二人「終而異論」的原因。至於「魯季子追慶父」、「吳季子釋闔廬」，也是因爲「情節雷同」而被董氏援類對比：

※魯季子追慶父：

◎僖公元年

經：冬，十月壬午，公子友帥師，敗莒師于犂，獲莒挐。

（傳）：莒挐者何？莒大夫也。莒無大夫，此何以書？大「季子之獲」也。何大乎季子之獲？季子治內難以正，禦外難以正。其禦外難以正奈何？公子慶父弒閔公，走而之莒，莒人逐之，將由乎齊，齊人不納，卻反舍于汶水之上，使公子奚斯入請。季子曰：「公子不可以入，入則殺矣！」奚斯不忍反命于慶父，自南涘，北面而哭。慶父聞之曰：「嘻！此奚斯之聲也，諾已。」曰：「吾不得入矣！」於是抗輈經而死。莒人聞之曰：「吾已得子之賊矣！」以求賂乎魯。魯人不與，爲是興師而伐魯，季子待之以偏戰。

※吳季子釋闔廬：

◎襄公二十九年

經：吳子使札來聘。

（傳）：吳無君、無大夫，此何以有君、有大夫？賢季子也。何賢乎季子？讓國也。其讓國奈何？謁也、餘祭也、夷昧也與季子同母者四，季子弱而才，兄弟皆愛之，同欲立之以爲君，⋯⋯謁也死，餘祭也立。餘祭也死，夷昧也立。夷昧也死，則國宜之季子者也。季子使而亡焉。**僚者長庶也，即之，季子使而反⋯⋯（闔廬）於是使專諸刺僚**，而致國乎季子。季子不受，曰：「爾弒吾君，吾受爾國，是吾與爾爲簒也。爾殺吾兄，吾又殺爾，是父子兄弟相殺，終身無已也。」**去之延陵，終身不入吳國**。

公子友（季子）與慶父是同母兄弟，皆魯莊公之母弟（見莊公二十七年經文「公子友如陳，葬原仲」下，傳文所載），慶父弒閔公（意即「叔弒姪」），走而之莒、齊，二國皆不納，慶父想返回魯國，卻被季子所拒，終而自裁。吳王闔廬（夷昧之子，公子光）〔註 39〕與季子、吳王僚亦分屬叔姪，闔廬弒吳王僚，致位於季子，季子不受，去之延陵，終身不入吳。《公羊傳》對此二事只是敘述，並未發表任何評論，董仲舒由傳文所記，援之以爲對比：「俱弒君，或誅或不誅」，慶父和闔廬，同爲弒君之人，魯季子和吳季子採取了不同的處理態度，這其中當然還牽涉到二位季子，一爲輔政當位，一爲出使外國，立場並不相同。董仲舒在二百四十二年記事中，並舉此四例的目的，在說明「罪同異論，其本殊也」，「聽訟折獄，可無審耶」！這四例，前二例「俱欺三軍，或死或不死」，後二例「俱弒君，或誅或不誅」，我們不由得佩服董氏對於《春秋》記事之嫻熟與論理之精要。

第三節　董仲舒對《春秋》書寫方式之闡釋

董仲舒對於《春秋》經義的闡發，是透過公羊一系論者的詮釋爲基礎，並加以發揚，提出獨特的研究心得和見解。對於《春秋》敘事論理而寓於簡約的書寫方式，董仲舒基於其治經之所得，而有獨發之體會和看法，包含《春秋》的書寫原則，用詞態度，以及所謂的「《春秋》之常辭」等，特別是在「即

〔註39〕《史記・吳太伯世家》：「公子光者，王諸樊之子也。」公子光，即闔廬。據日・瀧川資言考證：公子光應是夷昧之子，僚則是壽夢庶子。（見《史記會注考證》卷三十一，頁 23）

事取義」的治經觀點上，董氏從《春秋》如何寓「義」的角度去詮釋「微言」的形式。在主張「《春秋》無達辭」的董氏春秋學裏，這一部份的論述值得我們注意，同時，也唯有深入理解董氏對《春秋》書寫方式的看法，才能體會其所謂「無達辭」的眞正意涵。

一、對《春秋》書寫用詞之認識

董仲舒雖然是秉承公羊一系的解經觀點去治理《春秋》，但是與《公羊傳》所不同的是，董氏是綜觀《春秋》二百四十二年之記事，而後，以評論方式抒發自己觀點，可以說是對《春秋》通盤的研究和歸納。而《公羊傳》所著重的，是在每一則《春秋》記事下，逐條說釋，其所論內容僅限於該次經文事件，與董氏所作的全盤分析，並不相同。所以，我們在《公羊傳》所看到的，若干關於書寫用詞的論點，多以當次記事的書寫情況爲討論對象，而董氏針對《春秋》全書而歸納的，關於《春秋》書寫用詞的斟酌和原則，是董氏在《公羊傳》的論點上，對《春秋》經文所整理出來的心得。

（一）《春秋》記事，亦有「書所見」者，非盡為「微言」

桓公五年經文「陳侯鮑卒」，日期記載竟有二次：

◎桓公五年

經：春，正月甲戌、己丑，陳侯鮑卒。

（傳）：曷爲以二日卒之？恎也。甲戌之日亡、己丑之日死而得，君子疑焉，故以二日卒之也。

（穀梁傳）：鮑卒何爲以二日卒之？《春秋》之義：信以傳信，疑以傳疑。陳侯以甲戌之日出，己丑之日得，不知死之日，故舉二日以包也。

（左傳）：五年，春，正月甲戌、己丑，陳侯鮑卒。再赴也。於是陳亂，文公子佗殺太子免而代之。公疾病而亂作，國人分散，故再赴。

三傳對於何以卒日有二？紛紛作說明而意見不一。董仲舒的看法是：

「甲戌、己丑，陳侯鮑卒」，書所見也，而不言其闇者。（《繁露·觀德》）

強調《春秋》之事，亦有「書所見也，而不言其闇者」，也就是《穀梁傳》提到的「《春秋》之義，信以傳信，疑以傳疑。」三傳皆試圖對二次書日，何以

「二次」？提出解釋，董仲舒則完全不作這方面的探討，而強調之所以二「日」，必是所見之資料爲二「日」，至於爲何二「日」？《春秋》「不言其闇者」；也就是，對於未詳之事，《春秋》存疑，不妄發猜測。這是董氏對《春秋》記事的看法，亦有只書所見，不言其闇者，也就是說，對於《春秋》的隻字片語，不須要皆視爲微言而詮釋。所以，董仲舒進一步提出：「《春秋》名物如其眞，不失秋毫之末」的看法。表示《春秋》記事，絕非誣史，必以「信實如眞」爲書寫態度，董氏對於《春秋》行文用句之謹愼，舉僖公十六年經文「隕五、六鷁」爲例以明之：

> 《春秋》辨物之理，以正其名。名物如其眞，不失秋毫之末。故名隕石，則後其五，言退鷁，則先其六。聖人之謹於正名如此。君子於其言，無所苟而已，五石、六鷁之辭是也。（《繁露‧深察名號》）
>
> 隕石於宋五，六鷁退飛；耳聞而記，目見而書，或徐或察，皆以其先接於我者序之。（《繁露‧觀德》）

※隕石於宋五，六鷁退飛：

◎僖公十六年

> 經：春，王正月戊申朔，隕石于宋五。是月，六鷁退飛，過宋都。
>
> （傳）：曷爲先言「隕」而後言「石」？隕石記聞，聞其磌然，視之則石，察之則五。……曷爲先言「六」而後言「鷁」？六鷁退飛，記見也，視之則六，察之則鷁，徐而察之則退飛。五石六鷁，何以書？記異也。外異不書，此何以書？爲王者之後，記異也。

「隕五、六鷁」的解讀方式，董氏「耳聞而記，目見而書，或徐或察」的說法，是《公羊》一系的觀點，但是，董仲舒更進一步抒發「《春秋》辨物之理，以正其名」，君子因爲「正名」，所以，用「名」也特別謹愼，「聖人之謹於正名如此」，於其言無所苟，乃至於在名物的書寫上，連「五石」、「六鷁」的寫法，都考慮到當時情境的呈現。這是董仲舒對於《春秋》用詞的看法。

（二）《春秋》愼辭，謹於名倫等物

除了對現象界的描述之外，《春秋》所記多爲「人事」，在人事往來、特別是戰伐執獲等，國與國的衝突上，《春秋》的用詞，絕對考慮到「大小不踰等，貴賤如其倫」的原則：

《春秋》**慎辭，謹於名倫等物者也**。是故小夷言伐而不得言戰，大夷言戰而不得言獲，中國言獲而不得言執，各有辭也。有小夷避大夷而不得言戰，大夷避中國而不得言獲，中國避天子而不得言執。**名倫弗予，嫌於相臣之辭也**。是故**大小不踰等，貴賤如其倫，義之正也**。（《繁露·精華》）

《春秋》的內容，是憑藉二百四十二年的史事，在褒貶中呈現王者禮制之所宜然，當然對於名類倫理的用辭非常謹慎，所謂「宜不宜」，無非以「大小不踰等，貴賤如其倫」為目標，董氏以戰伐之事為例，征戰的對象，依「夷狄」、「諸夏」的身份不同，而有用詞的分別；「夷狄」之中，又有「大夷」、「小夷」之分，「諸夏」之中，也要顧慮「中國」與「天子」有別。之所以在用詞上如此謹慎斟酌，是因為在禮制中，當事國各有「身份」之表徵，為了避免產生「彰揚上位者臣服於下位」的錯覺，甚至有間接誤導社會秩序錯落的嫌疑，所以，《春秋》對於倫理敘述之用詞，特別小心謹慎。這裏，董仲舒提出另一個值得注意的地方，就是經文在書寫時，因對方身份尊卑不同，而考慮到的「迴避」問題。本來，征戰對象若為「大夷」，應該用「戰」字書寫；但是，這是在當事國身份較征戰對象為「尊」的時候，所採取的用辭；如果，「當事國」的身份，較征戰對象「大夷」為「卑」（也就是「小夷」出兵征戰「大夷」），就不能再用尋常的寫法：「戰」字來書寫，而應該採取別的詞語以表示身份上有迴避。同理可證，本來，征戰對象若為「中國」時，「言獲而不得言執」，但若是「大夷」出兵「中國」，一樣不能採用尋常時候「獲」字的書寫方法，而必須採用其它詞語以示迴避；「中國」之於「天子」，同樣也必須迴避，不得以「執」字來書寫。其實，就史實而言，情況很單純，就是「戰爭」。然而，因為考慮到雙方身份的尊卑，而《春秋》又打算在其中突顯是非褒貶以及禮制秩序，所以，《春秋》經文在書寫時，對於「戰爭」這件事的書寫，遣詞用字的考慮，遠較於單純「如其真」的呈現史事，要來得複雜許多。

（三）《春秋》書詞，以展現「王道」為先

董仲舒並不認為孔子是以史官自居來書寫《春秋》，因為，魯國本來就有魯史，不須要孔子再疊床架屋。那麼，孔子何以要在既有的魯史之外，另外成書《春秋》呢？其關鍵因素在於，《春秋》的書寫立場不同於魯國史官，《春秋》敘事論理的觀點，是站在「王者」的立場來作事件的處理，特別是在周王威算不振的情況下，王者行事得宜的風範，無所復見。所以，《春秋》

藉魯史爲題材，在建立禮制社會秩序的前提下，摹擬了王者的視野和行事，重現王朝禮制之典範。因此，在書寫記事的用詞上，也採取了王者所宜用的字眼：

> 諸侯來朝者得襃：邾婁儀父稱字，滕薛稱侯，荊得人，介葛盧得名。內出言「如」，諸侯來曰「朝」，大夫來曰「聘」，**王道之意也**。（《繁露・王道》）

※邾婁儀父稱「字」：

◎隱公元年

　　經：三月，公及邾婁儀父盟于眛。

　　（傳）：儀父者何？邾婁之君也。何以名？字也。**曷爲稱字？襃之也**。……

※滕薛稱「侯」：

◎隱公十一年

　　經：十有一年，春，滕侯、薛侯來朝。

　　（傳）：其言朝何？諸侯來曰朝，大夫來曰聘。其兼言之何？微國也。

※荊得「人」：

◎莊公二十三年

　　經：荊人來聘。

　　（傳）：荊何以稱人？始能聘也。

※介葛盧得「名」：

◎僖公二十九年

　　經：春，介葛盧來。

　　（傳）：介葛盧者何？夷狄之君也。何以不言朝？不能乎朝也。

除了「如」、「朝」、「聘」等用詞之外，董氏也認爲，在「來朝」的個別事件中，若有值得襃揚之事，《春秋》會在稱號的書寫方式上表現出來；例如：對續盟的邾婁國君，以「字」相稱；滕、薛二國尊重魯君之調停，而皆稱爲「侯」；荊爲「大夷」，首次來朝，故稱「人」以嘉許之；小夷之君來朝，經文亦以書「名」來回報。這些稱號之所以有尊禮的意思，是依照《公羊傳》在個別事件的論述而統整；同時，關於稱號的書寫方式和「位階」有關，也是採用《公

羊》莊公十年傳所云：「州不若國，國不若氏，氏不若，人人不若名，名不若字，字不若子」的說法。我們可以說，董仲舒統合了公羊一系對《春秋》經文有關「稱號」的詮釋內容，並且賦予一個軸心理由：《春秋》的書寫和行文，都是以「王道」的展現為宗旨。既然如此，「王道」精神的揭露，就不只是在「稱號」的書法上，而是貫串於全書，在書寫下筆時的「意識型態」，這種「意識型態」具體的流露，在「賓主關係」上尤其顯著；賓為客，我為主；在主客關係的彬彬往來上，立場與角色的定位，就站在禮制「人情」上作考量。當然，在以魯史為題材的《春秋》而言，所謂的「我」，指的是魯國。王者的禮制中，身為主客關係中的「主」，在意的是，來往從屬的「客」國，對於「主」是否有所敬重。董仲舒在〈觀德〉云：「耳聞而記，目見而書，或徐或察，皆以其『先接於我者』序之。其於會、朝聘之禮亦猶是。」從天地之間，作為「觀察者」角色的「人」（耳聞而記，目見而書），與「現象界」之間的「主客」關係（以其『先接於我者』序之）；推類及於禮制中賓主往來的「主客」關係（其於會、朝聘之禮亦猶是）。

「耳聞而記，目見而書，或徐或察」，皆以其**先接於我者**序之。其於

會、朝聘之禮亦猶是——

諸侯與盟者眾矣，而**儀父**獨漸進；（本文按：「儀父」是邾婁國君之「字」）

鄭僖公方來會我而道殺，《春秋》致其意，謂之「如會」。

潞子離狄而歸，黨以得亡，《春秋》謂之「子」，以領其意。

包來、**首戴**、**洮**、**踐土與操之會**：

　　陳、鄭**去我**，謂之「逃歸」；

　　鄭處而**不來**，謂之「乞盟」；

　　陳侯**後至**，謂之「如會」；

　　莒人**疑我**，貶而稱「人」；

諸侯朝魯者眾矣，**而滕、薛獨稱「侯」**；

州公化我，奪爵而無號；

吳、楚**國先聘我者見賢**；

曲棘與鞍之**戰**，**先憂我者見尊**。（《繁露・觀德》）

「我」在賓主關係中是「主」，《春秋》於會盟、朝聘記事的書寫用字，顯然融入了禮儀中的賓主之「義」為考量。「我」：魯國是《春秋》王者禮制的中

心「主」,《春秋》在會盟、朝聘的書寫用詞所揭櫫的禮「義」,擴展所及,便是「大一統」政治中「政治『主』體」與「從屬『客』體」的倫理秩序。

董仲舒倫理秩序的思維方式,不僅應現於禮制,更運用在政治實體中的主從份屬上;可以說,董仲舒的政治理想,是一種倫理秩序的詮釋,而這種倫理秩序的落實,來自於禮制的建立,與禮制中賓主關係的認知和履行,也就是所謂的《春秋》大一統。所以,「大一統」的實質內容,就是「王道」,而「王道」的展現,就是禮制的「質」與「文」。「文」是指「三統」,而「質」,就在於《春秋》大義。〈觀德〉裏,對於會盟、朝聘,以「先接於我者序之」的禮制中的賓主立場,去詮釋《春秋》在行文用詞裏寄寓的「王道」,很清楚可以看出,「我」是指魯國,乃至於由「潞子離狄而歸,黨以得亡,《春秋》謂之子,以領其意」可以看出,捨棄夷狄文化而一心嚮往諸夏的潞子,雖然在面離內亂時,於夷狄國與諸夏國二邊都得不到認同,最後,失援而亡〔註40〕。這時的「我」,已經延展為「諸夏文化圈」,而不限於「魯」。董仲舒對於《春秋》記事在會盟、朝聘之禮上,賓主關係的正確履行,所象徵的便是在「諸夏文化圈」,乃至於一統盛世體制中,「政治主體」與「從屬客體」的立場,與來往時應展現的禮「義」。對董仲舒而言,儒學的振興,特別是儒學的政治理想,在漢代一統政體中的實現,就是訴諸於《春秋》大義的開張,然後,落實於禮制「質」、「文」的履行。

《春秋》展現「王道」的書寫方式,除了「稱號」、「會盟朝聘的賓主序位」之外,在〈觀德〉篇,董氏特別強調「至德受命」、「百禮之貴,君編於天」。在「政治主體」和「從屬客體」的關係上,他提出:「至德以受命,豪英高明之人輻輳歸之。高者列為公侯,下至卿大夫,濟濟乎哉,『皆以德序』」的說法。「以德為序」,是《春秋》在書寫方式上,展現「王道」精神的筆法之一。

董氏就「以德為序」的書寫方式所作的歸納,可以分為四點:

1. 以「道德行為」判斷書寫所應採取的方式。例如:

> 吳,魯同姓也,「鍾離之會」〔註41〕,不得序而稱君,殊魯而會之,

〔註40〕宣公十五年　經:六月癸卯,晉師滅赤狄潞氏,以潞子嬰兒歸。(傳):「潞何以稱子?潞子之為善也,躬足以亡爾。雖然,君子不可不記也。離于夷狄,而未能合于中國,晉師伐之,中國不救,狄人不有,是以亡也。」

〔註41〕成公十五年　經:冬,十有一月,叔孫僑如會晉士燮、齊高無咎、宋華元、衛孫林父、鄭公子鰍、邾婁人會吳于鍾離。

爲其夷狄之行也。「雞父之戰」〔註42〕，吳不得與中國爲禮。至於「伯莒〔註43〕、黃池〔註44〕」之行，變而反道，乃爵而不殊。

2. 德的序位並非絕對，「避讓」的情況，反映在書寫方式上。例如：

召陵之會〔註45〕，魯君在是，而不得爲主，避齊桓也。魯桓即位十三年，齊、宋、衛、燕舉師而東，紀、鄭與魯戮力，而報之「後其日」〔註46〕，以魯不得偏，避紀侯與鄭屬公也。《春秋》常辭，夷狄不得與中國爲禮。至邲之戰〔註47〕，夷狄反道，中國不得與夷狄爲禮，避楚莊也。邢、衛，魯之同姓也，狄人滅之〔註48〕，《春秋》爲諱，避齊桓也。

3. 「德」亦指「德等品類」，同一等類中，以「始末」爲序。例如：

惟「德」是親，其皆先其親；是故周之子孫，其「親」等也，而文王最先；「四時」等也，而春最先；「十二月」等也，而正月最先。

4. 屬性相同的品類中，列入「遠近親疏」之考量，以決定適當合宜的書寫方式。例如：

「德」等也，則先親親；「魯十二公」等也，而定、哀最尊；「衛俱諸夏也」，善稻之會，「獨」先內之，爲其與我同姓也；「吳俱夷狄也」，柤之會，「獨」先外之，爲其與我同姓也。「滅國」五十有餘，「獨」先諸夏；「魯、晉俱諸夏也」，譏二名，「獨」先及之。「盛伯、郜子俱當絕」，而「獨」不名，爲其與我同姓兄弟也。「外出者眾」，以母弟出，「獨」大惡之，爲其亡母、背骨肉也。「滅人者莫絕」，衛侯燬滅同姓「獨」絕，賤其本祖而忘先也。

這四點分別是：(1)魯以外的國家（賓），以「道德行爲」決定書寫的方式。《春

〔註42〕 昭公二十三年　經：戊辰，吳敗頓、胡、沈、蔡、陳、許之師于雞父。胡子髡、沈子楹滅。獲陳夏齧。

〔註43〕 定公四年　經：冬，十有一月庚午，蔡侯以吳子及楚人戰于伯莒，楚師敗績。

〔註44〕 哀公十三年　經：公會晉侯及吳子于黃池。

〔註45〕 僖公四年　經：楚屈完來盟于師，盟于召陵。

〔註46〕 桓公十三年　經：春，二月，公會紀侯、鄭伯。己巳，及齊侯、宋公、衛侯、燕人戰，齊師、宋師、衛師、燕師敗績。

〔註47〕 宣公十二年　經：楚子圍鄭。夏，六月乙卯，晉荀林父帥師及楚子戰于邲，晉師敗績。

〔註48〕 僖公元年　經：齊師、宋師、曹師次于聶北，救邢。
　　　　僖公二年　經：春，王正月，城楚丘。

秋》經文裏，諸侯行爲不道德者，將被視爲夷狄。如：成公三年經文：「鄭伐許」，昭公二十三年傳：「中國亦新夷狄也。」桓公十五年：「邾婁人、牟人、葛人來朝」。當然，所謂「被視爲夷狄」，這是《公羊傳》由經文對該次事件特殊的寫法所作的詮釋，經文本身實際上除了有別於尋常的書寫之外，並沒有任何「夷狄」的字眼。此處董氏以夷狄國「吳」爲例，來說明吳國行爲的「道德化」，經文對它的書寫方式亦隨之改變。(2)對魯國本身而言（主），儘管在《春秋》的王朝禮制中，居於「主」位。但是，在現實情況中，特別是諸雄爭霸的東周，魯在實際史事中，顯然不是扮演「主」的角色。如何在實際史事和理想禮制的書寫上，能有協調？董氏於是提出「避」的概念。也就是，儘管「魯」是禮制賓主中的「主」，但是在某些特殊情況（如：「客」爲「賢」者或「有恩於我，必須報德」者），「主位」有所避，《春秋》記事，就會採取特殊的寫法，在該次事件不復強調「魯」爲主。(3)若《春秋》記事，無關於主客雙方，而只是敘事性文字，則此時書寫方法之順序，以「先後始末」爲序。(4)屬性相同者（例：身份相當者如「魯國十二公」、行事作風相同者，如「滅人者」），列入「遠近親疏」的考量，而在褒貶美惡時，決定適當而如其眞的書寫方式。

　　我們可以由此看出，董氏對於《春秋》書寫方式的分析，是先考慮事件與當事者立場、身份，而後再歸類分析經文在相同主題或類似事件中的書寫用詞，「屬事見義」而後「證諸辭」。與後世鑽研「書寫條例」以「取義」者，作法並不相同。

（四）《春秋》書詞，始言大惡，終言赦小過

　　董氏在〈俞序〉篇提到，《春秋》是「假其位號」以「正人倫」；「因其成敗」以「明順逆」，始言大惡，殺君亡國；終言赦小過，有士君子之行而少過矣：

> 孔子曰：「吾因行事，加吾王心焉，假其位號，以正人倫，因其成敗，以明順逆。」故其所善，則桓文行之而遂，其所惡，則亂國行之終以敗。故始言大惡，殺君亡國，終言赦小過；是亦始於麤粗，終於精微，教化流行，德澤大洽，天下之人，人有士君子之行，而少過矣。（《繁露·俞序》）

孔子「因行事」所加之「王心」，目的在「教化流行、德澤大洽」，使人皆有「士君子之行」。所以，《春秋》絕非以「罪典刑書」自視。雖然所載多有「殺

君亡國」之大惡，其書寫目的無非在「人道」之求備，因此，「奢侈暴虐，賊害百姓，禍延及身」者，《春秋》於其人，卒不書「葬」，以示不得壽終：

> 故子夏言：「《春秋》重『人』，諸譏皆本此，或奢侈使人憤怨，或暴虐賊害人，終皆禍及身。」故子池言：「魯莊築臺，丹楹刻桷；晉屬之刑刻意者；皆不得以壽終。」上奢侈，刑又急，皆不內恕，求備於「人」，故次以《春秋》。緣人情，赦小過，而《傳》明之曰：「君子辭也。」孔子明得失，見成敗，疾時世之不仁，失王道之體，故緣人情，赦小過。《傳》又明之曰：「君子辭也。」（《繁露·俞序》）

但是，在《春秋》經文裏，卻又有此類書寫方式之例外者，董氏認為，這是《春秋》「緣人情，赦小過」的緣故，這些例子，在《公羊傳》裏，都以「君子辭」來表示：

※君子辭：

◎桓公十八年

> 經：冬，十有二月己丑，葬我君桓公。
>
> （傳）：賊未討，何以書葬？讎在外也。讎在外則何以書葬？**君子辭也。**

◎襄公三十年

> 經：冬，十月，葬蔡景公。
>
> （傳）：賊未討，何以書葬？**君子辭也。**

◎宣公十二年

> 經：春，葬陳靈公。
>
> （傳）：討此賊者非臣子也，何以書葬？**君子辭也。**楚已討之矣，臣子雖欲討之而無所討也。

傳文指出是「君子辭」者，共有三則。全部都是被弒之君，「賊未討」卻書「葬」示終的情況。《春秋》隱公十一年經「公薨」，傳文云：「……《春秋》君弒，賊不討，不書葬，以為無臣子也。」所以董氏認為，此處的書「葬」，表示《春秋》已經赦免臣子未討賊之罪。不過，這三則有「君子辭」三字的傳文，所書簡略，我們沒有辦法看出，董仲舒所謂「緣人情，赦小過」，究竟指的是什麼內容？依董氏所言，本文認為，除了此處三則明言「君子辭」三字的傳文之外，還有另一則經傳可與董氏所言相發凡而意旨更詳明，就是「許世子止

無意間藥弒其君父」一事：

◎昭公十九年

經：冬，葬許悼公。

（傳）：賊未討，何以書葬？不成于弒也。曷爲不成于弒？止進藥
　　　而藥殺也。止進藥而藥殺，則曷爲加弒焉爾？譏子道之不盡
　　　也。……止進藥而藥殺，是以君子加弒焉爾，曰「許世子止
　　　弒其君買」，是君子之聽止也；「葬許悼公」，是君子之赦止也。
　　　赦止者，免止之罪辭也。

由經文「葬許悼公」，傳文看出來，經文已經對奉藥事父的許世子有所赦，因
此說：「『葬許悼公』，是君子之赦止也。赦止者，免止之罪辭。」所謂的「君
子辭」，是《公羊傳》對《春秋》經文的詮釋，這些「君子辭」散見在二百四
十二年的記事中，是《公羊傳》對個別事件的抒發。董仲舒竟然看出來，傳
文所言之「君子辭」，皆與書「葬」有關，可見，董仲舒治《春秋》之功力；
同時，董氏又從與書「葬」有關的「君子辭」，進一步指出：經文書「葬」，
傳文所謂「君子辭」的眞正意義是，「《春秋》在這次事件上，已經『緣人情，
赦小過』」，這是董氏對《春秋》經傳「言外之意」所作的新詮釋。

二、《春秋》有常辭，無達辭

　　由董仲舒治《春秋》的解經方法，乃至他對《春秋》書寫方式的說明，
我們可以隱約感受到，他對《春秋》的詮釋，並非毫無章法，隨意取興。他
取義的基礎，來自公羊一系論者的意見，這些意見結集在《公羊傳》裏。董
仲舒在敘事論理中，曾屢次提及《春秋》之「常辭」、「常法」，這些「常辭」、
「常法」是《公羊》論者對於《春秋》所歸納出來的「凡例」，「凡例」的意
思，並非孔子「執筆之初」即參見於側、援之而書，而是《公羊》論者在其
獨有的解經觀點和詮釋內容中，對於解經的心得、成果，所作的歸納。這些
成果，或爲史官史筆之常法，或爲公羊釋義之所得，董氏以這些「常辭」爲
基礎，將經文事件與「常辭」作對照，進而發現經文之書寫以寓「義」爲主，
在從「義」的大前提中，「常辭」時有所變。換言之，探討《春秋》經文「異
於常」之處，往往即是《春秋》大義判然分別之所在。所以，對於治《春秋》
之法，董氏特別強調：《春秋》或達於「常」，或達於「變」；《春秋》有常辭，
但是，因爲寓「義」之所需，事理未必盡同，常辭未必合用。所以董氏指出，

欲詮釋《春秋》之旨，不能只是在「常辭」上著眼，必須對《春秋》「從『變』、從『義』的書法，有所體認，也就是必須先認識「《春秋》有常辭，無達辭」，才能對於個別事件所寓含的義理，兼顧「言外之意」，深入得識《春秋》大義的面貌

（一）董氏春秋學所論之「《春秋》常辭」

董仲舒對於「《春秋》常辭」或「書寫常法」的若干論述，在合併重覆的內容之後，可得到六項，茲羅列如下：

(1) 是故「君殺、賊討」，則善而書其誅。若莫之討，則君「不書葬」，而賊「不復見」矣。不書葬，以爲無臣子也；賊不復見，以其宜滅絕也。今趙盾弒君，四年之後，別牘復見，非《春秋》之常辭也。（《繁露‧玉杯》）

桓公存邢、衛、杞，不見《春秋》，内心予之，行法絕而不予，止亂之道也，非諸侯所當爲也。《春秋》之義，臣不討賊，非臣也。子不復讎，非子也。故「誅趙盾」、「賊不討者，不書葬」，臣子之誅也。（《繁露‧王道》）

(2) 《春秋》之常辭也，不予夷狄而予中國爲禮，到邲之戰，偏然反之，何也？（《繁露‧竹林》）

《春秋》常辭，夷狄不得與〔註49〕中國爲禮。至邲之戰，夷狄反道，中國不得與夷狄爲禮。（《繁露‧觀德》）

(3) 問者曰：「其書戰伐甚謹。其惡戰伐，無辭，何也？」曰：「會同之事，大者主小；戰伐之事，後者主先。苟不惡，何爲使起之者居下，是其惡戰伐之辭已。且《春秋》之法，凶年不修舊，意在無苦民爾；苦民尚惡之。況傷民乎？傷民尚痛之，況殺民乎？故曰：凶年修舊則譏。造邑則諱。（《繁露‧竹林》）

(4) 難者曰：「《春秋》之書戰伐也，有惡有善也。惡詐擊而善偏戰，恥伐喪而榮復讎，奈何以《春秋》爲無義戰而盡惡之也？」曰：「凡《春秋》之記災異也，雖敵有數莖，猶謂之無麥苗也。今天下之大，三百年之久，戰攻侵伐不可勝數，而復讎者有二

〔註49〕 本文按：此處〈竹林〉、〈觀德〉，文一作「予」、一作「與」，蓋由盧文弨以降，凌曙《注》、蘇輿《義證》，二篇文字皆分作「予」、「與」。文雖異，然義實同。故本文此處亦沿用二處文字之原貌。

焉。……不足以難之，故謂之無義戰也。……若**《春秋》之於**
偏戰也，善其偏，不善其戰。（《繁露・竹林》）

(5)**《春秋》之法，君立不宜立，不書；大夫立，則書。書之者，**
弗予大夫之得立不宜立者也。不書，予君之得立之也。君之立
不宜立者，非也。既立之，大夫奉之，是也，苟息曼姑之所得
爲義也。（《繁露・玉英》）

(6)**《春秋》之辭，內事之「待」外者，「從外」言之。**今萬民之性，
待「外教」然後能善，「善」當與「教」，不當與「性」。（《繁露・
深察名號》）

我們可以看出，只有在(1)、(2)二項，明確指出「《春秋》常辭」，其餘諸項
所論，皆爲「《春秋》之法」、「《春秋》之辭」。

在「《春秋》常辭」的部份，(1)所討論的是，《春秋》經文既書「趙盾弒
其君」（宣公二年），而後宣公六年趙盾又復見於經文（宣公六年經「春，晉
趙盾、衛孫免侵陳」）。關於「君殺賊討，《春秋》善而書其誅；若莫之討，則
君不書『葬』而『賊不復見』」，其實是關於《春秋》書寫筆法的討論，可見
董氏所謂的「《春秋》常辭」，指的是《春秋》尋常的書寫原則、筆法，而非
《春秋》經文用字遣辭之條例〔註50〕。還有值得注意的是，此處董氏之所以
談論「《春秋》常辭」，並不是要奉守某一條《春秋》書法的意思，而是援趙
盾爲例，討論《春秋》常辭「有所變」的情況。也就是說，董氏注意的焦點，
並不在《春秋》的常辭、書法，而在於《春秋》何以達於「變」。

那麼，董氏此處所云之「賊未討，君不書『葬』，賊『不復見』」之《春
秋》常辭，是由哪而得來的呢？

隱公十年《公羊傳》傳文引用公羊先師子沈子所云，就已經指出這一條
《春秋》的書寫原則：

〔註50〕董仲舒所云之「常辭」，實指《春秋》在記事時的書寫態度、下筆原則。而非
　　　　經文書寫用字之凡例。「君被弒，賊未討，則君不書『葬』」這是《春秋》尋
　　　　常的書寫筆法。然而，我們不可由《春秋》字面遣辭用字「未書其君之『葬』」，
　　　　就冒然斷定「該君被弒，且賊未討」。事實上，經文不書君「葬」，原因並不
　　　　只是「君被弒，賊未討」，莊公三十二年傳：「有子則廟，廟則書葬。」立廟
　　　　與否，《公羊》認爲，亦會影響經文是否書「葬」。由事件的原委去討論《春
　　　　秋》書寫的方式，這是《春秋》書寫筆法的討論。由《春秋》經文之用字，
　　　　歸納爲「條例」（如何休之《文諡例》），再循「條例」去推求「事件原委」，
　　　　這種「條例」，並非董氏所云之「常辭」。

※《春秋》君弒，賊不討，不書葬：

◎隱公十年

經：冬，十有一月壬辰，公薨。

（傳）：何以不書葬？隱之也。何隱爾？弒也。弒則何以不書葬？

《春秋》君弒，賊不討，不書葬，以爲無臣子也。子沈子曰：

「君弒，臣不討賊，非臣也。子不復讎，非子也。葬，生者

之事也。《春秋》君弒，賊不討，不書葬，以爲不繫乎臣子也。」

公薨何以不地？不忍言也。隱何以無正月？隱將讓乎桓，故

不有其正月也。

所以，董氏此處所謂之《春秋》常辭，是承自公羊先師，而非董氏治《春秋》之歸納發明。

第(2)項，董仲舒指出之《春秋》常辭：「不予夷狄而予中國爲禮」、「夷狄不得與中國爲禮」，二者所論，都是針對「邲之戰」這一件事而發。「不與夷狄」，三傳中唯《公羊傳》特別強調，在隱公七年、莊公十年、僖公二十一年、昭公二十三年、哀公十三年，不同事件中，共有五次強調「不與夷狄而與中國」〔註51〕，因此，此處董氏所謂之《春秋》常辭，所傳承的是公羊一

〔註51〕「不與夷狄」一詞，僅見於《公羊傳》，而未見於其他二傳。

◎隱公七年　經：冬，天王使凡伯來聘，戎伐凡伯于楚丘以歸。（傳）：「凡伯者何？天子之大夫也。此聘也，其言伐之何？執之也。執之則其言伐之何？大之也。曷爲大之？不與夷狄之執中國也。其地何？大之也。」

◎莊公十年　經：秋，九月，荊敗蔡師于莘，以蔡侯獻舞歸。（傳）：「荊者何？州名也。州不若國，國不若氏，氏不若人，人不若名，名不若字，字不若子。蔡侯獻舞何以名？絕。曷爲絕之？獲也。曷爲不言其獲？不與夷狄之獲中國也。」

◎僖公二十一年　經：秋，宋公、楚子、陳侯、蔡侯、鄭伯、許男、曹伯會于霍，執宋公以伐宋。（傳）：「孰執之？楚子執之。曷爲不言楚子執之？不與夷狄之執中國也。」

◎昭公二十三年　經：戊辰，吳敗頓、胡、沈、蔡、陳、許之師于雞父。胡子髡、沈子楹滅，獲陳夏齧。（傳）：「此偏戰也，曷爲以詐戰之辭言之？不與夷狄之主中國也。然則曷爲不使中國主之？中國亦新夷狄也。其言滅獲何？別君臣也，君死于位曰滅，生得曰獲，大夫生死皆曰獲。不與夷狄之主中國，則其言獲陳夏齧何？吳少進也。」

◎哀公十三年　經：公會晉侯及吳子于黃池。（傳）：「吳何以稱子？吳主會也。吳主會則曷爲先言晉侯？不與夷狄之主中國也。其言及吳子何？會兩伯之辭也。不與夷狄之主中國，則曷爲以會兩伯之辭言之？重吳也。曷爲重吳？吳在是則天下諸侯莫敢不至也。」

系的觀點。事實上，《公羊傳》所謂之「不與夷狄」，並非由《春秋》經文字面「某」字「某」詞的歸類而來，從五則《公羊傳》論及「不與夷狄」的《春秋》經文來看，可以知道《公羊傳》是根據不同事件的狀況，個別與經文的書寫方式作比列，而認為經文有「不與夷狄」之意，倘若不事先清楚事件的原委，恐怕單由經文字面，將無法看出這一層意思。所以，《公羊傳》所謂「不與夷狄而與中國」，即董仲舒所言之「《春秋》常辭」者，是公羊一系論者對《春秋》書寫態度的詮釋，這種態度並不是在經文行文字面「一字見真章」，而是「即事取義」而來。

特別值得注意的是，董氏在這第(2)項論及《春秋》常辭：「不予夷狄而予中國為禮」的目的，並非奉守此一「常辭」作任何事理的推論，相反的，董氏此處之所以論及「常辭」，旨在探討何以「邲之戰，偏然反之」、「邲之戰，夷狄反道，中國不得與夷狄為禮」。可見，董仲舒目光投注之處，不在《春秋》常辭如何，而在《春秋》於「常辭」之外，有達於「變」。

第(3)項，董仲舒認為，「《春秋》之法，凶年不修舊，意在無苦民爾」，顯然，此處的「《春秋》之法」，是指《春秋》的執筆立場、下筆態度而言。「凶年修舊則譏，造邑則諱」，是《公羊傳》對《春秋》經文文意的發明：
〔註52〕

※凶年修舊則譏：

◎莊公二十九年

　　經：春，新延廄。

　　（傳）：新延廄者何？修舊也。修舊不書，此何以書？譏。何譏
　　　　爾？凶年不修。

〔註52〕莊公二十八年　經：冬，築微（左傳作「郿」）。（穀梁傳）：山林藪澤之利，所以與民共也。虞之，非正也。（左傳）：築郿，非都也。凡邑：有宗廟先君之主曰都，無曰邑。邑曰築，都曰城。
　　◎《穀梁傳》所論重在批評「不與民共」這個行為。《左傳》則強調地點的不適宜。唯《公羊傳》從「凶年」的觀點去論述「不宜」的原由。
　　莊公二十九年　經：春，新延廄。（穀梁傳）：延廄者，法廄也。其言新有故也。有故則何為書也？古之君人者，必時視民之所勤。民勤於力，則功築罕；民勤於財，則貢賦少；民勤於食，則百事廢矣。冬築微，春新延廄，以其用民力為已悉矣！（左傳）：書不時也。凡馬，日中而出，日中而入。
　　◎《穀梁傳》所論重在去年冬季方勞民，今年春又修廄，「用民力已悉」。而《左傳》則強調「不時」。唯《公羊傳》從「凶年」的觀點去論述「不宜」的原由。

　　※凶年造邑則諱：

　◎莊公二十八年

　　　經：冬，築微。大無麥、禾。

　　　（傳）：既見無麥、禾矣，曷爲先言築微，而後言無麥、禾？諱以

　　　　凶年造邑也。

董氏所從，爲公羊一系之論點。誠如《公羊傳》所理解，「凶年修舊則譏，造邑則諱」，則此處「譏」、「諱」之意，乃是《春秋》經文對單一事件之特別狀況所抒發的感想，所以才特別寫下「築微」、「新延廄」的記事。單由經文字面，無法歸納出此處董氏所云「《春秋》之『法』」。此外，在行文中，董氏有提及「會同之事，大者主小；戰伐之事，後者主先」，與前文「趙盾弒君」、「邲之戰」、「凶年修舊造邑」不同的是，此處所說的「大者主小，後者主先」，指的是《春秋》行文的書寫方式，而「會同、戰伐」，遍布《春秋》二百四十二年之中，顯然並非「單一事件」。「會同之事，大者主小；戰伐之事，後者主先」，以「會同」和「戰伐」作對比；《春秋》「會同」記事的書寫方式，主會國列於首：由是以魯史爲中心，因此，經文書寫爲「公會某某」的形式，居序列之首者，則是該次會同的主會國：

　　※會同者，主爲先：

　◎哀公十三年

　　　經：公會晉侯及吳子于黃池。

　　　（傳）：吳何以稱子？吳主會也。**吳主會則曷爲先言晉侯？**不與夷

　　　　狄之主中國也。……

從哀公十三年的這一則記事：「公會晉侯及吳子于黃池」，傳文特別發論：「吳主會則曷爲先言晉侯？」，言下之意，經文若按事實來書寫，應作「公會吳子……」才是。可證，「會同之事」，主事者居序列之首；「戰伐之事」則與會同相反，乃「後者主先」，也就是序列居後者，《春秋》視之爲「主」，出師伐人者序列在前，爲「客」：

　　※戰伐者，見伐者爲主，序於後：

　◎莊公二十八年

　　　經：春，王三月甲寅，**齊人伐衛**，衛人及齊人戰，衛人敗績。

　　　（傳）：伐不日，此何以日？至之日也。戰不言伐，此其言伐何？

　　至之日也。《春秋》伐者爲客〔註53〕，伐者爲主〔註54〕，故
　　使衛主之也。曷爲使衛主之？衛未有罪爾。敗者稱師，衛何
　　以不稱師？未得乎師也。

◎僖公十八年

　　經：五月戊寅，**宋師及齊師戰**于酅，齊師敗績。

　　（傳）：《春秋》伐者爲客，伐者爲主〔註55〕。曷爲不使齊主之？
　　　　　與襄公之征齊也。曷爲與襄公之征齊？桓公死，豎刁、易牙
　　　　　爭權不葬，爲是故伐之也。

　　莊公二十八年經「齊人伐衛」，《公羊傳》認爲：經文書寫的方式，「使衛主之
也」。言下之意，居前之「齊人」爲「客」，序於後之衛爲「主」。僖公十八年，
經文記錄「宋師及齊師戰」，傳文特別就「主」、「客」的問題，爲經文不寫作
「宋師伐齊」，而提出「曷爲不使齊主之」的討論。可見，戰伐之事，經文書
寫之序位後者爲「主」，先者爲「客」，乃屬確然。但是，此處董氏論述的重
點，不在《春秋》書法之討論，而在於這樣的書法，背後透露了什麼涵意？
董仲舒認爲，這就是《春秋》「惡戰伐」的表示，「苟不惡，何爲使起之者居
下？」，從《公羊傳》所云之「會同」與「戰伐」的書法討論，而把討論重心
放在《春秋》書法之意涵，這是董仲舒由《公羊》論點而來的發明，也可看
出董氏春秋學重「取義」，不重「書法」的特色。

　　在第(4)項中，難者所云：《春秋》之書戰伐，「惡詐擊而善偏戰，恥伐喪
而榮復讎」，顯然是討論《春秋》對於戰伐的態度，其中，「善偏戰」、「榮復
讎」，都是三傳中僅見於《公羊》之觀念：

※偏戰：

◎僖公二十二年

　　經：冬，十有一月己巳朔，宋公及楚人戰于泓，宋師敗績。

　　（傳）：偏戰者日爾，此其言朔何？《春秋》辭繁而不殺者，正也。
　　　　　何正爾？宋公與楚人期，戰于泓之陽。楚人濟泓而來。……
　　　　　既濟，未畢陳，有司復曰：「請迨其未畢陳而擊之。」宋公曰：
　　　　　「不可。吾聞之也：君子不鼓不成列。」已陳，然後襄公鼓

〔註53〕何休解詁注云：「伐人者爲客，讀『伐』長言之，齊人語也。」
〔註54〕何休解詁注云：「見伐者爲主，讀『伐』短言之，齊人語也。」
〔註55〕阮元校刊記云：「唐石經原刻作『《春秋》伐者爲客，而不伐者爲主』。」

之，宋師大敗。故君子大其「不鼓不成列」，臨大事而不忘大
禮，有君而無臣，以爲雖文王之戰，亦不過此也。

※ 復讎：

◎ 莊公四年

經：紀侯大去其國。

（傳）：大去者何？滅也。孰滅之？齊滅之。曷爲不言齊滅之？爲
襄公諱也。《春秋》爲賢諱。何賢乎襄公？復讎也。何讎爾？
遠祖也。哀公亨乎周，紀侯譖之。以襄公之爲於此焉者，事
祖禰之心盡矣。……遠祖者，幾世乎？九世矣。九世猶可以
復讎乎？雖百世可也。……有明天子，則襄公得爲若行乎？
曰：不得也。不得則襄公曷爲爲之？上無天子，下無方伯，
緣恩疾者可也。

值得注意的是，董仲舒爲《公羊傳》「善偏戰」、「榮復讎」所作之說明：「三
百年之久，戰攻侵伐不可勝數，而復讎者有二焉」﹝註56﹞、「不足以難之，故
謂之『無義戰』」，「《春秋》之於偏戰也，善其『偏』，不善其『戰』」，可見，
董仲舒也贊成「《春秋》無義戰」之說。然而，「《春秋》無義戰」這個說法，
並不見三傳，而是出自《孟子》：

孟子曰：「《春秋》無義戰，彼善於此，則有之矣。征者，上伐下也，
敵國不相征也。」（《孟子·盡心下》）

董仲舒贊成「《春秋》無義戰」，並不是指董仲舒認爲《春秋》「文詞」未記載
「義戰」，而是指「《春秋》根本不贊成任何的戰爭」的這種態度。從「善其
『偏』，而不善其『戰』」就可以看出，董仲舒在此處所討論的主題在《春秋》
的「書寫態度」，而不是《春秋》行文用詞的分析。我們再對照之前在第(3)
項中所討論的主題：「(《春秋》)其書戰伐甚謹。其惡戰伐，無辭」，就可以清
楚的呈現，所謂的「《春秋》無義戰」，並不是在《春秋》經文中有若干「無
義戰」的敘述，而是透過《春秋》對戰伐之事的書寫方法，而看出來《春秋》
文辭背後的執筆態度。董仲舒論釋《春秋》，不在經文文字上作追逐，而致力

﹝註56﹞ 莊公四年　經：紀侯大去其國。（傳）：「大去者何？滅也。孰滅之？齊滅之。
曷爲不言齊滅之？爲襄公諱也。《春秋》爲賢諱。何賢乎襄公？復讎也」。
莊公九年　經：八月庚申，及齊師戰于乾時，我師敗績。（傳）·「內不言敗，
此其言敗何？伐敗也。曷爲伐敗？復讎也。」

於文辭背後旨意的詮釋，我們由此可得窺一二。

第(5)項論及《春秋》之法：「君立『不宜立』，不書；大夫立，則書」，這也是關於《春秋》下筆態度的一則歸納，這位「不宜立之君」，是由前任國君指立？或是由大夫扶立？《春秋》經文將在書寫時，列入記事的考慮。三傳對於「君立」或「大夫立」，經文書或不書，是否有相關論述呢？我們在三傳之中，都找不到關於「君立『不宜立』，不書」的記載，於是，決定直接從《春秋》經文記事之內容去找尋可以輔證的事例：

※君立「不宜立」，不書：

◎隱公三年

　　經：冬，十有二月，癸未，葬宋繆公。

　　（傳）：……宣公謂繆公曰：「以吾愛與夷，則不若愛女；以爲社
　　　稷宗廟主，則與夷不若女，盍終爲君矣？」宣公死，繆公立，
　　　繆公逐其二子莊公馮與左師勃，曰：「爾爲吾子，生毌相見，
　　　死毌相哭。」與夷復曰：「先君之所爲不與臣國而納國乎君者，
　　　以君可以爲社稷宗廟主也。今君逐君之二子而將致國乎與
　　　夷，此非先君之意也。且使子而可逐，則先君其逐臣矣。」
　　　繆公曰：「先君之不爾逐可知矣，吾立乎此攝也。」**終致國乎
　　　與夷。莊公馮弒與夷。故君子大居正，宋之禍宣公爲之也。**

　　（穀梁傳）：日葬，故也；危不得葬也。（左傳無發論）

◎隱公四年

　　經：夏，公及宋公遇於清。（本文按：此「宋公」，爲「宋殤公」）

隱公三年《公羊傳》談到「君子大居正，宋之禍宣公爲之也」，言下之意，宋國由宣公以下，歷繆公、殤公、莊公，皆非正也。殤公與夷是繆公所立之「不宜立」之君，那麼，《春秋》經文是否有記載其「立爲君」之事呢？答案是否定的。經文在隱公四年直接出現另一位宋公（也就是殤公），可見，以魯史爲中心的《春秋》，對於它國國君之「立」，只要是前任國君所立，無論正、不正，經文都是略而不書。但是，《春秋》經文的確亦有載及它國國君「立」之記事：

※大夫立「不宜立」，則書：

◎隱公四年

　　經：冬，十有二月，衛人立<u>晉</u>。

（傳）：晉者何？公子晉也。<u>立者何？立者不宜立也</u>。其稱人何？
　　眾立之之辭也。然則孰立之？石碏立之。石碏立之，則其稱
　　人何？眾之所欲立也。<u>眾雖欲立之，其立之非也</u>。

（穀梁傳）：<u>衛人者，眾辭也。立者不宜立也</u>。晉之名惡也，其稱
　　人以立之，何也？得眾也，得眾則是賢也。賢則其曰不宜立，
　　何也？《春秋》之義：諸侯與正而不與賢也。

（左傳）：衛人逆公子晉于邢。冬，十二月，宣公即位。書曰「衛
　　人立晉」，<u>眾也</u>。

◎昭公二十三年

經：尹氏立王子朝。

（穀梁傳）<u>立者，不宜立者也</u>。朝之不名，何也？別嫌乎尹氏之
　　朝也。（公、左均無發論）

（左傳）：衛人逆公子晉于邢。冬，十二月，宣公即位。書曰「衛
　　人立晉」，<u>眾也</u>。

◎昭公二十三年

經：尹氏立王子朝。

（穀梁傳）：<u>立者，不宜立者也</u>。朝之不名，何也？別嫌乎尹氏之
　　朝也。（公、左均無發論）

由經文所書之「立」，對照事實，果然此君非前任國君所立，而是由大夫扶立。
也就是董仲舒所謂「大夫立，則書」。我們之所以在此處同列三傳之文，目的
在呈現三傳所言與董氏所論之關係，三傳傳文僅有的「立者，不宜立」的論
述，見於隱公四年和昭公二十三年經文，我們可以看出，三傳意見非常一致，
都認為經文所寫的「立」，乃「不宜立」。但是，三傳都沒有談到，何以經文
要在此處書寫「魯」以外之「立」？董仲舒所言之「大夫立『不宜立』，則書」，
由這二條事例來看，是非常吻合的。也就是說，《春秋》經文何以特別書「衛
人立晉」與「尹氏立王子朝」，關鍵因素不在於此「立」為「不宜立」，而在
於此「不宜立」之君，為何人所立？董仲舒指出，《春秋》只有對「大夫」立
「不宜立之君」，才會加以記載於經文，「書之者，弗予大夫之得立『不宜立
者』也」。

　　倘若此「不宜立之君」是由前任國君所指立，《春秋》則不加以書記其立，
因為，指定繼任人選，本來就是國君所擁有的權力，「（《春秋》）不書，予君

之得立之也。君之立『不宜立』者，非也。既立之，大夫奉之，是也」。

「君立不宜立，不書；大夫立，則書」這則「《春秋》之法」，顯然是董仲舒的發明，董氏發凡「《春秋》之法」，是由事件實況去比對經文的書詞，由事況而找出經文的「書法」。「君立不宜立，不書」，既然「不書」，就不會出現在經文的文句；所以，董氏所發凡的這一則《春秋》書法，並非由經文字面現有的詞句歸納而來，是可以確定的。

董仲舒在第(6)項所論及的「《春秋》之辭」，云：「內事之待『外』者，從『外』言之」，顯然也是指《春秋》執筆的態度而言，而不是指經文有「外」這個字。

若事有待於「外」，則以「外」的態度去考量如何書寫。這一條原則，出自於《公羊傳》：

◎桓公十三年

　　經：春，二月，公會紀侯、鄭伯。己巳，及齊侯、宋公、衛侯、
　　　　燕人戰，齊師、宋師、衛師、燕師敗績。

　　（傳）：曷爲後日？恃外也。其恃外奈何？得紀侯、鄭伯，然後能
　　　　爲日也。內不言戰，此其言戰何？從外也。曷爲從外？「恃
　　　　外」故從「外」也。……

所謂的「恃外」是指借助外力以行戰事；因此，本來《春秋》的書法有「內不言戰」的原則；但是，桓公十三年的戰爭，因爲是借助於外力，所以採取書寫「外事」的立場來記載這一則戰役，這是《公羊傳》對於《春秋》經文書寫態度的分析。

　　《春秋》之辭，內事之「待」外者，「從外」言之。今萬民之性，待
　　「外教」然後能善，「善」當與「教」，不當與「性」。（《繁露・深察
　　名號》）

董仲舒將它作了轉化，用來說明「性善」一詞的不妥，『善』當與『教』，不當與『性』」，董氏所論出自公羊，卻已經不是《公羊傳》「內不言戰，恃外也」的內容。由此可見，董仲舒援《春秋》以釋義，乃是取《春秋》之義，隨著實際運用的情境，作嶄新的詮釋，和事理的判斷，絕對不是只繞在《春秋》經、傳文句的「引經據典」而已。

（二）《春秋》無達辭：不任其辭，可與適道

由董仲舒春秋學內容中，對於「《春秋》常辭」、「《春秋》之法」、「《春秋》

之辭」的認識和發明，我們可以得知，董仲舒亦肯定《春秋》有「書法」，也就是《春秋》的書寫方法有一定的原則，例如他所歸納出來的「君立不宜立，不書；大夫立，則書」、「會同之事，大者主小；戰伐之事，後者主先」、以及「凶年不修舊」……等，這些原則，並不是指經文某「字」、某「詞」的用法或書寫意義，而是指孔子在事件本身和經文表達形式之間，「書或不書」？「該如何書」？等等問題的考量，有一致的執筆態度。我們從董仲舒所言之「《春秋》常辭」可以得知，其所謂之「常辭」，並不是由《春秋》經文去作「用字的歸類」，而是指《春秋》在面對史事時，所採取的記事觀點和材料取捨，有一定的原則和一致的態度。但是，有一致的書寫態度，並不代表書寫記事就是「固定的用字」和「固定的釋義模式」：

> 難者曰：「《春秋》事同者辭同。此四者俱為變禮，而<u>或達於經，或不達於經</u>，何也？」曰：「《春秋》理百物，辨品類，別嫌微，修本末者也。是故星墜謂之隕，蟲墜謂之雨，其所發之處不同，或降於天，或發於地，其辭不可同也。今四者俱為變禮也同，而其所發亦不同。或發於男，或發於女，其辭不可同也。是<u>或達於常，或達於變</u>也。」（《繁露·玉英》）

難者曰：「《春秋》事同者辭同」，然而，由《春秋》經文之記事方式，卻發現「事同而辭未必同」的情況。一般人直覺可能就是懷疑「《春秋》事同者辭同」這句話，而在「達於常經」與「不達於常經」的思考上打轉。董仲舒在此卻提出另一個思考的角度，天下事理如何可謂之「同」呢？「《春秋》理百物，辨品類，別嫌疑，修本末」，換言之，《春秋》辨事理入精微，於乍似相同者，辨析其實質上有「異」，天下事所發之處「或降於天，或發於地，其辭不可同也」，「或發於男，或發於女，其辭不可同也」；「辭」不同的原因，來自於「事」不同；天下事，各有所發始之時空背景，難以盡同。所以，董氏藉難者的問答，澄清一般人對於《春秋》欲以「辭同而見義」的觀念，提醒人們注意：求「辭之同」，終將落於「達於經」與「不達於經」的迷思。

《春秋》之敘事寓義，「或達於常經」、「或達於權變」（「達於變」是指在常經的範圍下應變。並非「不達於經」之意），董氏認為，《春秋》「事同者辭同」，但若「事不同，則辭必不同」，《春秋》寓義，必有所「達」，「或達於經，或達於變」。我們先由「辭」來分析，所謂「事同則辭同，事異則辭異」，那

麼其先決條件必是用辭非常謹慎，同一件事若是再敘述第二次，其用辭還是完全相同，必定是當初在第一次記載時，就已經採取最縝密的分辨與斟酌，所以一旦事況有所改易，則用辭亦隨之改變。其次，我們可由「義」來分析，董氏認為，《春秋》之寓義，「見諸行事」；而人世之事，情境不一，際遇各異，事況既有常有變，因此，《春秋》之寓義，亦「或達於常，或達於變」，如此說來，我們怎能冀求《春秋》有統一的用辭，統一的事況，好方便我們在統一的模式裏汲取《春秋》所寄寓的義旨？

　　孔子書寫行文的態度和原則，勢必存在於《春秋》經文，就猶如孔子所寄寓的義旨有一致的道德價值；正因為如此，為求在不同的歷史事件中達到「寓義」的作用，除了《春秋》之常辭與書法外，董仲舒特別注意到，為求符合「人道」義旨，孔子在《春秋》行文中所斟酌的「從變」與「從義」：

　　《春秋》修**本末之義**，達變**故之應**，通**生死之志**，遂**人道之極**者也。（《繁露·玉杯》）

　　《詩》無達詁，《易》無達占，《春秋》**無達辭，從變從義，而一以奉人**。（《繁露·精華》）

所謂「《詩》無達詁」、「《易》無達占」，並非指「詩之詁」與「易之占」無所通達。而是說：《詩》與《易》的釋義，就不同的人事、物，取「義」將有不同，無法予以「釋義規則化」。《春秋》「一以奉人」，情況亦然。《春秋》之所以「無達辭」，就在於孔子以魯史為材料成《春秋》，其義「一以奉人」。其記事既「從義」於「常經」，亦「從義」於「權變」，「或達於經，或達於變」，因此，就《春秋》之陳辭書寫而言：

　　《春秋》無通辭，**從變而移**。今晉變而為夷狄，楚變而為君子，故**移其辭以從其事**。（《繁露·竹林》）

董仲舒指出，在書寫形式的認識上，《春秋》「無通辭，從變而移」，所以，「始言大惡，終言赦小過」（〈俞序〉），既有「緣人情以赦小過」之「君子辭」，就可以得知，《春秋》「移其辭以從其事」的目的，便在於「遂人道之極」，「辭不能及，皆在於指」。

　　不義之中有義，義之中有不義；**辭不能及，皆在於指**，非精心達思者，其孰能知之。……**見其指者，不任其辭，不任其辭，然後可與適道**矣。（《繁露·竹林》）

董仲舒治《春秋》，即事取義，認爲《春秋》「有常辭而無達辭」，釋《春秋》之義，「非精心達思者，其孰能知之？」，精心達思，所務者不在於「辭」，而在於「指」，人情練達，與其載諸空言，不如見之行事；在行事的記載中，「見其指者，不任其辭，不任其辭，然後可與適道」。

三、對《春秋》「微言」的闡釋

《春秋》大義，多有微言，所謂的「微言」，是指以隱晦幽微的書寫方式，寓義旨於其行文之中〔註57〕。關於《春秋》「微言」的認識，以及董仲舒春秋學內容中，對於「微言」的闡釋，有二個問題值得注意：其一，既云「微言」乃「寓義旨於行文用辭之中」，與董氏春秋學內容所強調的，「見其指者，不任其辭」，「不任其辭，然後可與適道」，一爲重視幽微文辭之義旨，一爲「不任其辭」以見其旨。二者之間是否有所衝突？其二，「微言」既是指隱微的書寫方式，也就是說，其「義旨」乃是不見於行文字面的——言外之意。那麼，這種隱微的書寫方式，是否有依循的書寫原則？其「大義」的寓托，是透過「特定」遣詞用字的模式，以其特定的指涉意義來達成？抑或是只有書寫原則，沒有特定的「寓義」模式，純賴連貫事件原委的經文群組彼此的「掩護」和「烘托」來達成釋義？

如果，「微言」的產生原因，來自於「是非褒貶」的確有「隱晦陳辭」的必要，那麼，若干詞義已「昭然若揭」的特定用語（如：下逆上謂之「弑」。又如：國君出境返回，告廟言致，經文書以「至自」者一類），還稱得上是「微言」嗎？或者視爲史官「約定俗成」的常用書詞會更恰當？董仲舒所云之「見其指者，不任其辭」，之於「微言」，是關乎「形式」存廢的正面挑戰？抑或是對於「隱晦釋義」更深刻、婉轉的詮釋？董仲舒對於《春秋》「微言」的闡釋，在這些問題的解答上，將帶給我們一些新的看法和啓示。

〔註57〕有關「微言」一詞，在先秦典籍中，最早出現在《呂氏春秋》：「白公問於孔子曰：『人可與微言乎？』孔子不應。白公曰：『若以石投水奚若？』孔子曰：『沒人能取之。』白公曰：『若以水投水奚若？』孔子曰：『淄、澠之合者，易牙嘗而知之。』白公曰：『然則人不可與微言乎？』孔子曰：『胡爲不可？唯知言之謂者爲可耳。』白公弗得也。知謂則不以言矣。言者，謂之屬也。求魚者濡，爭獸者趨，非樂之也。故至言去言，至爲無爲。淺智者之所爭則末矣。此白公之所以死於法室。」（《呂氏春秋·審應覽》）同樣一段話，並見於《列子·說符》。

（一）「微言」的書寫原則

董仲舒在〈威德所生〉裏曾論及「《春秋》采善不遺小，掇惡不遺大，諱而不隱，罪而不忽」，換言之，《春秋》雖然訴諸於「微言」隱晦的陳辭方式，但是，對於大義褒貶、善惡之辨，卻具細靡遺，完全不因為「微言」的表達方式，而在「寓義」上有所折扣。在〈楚莊王〉中，對於「微言」與「寓義」，董氏有更詳細的說明：

> **《春秋》，義之大者也**；得一端而博達之，觀其是非，可以得其正法；視其溫辭，可以知其塞怨。是故「於外，道而不顯」；「於內，諱而不隱」。於尊亦然，於賢亦然。此其**別內外、差賢不肖而等尊卑也**。義不訕上，智不危身。故**遠者以義諱，近者以智畏。畏與義兼，則世逾近而言逾謹矣**。此定哀之所以微其辭。以故，用則天下平，不用則安其身，《春秋》之道也。（《繁露·楚莊王》）

「《春秋》，義之大者」，因為「義」的緣故，所以觀《春秋》之是非，可以得知人世之正法；視《春秋》之「溫辭」，可以察知其塞怨。董氏對於「溫辭」，特別再仔細說明：「於外，道而不顯；於內，諱而不隱。於尊亦然，於賢亦然。」可知，「溫辭」其實就是「微言」。對於《春秋》來說，正「是非之義」為成書之首要，但是，「義不訕上，智不危身」，所以藉諸微言，使《春秋》「用則天下平，不用則安其身」。同時，「微言」也有書寫的原則，也就是考慮到「別『內外』，差『賢不肖』而等『尊卑』」；所謂「內外之別」，表現在微言的書寫上，並非「微言」因「內外之別」有「偏袒相左」的意思，而是指對於「外事」或「內事」，書寫者因為立場與身份的定位不同，書寫用詞的「明晦程度」也隨之而斟酌；但是，無論「道而不顯」（只是述說而不加以特別彰揚）或「諱而不隱」（用暗示性的筆觸來表達，但絕不隱瞞事實真相），「微言」都是以「義」的呈現為要務。《公羊傳》在閔公元年經「齊仲孫來」下有云：「《春秋》為尊者諱，為親者諱，為賢者諱」，董氏在此也重申「道而不顯，諱而不隱」，「於尊亦然，於賢亦然」。這是強調「微言」的書寫態度，有一貫的原則。那麼，「微言」的表現形式，難道也是「一致」的嗎？「遠者以義諱，近者以智畏。畏與義兼，則世逾近而言逾謹」給予我們一個重要的提示，微言的形式既然「世逾近而言逾謹」，就表示「微言」並非通貫於《春秋》二百四十二年記事的固定書寫模式。由隱公、桓公到定、哀之世，《公羊傳》於定公元年特別指出：「定哀多微辭，主人習其讀而問其傳，則未知己之有罪焉爾」，更可見，「微

言」的形式「與時而異」。

（二）《春秋》文獻之「時間觀」與「微言」的互動

對於「微言」的書寫情況，「遠者以義諱，近者以智畏，畏與義兼，則世逾近而言逾謹」只是粗略的介紹。至於，何者爲遠？何者爲近？詳細的時間概念，董仲舒在〈楚莊王〉裏，有更明確的說明：

> 《春秋》分十二世以爲三等：有見，有聞，有傳聞。有見三世，有聞四世，有傳聞五世。故哀、定、昭，君子之所見也。襄、成、文、宣，君子之所聞也。僖、閔、莊、桓、隱，君子之所傳聞也。所見六十一年，所聞八十五年，所傳聞九十六年。於「所見」微其辭，於「所聞」痛其禍，於「傳聞」殺其恩，與情俱也。是故「逐季氏而言又雩」，微其辭也。「子赤殺，弗忍書日」，痛其禍也。「子般殺而書乙未」，殺其恩也。屈伸之志，詳略之文，皆應之。（《繁露・楚莊王》）

《公羊傳》裏只是提出「所見異辭、所聞異辭、所傳聞異辭」的概念，董仲舒將它具體化嵌入魯國十二公的序位，並且以「三世、四世、五世」由近而遠作不等的劃分，明確指出「哀、定、昭」是所見，「襄、成、宣、文」是所聞，「僖、閔、莊、桓、隱」是所傳聞。顯然，其「時間觀」是以《春秋》成書時間爲定點，依序往前逆推至遠，在這樣由近而遠的「時間觀」裏，《春秋》記事「與情俱也」，書寫方式也分別由「微其辭」而「痛其禍」而「殺其恩」，「屈伸之志，詳略之文」，皆應之。所謂的「微言」應是通貫在此「三等之世」中，「與情而俱」所產生的書寫方式的變化，而不只是指「微其辭」的部份。董氏分別列舉了「微其辭」、「痛其禍」、「殺其恩」的經文事例來說明，「微言」與「三等之世」的「時間觀」彼此互動〔註58〕而產生的書寫形式的變化：

※「微其辭」：逐季氏而言又雩。

◎昭公二十五年

經：秋，七月上辛，大雩。季辛，又雩。

〔註58〕我們之所以用「互動」一詞來稱呼，是因爲「三等之世」是董仲舒由傳文「所見異辭、所聞異辭、所傳聞異辭」的「異辭」而歸納出來的「時間進程」，我們在他所歸納出來的「時間進程」裏，再就文獻的歷史時間與經文的書寫形式，而探討三等之世「微言」書寫方式的變化，這種雙向式的對照和歸納，本文因此以「互動」來稱呼。

（傳）：又雩者何？又雩者非雩也，聚眾以逐季氏也。

（穀梁傳）：「季」者，有中之詞也。

（左傳）：秋書再雩，旱甚也。

董氏以昭公二十五年經「季辛，又雩」來作為「所見世，微其辭」的示範。從經文字面，完全看不出「逐季氏」之意，三傳只有《公羊傳》認為「又雩」，是「聚眾以逐季氏」，董氏採用公羊一系的論點，直接從「逐季氏」的文意，比對經文「季辛，又雩」，認為經文在「上辛大雩」之後，再寫下「季辛又雩」，乃是以記「又雩」的方式，暗示民眾聚集並非為了「雩」之故，而是為了「逐季氏」。可見，董氏的「微其辭」，並非在經文字面就可以看出來，必須輔之以事況去詮釋經文，才能看出其所謂「所見世」之「微言」。

※「痛其禍」：子赤殺，弗忍書日。

◎文公十八年

經：冬，十月，子卒。

（傳）：子卒者孰謂？謂子赤也。何以不日？隱之也。何隱爾？弒也。<u>弒則何以不日？不忍言也。</u>

（穀梁傳）：子卒，不日，故也。

（左傳）：冬，十月，仲殺<u>惡及視</u>，而立宣公。書曰「子卒」，諱之也。仲以君命召惠伯，其宰公冉務人止之曰：「入必死。」叔仲曰：「死君命可也。」公冉務人曰：「若君命，可死；非君命，何聽？」弗聽，乃入，殺而埋之馬矢之中。公冉務人奉其帑以奔蔡，既而復叔仲氏。

董氏以文公十八年經「十月，子卒」，作為「所聞世，痛其禍」的示範。三傳之中，《左傳》只是敘述事件的經過，卻無法看出董氏「痛其禍而弗忍」的原委，《穀梁傳》以「變故」來說明「不書日」。只有《公羊傳》云及「不忍言」，董氏「弗忍」之說，是從公羊而來。《公羊傳》的內容有二個重點，（一）是何以「子赤卒」，而經文只書作「子卒」？（一）是因被弒而隱諱，故不書日。但為何傳文特別強調，「弒而不日」是因為「弗忍言」的緣故？

成公十五年經「仲孫嬰齊卒」下，傳文敘及這一段往事：

◎成公十五年

（傳）：……<u>叔仲惠伯，傅子赤者也</u>，文公死，子幼，公子遂謂叔仲惠伯曰：「君幼，如之何？願與子慮之。」叔仲惠伯曰：「<u>吾</u>

> 　　子相之，老夫抱之，何幼君之有？」公子遂知其不可與謀，
> 退而殺叔仲惠伯，弒子赤而立宣公。宣公死，成公幼，臧宣
> 叔者相也。君死不哭，聚諸大夫而問焉，曰：「昔者叔仲惠伯
> 之事，孰為之？」諸大夫皆雜然曰：「仲氏也，其然乎？」於
> 是遣歸父之家，然後哭君，歸父使乎晉，還自晉，至檉，聞
> 君薨家遣，壇帷，哭君成踊，反命于介，自是走之齊。魯人
> 徐傷歸父之無後也，於是使嬰齊後之也。

事件過程與《左傳》雖不盡雷同，但是關鍵情節卻一致，即「公子遂（仲）弒子赤而立宣公」及「叔仲惠伯誓死護主」，二傳說法相同。在《公羊傳》的敘述裏，可以得知公羊一系論者所認知的史實，在魯文公卒逝之後，魯國因為公子遂專擅，由子赤、宣公、成公，接而連三，君幼權弱的變故。文公死，子赤年幼，其傅叔仲惠伯慨然云：「吾子相之，老夫抱之，何幼君之有？」令人動容。子赤終究在惠伯遭不測之後被弒。傳文所言「弗忍言」，應該就是指這一段魯國內禍的經過而言。

　　然而，在文公與宣公之間，子赤究竟有否得「立」？其玄機暗藏於經文之中。經文不書「子赤卒」而書「子卒」，依《公羊》的看法：「君存稱『世子』，君薨稱『子某』，既葬稱『子』，踰年稱『公』。」（莊公三十二年經「子般卒」下傳文），經文以「子卒」來稱寫「子赤卒」，代表是「既葬」之後的「未踰年之君」，因「未踰年」而又被弒，這位年幼之君就在「文公」與「宣公」的序位之間消失了。在公羊一系的詮釋下，「子赤殺，弗忍書日」，顯然也是「與情相俱」的寫法，董仲舒以文公十八年這一則「十月，子卒」的經文，作為「所聞世」之「微言」——「痛其禍」書寫方式的示範。我們再度發現，董氏所言「於所聞，痛其禍」，並不是直接在經文遣詞用字上直接可以看得出來，而是在對照事況之後，才能對經文的「微言」有所了解。

　　※「殺其恩」：子般殺而書乙未。

　　◎莊公三十二年

　　經：冬，十月乙未，子般卒。

　　（傳）：子卒云子卒，此其稱子般卒何？君存稱世子，君薨稱子某，
　　　　　既葬稱子，踰年稱公。子般卒，何以不書葬？未踰年之君也。
　　　　　有子則廟，廟則書葬；無子不廟，不廟則不書葬。

　　（穀梁傳）：子卒日，正也；不日，故也。有所見則日。

　　（左傳）：八月癸亥，公薨于路寢。子般即位，次于黨氏。冬，十

　　　　月己未，共仲使圉人犖賊子般于黨氏。成季奔陳。立閔公。

相較於文公十八年的「子赤殺」經文「弗忍書日」的情況，莊公三十二年「十月乙未，子般卒」，同樣是未踰年之君，被弒的子般，經文卻書記其日，沒有如文公十八年「子赤卒」時的「弗忍書日」。《公羊傳》在此處留心於「子般卒」經文書寫稱「子」的問題。雖然是「未踰年之君」，然而「君薨，尙未葬」（莊公葬於閔公元年夏六月），所以，依禮稱其爲「子般卒」。《左傳》只是敘述子般被殺的經過，《穀梁傳》則爲「書日」與否提出一套觀點：「子卒日，正也。不日，故也。」但是此處「子般被殺」，似乎不應書「日」爲正。所以，《穀梁傳》又補充了一句「有所見則日」。董仲舒認爲，「子般殺而書乙未」，是因爲年代久遠「殺其恩」的緣故，和《穀梁傳》「正」「不正」的詮釋完全不相同。子般卒，何以書「日」而未有「弗忍」？董氏所謂的「年代久、殺其恩」，實際上，在經文的字面同樣看不出來，這是董氏由事件的背景時間，與事況作對照，特別是與文公十八年「子卒」經文作比類，而推出來的「殺其恩」的意義。

　　董仲舒「三等世」與經文文辭「微其辭」、「痛其禍」、「殺其恩」的「微言」關係，顯然是藉由事況的比類推求，而得到「言外之意」，在「三世」的「時間觀」裏，經文的書辭雖然依循著「微其辭」、「痛其禍」、「殺其恩」的原則，但實際上，在經文的書寫方式來說，並沒有特定的書寫條例或用字方法，董仲舒由《公羊傳》「所見異辭、所聞異辭、所傳聞異辭」，而闡發「三等之世」中的「微言」書寫原則，所謂「微言」，其實是訴諸於實際事況、事理的分析，比對於經文的書寫行文，以二者之間的差距來判斷行文寓義的「明晦」，最後才指稱出經文的「微言」方式。「三等之世」的時間觀，只是「微言」的可能因素之一；因爲，董仲舒並不認爲十二公之記事盡皆爲「微言」（詳前文所論）。同時，「微言」這種訴諸「言外之意」的表現形態，在經文中未必盡皆附論於時間觀之下來釋義，以下本文將逐一作說明。

　　（三）「微言」是經文在「即事取義」下的「表現形態」

　　董仲舒治《春秋》，是以《公羊》一系所論義理爲基礎而詮釋經文，其詮釋之新義，未必見於《春秋》經文，更不盡然與《公羊傳》全同。如果我們是以其詮釋之「義」對照於《春秋》經文，其義爲經文所未見者即視之爲「微言」，那麼，董氏春秋學之內容，幾乎可盡皆歸於「微言」之列。此處，

本文所要討論的是，董氏對「微言」的表現形態所抒發的意見。所以只列出董氏文意有涉及經文表現方法之討論者，以見董仲舒並不是以經文特定的某字爲「微言」字鑰（key word），去推闡經文的大義。而是在文字敘述之外，「即事取義」，然後比對此經文事件的遣詞用句，而論述該則記事的文字表現形態。

1. 不誅之文、不罪之詞

董仲舒論述《春秋》的「微言」形態，有所謂「不誅之文」者：

《春秋》之好「微與」，其貴志也。《春秋》修本末之義，達變故之應，通生死之志，遂人道之極者也。是故君殺賊討，則善而書其誅。若莫之討，則君不書葬，而賊不復見矣。不書葬，以爲無臣子也；賊不復見，以其宜滅絕也。今趙盾弒君，四年之後，別牘復見，非《春秋》之常辭也。……貫比而論，是非雖難悉得，其義一也。……所以示天下廢臣子之節，其惡之大若此也。……世亂義廢，背上不臣，篡弒覆君者多，而有明大惡之誅，誰言其誅〔註59〕？故晉趙盾、楚公子比皆「不誅之文」，而弗爲傳，弗欲明之心也。（《繁露·玉杯》）

「《春秋》之好微與，其貴志也」，這是董仲舒就《春秋》的行文之「志」（旨）而去推求《春秋》的微言形態，其所言之「微與」，就是經文字面未曾有「與」（允赦），然而董氏由經文違背《春秋》尋常的記事原則的情況，推論出《春秋》不見於經文字面的隱微之意，也就是「微」與。此處董仲舒舉晉趙盾、楚公子比爲例：

※名爲弒君，而罪不誅：

◎宣公二年

經：秋，九月乙丑，晉趙盾弒其君夷皋。

〔註59〕《春秋》有明大惡之誅。誰言其誅：昭公元年　經：叔孫豹會晉趙武、楚公子圍、齊國酌、宋向戌、衛石惡、陳公子招、蔡公孫歸生、鄭軒虎、許人、曹人于虢。（傳）：此陳侯之弟招也，何以不稱弟？貶。曷爲貶？爲殺世子偃師貶，曰陳侯之弟招殺陳世子偃師。大夫相殺稱人，此其稱名氏以殺何？言將自是弒君也。今將爾，詞曷爲與親弒者同？君親無將，將而必誅焉。然則曷爲不於其弒焉貶？以親者弒，然後其罪惡甚，《春秋》不待貶絕而罪惡見者，不貶絕以見罪惡也。貶絕然後罪惡見者，貶絕以見罪惡也。今招之罪已重矣，曷爲復貶乎此？著招之有罪也。何著乎招之有罪？言楚之託乎討招以滅陳也。

◎宣公六年

經：春，晉趙盾、衛孫免侵陳。

（傳）：**趙盾弒君，此其復見何？親弒君者，趙穿也。**親弒君者趙
穿，則曷爲加之趙盾？不討賊也。何以謂之不討賊？晉史書
賊曰：「晉趙盾弒其君夷獔。」趙盾曰：「天乎！無辜！吾不
弒君，誰謂吾弒君者乎？」史曰：「爾爲仁爲義，人弒爾君，
而復國不討賊，此非弒君而何？」。趙盾之復國奈何？靈公爲
無道，……趙穿緣民眾不說，起弒靈公，然後迎趙盾而入，
與之立于朝，而立成公黑臀。

《春秋》的常辭是「君殺賊討，則善而書其誅。若莫之討，則君不書葬，而
賊不復見」，董氏認爲，《春秋》這一則常辭「不書葬」的意旨在於「以爲無
臣子也」，也就是以「不書葬」來責怪臣子未盡臣子之職；而「賊不復見」的
意旨在於「以其宜滅絕也」，也就是用《春秋》的行文手法來表達對賊人的處
置態度。由「《春秋》之志（旨）」來看，趙盾弒君（宣公二年經）而又復見
（宣公六年經），顯然經文在「弒君」的文字記載外，另有深旨；而復見「趙
盾」的這一則宣公六年經文，就成了「不誅之文」的微言形態，董氏的詮釋
是，《春秋》已有「不誅」之意，然而不便書載於文字，「弗爲傳，弗欲明之
心也」，這一類事件不值得彰揚。但是「緣其情」，又不至於到「深惡痛絕」
的程度，《春秋》有「赦」之意，但又不便明文書寫可緣情而赦，因此，便藉
著書寫方式，將《春秋》之志表露出來。

關於楚公子比的記事經文，也是類似的情況：

◎昭公十三年

經：夏，四月，楚公子比自晉歸于楚〔註60〕，弒其君虔于乾谿。

（傳）：**此弒其君，其言「歸」何？「歸」，無惡於弒，立也。**「歸，
無惡於弒，立」者何？靈王爲無道，作乾谿之臺，三年不成，
楚公子棄疾脅比而立之。然後令于乾谿之役曰：「比已立矣，
後歸者不得復其田里。」眾罷而去之，靈王經而死。楚公子
棄疾弒公子比，比已立矣，其稱公子何？其意不當也。其意
不當，則曷爲加弒焉爾？比之義宜乎效死不立。大夫相殺稱
人，此其稱名氏以弒何？言將自是爲君也。

〔註60〕昭公元年　經：楚公子比出奔晉。

昭公十三年經「楚公子比自晉歸于楚，弒君虔于乾谿」，傳文直接指出：「此
弒其君，其言『歸』何？『歸』，無惡於弒，立也。」董仲舒採用傳文「無惡
於弒」的說法，反觀經文。那麼經文「自晉歸于楚」而後言「弒其君」的這
種寫法，就成爲「不誅之文」，意即：雖然下文言「弒其君」，但事實上，《春
秋》已經寬赦了他，所以在經文書寫上，採取了婉轉的寫法。雖然趙盾與楚
公子比的《春秋》經文記事，都被董仲舒認爲是「不誅之文」，不過，董仲舒
對這二則事件的分析手法卻不相同，楚公子比的記事，單從一則經文的記載，
實難看出《春秋》不誅之意，董氏是根據傳文「無惡於弒」的說法〔註 61〕，
來作經文書法的判斷。而趙盾弒君之記事，事實上三傳皆未論及經文有「赦」
之意〔註 62〕，董氏是根據宣公二年、六年這二則經文對照《春秋》常辭「賊
不復見」，而獨發傳文所未論的「名爲弒君，而罪不誅」之意，董仲舒對趙盾
「罪不誅」不見於《傳》，曾有相關的說明和推論：

> 《春秋》赴問數百，應問數千，同留經中。翻援比類，以發其端，
> 卒無妄言而得應於傳者。今使外賊不可誅，故皆復見，而問曰：『此
> 復見，何也？』言莫妄於是，何以得應乎？故吾以其得應，知其問
> 之不妄。以其問之不妄，知盾之獄不可不察也。夫名爲弒父而實免
> 罪者，已有之矣；亦有名爲弒君，而罪不誅者。逆而距之，不若徐
> 而味之。（《繁露·玉杯》）

〔註 61〕穀梁傳對於經文書載楚公子比的記事，看法與公羊一致。
（穀梁傳）：自晉，晉有奉焉爾。歸而弒，不言歸，言「歸」非弒也。歸一事
也，弒一事也，而遂言之，以比之歸弒，比不弒也。弒君者日；不日，比不
弒也。當上之辭也。當上之辭者，謂不稱人以殺，乃以君殺之也。討賊以當
上之辭，殺非弒也。比之不弒有四。取國者稱國以弒，楚公子棄疾殺公子比，
比不嫌也。《春秋》不以嫌代嫌，棄疾主其事，故嫌也。
（左傳）：則詳載事件經過，而未表議論。

〔註 62〕「復見」一說，是公羊一系之看法。但傳文僅提及「親弒君者，趙穿也」並
未言及《春秋》有「罪不誅」之意。宣公六年　經：春，晉趙盾、衛孫免侵
陳。（傳）趙盾弒君，此其復見何？親弒君者趙穿也。親弒君者趙穿，則曷爲
加之趙盾？不討賊也。何以謂之不討賊？晉史書賊曰：「晉趙盾弒其君夷獔。」
趙盾曰：「天乎！無辜！吾不弒君，誰謂吾弒君者乎？」史曰：「爾爲仁爲義，
人弒爾君，而復國不討賊，此非弒君何？」……趙穿緣民眾不說，起弒靈
公，然後迎趙盾而入，與之立于朝，而立成公黑臀。
《穀梁傳》甚至認爲「不正其敗前事，故不與帥師」，可見無「復見，罪不誅」
之意。（穀梁傳）：「此帥師也，其不言帥師，何也？不正其敗前事，故不與帥
師也」。（左傳）則無發論。

董仲舒先是肯定了傳文——趙盾「復見」表示「親弒者非趙盾」的這種看法，但是接下來，傳文並未再說明，既然因為「不討賊」而加諸趙盾，此處經文何以又「復見」趙盾？董氏認為，《傳》所提出來的疑問，縱使在《傳》中未有進一步說明，在經文裏也一定可以得到解答，「以其問之不妄，知盾之獄不可不察也」。因此，董氏就《春秋》常辭之「志」（旨）來推論，同時，亦引用另一則傳文提及「赦」的經文記事，與趙盾之記事作類比，那就是昭公十九年經「許世子止弒其君買」這件事，昭公十九年經文書寫「蔡許悼公」，傳文認為，「賊未討，不書葬」，既然「書葬」，就代表「不成于弒」，傳文明白寫出：「『葬許悼公』，是君子之赦止也。赦，免止之罪辭也」：

※**名為弒父而實免罪：**

◎**昭公十九年**

　　經：夏，五月戊辰，許世子止弒其君買。

◎**昭公十九年**

　　經：冬，葬許悼公。

　　（傳）：賊未討，何以書葬？不成于弒也。曷為不成于弒？止進藥
　　　　　而藥殺也。止進藥而藥殺，則曷為加弒焉爾？譏子道之不盡
　　　　　也。其譏子道之不盡奈何？曰：樂正子春之視疾也。復加一
　　　　　飯則脫然愈，復損一飯則脫然愈；復加一衣則脫然愈，復損
　　　　　一衣則脫然愈。止進藥而藥殺，是以君子加弒焉爾，曰「許
　　　　　世子止弒其君買」，是君子之聽止也；「葬許悼公」，是君子之
　　　　　赦止也。赦止者，免止之罪辭也。

既然「賊未討」，「書葬」代表赦免；那麼，同樣在「未討賊（趙穿）」的情況下，趙盾「復見於經」，應該也是「赦免」的意思。以《春秋》之「志」加以「徐而味之」，「不誅之文」、「不罪之辭」是董仲舒由《春秋》之「志」出發，不拘於經文之用詞。比列相同屬性的經文記事，在數則經文中，由「敘事觀點」來呈現「微言」，而不必訴諸於特定意義的文字（如：「弒」、「孫」、「入」……等），這是董氏對於「微言」的詮釋。

　　2.《春秋》以「敘事觀點」來呈現「微言」意旨

　　除了前述「不誅之文」、「不罪之辭」，是由敘事觀點來顯現「言外之意」，董仲舒從「敘事觀點」去詮釋所謂的「微言」，這種「微言」形態在僖公十

年經「梁亡」的記事上，董氏合觀經、傳時，亦有所論：

◎僖公十九年

　經：冬，梁亡。

　（傳）：**此未有伐者，其言梁亡何？自亡也。其自亡奈何？魚爛而亡也。**

　董氏云：《春秋》「**不言伐梁者，而言梁亡**」，蓋愛獨及其身者也。（《繁露·仁義法》）

對於經文未有「伐」而書「梁亡」，《公羊傳》以「自亡」去釋義；董仲舒則直接以傳文「自亡」的說法，去討論經文之敘事筆法，由經文的敘事觀點所呈現出來的意旨是「愛獨及其身」、「獨身者，雖立天子諸侯之位，一夫之人耳，無臣民之用矣，如此者，莫之亡而自亡也」（〈仁義法〉），「梁亡」這則經文，在公羊一系的觀點中，儼然也是一則寓「言外之意」的「微言」。在此，我們不由得去思考一個問題：「微言」，究竟是客觀「文字模式」的存在？還是「主觀詮釋」後所呈現的產物？如果，它是一種「文字模式」，那麼，不就成爲人人盡可得其意的「顯言」了嗎？董仲舒以經文的敘事手法去詮釋「微言」，而不落於特定用字的字義去詮釋。這種方式，亦見於《春秋》經文的鄭悼公之記事：

　今鄭伯既無子恩，又不孰計，一舉兵不當，被患不窮，**自取之也**。是以生**不得稱「子」**，去其義也；死**不得書「葬」**，見其窮也。曰：有國者視此，行身不放義，興事不審時，其何如此爾。（《繁露·竹林》）

※**生不得稱「子」：**

◎成公四年

　經：三月壬申，鄭伯堅卒。四月，葬鄭襄公。

　經：**鄭伯伐許。**

　　（本文按：莊公三十二年傳：「君存稱世子，君薨稱子某，**既葬稱子**，踰年稱公。」）

※**死不得書「葬」：**

◎成公六年

　經：夏六月，壬申，鄭伯費卒。（**未書「葬」**）

鄭伯費（鄭悼公）在其父鄭伯堅既葬之初，即無故出兵伐許，經文以「鄭伯

伐許」來敘述陳詞，董仲舒對這件事的看法是：「《春秋》以薄恩，且施失其子心，故不復得稱『子』，謂之『鄭伯』，以辱之也。」（〈竹林〉）也就是說，經文以「鄭伯」來稱呼尚在服喪的「未踰年之君」鄭君費，這種稱呼，本身就是寓有深義的「微言」。所以，董氏云：「生不得稱『子』，去其義也。」在成公六年「鄭伯費卒」的記事上，經文只書其「卒」，而未記其「葬」，董仲舒認為，這就是《春秋》對鄭伯費的評價：「死不得書『葬』，見其窮也。」不須憑藉任何的褒貶字眼，從敘事的觀點，記事「從變從義」的方式，將義旨寓於行文之中，這是董氏春秋學對「微言」的詮釋。

3. 《春秋》「譏上位」之「微言」

「反王道之本」是董仲舒對孔子成書《春秋》的看法，在《春秋》內容裏，實際的作法是「刺惡譏微，不遺小大」：

> 孔子明得失，差貴賤，反王道之本。譏天王以致太平。刺惡譏微，不遺小大，善無細而不舉，惡無細而不去，進善誅惡，絕諸本而已矣。（《繁露‧王道》）

既然「善無細不舉，惡無細不去」，內容記事所及，褒貶美惡自然也上及在位者。董仲舒指出，《春秋》「譏天王以致太平」，那麼，如何在「譏天王」的記事中，同時既能「明得失」，又能「差貴賤」？這顯然牽涉到《春秋》「譏天王」的書寫方式。董氏在〈王道〉篇曾「統類連貫」《春秋》二百四十二年記事中，含「譏天王」義旨之事例：

> 「天王使宰咺來歸惠公仲子之賵」，刺不及事也。「天王伐鄭」，譏親也。「會王世子」，譏微也。「祭公來逆王后」，譏失禮也。刺「家父求車，武氏毛伯求賻金」。「王人救衛」、「王師敗於貿戎」、「天王不養，出居於鄭」、「殺母弟」、「王室亂，不能及外，分為東西周」：無以先天下。（《繁露‧王道》）

我們將董氏所指出的事例、義旨，與《公羊》經、傳作比較，而列表如下：

表一：董仲舒論「譏天王」事例與《春秋》經、傳原文對照表

董仲舒發凡之經義	經傳出處	《春秋》經文	《公羊傳》
天王使宰咺來歸惠公仲子之賵，刺不及事也	隱公元年	天王使宰咺來歸惠公仲子之賵	⋯⋯桓之母也。何以不稱夫人？桓未君也。賵者何？喪事有賵。賵者蓋以馬，以乘馬束帛。車馬曰賵，貨財曰賻，衣被曰襚。桓未君則諸侯曷為來

			賵之?隱爲桓立,故以桓母之喪告于諸侯。然則何言爾?成公意也。其言來何?不及事也。……
天王伐鄭,譏親也	桓公五年	蔡人、衛人、陳人從王伐鄭	其言從王伐鄭何?從王正也。
會王世子,譏微也	僖公五年	公及齊侯、宋公、陳侯、衛侯、鄭伯、許男、曹伯會王世子于首戴	曷爲殊會王世子?世子貴也。世子,猶世世子也。
祭公來逆王后,譏失禮也	桓公八年	祭公來,遂逆王后于紀	祭公者何?天子之三公也。何以不稱使?婚禮不稱主人。遂者何?生事也。大夫無遂事,此其言遂何?成使乎我也。其成使乎我奈何?使我爲媒可,則因用是往逆矣。女在其國稱女,此其稱王后何?王者無外,其辭成矣。
刺家父求車、武氏毛伯求賻金	桓公十五年	天王使家父來求車	何以書?譏。何譏爾?王者無求;求車,非禮也。
	隱公三年	武氏子來求賻	武氏子者何?天子之大夫也。其稱武氏子何?譏。……武氏子來求賻,何以書?譏。何譏爾?喪事無求,求賻非禮也,蓋通于下。
王人救衛	莊公六年	王人子突救衛	王人者何?微者也。子突者何?貴也。貴則其稱人何?繫諸人也。曷爲繫諸人?王人耳。
王師敗於貿戎	成公元年	王師敗績于貿戎	孰敗之?蓋晉敗之,或曰貿戎敗之。然則曷爲不言晉敗之?王者無敵,莫敢當也。
天王不養,出居於鄭	僖公二十四年	天王出居于鄭	王者無外,此其言出何?不能乎母也。
殺母弟	襄公三十年	天王殺其弟年夫	(傳無發論)
王室亂,不能及外,分爲東西周	昭公二十二年	王室亂	何言乎王室亂?言不及外也。
		劉子、單子以王猛居于皇	其稱王猛何?當國也。
		秋,劉子、單子以王猛入于王城	王城者何?西周也。其言入何?篡辭也。
		冬十月,王子猛卒	此未踰年之君也,其稱王子猛卒何?不與當也。不與當者,不與當父死子繼、兄死弟及之辭也。
(譏天王)無以先天下			

由表列可以清楚看出，董氏所指出的，經文有譏刺天王之意者，實際上，經文的書寫只是對事件加以敘述罷了，並沒有出現「譏」或「刺」的字眼，同時，經文也沒有固定的「譏」或「刺」的書寫模式，也就是說，所謂的「譏」或「刺」，是經過詮釋之後所得到的義旨，而經文本身，實際上只是敘事觀點的呈現。此外，就詮釋的成果而言，董仲舒對經文義旨的看法未必侷限於《公羊傳》。例如桓公五年經「蔡人、衛人、陳人從王伐鄭」，傳文的觀點重在「從王」二字，認為「其言『從王伐鄭』何？從王，正也」。董仲舒則認為，《春秋》之所以記述「天王伐鄭」，目的在「譏親」，也就是譏刺天王伐同姓之親：鄭國〔註63〕。這些《春秋》經文中與天王相關的記事，董氏認為，事件書寫的內容，就是一種寄寓「（天王）無以先天下」之意的「微言」。以事件的書寫作為「微言」，而在經文字面看不到任何的褒貶之詞，這樣的書寫方式是在「明得失」之外，考慮到「差貴賤」而採取的書寫方式。董仲舒在〈玉英〉篇曾論及「譏上位」之惡的書寫方式：

> 公觀魚於棠，何惡也？凡人之性，莫不善義，然而不能義者，利敗之也。……夫處位動風化者，徒言「利之名」爾，猶惡之，況求利乎？故天王使人求賻求金，皆為大惡而書。今非直使人也，親自求之，是為甚惡。譏，何故言「觀魚」？猶言「觀社」也，皆諱大惡之辭也。（《繁露‧玉英》）

◎隱公五年

　經：春，公觀魚于棠。

　（傳）：何以書？譏。何譏爾？遠也。公曷為遠而觀魚？登來之也。百金之魚公張之，登來之者何？美大之之辭也。棠者何？濟上之邑也。

◎莊公二十三年

　經：夏，公如齊觀社。

　（傳）：何以書？譏。何譏爾？諸侯越竟觀社，非禮也。

〔註63〕董仲舒對於桓公五年經：「秋，蔡人、衛人、陳人從王伐鄭」的看法雖然與《穀梁傳》一致，《穀梁傳》：「舉從者之辭也。其舉從者之辭，何也？為天王諱伐鄭也。鄭，同姓之國也，在乎冀州，於是不服，為天子病矣。」但是仔細分辨，二者對這一則經文分析的立場，並不相同。《穀梁傳》著重在「舉從者」的目的，是「為天王諱」。董氏則未提到「從者」而直接認為，《春秋》書寫「天王伐鄭」這件事，就已經含有「譏『親』」的意味了。

－257－

儘管《春秋》經文的意旨在「譏」上位之惡，然而，並不直接書寫貶惡的字句，而是透過「諱大惡之辭」的方式來表達。〈楚莊王〉有云：「於內，諱而不隱，於尊亦然，於賢亦然」。「諱」不伐表「說謊」或「隱瞞」，而是指用婉轉晦暗的文句來書寫事件的經過。《春秋》對天王之譏、對魯君之譏，都考慮到「於內（尊），諱而不隱」的原則，所以，「天王使人求賻求金」以及「公觀魚於棠」，實際上都含有對上位者「嗜欲貪利」的譏刺。由於事情本身的正當性就不足，所以，不須要再加以美惡之辭，直接書寫記事，就可以達到褒貶的效果，這是董氏對於「譏上位」的「微言」所作的闡發。〔註64〕

4.「進善誅惡不遺細大」的落實：「諱」之「微言」

董仲舒在〈楚莊王〉裏曾論及「微言」的原則是「於外，道而不顯；於內，諱而不隱，於尊亦然，於賢亦然」，《公羊傳》在隱公十年經「辛巳取防」下云：「《春秋》錄內而略外，於外大惡書，小惡不書；於內，大惡諱，小惡書」、閔公元年經「冬，齊仲孫來」下云：「《春秋》為尊者諱，為親者諱，為賢者諱。」基於「錄內略外」的原則，決定對該事件「書、不書」；在「書」的記事群組中，再進一步考慮書寫的敘事觀點和手法，決定如何書寫「諱」筆。《公羊傳》明訂了三種「諱」筆的對象：「尊者、親者、賢者」「尊」，是身份貴賤的考量；「親」是血緣親疏、關乎情感忍不忍的考量。「賢」則是考慮道德行為的彰顯不易，「不以一眚掩大德」（《左傳》僖公三十三年）。董仲舒綜合了傳文所述及的書寫原則，歸納出「於外，道而不顯」：視為「外事」者，陳述而不彰揚。「於內，諱而不隱」：對於「內事」，雖然筆法婉晦，但絕不省略隱藏。「諱」是「微言」中的一種寫法，基於「尊尊」、「親親」、「賢賢」而發。董氏對於「微言」的原因，分析得很清楚：「別內外，差賢不肖而等尊卑」、「義不訕上，智不危身。故遠者以義諱，近者以智畏」（〈楚莊王〉），「畏與義兼」，是「微言」──「世逾近而言逾謹」的原因。「誅惡不

得遺細大」，然而又與「尊」、「親」、「賢」之義有相逆，於是，便以「諱」筆來達「義」。

（1）「微言」與「事實」有出入的「譏刺之『諱』」

董仲舒在〈王道〉中舉例云：

　　誅惡而不得遺細大，……不得執天子之大夫，執天子之大夫，與伐國同罪，執凡伯言「伐」。獻八佾，諱「八」言「六」。鄭魯易地，諱「易」言「假」。晉文再致天子，諱「致」言「狩」。（《繁露·王道》）

這裡指出，「天子」為「尊」〔註65〕，天子之大夫不得被執，執天子之大夫，與伐國同罪。所以《春秋》在類似事件上不書「執」而書「伐」：

董氏：執凡伯言「伐」，與伐國同罪

◎隱公七年

　　經：冬，天王使凡伯來聘，戎伐凡伯于楚丘以歸。

　　（傳）：凡伯者何？天子之大夫也。此聘也，其言伐之何？執之也。

　　　　執之則其言伐之何？大之也。曷為大之？不與夷狄之執中國也。其地何？大之也。

董仲舒認為，經文對於戎執凡伯這件事，用「伐」字來書寫，意即這項行為與「伐國」同罪。所以，《春秋》一方面譴責這項行為，一方面以「諱」筆寫出天子勢力衰微不振、受侮於四方的情況。

為什麼不使用「執」字的同義詞，而使用與「執」之事態截然不同的「伐」字來書寫呢？《公羊傳》認為：「大之也。」也就是誇大、突顯的意思。董仲舒則更詳細的詮釋為「與伐國同罪」。這裏我們應該注意到的是，與前文用「敘事觀點」來展現「微言」不同的是，「諱」筆所展現在經文字面而成為「微言」，微言對於事實的描述，似乎與事況的實際情形有出入。例如以「伐」言「執」，便是一例。

如果就事件的性質來討論何以有「諱」之必要？我們可以發現，以「諱」筆所記之事，多有「譏刺」之意，礙於譏刺對象的考量，才在「微言」形態上再加以「諱」筆。

〔註65〕董氏以「天子」稱呼傳文所謂之「天王」。這是董氏由「王者，承天受命」猶如「天之子」的主張而發。「天子」、「天王」，其「尊」相同。

　　※董氏：獻八佾，諱「八」言「六」

　◎隱公五年

　　　經：初獻六羽。

　　　（傳）：初者何？始也。六羽者何？舞也。初獻六羽何以書？譏。
　　　　　　何譏爾？**譏始僭諸公也**。六羽之爲僭奈何？天子八佾，諸公
　　　　　　六，諸侯四。諸公者何？諸侯者何？天子三公稱公，王者之
　　　　　　後稱公，其餘大國稱侯，小國稱伯、子、男。天子三公者何？
　　　　　　天子之相也。天子之相則何以三？自陝而東者，周公主之；
　　　　　　自陝而西者，召公主之，一相處乎内。始僭諸公昉於此乎？
　　　　　　前此矣。前此則曷爲始乎？**此僭諸公猶可言也，僭天子不可**
　　　　　　言也。

隱公五年經「初獻六羽」，傳文說：「譏始僭諸公也。……此僭諸公猶可言也，
僭天子不可言也」。「諸公」所獻，依禮制爲六羽之舞，經文於魯以「六羽」
書寫，乍看之下於禮制並無不合，傳文指出「僭諸公猶可言，僭天子不可言」，
董仲舒則由此而闡釋，因「僭天子不可言」，故以「諱」筆書寫，經文特別寫
出「初」字，意即：從前獻舞之始，「獻六羽」合禮制；而今「諱『八』言『六』」，
「獻八佾」於禮不合，所以經文以「『初』獻六羽」來暗示，諱言今日已非「初
始之獻六羽」，而是僭諸公、蹈及天子之禮〔註66〕。此外，桓公元年經「鄭伯

〔註66〕董仲舒明白指出，「初獻六羽」是「諱『八』言『六』」，也就是董仲舒認爲，
事實上魯國是舞八佾。不過，三傳對此看法並不一致。
　《公羊傳》只說「譏始僭諸公也」、「『六羽』之爲僭」、「僭諸公猶可言也，僭
天子不可言」，卻未明說，到底是「僭『六』及於『八』」？還是「僭而後爲
『六』」？文意不明。
　《穀梁傳》云：「初，始也。穀梁子曰：『舞〈夏〉，天子八佾，諸公六佾，諸
侯四佾。初獻六羽，始僭樂矣。』尸子曰：『舞〈夏〉，自天子至諸侯，皆用
八佾。初獻六羽，始屬樂矣。』」顯然，《穀梁傳》認爲，魯國事實上是採用
了「八佾」。
　《左傳》則只從經文字面爲説：「九月，考仲子之宮將萬焉。公問羽數於眾仲。
對曰：『天子用八，諸侯用六，大夫四，士二。夫舞，所以節八音而行八風，
故自八以下。』公從之。於是初獻六羽，始用六佾也。」問題是，若魯國用
「六佾」不合禮，那麼經文對此「内大惡」，不可能赤裸寫出而不爲「諱」；
若魯國用「六佾」是合禮的，那麼經文就只是記事而無譏刺隱諱之意，何以
強調「『初』獻六羽」？
　董仲舒在此，接受《公羊傳》「譏始僭諸公」的說法，並採用《穀梁傳》具體
的指出，是「僭諸公之『六羽』」行「天子之『八佾』」，經文的「『初』獻六

以璧假許田」，董仲舒認爲經文「假」，也是「諱」筆：

　　※董氏：鄭魯易地，諱「易」言「假」

　　◎桓公元年

　　　經：三月，公會鄭伯于垂。鄭伯以璧假許田。

　　　（傳）：其言以璧假之何？易之也。易之則其言假之何？爲恭也。
　　　　　　曷爲爲恭？<u>有天子存，則諸侯不得專地也</u>。許田者何？魯朝
　　　　　　宿之邑也。諸侯時朝乎天子，天子之郊，諸侯皆有朝宿之邑
　　　　　　焉。此魯朝宿之邑也，則<u>曷爲謂之許田？諱取周田也。諱取
　　　　　　周田則曷爲謂之許田？繫之許也。曷爲繫之許？近許也</u>。此
　　　　　　邑也，其稱田何？田多邑少稱田，邑多田少稱邑。

爲了表示「譏刺不與」之意，經文記下魯將「天子之郊」中的「魯國朝宿之
邑」易予鄭國，同時，考慮到「內惡」的性質，以及「譏」不與的用意，所
以經文用「諱」筆來呈現「微言」的形態。董仲舒指出，事實是「鄭魯易地，
諱『易』言『假』」，而經文卻書寫「鄭伯以璧假許田」，這是經文字面行文與
事實有出入的「諱」筆。此類「諱」筆又以僖公二十八年經「天王狩於河陽」
爲著：

　　※董氏：晉文再致〔註67〕天子，諱「致」言「狩」

　　◎僖公二十八年

　　　經：冬，公會晉侯、齊侯、宋公、蔡侯、鄭伯、陳子、莒子、邾
　　　　　婁子、秦人于溫。天王狩于河陽。

　　　（傳）：狩不書，此何以書？不與再致天子也。……

經文字面行文爲「狩」，而事實上，並非「狩」，而是天王爲晉侯所致，召於
河陽。傳文表明《春秋》之志：「不與再致天子」，董氏則以傳文所言，從筆

羽」，是「諱」筆的「微言」形態。

〔註67〕僖公二十八年冬狩于河陽之前，經文已書：「五月，癸丑，公會晉侯、齊侯、
　　　宋公、蔡侯、鄭伯、衛子、莒子，盟于踐土」。
　　　（公羊無發論）
　　　（穀梁傳）：「諱會天王也。」
　　　（左傳）：「晉師……甲午，至于衡雍，作王宮于踐土。……己酉，王享醴，
　　　命晉侯宥。王命尹氏及王子虎、內史叔興父策命晉侯爲侯伯。……」
　　　可見，天王已出至踐土，爲策命晉侯與諸侯相會盟。因此，冬之會，則成了
　　　「再致」之會。

法上分析這是「『諱』致『言』狩」的微言形態。

這種經文字面與事實有出入的書寫方式，董氏以「詭辭」來稱之：

> 《春秋》之書「事」，時「詭其實，以有避」也；其書「人」，時「易其名，以有諱」也。故詭「晉文得志之實」，以代諱避致王也。詭「莒子號」謂之人，避隱公也。易「慶父之名」謂之仲孫、變「盛」謂之成，諱大惡也。然則說《春秋》者，入則「詭辭」，隨其委曲而後得之。（《繁露·玉英》）

《春秋》之書「事」：「時詭其實，以有避也」。其書「人」：「時易其名，以有諱也」。這裏的「避」、「諱」，本文統一以「微言」形態來稱呼，其中「詭其實」者，就是我們在此處所言之「微言與事實有出入」的「譏刺之諱」，而「易其名」者，實際上也應該納入為同類；不過，董仲舒特別將「易其名」的經文記事另外分析，其實有他的著重點，也就是：「詭其實」較重在「事件」的「諱」與「譏」；而「易其名」，則偏重為魯國（內）之惡事作隱晦和修飾。董仲舒摘取了「詭莒子之號」、「易慶父之名」、「變盛國為『成』」三例來說明：

詭「莒子號」謂之人，避隱公：

◎隱公八年

　　經：九月辛卯，公及莒人盟于包來。

　　（傳）：公曷為與微者盟？稱人則從，不疑也。

董仲舒在〈觀德〉裏也提及包來之盟，而謂：「莒人疑我，貶而稱『人』」。董氏的意見與傳文是一致的，所謂「莒人」，是一種「貶」稱。「稱人則從」？董氏指出這是「詭辭」，實際上是因為「不從」，所以稱之以「人」，以示對方沒資格懷疑「我魯君」。「莒人」的意思是「微者」，魯君不可能與微者盟，之所以「易其名」，以「莒人」這種與事實有出入的稱號來書寫，目的在諱其「疑我」，同時，也對「莒」這種「疑」的態度，表示否定。

易「慶父之名」謂之仲孫：

◎閔公元年

　　經：冬，齊仲孫來。

　　（傳）：齊仲孫者何？公子慶父也。公子慶父，則曷為謂之齊仲孫？繫之齊也。曷為繫之齊？外之也。曷為外之？春秋為尊者諱，為親者諱，為賢者諱。子女子曰：「以『春秋』為《春秋》，

　　　　齊無仲孫，其諸吾仲孫與？」

齊仲孫事實上是指魯莊公之母弟公子慶父，由魯莊公元年經「夫人孫于齊」
之傳文可知，桓公夫人也就是莊公之母，乃是齊姜，而公子慶父就是齊之外
孫。魯莊公卒逝，公子慶父為亂，而後「如齊」（莊公三十二年經），閔公元
年自齊而來。「齊仲孫」的這個名稱是與事實不符合的，因為，齊國根本無「仲
孫」，經文以「齊仲孫」稱之，而不稱之為「公子慶父」，藉由稱號的改變，
暗示關係的斷絕。

　　※變「盛」謂之成：

　　◎莊公八年

　　　經：夏，師及齊師圍成，成降于齊師。

　　　（傳）：**成者何？盛也。盛則曷為謂之成？諱滅同姓也。曷為不言**
　　　　　降吾師？辟之也。

《公羊傳》對於莊公八年經「夏，師及齊師圍成」有特別的解釋，因為，歷
史上並無「成」之國，《公羊》認為，「成」事實上就是「盛」，經文以「成」
這個莫須有的名稱來指稱「盛國」，是因為替魯國掩飾「滅同姓」的醜事。這
個說法為董仲舒所採用，「變盛之名」與「易慶父之名」，一併為董氏視為「諱
大惡」而「易名」之詭辭。「詭辭」與事實有出入，董氏因此指出：「說《春
秋》者，入則詭辭，隨其委曲而後得之。」也就是說，不在經文的字面去鑽
研，而必須藉由專理經過的瞭解，才能得知這一類與事實有出入的「詭辭」，
其背後真正寓含的《春秋》意旨。

　　（2）「詭辭」之「諱」，亦有「順其志以彰義褒賢」者

　　　「諱」是指行文隱晦，之所以須要隱晦，最直接的原因是，因書寫對象
之「惡」，而必須考慮用晦澀筆法行文。但是，董仲舒卻看出，在這些與事實
有出入的「詭辭」之中，隱晦的內容不只是「惡事」，亦有「順其人之志」，《春
秋》以隱晦之筆行文，而其「志」實可嘉許者。當然，這值得「彰義褒賢」
的行徑，如果不是董仲舒的詮釋，恐怕在《春秋》經文字面上，將難以得到
諒察。

　　　董仲舒在此，舉出「紀季」、「臧孫辰」二則事例，作為舉證之說明。齊
襄公復讎於紀，紀侯自知不敵，舉國之上下「同心而俱死」，莊公四年經「紀
侯大去其國」，三傳對這件事的看法是：

◎莊公四年

經：紀侯大去其國。

（傳）：大去者何？滅也。孰滅之？齊滅之。曷為不言齊滅之？為
襄公諱也。《春秋》為賢諱。何賢乎襄公？復讎也。何讎爾？
遠祖也。哀公亨乎周，紀侯譖之。以襄公之為於此焉者，事
祖禰之心盡矣。……古者有明天子，則紀侯必誅，必無紀者。
紀侯之不誅，至今有紀者，猶無明天子也。……有明天子，
則襄公得為若行乎？曰：不得也。不得則襄公曷為為之？上
無天子，下無方伯，緣恩疾者可也。

（穀梁傳）：大去者，不遺一人之辭也，言民之從者四年而後畢也。
紀侯賢而齊侯滅之。不言滅，而曰大去其國者，不使小人加
乎君子。

（左傳）：紀侯不能下齊，以與紀季。夏，紀侯大去其國，違齊難
也。

「紀侯大去其國」這則經文的記載方式，《左傳》看出來其寫法「違齊難也」，
也就是說，這樣的敘事觀點，是故意與「齊國難之」的事實有所相違。由經
文字面來看，彷若是紀侯主導了事件的發展。《左傳》「紀侯不能下齊，以與
紀季」是就莊公三年經文「紀季以酅入于齊」而論，《左傳》的看法與公、穀
二傳完全相反。經文在「紀侯大去其國」的敘事觀點，的確有討論的必要。
明明事實是「齊為復讎而滅紀」，為何經文採取了這樣的寫法呢？

《公羊傳》描述的重點在「賢齊襄公之復讎」，只有從傳文「曷為不言齊
滅之？為襄公『諱』也」可以隱約看出，《公羊》對「紀侯」的態度是正面的，
所以，襄公才有「諱」的必要。《穀梁傳》寫出「紀侯賢而齊滅之。不言『滅』，
而曰『大去其國』者，不使小人加乎君子」，明文表達「賢」紀侯的看法。董
仲舒在〈玉英〉裏，也提到對這件事的意見：

難者曰：「有國家者，人欲立之，固盡不聽，國滅君死之，正也，何
賢乎紀侯？」曰：「齊將復讎，紀侯自知力不加而志距之，故謂其弟
曰：『我宗廟之主不可以不死也。汝以酅往，服罪於齊，請以立五廟，
使我先君歲時有所依歸。』率一國之眾，以衛九世之主，襄公逐之
不去，求之弗予，上下同心而俱死之，故謂之「大去」。《春秋》賢
死義且得眾心也，故為諱滅。以為之諱，見其賢之也。以其賢之也，

見其中仁義也。(《繁露・玉英》)

董氏是由《公羊傳》「為襄公諱」出發而進一步闡釋,「為諱滅,以為之諱,見其賢之也,以其賢之也。見其中仁義也」言下之意,為齊襄公諱,就表示「賢紀侯」,既然「賢紀侯」,那麼在事件過程中,必可見其「仁義」。董氏的闡釋與《穀梁傳》「賢紀侯」的看法趨於一致,同時,也詳述了紀侯囑付紀季「汝以酅往,服罪於齊,請以立五廟,使我先君歲時有所依歸」的內容,董氏所云,亦可視為對《公羊傳》莊公三年經「秋,紀季以酅入于齊」下,傳文發論的補充:

◎莊公三年

　經:秋,紀季以酅入于齊。

　(傳):紀季者何?紀侯之弟也。何以不名?賢也。何賢乎紀季?

　　　服罪也。其服罪奈何?魯子曰:「請後五廟以存姑姊妹。」

由莊公三年傳文,不容易看出紀季何以為賢?以及公羊先師魯子所云:「請後五廟以存姑姊妹」與經文「紀季以酅入于齊」有何直接關連?所以,董仲舒藉問難的形式,就一般人在經文字面上對紀季可能產生的三種誤解:「大夫用地」、「公子去國」、「避外難」而重新加以釋解,以釐清在《春秋》這一則經文背後,所代表的真正含意:

　難紀季曰:「《春秋》之法,大夫不得用地。又曰:公子無去國之義。又曰:君子不避外難。紀季犯此三者,何以為賢?賢臣故盜地以下敵,棄君以避難乎?」曰:「賢者不為是。是故托賢於紀季,以見季之弗為也。紀季弗為而紀侯使之可知矣。……今紀季受命乎君而經書專,無善之名,而文見賢,**此皆詭辭,不可不察**。《春秋》之於所賢也,固順其志而一其辭,章其義而褒其美。今紀侯《春秋》之所貴也,是以聽其入齊之志,而詭其服罪之辭也,移之紀季。故告糴於齊者,實莊公為之,而《春秋》詭其辭,以予臧孫辰。**以酅入於齊者,實紀侯為之,而《春秋》詭其辭,以與紀季**。所以詭之不同,其實一也。」(《繁露・玉英》)

董氏由莊公三年傳文「賢紀季」而認為,既然稱賢紀季,就表示「以見季之弗為也。紀季弗為而紀侯使之可知矣。」關於董氏所補充的紀侯與紀季的這段對話,我們無由得知董氏是否有文獻根據?抑或是「想當然爾」之辭?但是,我們卻可以在這樣的推論中,看出《春秋》經文中的確存在著這一

類，經文字面不盡然能呈現事件原委的「詭辭」。董氏認爲，這一類「詭辭」，「不可不察」，「以酅入于齊者，實紀侯爲之，而《春秋》詭其辭，以與紀季」，此則詭辭的行文原因，在「《春秋》之於所賢也，固『順其志』而一其辭，章其義而褒其美」，「是以聽其入齊之志，而詭其服罪之辭」，這是董氏對於《春秋》經文重新以「貴志」的規點加以詮釋而得到的結論，紀侯以酅入齊，志在存宗廟不毀，所以《春秋》記載「紀季以酅入于齊」，也考慮到當事人的「祕密願望」，從其志而遂其願。同樣的事例，董仲舒亦一併列舉了莊公二十八年經文「臧孫辰告糴于齊」一事，認爲：「告糴於齊者，實莊公爲之，而《春秋》詭其辭，以予臧孫辰。……所以詭之不同，其實一也。」

由此可見，董氏所謂之「詭辭」，除了諱言「惡事」之外，亦有「從其人之志」而在行文敘述時，採取與當事人相應和的敘事觀點，董仲舒由事件過程推求其事理，再次展現其不拘於經、傳文字面以釋經的風格。

（3）「不書之諱」：存其善志，不棄不載，以「意」見之

紀季與臧孫辰之例，是董仲舒認爲經文「從其志而書」者。然而，在董仲舒所援舉的事例中，我們還可以歸納出另外一類：經文「從其志而不書」，以存其善志者：

> 《傳》曰：「臧孫許與晉郤克同時而聘乎齊。」按經無有，豈不微哉。**不書其往，而有避也**。今此《傳》言莊公馮，而於經不書，亦以有**避也**。是以**不書聘乎齊，避所羞也**。不書莊公馮殺，避所善也。是故讓者《春秋》之所善。宣公不與其子而與其弟，其弟亦不與子而反之兄子，雖不中法，皆有讓高，不可棄也，故君子爲之諱「不居正」之謂，避其後亂，移之宋督，**以存善志。此亦《春秋》之義，善無遺也**。若直書其篡，則宣繆之高滅，而善之無所見矣。難者曰：「爲賢者諱，皆言之，爲宣繆諱，獨弗言，何也？」曰：「不成於賢也。其爲善不法，不可取，亦不可棄。**棄之則棄善志也，取之則害王法。故不棄亦不載，以意見之而已**。苟志於仁無惡，此之謂也。」
>
> （《繁露‧玉英》）

既然「經文不書」，則何由得知《春秋》從其志？董仲舒在此處根據《公羊傳》所載之內容，與經文相對照，對於經文所「不書」者，董氏認爲《傳》指出經文所從之志，而經文之所以「不書」，是因爲「有避」的緣故：

◎成公二年

　　經：秋七月，己酉，及國佐盟于袁婁。

　　（傳）：……己酉，及齊國佐盟于袁婁，曷爲不盟于師而盟于袁婁？**前此者，晉郤克與臧孫許同時而聘于齊。**……蕭同姪子者，齊君之母也，踊于棓而窺客，則客或跛或眇，於是**使跛者迓跛者，使眇者迓眇者。二大夫出，相與踦閭而語，移日然後相去。**齊人皆曰：「患之起必自此始！」二大夫歸，相與率師爲鞌之戰，齊師大敗。……

我們從傳文可以看出董氏所言之「不書聘乎齊，避所羞也」的事件經過。然而，董仲舒所以用此例，目的在說明「《傳》言莊公馮，而於經不書，亦以有避也。……不書莊公馮殺，避所善也」：

◎隱公三年

　　經：冬，十有二月癸未，葬宋繆公。

　　（傳）：……宣公謂繆公曰：「以吾愛與夷，則不若愛女；以爲社稷宗廟主，則與夷不若女，盍終爲君矣？」宣公死，繆公立，繆公逐其二子莊公馮與左師勃，曰：「爾爲吾子，生毋相見，死毋相哭。」與夷復曰：「先君之所爲不與臣國而納國乎君者，以君可以爲社稷宗廟主也。今君逐君之二子而將致國乎與夷，此非先君之意也。且使子而可逐，則先君其逐臣矣。」繆公曰：「先君之不爾逐可知矣，吾立乎此攝也。」終致國乎與夷。**莊公馮弒與夷。**故君子大居正，宋之禍，宣公爲之也。

◎桓公二年

　　經：春，王正月戊申，**宋督弒其君與夷**及其大夫孔父。

傳文指出「君子大居正，宋之禍，宣公爲之也」，董氏援傳文之意，反觀《春秋》經文寫法，經文之所以不書「莊公馮弒與夷」而書「宋督弒其君與夷」，董氏認爲，原因就是「君子爲之諱『不居正』之謂，避之後亂，移之宋督，以存善志」，「若直書其篡，則『宣繆之高』滅，而善無所見矣。」

　　董氏以「《春秋》之義，善無遺也」去解釋經文在記事中，之所以不書「莊公馮弒與夷」的原因，是爲了避免宣、繆二公相讓的作風，被「莊公弒君」這樣不好的結局所掩蓋。同時，董氏也說明了《傳》之所以不明言「爲

宣繆諱」而直書事件經過，是因爲「其爲善不法」，「棄之則棄善志，取之則害王法」，所以，傳文選擇了詳述事件經過，「以意見之」的方式來存見乎後世。

「不書之諱」乍看之下，似乎與董氏在〈楚莊王〉所云之「於內，諱而不隱」相矛盾，事實上並不然。因爲，董氏所舉證的事例，並非魯國之「內事」，《春秋》「於外，大惡書，小惡不書」（隱公十年傳），而董氏此處的「不書之諱」，並非經文完全未提及之「不書」，而是「詭其辭」、「易其名」，改變行文的敘事觀點，於事於人有所隱之「不書」。「不書」之所以能成爲「諱」，是以《公羊傳》的詳細記載，對照經文之後，顯現經文記事之微言略筆而得來。因此，董氏所言之「不書之諱」（弗言之諱），其實是根據《公羊傳》爲基礎所作的發揮。

（四）董仲舒對《春秋》「文與」、「實與」之闡釋

《公羊傳》闡釋《春秋》義旨，曾經六次提到「實與而文不與」〔註68〕，因此，董仲舒詮釋《春秋》經文義旨，也特別注意到「文與」、「實與」的問題。在《公羊傳》六次「實與而文不與」的論述裏，有三次關於齊桓公：

◎僖公元年

經：齊師、宋師、曹師次于聶北，救邢。

（傳）：「……曷爲不言狄滅之？爲桓公諱也。……不與諸侯專封也。曷爲不與？**實與而文不與**。文曷爲不與？**諸侯之義不得專封**也。諸侯之義不得專封，則其曰實與之何？**上無天子，下無方伯，天下諸侯有相滅亡者，力能救之，則救之可也**」。

◎僖公二年

經：春，王正月，城楚丘。

（傳）：「……曷爲不言狄滅之？**爲桓公諱也**。……不與諸侯專封也。曷爲不與？**實與而文不與**。文曷爲不與？**諸侯之義，不得專封**。諸侯之義不得專封，則其曰實與之何？**上無天子，**

〔註68〕《公羊傳》六次論及「實與而文不與」者，分別在僖公元年經「齊師、宋師、曹師次于聶北，救邢」、僖公二年經「春，王正月，城楚丘」、僖公十四年經「春，諸侯城緣陵」、文公十四年「晉人納接菑于邾婁，弗克納」、宣公十一年經「冬，十月，楚人殺陳夏徵舒」、定公元年經「三月，晉人執宋仲幾于京師」下，傳文所論。

下無方伯，天下諸侯有相滅亡者，力能救之，則救之可也」。

◎僖公十四年

經：春，諸侯城緣陵。

（傳）：「……曷爲不言徐、莒脅之？**爲桓公諱也**。……不與諸侯專封也。曷爲不與？**實與而文不與**。文曷爲不與？**諸侯之義不得專封也**。諸侯之義不得專封，則其曰實與之何？**上無天子，下無方伯，天下諸侯有相滅亡者，力能救之，則救之可也**」。

這三則經文的共同特徵是，諸夏國被滅，桓公力能救之卻未及救。也就是說，三則傳文中所言之「實與」，是指在變故之中，「救之可也」的「實與」，而不是指在平常時候「『實與』諸侯專擅、專封」，而三則傳文所謂的「文不與」，也是在變故的情況下指出，這種「救之可也」的權變，不方便明文書寫在經文上，因此而謂「文不與」。

董仲舒在〈王道〉裏，對於「齊桓、晉文」之擅封而《春秋》仍予之爲「伯」，認爲是《春秋》「『誅意』不誅辭」的筆法：

齊桓晉文擅封，致天子，誅亂、繼絕存亡，侵伐會同，常爲本主。曰：桓公救中國，攘夷狄，卒服楚，晉文再致天子；皆止不誅，善其牧諸侯，奉獻天子而服周室，**《春秋》予之爲伯，誅意不誅辭之謂也**。（《繁露・王道》）

所謂「誅意」，是指平常情況下，不與諸侯專擅、專封。而「不誅辭」顯然是指平常所言「誅」者，在變故的情況下，《春秋》經文不再予以誅辭。也就是《公羊傳》所言之「實與」。董仲舒所說的「『誅意』不誅辭」（對「誅意」不再加以誅辭）與《公羊傳》所稱之「實與」，都是在「上無天子，下無方伯，力能救之，則救之可也」的情況下所作的「權變」。那麼，《公羊傳》所論述的變故下的「實與」，經文在文句上「文不與」的作法，董仲舒是否有進一步闡述呢？在〈楚莊王〉中，董氏以經文實例，對「文與」、「文不與」有精采的論述：

《春秋》常於其嫌得者，見其不得也。楚莊王殺陳夏徵舒，春秋貶其文，不予專討也。靈王殺齊慶封，而直稱楚子，何也？曰：**莊王之行賢，而徵舒之罪重，以賢君討重罪，其於人心善，若不貶，孰知其非正經**。是故「齊桓不予專地而封」、「晉文不予致王而朝」、「楚

莊弗予專殺而討」，三者不得，則諸侯之得，殆此矣。……

問者曰：「不予諸侯之專封，復見於陳、蔡之滅。不予諸侯之專討，獨不復見於慶封之殺，何也？」曰：「《春秋》之用辭，已明者去之，未明者著之。今諸侯之不得專討，固已明矣。而慶封之罪未有所見也，故稱楚子以「伯討」之，著其罪之宜死，以爲天下大禁。曰：『人臣之行，貶主之位，亂國之臣，雖不篡殺，其罪皆宜死。』比於此，其云爾也。」（《繁露・楚莊王》）

董氏以「楚莊王殺陳夏徵舒，《春秋》貶其文」與「楚靈王殺齊慶封，而直稱楚子」二件事件作對比之討論，這二個事例的主角，身份相同，都是楚國國君，而被殺者身份、情節也類似，都是弒君危國之大夫。然而《春秋》記事之寫法，卻一則貶爲「楚人」，一則與爲「楚子」：

◎宣公十年

　　經：癸巳，陳夏徵舒弒其君平國。

◎宣公十一年

　　經：冬，十月，楚人殺陳夏徵舒。

　　（傳）：此楚子也，其稱人何？貶。曷爲貶？不與外討也。不與外
　　　　　討者，因其討乎外而不與也，雖内討亦不與也。曷爲不與？
　　　　　實與而文不與。文曷爲不與？諸侯之義，不得專討也。諸侯
　　　　　之義不得專討，則其曰實與之何？上無天子，下無方伯，天
　　　　　下諸侯有爲無道者，臣弒君，子弒父，力能討之，則討之可
　　　　　也。

宣公十一年經「楚人殺陳夏徵舒」，《公羊傳》謂之「實與而文不與」。以「楚人」貶楚莊王，就是所謂的「文不與」。董仲舒在〈楚莊王〉裏以「《春秋》常於其嫌得者，見其不得也」來闡釋傳文所言之「實與而文不與」，以楚莊王爲例，天下皆知楚莊王爲賢君，夏徵舒爲重罪之臣，亂世變故之中，「以賢君討重罪」，是天下人所嘉許的。倘若，《春秋》也一起加入天下嘉許之行列，那麼，還有誰來指出平常之「義」：「不予諸侯專討」之正「經」呢？董仲舒再次突顯，傳文所謂「實與」是亂世之中的權變，而「文不與」，正是以「貶」來見「正經」。「以賢君討重罪，其於人心善；若不貶，孰知其非正經？」這是董氏對傳文「實與而文不與」更詳明的詮釋，所以，董氏一併就《公羊傳》曾提及「實與而文不與」的事例：「齊桓不予專地而封」、「晉文不

與致王而朝」、「楚莊弗與專殺而討」，而統合論之：「三者不得，則諸侯之得，殆此矣。」

除了闡述「文不與」之外，董仲舒藉「楚靈王殺齊慶封」這一則與楚莊王「文不與」相反的事例，來闡發同類記事經文，亦有「文與」者：

◎昭公四年

> 經：秋，七月，楚子、蔡侯、陳侯、許男、頓子、胡子、沈子、
> 淮夷伐吳，執齊慶封，殺之。

> （傳）：此伐吳也，其言執齊慶封何？為齊誅也。其為齊誅奈何？
> 慶封走之吳，吳封之於防。然則<u>曷為不言伐防？不與諸侯專</u>
> <u>封也</u>。慶封之罪何？脅齊君而亂齊國也。

董仲舒以「《春秋》之用辭，已明者去之，未明者著之」來詮釋，在亂世變故中，對於「伯討」之事，亦有「文與」者。之所以用「楚子」來彰顯「伯討」，有二個原因，一是經文書「伐吳」而不書「伐防」，就已經表明「諸侯不得專封」，至於「諸侯不得專討」，於理可得。一是「慶封之罪未有所見」，為了「著其罪之宜死，以為天下大禁」，所以，以稱呼「楚子」來突顯「伯討」之必要。

董氏以「『誅意』不誅辭」來詮釋傳文之「實與」，至於「文與」、「文不與」，董氏則分別以「楚莊王殺陳夏徵舒」之「不與」和「楚靈王殺齊慶封」之「與」，來說明「文」之「與」或「不與」，並不是固定的條例，而是視個別事件的義旨和需要而採取適當的行文和敘事。在此，我們除了可以在楚莊王和楚靈王二個對比事例中，清楚看到董氏春秋學「即事言義」，「不拘於文」的特色；同時，也對董氏援舉事例對比論證的技巧，有更明確的認識。